L'octroi de mer

L'ultime réforme

Fred Le Breton

L'octroi de mer

L'ultime réforme

L'Harmattan

Du même auteur

Tuez le député !, éditions Nestor, 2015
Faites taire le journaliste !, éditions Nestor, 2016

5-7, rue de l'Ecole-Polytechnique, 75005 Paris

http://www.editions-harmattan.fr

ISBN : 978-2-343-13752-0
EAN : 9782343137520

« Je ne sais que pour une fois j'avance à travers les feuilles mortes de mon petit pas sorcier vers là où menace triomphalement l'inépuisable injonction des hommes jetés aux ricanements noueux de l'ouragan. »

Aimé Césaire

INTRODUCTION

REMARQUE LIMINAIRE

S'il est un sujet qui fait l'objet de bon nombre de conversations de salon, de réunions de socioprofessionnels, de prises de position de politiques ou même de discussions de tout-un-chacun dans la rue, ou encore lors des Etats généraux de l'Outre-mer, c'est bien : l'octroi de mer.

Pourquoi en parle-t-on tant depuis quelques temps ?

Parce qu'il parait qu'« on » va le supprimer ! Ce « on », c'est le gouvernement français, sous la férule des technocrates européens. Le POSEIDOM est déjà presque oublié et pourtant c'est bien par lui que sa suppression a été décidée. C'est le premier texte européen qui le dénonce expressément. L'attention du lecteur est d'ores et déjà attirée sur les autres mesures fiscales en faveur des DOM qui sont listées en fin de ce document. Elles risquent, elles aussi, au nom de la sacrosainte règle de l'égalité de tous les européens entre eux, de disparaître à plus ou moins brève échéance comme l'octroi de mer. Les dérogations ne sont plus sur 10 ans mais portées à 4 ans sur certains points, la production locale est assujettie dès 300 K€. Ce sont des indices qui doivent nous alerter. La prochaine échéance est 2020. Apparemment, pas de grandes inquiétudes chez les élus et les socioprofessionnels. Ont-ils raison ?

La disparition de l'octroi de mer est-elle inéluctable ? Force est de constater que l'octroi de mer vieillit mal. Sa croissance gargantuesque met beaucoup plus en relief ses effets pervers que ses avantages. De plus, le contexte économicopolitique de nos jours est sans commune mesure avec ce qu'il était lors de sa création. Faut-il garder, modifier ou supprimer l'octroi de mer ? Notre réponse à cette question sera donnée.

Toutefois, afin de bien comprendre la complexité de cette construction tout aussi originale dans le droit français qu'exorbitante du droit européen, et d'expliquer pourquoi et pour quoi cette taxe a créé un régime dérogatoire du droit communautaire, il ne serait pas inintéressant d'en examiner les éléments constitutifs et les effets obtenus.

Pour bien comprendre la complexité du régime actuel, on ne peut faire fi de son mode de création. Au fil des siècles, les autorités coloniales ont mis en place un système sans cesse complété. Le résultat : un ensemble de dispositions dérogatoires ou d'exceptions ainsi que des règles de répartition parfois déroutantes pour le non-initié aux subtilités de la vie politique et de la complexité administrative. De plus ces règles ne sont pas les mêmes pour les cinq bassins concernés. Les différents régimes constitutionnels (Départements d'Outre-mer, Collectivités d'Outre-mer, Régions monodépartementales, Régions Ultra Périphériques) complexifient encore le régime initial. A l'origine, c'était l'époque heureuse où les Conseils Généraux pouvaient légiférer comme ils voulaient. Ils avaient l'octroi de faire...

Sur une période plus récente, les responsables élus réalisèrent que le giron domien n'était pas uniforme. Les DOM étaient déchirés (de timides tentatives de coordination apparaissaient ici ou là). Mais les îles françaises de la Caraïbe se trouvaient aussi dans un environnement qui est anglophone et n'a pas le même niveau de développement. Cette différence de développement se retrouve aussi dans l'océan indien avec l'omniprésence de Maurice et de Madagascar. Quant à Mayotte, elle se cherche encore entre sa tradition culturelle et sa volonté de modernité. De plus la prise de conscience du fait européen s'est faite très lentement. Avec la décentralisation, certains élus virent leurs pouvoirs accrus à un point tel que certains excès furent enregistrés. L'octroi de mer, par sa complexité, a permis de mettre en exergue les mœurs « particulières » de certains élus ou socioprofessionnels. Nous vivions là l'octroi des pairs.

Depuis la mise en place de l'Acte Unique Européen, les choses ont évolué. Bien que certains rechignaient encore à constater l'évidence, la machine européenne est partie sur sa lancée, elle ne s'arrêtera pas. N'en déplaise aux anglo-saxons de la Perfide Albion avec leur Brexit. Bien au contraire, elle se renforcera avec très probablement les pays de l'Europe de l'est. La réunification de l'Allemagne et puis la dislocation de l'URSS furent des signes prometteurs d'une fédération européenne forte de l'Atlantique à l'Oural comme l'annonçait d'un ton prémonitoire le Général De Gaulle. Mais ce grand espace européen, s'il veut être cohérent, ne peut tolérer de barrières douanières[1] et de spécificités au gré des Etats-membres. Pour les élus domiens, depuis le vote du POSEIDOM, c'est l'octroi amer.

---

[1] Selon la définition officielle de la Douane française : Une barrière douanière est une mesure qui vise, selon les cas, à interdire, limiter ou rendre plus difficile, l'accès à un territoire national pour des produits ou services qui viennent d'un pays étranger. Mettre des barrières douanières est du ressort de la souveraineté nationale. Donc chaque Etat peut décider de mettre, ou de ne pas mettre, des barrières à l'entrée des marchandises. On utilise également le terme « obstacle » pour désigner ces mesures.

Ne s'en laissant pas conter, les antillo-guyanais et les réunionnais ont réfléchi sur la possible disparition de l'octroi de mer. Diverses propositions de substitution ont déjà été avancées ces dernières années. On compte d'ailleurs plusieurs propositions de lois qui ont été déposées tant à l'Assemblée nationale qu'au Sénat.

Pour notre part, nous ne saurions nous contenter d'apporter que des critiques au régime actuel. La société antillaise se caractérise surtout par son oralité. Hélas, peu d'entre nous ont osé consigner par écrit le fruit de leur réflexion, de leurs cogitations voire de leurs élucubrations. Notre contribution au débat est de formuler une proposition de substitution. La Taxe Assimilable à un Impôt Local pour la Logistique et les Effectifs (dont nous utiliserons l'acronyme T.A.I.L.L.E.) permettrait, nous le pensons, de supprimer les effets pervers de l'actuel régime de l'octroi de mer. Cette taxe s'appliquerait indistinctement aux produits importés et aux productions locales mais également aux services. Cette base d'imposition plus large entraînerait ipso facto un abaissement du taux moyen d'imposition. Parallèlement, la répartition des sommes collectées sera modifiée pour permettre d'alimenter le budget des Conseils régionaux ou des Collectivités territoriales dans le cadre de l'aide économique aux entreprises. Bien entendu, une limitation des sommes à répartir est prévue. Concomitamment, une action en direction des élus locaux devra être entreprise afin de « moraliser » certaines pratiques et inviter les élus à utiliser tout l'arsenal fiscal à leur disposition notamment en matière d'impôts municipaux.

Mais, il y a la loi de 2015. Bien que contestée par les socioprofessionnels, pour ses seuils trop bas, ce texte est incontournable. Nous sommes heureux qu'il reprenne certaines de nos propositions évoquées dans la T.A.I.L.L.E. Mais on peut déjà retenir quelques points forts qui seront précisés à la fin de cet ouvrage :

* taxation des produits importés et des productions locales ;
* limitation à 4 taux ;
* taux maximum fixé à 25% ;
* abandon d'un système de classification de produits selon la nomenclature douanière pour passer à la classification par catégories définies par l'administration des impôts ;
* limitation de la répartition aux communes ;
* création d'un Fonds Régional pour les Entreprises et l'Emploi...

Avec la réduction des périodes de dérogation ramenée à 5 ans, certains se posent encore la question : l'octroi demeure ?

Qui n'est pas concerné par l'octroi de mer ?

Tous ceux qui résident dans les ROM et les COM sont peu ou prou concernés. Bien sûr, il y a ceux qui en tirent des subsides (pour eux personnellement, pour leurs sociétés ou pour leurs collectivités), et ceux qui payent...sans le savoir. A l'heure où l'on parle d'égalité, réellement, l'octroi de mer est loin d'être cité en exemple.

Comme l'écrivait fort justement Bernard Castagnède[2], dans la préface de l'ouvrage « Le régime fiscal des départements d'Outre-mer » : *Plutôt que de céder au cliché complaisant d'une fiscalité ultramarine mâtinée d'héritage flibustier, il serait pertinent d'évaluer les difficultés d'articulation entre des mesures, puissantes, d'attraction du capital extérieur, et une structure fiscale commune non spécialement préparée à les accueillir. Alors, seraient sans doute mieux comprises les innovations juridiques développées dans les D.O.M, quitte, dès lors qu'on les jugerait incongrues, à conclure à l'urgence d'une fiscalité plus globalement conçue en faveur du développement outre-mer.*

S'interroger sur l'octroi de mer n'est pas commettre un parricide. C'est par contre l'occasion de se connaître soi-même, de se poser des questions sur sa propre identité. Il n'est pas surprenant de constater que depuis la publication du POSEIDOM, nombreux sont les hommes politiques ou ceux appartenant à « la société civile » qui prennent des positions plus radicales quant au statut des anciennes colonies françaises.

Mais, c'est déjà là un autre débat...

---

[2] Professeur à l'Université Paris-1 Panthéon-Sorbonne, Bernard Castagnède a été un de mes enseignants à l'Institut Henry Vizioz, (la fac de droit de l'université des Antilles-Guyane) dans la décennie 70. Il a préfacé l'ouvrage de Joël Boudine, *Le régime fiscal des départements d'Outre-mer*, paru aux Editions L'Harmattan, en 1998.

GLOSSAIRE

ACP : Certains pays d'Afrique, de la Caraïbe et du Pacifique ont obtenu des accords de coopération avec l'Europe à la fin des années 60'. Par la suite, certains accords (notamment LOME) favorisèrent autant les pays ACP que les RUP.

Ad valorem : Taxe exprimée en pourcentage de la valeur du bien qui entre dans un pays. Un tarif *ad valorem* de 10 % sur un bien qui vaut 10 000 euros entraîne une charge de 1 000 euros.

APE : Accords de Partenariat Economique

BUDGET DE FONCTIONNEMENT : Ensemble des comptes qui décrivent pour une année civile toutes les ressources et charges relatives au fonctionnement d'une commune.

CDC : Code des Douanes Communautaire (à ne pas confondre avec la Caisse de Dépôts et Consignations).

CE : Initialement, Communauté Européenne, ce sigle est plus généralement adopté pour désigner la Commission Européenne.

CFR : (Cost and Freight ou Coût et fret) : Le vendeur prend en charge le transport principal jusqu'au port de destination. Le transfert de frais a donc lieu à l'arrivée des marchandises au port d'arrivée, mais le vendeur n'est plus responsable de la marchandise dès que celle-ci a été chargée sur le port de départ (c'est à l'acheteur de prendre une assurance). Il a en charge le dédouanement export.

CIF ou CAF : (Cost, insurance and freight ou Coût Assurance Fret) : Equivaut au CFR sauf que si le vendeur n'est pas responsable de la marchandise durant le transport, c'est quand même lui qui prend en charge l'assurance pour l'acheteur. Le transfert des frais se fait donc au port de destination mais le transfert des risques a lieu au port de départ.

COLLECTE BRUTE : Montant effectivement perçu sans aucune retenue ni autre prélèvement.

CREATEUR D'ENTREPRISE / CHEF D'ENTREPRISE : Personne qui met toute son énergie (et ses deniers) pour constituer une société, en créant des emplois et en apportant un plus à la cité, afin de réaliser des profits.

D.F.A. :_Abréviation de Départements Français d'Amérique. C'est surtout dans les milieux économiques qu'elle est utilisée depuis 1975. On trouve parfois RFA (Régions Françaises d'Amérique), mais c'est plus rare.

DOM : Abréviation de Départements d'Outre-Mer.

DROIT ADDITIONNEL : Perception supplémentaire qui s'ajoute au principal dont il reprend les caractéristiques intrinsèques.

EBA : L'accord « Tout sauf les armes » entre l'Union Européenne et des pays considérés comme ayant de très graves retards de développement.

EGALITE : l'égalité est un principe révolutionnaire réaffirmé depuis deux siècles. L'égalité réelle des citoyens devant l'impôt a-t'elle jamais été appliqué ?

FACTEUR DE DEVELOPPEMENT : Elément permettant le développement économique d'une région.

FOB : (Free On Board) : Franco à bord est un des 11 incoterms[3] ajoutés à la révision 2010. La particularité de cet incoterm est d'être exclusivement maritime (au même titre que FAS, CFR et CIF) et de ne pas concerner les conteneurs. Le principe est que le vendeur doit dédouaner la marchandise et la livrer à bord d'un bateau désigné par l'acheteur. Le transfert des frais et des risques se fait lorsque la marchandise est à bord du navire au port de départ. Le vendeur paye donc les frais de chargement et doit fournir une facture commerciale ainsi qu'un reçu « net à bord ». Remarque importante : Ne concerne pas les marchandises conteneurisées.

HARMONISATION : Mettre en concordance. Etablir une correspondance entre différentes choses.

IMPOTS LOCAUX : Plus communément connus sous l'appellation de « quatre vieilles », ils sont (avec la Dotation Globale de Fonctionnement et plus récemment la Ligne Budgétaire Unique) la principale ressource des communes de France.

M.U.A. : Marché Unique Antillais qui regroupe la Martinique et la Guadeloupe pour faciliter les échanges des marchandises livrées dans une île et transférée dans l'autre.

---

[3] Dans le cadre de contrats commerciaux internationaux, les incoterms désignent les responsabilités et les obligations d'un vendeur et d'un acheteur dans les domaines suivants : chargement, transport, livraison des marchandises ainsi que les formalités et charges (assurances) liées à ces opérations. Ils indiquent plus précisément, le lieu de transfert des risques : En cas d'avarie à un moment donné du transport, qui aura à supporter les charges liées au dommage entre le vendeur et l'acheteur ? Les incoterms ne définissent pas le moment du transfert de propriété, mais seulement, le moment du transfert des risques, frais et organisation du transport. Le but est de fournir un ensemble de règles internationales pour l'interprétation des termes commerciaux les plus couramment utilisés en commerce extérieur.

M.U.E. : Marché Unique Européen à l'intérieur duquel il ne peut y avoir de barrière douanière.

OCTROI : 1) Action d'octroyer, de concéder comme un privilège, d'accorder comme une faveur.

2) Impôt perçu par les villes (au moyen âge) sur certaines marchandises qui y entraient.

OMC : Organisation Mondiale du Commerce. Depuis 1945, l'OMC, tout comme l'OCDE, se charge de « moraliser » les flux commerciaux entre les pays, notamment en supprimant les barrières douanières entre ceux-ci.

OME : Octroi de Mer Externe.

OMI : Octroi de Mer Intérieur pesant, à partir de 2005 sur la production livrée dans les DOM-COM.

OMR : Octroi de Mer Régional perçu par le Conseil régional.

POPULATION : Les recensements de l'INSEE sont la base irréfutable pour tous les calculs économiques et géopolitiques.

PTOM : Pays et Territoires d d'outre-mer.

POUVOIR DES ASSEMBLEES LOCALES : Faculté réservée aux assemblées locales de réglementer certains secteurs de la vie de leur région.

QPC : Question Prioritaire de Constitutionnalité.

R.O.M. : Abréviation de Régions d'**O**utre-Mer. Ce sont plutôt les politiques qui l'utilisent depuis 1988.

TAXE D'EFFET EQUIVALENT A UN DROIT DE DOUANE : Recette fiscale présentant toutes les caractéristiques d'un droit de douane par son assiette, son fait générateur et sa perception.

TFUE : Traité de Fonctionnement de l'Union Européenne (art 349).

UE : Union Européenne, ancienne CEE.

Ces termes seront repris en fin d'ouvrage, au chapitre 7.1, avec une lecture conforme à l'octroi de mer.

1. L'OCTROI DE FAIRE

1.1 UNE NAISSANCE DIFFICILE

Comme bon nombre de nos « spécificités », dont les cinquante pas géométriques ou le monopole de pavillon, l'octroi de mer fut formalisé au XIXe siècle mais existait déjà bien avant la fin de l'époque coloniale. La particularité de ces « vieilleries », c'est qu'elles concernent bien entendu toutes les actuelles Régions monodépartementales et nouvelles collectivités d'Outre-Mer, mais bien souvent les anciennes colonies qui, devenues indépendantes et/ou sous l'autorité de la Reine, ont conservé ces vestiges tangents du passé.

Dire que l'octroi de mer fut enfanté dans la douleur serait quelque peu exagéré. Toutefois, il faut se situer dans le contexte des colonies, après la période mouvementée et très incertaine de la Révolution française, mais aussi, des incertitudes engendrées par l'apparition de l'Empire, pour comprendre la jeunesse tumultueuse de cette gabelle d'un nouveau genre. Son approche historique permettra de donner sa définition juridique dans un contexte économique et fiscal.

1.1.1. APPROCHE HISTORIQUE

L'ambiguïté juridique de l'octroi de mer découle de ses pérégrinations historiques. Du plus loin que l'on remonte dans nos îles, c'est au XVIIème siècle qu'est apparu un droit similaire : le droit de poids. En effet, dès 1670, la Compagnie des Indes Occidentales avait le privilège de peser les marchandises qu'elle livrait aux colonies en percevant un droit. Il s'agissait donc d'un droit d'importation.

Cette taxe a survécu à la Révolution et elle fut subtilement remplacée par une autre en 1819, à la Martinique (et en 1825 à la Guadeloupe[4]). C'est dans l'ordonnance coloniale du 1er mars de cette année que l'on voit apparaître un « *octroi municipal établi portes de la mer* », figurer parmi les recettes ordinaires aux budgets des communes de la Martinique. Cela ne choqua point à l'époque car l'octroi était essentiellement fiscal et touchait tous les produits ou productions entrant ou réalisés dans les villes pour éviter le retour des douanes intérieures, comme au moyen-âge. En cela, il s'agissait d'un droit de consommation.

[4] Pour la Guadeloupe, ce fut d'abord dans les villes-port comme Basse-Terre, Pointe-à-Pitre, Le Moule et Grand Bourg de Marie-Galante. La généralisation à toutes les communes se fit ultérieurement, en 1838.

Une autre explication sur l'origine de l'octroi de mer a été avancée dans un article non signé publié dans le Bulletin Mensuel des Chambres de Commerce et d'Industrie de Guadeloupe, n°33, d'octobre 1972 : « On peut noter toutefois que la notion et le terme d'octroi de mer apparaissent dans les ordonnances rendues par les gouverneurs des colonies vers le premier quart du dix- neuvième siècle et qui se rapportaient à l'approbation du budget des localités, ayant réussi à arracher à Paris une autonomie financière toute relative. Pour financer certains travaux d'utilité générale, notamment portuaires, les villes côtières dotées d'un conseil municipal furent autorisées à prélever sur les denrées coloniales, sucre, café, coton, cacao, rhum, des octrois lors de l'expédition de ces denrées vers la métropole. Ces octrois revêtaient la forme de droits spécifiques et leur perception fut, dès l'origine, confiée aux services des douanes installés dans chaque port intéressé, qui prélevaient ainsi l'octroi mis à la charge d'exportateurs. Très rapidement, à ces droits d'octroi de mer dits de sortie, s'ajoutèrent ou se substituèrent des droits d'octroi de mer dits d'entrée qui furent tout naturellement perçus par la douane sur les marchandises en provenance de la métropole, les redevables étant alors les importateurs. Dans un même temps, l'affectation du produit de l'octroi, cantonné jusqu'alors aux communes portuaires fut étendue aux communes intérieures, tandis que la liste des produits soumis au droit d'octroi s'allongeait. »

C'est donc cet octroi colonial qui sera appelé, à partir de 1866, sous un intitulé qui est maintenant familier : « l'octroi de mer ».

La Guadeloupe crée le sien par une ordonnance du 24 décembre 1825, peu après le début du règne de Charles X. Ce ne sera qu'en 1850 que l'île Bourbon, la Réunion, instaurera son droit d'octroi de mer. La Révolution, dans un souci d'égalité, avait laissé les colonies livrées à elles-mêmes. Mais la « mulâtrocratie », selon l'expression de Leslie F. Manigat[5], se battit sans compter pour son émancipation.

La problématique de cette situation a été décrite par Victor Sablé dans son ouvrage : La transformation des îles d'Amérique en départements français, en ces termes : « L'abolition de l'esclavage réalisait l'assimilation des personnes quant aux droits civils et politiques, mais la constitution de 1848 remettait à plus tard l'assimilation des institutions de droit public... Les controuver par l'assimilation résultait des deux sens attachés à ce mot :

- Assimilation des personnes, c'est à dire égalité de tous les français devant la loi, pour ce qui est des droits individuels et subjectifs

---

[5] Universitaire de renom ayant enseigné à l'Institut Vizioz, la fac de droit de la Martinique. Il fut un de mes professeurs et, pour une courte période, en 1988, président de la République d'Haïti.

- Assimilation des institutions de droit public, telle que toute loi applicable en métropole soit automatiquement applicable aux Antilles et que le mécanisme administratif de ces territoires ne soit que la reproduction de celui de la métropole avec ou sans considération de distance, de climat ou de mœurs. »

Ces velléités d'égalité ne suffisaient pas. Certains élus croisèrent le fer, d'autres s'envolèrent dans des joutes oratoires pour exiger le droit de « discuter et voter, sur proposition du gouverneur, le budget intérieur de la colonie, de déterminer le système fiscal, assiette, mode de perception et de répartition des contributions directes et indirectes, le droit de régler les tarifs de douane, quand ils ne sont pas fixés par traités ».

Le *Senatus Consulte* du 3 mai 1854, pris sous Napoléon III, déterminera le statut des colonies en donnant aux Conseils Généraux compétence pour voter les taxes à l'exception des droits de douane. Par la loi douanière de 1861, les marchandises introduites dans les colonies subissaient le même régime douanier que s'il s'agissait d'introduction sur le territoire métropolitain. L'industrie sucrière en mal de développement tentait de s'exporter, en vain, sur l'étranger. Par contre, la concurrence des produits non métropolitains devait, théoriquement, faire baisser le coût de la vie aux Antilles. Il n'en fut rien. La crise économique était particulièrement grave dans les colonies. Pour tenter d'y apporter une solution, le gouvernement proposa une libéralisation des pouvoirs locaux par le *Senatus Consulte* du 4 juillet 1866. Ce document est accompagné d'une lettre du ministre de la marine et des colonies, Chasseloup Laubat, adressée aux gouverneurs dans laquelle il souligne l'importance de cette concession, et notamment le droit de voter les tarifs douaniers « droits considérables et depuis longtemps ambitionnés par les colonies ». L'article 2 de ce texte est ainsi libellé : « Le Conseil général vote les tarifs d'octroi de mer sur les objets de toute provenance, ainsi que les tarifs de douane sur les produits étrangers, naturels ou fabriqués, importés dans la colonie. Les tarifs de douane votés par le Conseil général sont rendus exécutoires par décret de l'Empereur, le Conseil d'Etat entendu. »

Les pouvoirs accordés aux Conseils Généraux étaient particulièrement étendus. Le gouvernement français n'avait plus alors que « la faculté d'approuver ou de repousser les taxes votées sans pouvoir les modifier ». Ainsi donc, deux taxes sont applicables à l'entrée des marchandises dans les colonies : les droits de douane et l'octroi de mer. Le premier alimentant le budget local de la colonie alors que le second se comptabilise dans celui des communes.

Dans les faits, les marchandises françaises étaient sous le régime de la franchise douanière. Pour commercer avec les pays voisins et rétablir la libre concurrence, il suffisait d'assouplir le carcan fiscal. Ce fut fait dès novembre 1866 quand le Conseil général de la Martinique supprima les droits de douane laissant seulement l'octroi de mer. Son homologue de la Guadeloupe suspendit également les droits de douane à l'importation le 11 décembre 1866, sauf pour les produits coloniaux.

Ce libéralisme visait le développement des relations avec les Etats-Unis, ayant, comme contrepartie une ouverture plus grande aux sucres antillais, « qui se placent de plus en plus mal dans la métropole, la France est devenue un pays d'exportation pour cette denrée ». Cette mesure provoqua de vives protestations de la part du lobby du négoce colonial dont les produits revenaient plus chers que les produits étrangers car venant de plus loin. Ce réajustement rétablissait pour un temps, très court, une économie concurrentielle. Les Conseils Généraux de la Martinique et de la Guadeloupe en ont profité également pour relever le taux de certaines marchandises produites localement.

L'effet protectionniste de l'octroi de mer fut évident. Certains produits n'étant plus importés, le gouvernement français se fit plus menaçant. De crainte de voir l'Etat français suspendre certains grands travaux publics dans la colonie et de perdre ainsi la protection de l'industrie sucrière (au cours des années 1889-1890), les Conseils Généraux rétablirent les droits de douane, donnant de cette manière satisfaction aux intérêts métropolitains.

Devant certains « abus » des Conseils Généraux, le législateur, par la loi du 11 janvier 1892, a été amené à réduire la compétence en matière d'octroi de mer. L'article 6 stipule : « le mode d'assiette, les règles de perception et le mode de répartition de l'octroi de mer sont établis par les délibérations des conseils généraux ou des conseils d'administration approuvées dans des décrets rendus en la forme de règlement d'administration publique. Les tarifs d'octroi de mer sont votés par les conseils généraux d'administration. Ils sont rendus exécutoires par décret rendu sur le rapport du ministre des colonies. Ils pourront être provisoirement mis à exécution en vertu de l'arrêté du Gouvernement. »

Cette réglementation restera en vigueur pendant près d'un demi-siècle. Les assauts jurisprudentiels contre l'octroi de mer seront légion (voir plus loin). Ce n'est qu'en 1935, le 14 juin, que le Conseil général de la Guadeloupe se prononce sur la nature du droit de l'octroi de mer : la délibération approuvée par le décret du 14 janvier 1936 dispose, dans son article premier : « les droits d'octroi de mer... sont applicables aux objets de toute provenance, qu'ils soient importés, récoltés, préparés ou fabriqués dans la colonie... ». Il devient par ce texte un droit de consommation.

Si l'octroi de mer n'est plus un droit de douane ni un droit d'importation, mais un droit de consommation, il doit toucher tous les produits et marchandises consommés ou produits dans les colonies. On verra que par l'utilisation d'artifices juridiques, seules des taxes sur les alcools produits et consommés localement subsisteront.

La loi du 19 mars 1946 érigera les quatre anciennes colonies en départements français.

Pour comprendre la motivation des élus de l'époque, il est bon de se remémorer la déclaration d'Aimé Césaire, alors rapporteur de la Commission des Territoires d'Outre-mer : « ...A l'heure où çà et là des doutes sont émis sur la solidarité de ce qu'il est convenu d'appeler l'Empire; à l'heure où l'étranger se fait l'écho de rumeurs de dissidence, cette demande d'intégration constitue un hommage rendu à la France, et à son Génie, et cet hommage dans l'actuelle conjoncture internationale prend une importance singulière...On ne fait rien quand on a la géographie contre soi. Or en la circonstance ce n'est pas seulement l'histoire que nous avons avec nous. C'est aussi la géographie... En effet, tout en affirmant le principe de l'unité française et l'extension du régime de la loi à des territoires qui jusqu'ici ne relevaient que du régime arbitraire des décrets, les propositions qui vous sont présentées n'empêchent pas de laisser éventuellement aux conseillers généraux de la Martinique, de la Guadeloupe, de la Guyane et de la Réunion certains pouvoirs qui leurs seraient propres... ».

Ainsi, bien que réclamant l'assimilation à la France, nos élus d'alors souhaitaient avoir des pouvoirs plus étendus pour leurs assemblées locales. La départementalisation porte de grands espoirs dans le cœur de ceux qui, moins de deux décennies plus tard, seront ses plus ardents détracteurs. La fameuse union douanière tant espérée ne se fera pas. Les décrets n^os^47-2390, 47-2391 et 47-2392 du 27 décembre 1947 laissent subsister l'octroi de mer jusqu'à une date qui sera fixée par décret... qui ne paraîtra jamais.

Un autre décret du 30 mars 1948, relatif à l'introduction dans les Départements de la Martinique et de la Guadeloupe de la législation et de la réglementation relatives aux contributions indirectes stipulent à l'article 6 qu'« à titre provisoire les droits d'octroi de mer continuent d'être appliqués... »

L'avènement de la Ve république ne sera pas fondamental dans l'évolution erratique de ce centenaire encore instable. Tout au plus peut-on relever que l'article 73 de la Constitution de 1958 permet d'adapter la législation métropolitaine pour tenir compte des situations particulières des DOM.

L'octroi de mer touchant indistinctement la production locale et les importations, les industriels locaux se sentirent lésés car subissant une double taxation : sur les matières premières et les emballages premièrement, et sur les produits finis (et consommés localement) deuxièmement. Les Chambres de Commerce et d'Industrie (CCI) demandèrent de manière de moins en moins voilées la suppression de l'octroi de mer intérieur et de l'octroi de mer touchant les échanges entre les DOM. Philippe Saint Cyr, dans son étude sur le droit de l'octroi de mer[6], affirme que la Chambre de Commerce et d'Industrie de la Martinique avait été sollicitée pour donner son avis sur les propositions d'une commission ministérielle spécialisée, elle « approuva les propositions de la commission, mais précisa qu'elle souhaiterait l'adoption du principe de la suppression pure et simple de l'octroi de mer ».

Le politique se fit l'écho de l'économique. Après maintes sollicitations, le gouvernement français, par décret du 24 décembre 1963 supprime l'octroi de mer entre les îles. Il s'agissait d'un premier pas.

La même année, une taxe nouvelle a été créée. Il s'agit des « droits assimilés au droit d'octroi de mer » auxquels sont soumis les rhums et spiritueux fabriqués et livrés à la consommation locale dans les quatre DOM. Sa réglementation originelle est définie dans l'article 22 de la loi de finances rectificative n°63-778 du 31 juillet 1963.

La note 265 du 5 mars 1964 du Ministère des Finances va plus loin : « Par décision du 25 février 1964, le Ministre a autorisé le service des impôts (contributions indirectes) à suspendre la perception du droit intérieur d'octroi de mer à partir de l'entrée en vigueur du décret n°63-1336 du 24 décembre 1963, approuvant le nouveau tarif d'octroi de mer ». Bien qu'il s'agisse d'un document interne à l'Administration, ce texte a une valeur capitale. Son interprétation restrictive peut laisser croire que l'octroi de mer est un droit d'importation.

Peu d'éléments nouveaux viendront affecter la croissance de l'octroi de mer au cours des années suivantes, si ce n'est, en mars 1982, la création de nouvelles collectivités territoriales. La loi n°84-747 du 2 août 1984 relative aux compétences des régions de Guadeloupe, de Guyane, de Martinique et de la Réunion transférera la gestion de l'octroi de mer du Conseil général

[6] Paru dans « Les cahiers du CERAG », le Centre d'Etudes et de Recherches Antilles-Guyane, Martinique, en juin 1973.

vers le Conseil régional. L'article 38 est clair. Il cite « un droit de consommation, dénommé Octroi de mer, assis sur leur valeur (des marchandises) au lieu d'introduction dans chaque région ». En outre la loi de 1984 permet aussi à la Région d'avoir quelques subsides en instituant à l'article 39, « un droit additionnel à l'octroi de mer, dont l'assiette est la même que l'octroi de mer. Son taux est fixé par le Conseil régional et ne peut excéder 1 pour 100 ».

On peut rapidement indiquer les principales évolutions qui seront analysées plus en détails plus loin. Jusqu'en 1992, l'octroi de mer a touché essentiellement les produits importés, créant ainsi une taxe équivalente à un droit de douane. Ce qui, on le verra, n'est pas conforme aux dispositions du Traité de Rome. Par une décision n° 89/688/CE du 22 décembre 1989, le Conseil des Communautés a demandé au gouvernement français de modifier sa législation afin de taxer indistinctement les produits introduits et fabriqués dans les DOM. Mais il a aussi autorisé la France à exonérer, totalement ou partiellement, les productions locales, en fonction des besoins économiques, pendant une durée de dix ans. Ces principes ont été mis en œuvre par la loi n° 92-676 du 17 juillet 1992, entrée en vigueur le 1er janvier 1993.

Avant l'échéance du régime des exonérations, normalement aboutissant au 31 décembre 2003, les autorités françaises ont demandé, le 14 avril 2003, sa prorogation. Cette reconduction n'a pas été demandée à l'identique du régime existant. Son perfectionnement et sa rénovation en vue d'en assurer sa pérennité ont été proposés. C'est donc par la décision n°2004/162/CE du 10 février 2004, que le Conseil a prorogé la décision de 1989 jusqu'au 31 juillet 2004 et a autorisé la France à maintenir un régime prévoyant des exonérations ou des réductions de taxe en faveur des productions locales jusqu'au 1er juillet 2014. La principale novation, portait sur les exonérations et réductions, qui doivent s'insérer dans la stratégie de développement économique et social des DOM, et ne concernent qu'une liste limitative de produits ou famille de produits (environ 185) définis par référence à la nomenclature douanière et qui doivent respecter des différentiels maximums de taxation, soit 10, 20 ou 30 points d'écart, fixés pour chaque DOM, et repris en parties A, B, et C de l'annexe jointe à la décision susvisée.

La loi n° 2004-639 du 2 juillet 2004 liste donc deux types d'opération imposables : l'importation de marchandises, et la livraison de biens à titre onéreux (ventes internes) issus d'opération de production[7].

---

[7] Les taux de la taxe d'octroi de mer (et de l'octroi de mer régional) sont de la compétence des Conseils régionaux qui les fixent par délibération.
En 1994, en Guadeloupe, on relevait pas moins de dix taux d'octroi de mer (0%, 2%, 5%, 7%, 10%, 15%, 20%, 25%, 30%, 50%) et quatre taux d'octroi de mer régional (0%, 1%, 1,5%, 2,5%).

La loi de 2015 ira dans cette même logique restrictive en baissant le plafond d'assujetissement des entreprises locales soumises à l'octroi de mer pour les biens produits et livrés dans les DOM. La durée de dérogation a encore été réduite puisque la fin de la période est 2020.

1.1.2. DÉFINITION JURIDIQUE

L'approche historique de l'octroi de mer a permis de survoler les grandes étapes de sa croissance. Il ne serait pas superfétatoire d'en reprendre les principales articulations du point de vue du droit. L'évolution erratique de l'octroi de mer a fait l'objet d'une jurisprudence abondante et a inspiré bien des fois la doctrine.

Pour mieux exposer les solutions retenues par les auteurs et la jurisprudence, nous reprendrons, avec son aimable autorisation un court extrait de l'importante étude faite sur le droit de l'octroi de mer par Monsieur Philippe Saint Cyr, publiée dans les cahiers du CERAG, n°28. Monsieur Saint Cyr, ancien doyen de l'université des Antilles-Guyane, ancien conseiller régional, est encore considéré de nos jours comme « le » spécialiste de l'octroi de mer.

a) La jurisprudence

Toute la question portait sur le droit de savoir à quels objets pouvaient et devaient s'appliquer les droits d'octroi. L'article 2 du Senatus Consulte (de 1866) disait en effet : « Le Conseil général vote les tarifs sur les objets de toute provenance. On s'est tout d'abord demandé à quelles espèces de marchandises l'octroi de mer pouvait s'appliquer, et si, notamment les limitations du décret du 17 mai 1809, pouvaient être invoquées dans l'espèce. Mais on fit observer que, d'une part, le décret de 1809 n'avait jamais été promulgué aux colonies, que d'ailleurs, même en France, ses dispositions restrictives avaient été modifiées par la loi du 28 avril 1816 et les lois subséquentes concernant l'organisation municipale, et que d'autre part, l'octroi de mer des colonies avait toujours compris les objets qui en France, n'étaient pas assujettis au droit d'octroi. On en conclut donc que l'octroi de mer pouvait s'appliquer à tous les objets manufacturés, aux boissons, matériaux, fourrages, comestibles et combustibles. »

Pour le calcul de l'octroi de mer, à l'importation, l'assiette est constituée par la valeur en douane des marchandises au sens de la réglementation communautaire (prix CAF).
Dans le cadre des livraisons, la base d'imposition est constituée par la valeur hors taxes.

Mais, si les conseils généraux pouvaient établir les droits d'octroi de mer sur les objets de toute nature, c'était à la condition de conserver à cette taxe le caractère de droit fiscal pur et simple sans aucun caractère différentiel soit entre les objets de telle ou telle provenance, soit entre les objets amenés du dehors et ceux produits dans la colonie.

Le caractère de droit purement fiscal avait toujours été maintenu à l'octroi en France, et c'était pour éviter le retour aux douanes intérieures, que le législateur avait exigé que les tarifs fussent applicables aussi bien aux objets fabriqués et produits dans l'intérieur des lieux sujets qu'aux objets qui y étaient introduits.

Les gouverneurs, puis les conseils généraux, arguant des mots : « objets de toute provenance » avaient cru pouvoir ne percevoir l'octroi que sur les objets importés dans les colonies sans y assujettir les objets similaires produits dans la colonie. Mais, si les droits ainsi établis et frappant indistinctement les produits étrangers et les produits français ne présentaient pas vis-à-vis de ces derniers le caractère protecteur, le caractère de droit différentiel, propre au droit de douane, on pouvait dire que ces mêmes droits, en n'atteignant pas les objets similaires fabriqués ou produits dans la colonie affectaient vis- à-vis de ces derniers ce caractère de droits différentiels, tandis qu'il était de nature et de l'essence même des droits d'octroi de mer de se référer uniquement à la consommation locale, sans jamais tenir compte de l'origine de ces produits. La cour de cassation, faisant application de ce principe, avait déclaré nuls et non avenus comme inconstitutionnels plusieurs arrêtés du gouverneur de la Réunion, notamment un arrêté du 30 octobre 1861 qui établissait pour l'île toute entière une taxe qualifiée droit municipal d'octroi, imposée exclusivement sur les objets de consommation venant de l'extérieur et perçue à l'entrée des ports donnant accès dans la colonie. Les arrêtés créaient, en réalité, une taxe douanière, qu'il n'appartenait, sous le régime alors en vigueur, qu'au pouvoir législatif de la Métropole d'établir ; en effet, l'arrêt Cass. Civ. 7 mai 1861 énonçait : « Attendu que le droit dont il s'agit n'a pas pour objet une consommation locale circonscrite par les limites mêmes d'un octroi préétabli ; que ce droit embrasse, au contraire, dans son action, la circonférence entière de l'île, et qu'il frappe ainsi, sur tous les points, la consommation générale ; que, de plus, et à ce titre il est perçu à l'importation par des agents de la douane, et qu'enfin, il n'atteint sous aucune forme, le tabac de l'intérieur ; d'où il suit que... il offre tous les caractères d'un droit de douane ».

De même, l'arrêt de la cour de cassation, Ch. Civ. du 29 février 1868 affirmait : « il s'agit de distinguer le droit d'octroi des taxes particulières, qu'il y a lieu de reconnaître en effet, que tandis qu'il est de la nature et de l'essence même des droits d'octroi de se référer uniquement à la consommation locale, en ce sens qu'ils ne peuvent en aucun cas, et sous aucun prétexte, être étendus au-delà de la commune où ils sont établis, les taxes douanières sont caractérisées au contraire, par cette double condition que, d'une part, comme dans l'espèce, elles atteignent à l'entrée et sur tous les points du territoire les objets assujettis, et qu'ainsi elles ne portent pas seulement sur la consommation locale dans les limites mêmes d'un octroi préétabli, mais qu'elles frappent, de plus, absolument et indistinctement, la consommation générale du pays où ces objets sont importés ; et que, d'autre part, il est également vrai de dire que, dans ce cas et par le fait de l'importation, les taxes susdites affectent directement les rapports de la colonie avec la métropole et les pays étrangers ; qu'il y a donc lieu de reconnaître que les droits perçus par les agents des douanes aux portes de Saint Denis, Saint Paul et Saint Pierre, dont les demandeurs réclamaient la restitution, ne pouvaient pas être considérés comme de simples droits d'octroi et qu'ils offraient au contraire, le caractère des taxes essentiellement douanières ».

En 1885, la cour de cassation s'était encore prononcée en ce sens. En effet, au cours de l'année 1882, les demandeurs, des négociants importateurs de la Réunion, s'étaient adressés à l'administration locale des douanes en répétition des droits d'octroi de mer. L'administration des douanes leur opposa la prescription quinquennale. Ils se retournèrent alors contre les communes qui, elles, ne pouvaient pas opposer la prescription. Le litige portait sur la légalité de deux arrêtés du gouverneur, l'un en date du 13 décembre 1850 portant établissement de droits d'octroi de mer dans la colonie, l'autre, en date du 30 octobre 1861 qui avait surélevé les droits existants et ajouté un certain nombre d'objets à la nomenclature de ceux déjà assujettis. La cour de la Réunion déclara nul et inconstitutionnel l'arrêté de 1861, mais maintint au contraire celui de 1850. L'arrêt de la cour se fondait, pour établir cette distinction, sur ce motif que le gouverneur avait agi régulièrement en 1848, tandis qu'en 1861, il s'en trouvait dépossédé par le *Senatus Consulte* du 3 mai 1854.

Les gouverneurs n'ont plus eu, en effet, à partir de cette époque dans leurs attributions, la puissance législative en ce qui concerne le régime municipal, telle qu'elle avait été déléguée à l'ancien conseil colonial auquel ils avaient été substitués. Peu importait par conséquent la nature des taxes imposées : qu'elles constituassent un tarif de douane ou un droit d'octroi de mer, elles ne pouvaient être modifiées par un simple arrêté du gouverneur. C'était donc, avec raison que l'arrêté de la cour de la Réunion avait prononcé l'inconstitutionnalité de l'arrêté du gouverneur de 1861. Mais elle considéra comme valable l'arrêté de 1850, en raison des pouvoirs extraordinaires du gouverneur à cette époque et, ne reconnaissant pas aux droits d'octroi le caractère des droits de douane invoqués par les demandeurs, elle déclara légale et constitutionnelle la perception des droits opérée en vertu dudit arrêté ; les demandeurs s'étaient pourvus en cassation contre cette dernière décision, et la chambre civile, repoussant l'interprétation donnée par la cour de la Réunion, a déclaré que les droits d'octroi de mer, tels qu'ils étaient établis constituaient en fait de véritables droits de douane dont la compétence ne ressortissait pas au gouverneur de la colonie, même en 1850, et a cassé l'arrêt de la cour de la Réunion :

« Attendu que l'octroi de mer, au lieu de porter seulement sur la consommation locale dans les limites d'un octroi municipal circonscrit au territoire de la commune, au profit de laquelle il est établi, étend son action au périmètre tout entier de l'île de la Réunion et atteint sur tous les points, la consommation générale du pays où sont introduits les objets assujettis qu'il frappe en raison de leur provenance extérieure ; qu'ainsi , et par une conséquence nécessaire, du fait même de l'importation des marchandises mentionnées au tarif, l'octroi de mer affecte, au point de vue du commerce, les relations de la colonie avec la métropole et que ladite taxe présente des caractères qui sont constitutifs d'une taxe essentiellement douanière ;

_ Attendu que, en admettant même que le prétendu droit ainsi constitué est connu sous le nom d'octroi de mer qui n'a frappé que les marchandises importées du dehors sans toucher du tout les objets similaires de l'intérieur, n'ait pu, cependant, à raison du peu d'importance de ces objets, jouer vis-à-vis d'eux, le rôle de taxe différentielle, il ne s'ensuit pas que le droit ne doive être considéré comme un droit douanier, s'il réunit d'ailleurs d'autres caractères essentiels de ce genre de taxe... Casse… ».

Nous pouvons encore citer l'arrêt de la cour de cassation, Civ. 7 janvier 1896 : « Attendu qu'en fait, il est constant que les droits établis sous le nom d'octroi de mer, par l'arrêté du gouverneur... ne frappaient que les marchandises importées du dehors, sans toucher les objets similaires de l'intérieur, et qu'au lieu de porter seulement sur la consommation locale dans les limites d'un octroi municipal circonscrit au territoire d'une commune ou d'un district, ils étendaient leur action au périmètre tout entier de la colonie, qui, dans ces conditions, et par une conséquence nécessaire du fait même de l'importation des marchandises, ils affectaient donc, au point de vue du commerce, les relations de la colonie avec la métropole, et présentaient ainsi, le caractère d'une taxe essentiellement douanière. »

La cour de cassation pensait donc que l'octroi de mer devait être assimilé à un droit de douane. Pour parvenir à ce résultat, elle se fondait sur les trois considérations suivantes :

1) L'octroi de mer n'est pas l'octroi municipal : Il est de la nature et de l'essence même des droits d'octroi de se référer uniquement à la consommation locale dans les limites d'un octroi circonscrit au territoire de la commune, au profit de laquelle il est établi, et non d'étendre son action au périmètre tout entier de l'île et d'atteindre ainsi la consommation générale du pays.

2) L'octroi de mer a un caractère différentiel : Les objets similaires fabriqués ou produits dans la colonie ne sont pas assujettis à l'octroi de mer ; les droits d'octroi affectent, par suite, un véritable caractère de droits différentiels au regard des objets similaires coloniaux non soumis aux droits propres à favoriser, à protéger la fabrication coloniale.

3) L'octroi de mer est perçu comme un droit de douane : En effet, la perception de l'octroi de mer est faite par les agents des douanes, et, de ce fait, la cour de cassation tirait la qualification du droit.

Plus tard, la Cour de Justice des Communautés Européennes (CJCE) dira le droit dans un arrêt peu connu mais d'importance : « Surgelés et autres » du 7 novembre 1996. Dans son rapport au Sénat, à partir de notes fournies par le ministère de l'Outre-mer, Roland de LUART décrit l'évolution jurisprudentielle : « Dans l'arrêt du 7 novembre 1996, la cour aborde la légitimité de la taxe par rapport à la date de mise en place du tarif douanier commun au 1er juillet 1968. Elle considère très précisément que la perception de cette taxe est fondée et ne peut être considérée comme une taxe d'effet équivalant à un droit de douane dès lors qu'elle existait au 1er juillet 1968 et que son montant n'avait pas augmenté à cette date. »

Comme cela n'était pas le cas pour la hausse des taux qui résultent de l'instauration en 1984 du DAOM, la CJCE devait déclarer la taxe illégale et constitutive d'une taxe équivalente à un droit de douane.

Il faudra notamment attendre la jurisprudence « Chevassus Marche » pour que la CJCE définisse précisément les conditions dans lesquelles une telle taxe pouvait être considérée comme n'étant pas équivalant à un droit de douane en définissant ce que recouvre une telle notion (par un rappel d'un arrêt de 1981) et en précisant que cette taxe doit être examinée au regard du texte qui l'a créée (par le rappel d'un arrêt de 1995).

En analysant la décision du conseil de décembre 1989, la CJCE devait reconnaître la validité de la décision du conseil de 1989 et partant le bien-fondé de la taxe d'octroi de mer, entendue comme différenciation entre des produits importés et obtenus localement. Cette jurisprudence de portée générale vaut pour ce type de taxe dont le DAOM n'est qu'une modalité d'une taxe de même nature.[8]

Voyons maintenant qu'elle était la position des auteurs qui s'étaient penchés sur ce problème.

b) La doctrine

La majorité des auteurs critiquait la position jurisprudentielle ; cependant les opinions étaient nuancées.

C'est ainsi que P. Dislère écrivait : « La considération jurisprudentielle de la perception de l'octroi de mer par les agents des douanes, ne nous paraît guère acceptable. Le choix des agents de la perception ne saurait modifier le caractère des impôts ; sans cela, il faudrait en arriver à dire que les droits d'entrée perçus en France, dans certaines villes, par les préposés de l'octroi, constituent non des taxes indirectes appartenant à l'Etat, mais des droits d'octroi revenant à ces communes. La cour de cassation semble d'ailleurs avoir reconnu le peu de fondement de cet argument, car elle ne l'a plus invoqué dans son dernier arrêt. Il en est de même du premier motif qui constituerait une interprétation trop rigoureuse du mot consommation locale, en considérant comme obligatoire la perception au profit d'une commune distincte. En effet, le caractère de l'octroi résulte beaucoup moins de sa perception au profit d'une commune déterminée que de son affectation aux besoins municipaux. Cette union des communes de la Réunion, comme celle des communes des autres colonies ou de l'île d'Oléron dans la métropole, s'explique par leur situation particulière. La perception des droits d'octroi à l'entrée des principaux ports pour les objets venant de l'extérieur, était toute simple et toute naturelle en raison de la configuration des colonies.

En outre, les périmètres soumis, s'étendant sur un vaste territoire, les agglomérations de la population n'ayant pas la même densité qu'en France, les frais de perception se fussent trouvés hors de proportion avec les recettes à recouvrer, aussi pensons- nous que rien n'interdisait cette union des communes pour la perception de leur octroi et qu'elle n'est pas suffisante pour faire perdre aux droits ainsi établis, leur caractère d'octroi municipal.

Mais nous estimons que la cour de cassation a fait une juste application des principes qui régissent l'octroi en établissant que les tarifs, pour conserver leur véritable caractère de droits fiscaux, doivent atteindre aussi bien les produits de l'intérieur que les produits de l'extérieur, dès l'instant que ces objets sont destinés à la consommation locale. Peu importe qu'en raison des circonstances

[8] A consulter sur le site Internet du sénat : http://www.senat.fr/rap/l03-357/l03-3571.pdf

particulières et notamment du peu de développement de l'industrie coloniale, il n'y ait qu'un nombre fort restreint d'objets compris dans l'octroi qui soient produits dans la colonie, peu importe également qu'en raison du peu d'élévation des tarifs, la protection accordée aux produits coloniaux soit minime et insignifiante, car le droit d'octroi de mer affecte, dès lors, vis à vis des produits de la colonie, le caractère d'un droit différentiel, d'un droit de douane, qu'il n'appartenait pas au gouverneur de créer autrefois, et qu'il n'appartient pas d'avantage au Conseil général d'établir. »

Citons encore J Ruben de Couder : « C'est un droit sui generis qui est lui-même et pas un autre ; il a une nature à part, des conditions d'être propres. Il n'est pas le droit de douane. Entre ces deux catégories de droits fiscaux, il forme un type neutre, une originalité spéciale aux colonies. Par sa cause, par son assiette, par sa destination et sa répartition toute communale, il tient lieu de l'octroi qui existe en France ; mais ce dernier octroi n'a jamais pu être acclimaté dans nos possessions insulaires. Les coutumes locales y répugnent invinciblement ; la configuration topographique du sol y élève une impossibilité matérielle. L'assimilation avec le droit de douane doit être radicalement condamnée. Dans cet ordre d'idée, le rapprochement avec le droit d'octroi de terre paraît plus conforme aux principes du régime fiscal en vigueur dans la métropole. Mais, ni l'une, ni l'autre de ces solutions ne s'impose d'office ; elles peuvent également être écartées. Nous les écartons. Toutes les difficultés, à notre conviction, viennent de ce que les tribunaux ont mal choisi le terrain de discussion, qu'ils persistent à vouloir, de toute force, trouver des identités que là où il ne peut y avoir que des équivalences. L'assimilation pousse à la confusion des caractères ; l'équivalence laisse subsister les différences. L'octroi de mer, ou l'octroi aux portes de mer, suivant son appellation originaire, n'est ni le droit de douane, ni le droit d'octroi de terre, non plus qu'une colonie ne soit la métropole. Il est l'octroi de mer comme une colonie est une colonie. Son caractère d'origine est d'être essentiellement colonial, de ne vivre que dans les colonies et pour les colonies ; ce caractère générique se complète et a priori au point de vue typique comme impôt par une affectation absolument municipale, par une vertu de fiscalité pure et simple... ».

Si nous voulons être complets, nous devons encore citer G. François et H. Mariel : « C'était une erreur grave d'avoir attribué en même temps aux colonies, la faculté de voter le droit de douane et d'octroi de mer, car ces deux droits n'ont, entre eux, qu'une apparente analogie. Bien au contraire, il existe entre eux de profondes différences :

1) Le droit de douane profite au budget de la colonie, le droit d'octroi de mer, perçu d'ailleurs par le service des douanes, profite aux budgets communaux entre lesquels il est réparti après déduction des frais de perception

fixés de manière forfaitaire au dixième de produit. Le droit d'octroi de mer est l'analogue du droit d'octroi municipal en France, avec cette double différence cependant, d'une part il s'étend à l'ensemble de la colonie au lieu d'être restreint au territoire d'une commune, et, d'autre part, qu'il est perçu au profit non d'un budget communal, mais de l'ensemble des budgets communaux entre lesquels il est réparti au prorata de la population, par le gouverneur, auquel le Conseil général ne pourrait se substituer (avis du Conseil d'Etat, 13 mars 1889).

2) Aux termes mêmes de l'article 2 du Senatus Consulte de 1866, le droit de douane ne frappe que les produits étrangers. Au contraire, le droit d'octroi de mer porte sur les objets de toute provenance, aussi bien les produits français que les marchandises étrangères. Aucune liste limitative d'objets pouvant être frappés de ce droit d'octroi de mer n'étant intervenue pour les colonies, ce droit peut s'appliquer à tous les objets de la consommation locale.

3) Le vote du Conseil général, en matière d'octroi de mer est définitif. La délibération des conseils étant exécutoire par elle-même, si, dans un délai d'un mois, le gouverneur de la colonie n'en avait pas demandé l'annulation. En matière de droits de douane, les pouvoirs des assemblées locales sont moins étendus, du moins les tarifs doivent être “rendus exécutoires par décret”, mais les conseils ont toute initiative pour l'établissement du droit et du vote du tarif.

4) Enfin, les tarifs d'octroi de mer doivent, comme les droits communaux en France, revêtir le caractère de taxe fiscale sans aucun caractère différentiel. Ils doivent frapper également les produits récoltés ou fabriqués sur place et les marchandises françaises et étrangères sans qu'une différence de traitement puisse être établie à raison de l'origine, de la provenance, du pavillon importateur ou de la destination... »

Mais que penser de ces quelques réflexions ?

Lorsque la taxe frappe uniquement les objets de provenance étrangère, elle présente un caractère fiscal et protecteur et elle constitue alors un droit de douane. Lorsque la taxe frappe indistinctement et également les objets de toute provenance, elle est alors uniquement fiscale et prend le nom de droits d'importation. Enfin, si la taxe s'applique non seulement à tous les objets importés de toute provenance, mais en même temps à tous ceux récoltés ou fabriqués dans la colonie, elle n'est encore qu'une taxe fiscale et se nomme droit de consommation.

L'octroi de mer, juridiquement, à cette époque est un droit de consommation. En effet, théoriquement il frappe non seulement tous les objets importés quelle que soit leur provenance, mais aussi les produits fabriqués sur place.

En fait, il se rapproche d'un droit de douane.

En effet, il est perçu par les agents de la douane. Mais, surtout, après le *Senatus Consulte* de 1866, les colonies avaient supprimé les droits de douane pour le remplacer par ce droit. Finalement, ce droit avait un caractère protecteur, il tendait tout d'abord à protéger les marchandises étrangères en les mettant sur le même pied d'égalité que les marchandises françaises, ensuite, ne frappant que les produits locaux, il visait aussi à les préserver de la concurrence venant des marchandises importées. Puis, par la suite, le droit d'octroi de mer retrouvera sa véritable nature juridique théorique.

Cependant, il faut signaler pour être complet que la distinction entre droit d'octroi de mer et droit de douane était difficile à faire, que la jurisprudence à cette époque, hésitait à déterminer les caractères spécifiques du droit de douane.

De ce que nous venons d'exposer, il ressort que le caractère de droit de douane est d'être à la fois fiscal ainsi que différentiel et protecteur, tandis que le droit de consommation, atteignant indistinctement tous les produits de toute origine, y compris ceux du cru, est uniquement fiscal et ne présente aucun caractère différentiel. La cour de cassation semblait avoir admis cette distinction du droit de douane et de la taxe de consommation.

D'ailleurs, le législateur de 1928 s'est rallié à cette dernière opinion. En effet, l'article 2 de la loi du 13 avril 1928 dispose : « Pour l'application des articles 1er à 11 de la présente loi, il faut entendre par droits de douane, les droits frappant à l'entrée des colonies, des marchandises étrangères à l'exclusion des marchandises nationales ». Il est donc bien entendu, que désormais, les marchandises nationales (métropolitaines et coloniales) ne peuvent être grevées que de droits fiscaux (droits d'importation, de sortie, de consommation, octroi de mer, etc.). Donc, ce qui est sûr et certain à partir de ce moment, c'est que le droit d'octroi de mer n'entre pas dans la catégorie des droits de douane. L'octroi de mer frappant indistinctement les marchandises nationales et les marchandises étrangères, il ne peut s'agir que d'un droit fiscal. A la Martinique, l'octroi de mer est donc un véritable droit de consommation, tandis que dans les autres Départements d'Outre-mer il s'agit d'un droit d'importation.

Ainsi donc, si pour certains auteurs il s'agit d'un droit *sui generis*, et pour d'autres une taxe fiscale (de consommation ou d'importation selon le département), on verra apparaître à partir de 1978 et les années suivantes une nouvelle qualification, celle de « taxe d'effet équivalent » à un droit de douane. Cette évolution de la doctrine sera examinée plus loin avec l'abondante jurisprudence européenne sur ce sujet.

Bien que l'approche historique et sa définition juridique permettent de mieux appréhender l'octroi de mer, il est nécessaire d'en examiner les mécanismes de perception et de répartition.

1.1.3. Règles de fonctionnement

Le principe peut paraître simple, à première vue : les élus régionaux votent le tarif, la douane perçoit la taxe et les collectivités locales en bénéficient, d'une part. Et sur un autre plan, les entreprises qui souhaitent bénéficier d'exonérations font leur demande qui est validée par le Conseil régional (ou la Collectivité territoriale) et en informe les services fiscaux et la Douane. En réalité, le système a été compliqué au fil des ans, et selon les velléités des élus des départements, pour permettre à certains appétits de profiter de cette manne (providentielle et intarissable)[9].

1.1.3.1. Le vote du tarif

Depuis la création de l'octroi de mer au dix-neuvième siècle, et plus officiellement, depuis la loi du 11 janvier 1892, et les décrets du 27 décembre 1947, les tarifs d'octroi de mer ont été établis suivant les délibérations du Conseil général. Les tarifs qui ont suivi sont ceux qui ont été fixés et approuvés :

Pour la Guadeloupe, par le décret n° 63-1337 du 24 janvier 1963, ensemble des décrets subséquents qui l'ont modifié ;

Pour la Guyane, par le décret n° 74-1203 du 31 décembre 1974 ;

Pour la Martinique, par le décret n° 63-1338 du 24 décembre 1963, ensemble des décrets subséquents qui l'ont modifié ;

Pour la Réunion, par le décret n° 63-1339 du 24 décembre 1963, ensemble des décrets subséquents qui l'ont modifié.

Il a résulté de cette pratique une très grande diversité des taux, à la fois en nombre et en niveau, comme l'indique le tableau suivant.

La pratique de la taxation à l'octroi de mer sous la loi de 1984

	Nombre de taux	Taux de base	Taux moyen
Guadeloupe	13	7 %	6,3 %
Martinique	12	7 %	7,1 %
Guyane	13	12 %	8,3 %
Réunion	19	5,5 %	7,3 %

Source : Rapport Sénat, 2004

Cette diversité extrême des taux répondait à trois objectifs :

[9] Jusqu'à quand ?

Protéger, par des taux élevés, certaines activités locales de la concurrence extérieure, d'autant plus forte que les coûts de production sont élevés dans les régions d'outre-mer ;

Pénaliser certains produits, comme l'alcool (qui supportait un taux pouvant aller jusqu'à 77 %) ;

Ne pas trop peser sur les produits de consommation courante entrant dans un cycle de production.

Pour ces quatre DOM, la dernière réforme d'importance a été définie par la loi n° 2004-639 du 2 juillet 2004. La décision du Conseil de l'Union Européenne n°940/2014/UE du 17 décembre 2014 a reconduit l'octroi de mer jusqu'au 31 décembre 2020. La loi du 29 juin 2015, qui transpose cette décision dans le droit français, est parue au Journal officiel le 30 juin 2015 pour une entrée en vigueur au 1er juillet 2015.

Pour Mayotte, la dernière venue comme 9ème région ultrapériphérique européenne, du fait qu'elle ne dispose plus d'une autonomie douanière et fiscale depuis le 1er janvier 2014, il n'y a pas d'antériorité, et c'est donc la loi n° 2004-639 du 2 juillet 2004 et la décision du Conseil de l'UE n° 940/2014/UE du 17 décembre 2014 qui est applicable. Il faut rappeler que Mayotte fait partie du territoire douanier de la France et de l'UE mais est exclue du territoire fiscal de la Communauté Européenne[10].

Un peu d'histoire : Dans les années 60, le Préfet instruisait le dossier, le présentait au Conseil général qui votait le taux proposé ou (rarement) le modifiait. Dans ce cas, il fallait attendre la publication d'un décret pour rendre exécutoire cette modification. A titre d'exemple, le bulletin des CCI de la Guadeloupe[11] précise que pour la seule année 1970, dix-huit décrets signés par le Premier Ministre sur le rapport du Ministre de l'économie et des Finances et du Ministre délégué auprès du Premier Ministre chargé des Départements et Territoires d'Outre-mer ont approuvé : cinq délibérations du Conseil général de la Réunion, neuf de celui de la Martinique et six de celui de la Guadeloupe. Une étude de ces délibérations a permis de constater que seules deux délibérations des Conseils Généraux ont augmenté les droits d'octroi de mer : l'une du Conseil général de la Réunion, fait passer à 35% les droits sur les vins AOC , l'autre, du Conseil général de la Martinique, porte à 31% le droit sur les vins mousseux, les vermouths et les boissons spiritueuses dont le rhum et le tafia; les seize autres délibérations approuvées par décrets ont prorogé ou établi des exemptions en faveur d'un certain nombre de produits ou en faveur de certaines entreprises établies ou en voie d'établissement dans les départements intéressés. Sans en faire une

---

[10] Voir plus de détails dans le chapitre 1.2.6 L'arrivée de Mayotte.

[11] Cf op. cit.

énumération exhaustive, on peut citer l'exonération de biens d'équipement, notamment pour la Société Martiniquaise de Carrelages, la Société de Production d'Exploitation et de Distribution d'Energie à la Martinique (SPEDEM, actuellement EDF) pour la construction d'une nouvelle centrale, la Société Anonyme de Raffinage aux Antilles (SARA) pour la raffinerie de pétroles, ainsi qu'une usine d'engrais.

Si ces exemptions semblent logiques, pour tout le moins compréhensibles, on se ravise quand on apprend que ces mêmes industries naissantes bénéficient, bien souvent des plus grandes largesses de la rue Oudinot[12]. Dans les années 60-70, la « départementalisation économique » était à la mode. Il fallait créer des industries lourdes mais aussi accueillir les riches touristes américains qui croisaient dans la Caraïbe. D'où l'idée de construire des hôtels de prestige aux normes « quatre étoiles ». Dans ce cas encore, les états-majors parisiens et les élus locaux avaient attiré les hôteliers en leur promettant monts et merveilles dont cette fameuse carotte fiscale qu'est l'octroi de mer. Une lecture de la délibération du Conseil général de la Guadeloupe, approuvée par le décret 71-593 du 30 juin 1971, le confirme : le Conseil général a dès lors « le soin d'accorder des exonérations des droits d'octroi de mer sur les biens d'équipement importés par les hôtels, villages, restaurants et offices de tourisme, par les exploitants ou concessionnaires de gares maritimes, aériennes et des ports de plaisance ainsi que des cabarets et music-halls, sous réserve que l'investissement soit agréé, après avis d'une commission locale, par arrêté préfectoral » ; une option pour le remboursement des droits d'octroi de mer est même prévue. La Martinique, pour sa part bénéficiera de ce même avantage par un décret pris également le 30 juin 1971.

Serge Payet, délégué régional des organisations patronales de la Réunion, dans son ouvrage intitulé : « L'octroi de mer, réformer ou périr »[13], rapporte les faits suivants : « Les préfets et élus locaux ont quelques fois été prudents mais l'administration centrale les a poussés à taxer fortement. En 1961, un inspecteur général des finances écrit “les services administratifs qui préparent, les préfets qui proposent et les assemblées qui délibèrent un tarif d'octroi de mer ont quelque peu mauvaise conscience... Dans le même temps que services et assemblées n'osent aller au bout des possibilités fiscales d'un tarif d'octroi de mer, ils évoquent les difficultés financières des communes et demandent à l'état des prêts, des subventions... illustrant une fois de plus la règle d'or des finances locales dans les DOM : Ne t'aide pas, le ciel t'aidera”. »Qu'en termes élégants ces choses sont dites, avant de fournir aux autorités des éléments d'information et d'appréciation pour une politique moins réservée en matière d'octroi de mer.

---

[12] Siège du Ministère des DOM-TOM, à Paris.

[13] Publié en fin d'année 1988, par le COLIER.

Des propositions sont avancées pour l'avenir de l'octroi de mer :

- Exonération des produits constituant les consommations de base de la population ;
- Exonération des produits dont le coût entre dans la formation des principales productions de l'île ;
- Imposition des produits susceptibles de concurrencer la production locale ;
- Reprise à l'imposition d'exonérations relatives à des produits qui n'entrent pas directement dans le cycle de production de l'île où qui se situent nettement au-delà de la consommation de base ;
- Imposition renforcée des produits non indispensables à la vie ou correspondant à des consommations de standing ou de luxe.

Dans ce même rapport, l'inspecteur général des finances Henri Culmann conclut à « une augmentation du produit global avec un soutien accru à l'économie et l'exonération complète des produits qui déterminent le coût de la vie *(sic)* ».

A l'origine, la réglementation était très hétéroclite. Les décrets ci-dessus ont eu le mérite de rendre plus clair le tarif d'octroi de mer en le calquant sur la nomenclature des positions du tarif douanier d'importation. Leur présentation fut plus rigoureuse et le nombre de taux moins important (en 1963). A titre d'exemple, on peut donner un tableau comparatif des différents taux pratiqués dans les années 60 :

	Taux Réduit	Taux Général	Taux Majoré
Martinique	2%	7%	10 à 25%
Guadeloupe	2 et 5%	7%	10 à 25%
Guyane	2 et 5%	7%	10 à 25%
Réunion	2%	7%	10 à 25%

Ce récapitulatif montre que les taux, à l'époque, étaient relativement modérés et que la plus grande partie des produits subissait une taxe de l'ordre de 5 à 7%. Il n'en a plus été ainsi depuis, comme on le verra plus loin. Cette apparente simplicité cache en vérité de nombreuses contradictions. Chaque assemblée pouvant légitimement établir son tarif, on en est arrivé à des distorsions inexplicables. Qu'est-ce qui justifie que tel produit soit très taxé ici et pas là, alors que l'équivalent n'a jamais été produit dans les îles !

	Guyane		Guadeloupe		Martinique		Réunion	
	1987	2017	1987	2016	1990	2014	1990	2015
Champagne 22 04 10	10%	97,5 %	10%	30%	40%	25%	62%	48,5 %
Cigarettes 24 02 2000	70%	57, 5 %	73%	50%	73%	50%	25%	57,5 %
Café importé	10%	17, 5 %	25%	25%	15%	25%	17%	15,5 %

L'industriel métropolitain (ou étranger) qui veut s'installer dans les DOM est fort surpris de constater la grande diversité de taux qui existent entre la Martinique, la Guadeloupe, la Réunion et la Guyane, et qui rendent une production compétitive là et pas ailleurs. Il faut donc une volonté politique d'harmoniser les tarifs d'octroi de mer. Les élus des Antilles-Guyane ont compris cette impérieuse nécessité et se penchent régulièrement sur cette question, hélas, sans grands résultats, les querelles de clocher rejaillissant toujours. Il sera précisé dans la deuxième partie de ce chapitre un exemple de tentative de coopération.

Comme indiqué plus haut, depuis 1984, l'octroi de mer relève des compétences du Conseil régional. On aurait pu penser que ce choix est plus judicieux que celui du Conseil général, mais il s'avère que dans nos régions monodépartementales, les conseillers régionaux sont souvent des élus au niveau des cantons, donc siégeant dans l'autre assemblée, et pour un très grand nombre, d'élus dans une municipalité.

Pour la Guyane et la Martinique, les élus des nouvelles collectivités territoriales ont été considérés comme des élus régionaux. A cela, il aurait pu y avoir une colonne supplémentaire pour les conseillers communautaires.
Cette duplication des assemblées avait fait certains craindre quelques duplicités de la part des vieux routiers de la politique. Cette nouvelle instance aurait pu avoir une certaine hauteur de vue, on regrette d'y entendre les mêmes platitudes partisanes ou chauvines de l'autre assemblée. La création de nouvelles collectivités territoriales, conformément à l'article 72/73 de la constitution en Guyane (avec la CTG) et en Martinique (avec la CTM) n'a pas changé ce constat. Les élus des assemblées locales font également partie de conseils municipaux, voire de conseils de Communautés de communes. Qui a parlé de cumul de mandats ?

Pour mémoire, il faut se rappeler que l'article 38 de la loi du 2 août 1984 est rédigé en ces termes : « A compter de la date de la publication de la présente loi, les taux sont fixés par délibération du Conseil régional. Toutefois, lorsqu'un taux excède 20 p. 100, la délibération ne devient exécutoire qu'après un délai de deux mois pendant lequel le représentant de l'Etat peut demander une nouvelle délibération du Conseil régional ». Cette disposition est devenue caduque avec la loi n° 2004-639 du 2 juillet 2004 relative à l'octroi de mer modifiée par la loi n° 2015-762 du 29 juin 2015. En effet, ce dispositif, et le décret d'application n° 2015-1077 du 26 août 2015 autorise, pour un nombre limité de produits listés dans la décision du Conseil n°940/2014/UE du 17 décembre 2014, l'instauration d'un différentiel de taux entre les biens produits localement (octroi de mer interne) et les biens identiques importés (octroi de mer externe) afin de permettre aux économies ultramarines de compenser les handicaps structurels auxquelles elles doivent faire face.

Les taux d'octroi de mer interne et d'octroi de mer externe sont fixés par délibérations des Conseils régionaux (départemental à Mayotte). Le simplifier est chose plus facile à dire qu'à faire disent certains. Il importe auparavant en examiner les différentes caractéristiques de perception.

1.1.3.2. LA PERCEPTION DE L'OCTROI DE MER

Il faut d'ores et déjà rappeler que la perception de cette taxe se fait par l'administration des douanes. Historiquement, cette solution avait été plus simple que de créer un corps de fonctionnaires de l'ensemble des communes ou même par la suite de fonctionnaires régionaux. Cette organisation n'a été remise en cause que par ceux qui voulaient arguer, du fait des services de cette administration, que l'octroi de mer est un droit de douane.

Du point de vue fiscal, il est intéressant de voir les caractéristiques de l'octroi de mer, notamment son assiette, son recouvrement, le fait générateur, le redevable, la valeur d'assiette et les régimes particuliers. Ces règles ont été uniformisées et réglementées, à l'époque, par les décrets de 1954 et 1955 approuvant des délibérations des Conseils Généraux des quatre départements d'outre-mer. Mais comme indiqué plus haut, elles ont été régulièrement modifiées et de façon différente selon le département, la région ou la collectivité.

a) Son assiette

Son champ d'application s'étend sur tous les cinq DROM-COM (depuis 2014, date du classement de Mayotte comme département français)[14]. Petite particularité, les îles de Saint Martin et de Saint Barthélémy, dépendances du

---

[14] Il existe bien une Taxe de Développement Local (TDL) assez proche de l'octroi de mer en Polynésie française. Elle serait perçue par la direction des Douanes de Papeete : c'est pour cela qu'elle porte le nom local de « papeetisation ». La confirmation nous est donnée par Antonino Troianiello, Maître de conférences de droit public à l'Université de Polynésie Française : « Si l'octroi de mer n'existe pas en Polynésie Française, la politique fiscale mise en œuvre y présente des similitudes. Dans le cadre de l'autonomie fiscale dont elle jouit depuis des décennies que confirme le statut d'autonomie du 27 février 2004 (par la loi organique n° 2004-192 modifiée), la Polynésie Française a choisi d'assujettir lourdement les importations tout en protégeant les productions locales via une taxe de développement local instituée depuis 1997 ». A la Réunion, semble-t-il, il n'y aurait pas d'octroi de mer sur les bateaux de plaisance

nord de la Guadeloupe, sont exclues de son champ d'application[15], (mais ont « mangé au râtelier » en bénéficiant de la répartition).

b) Son recouvrement

Sur la perception du droit d'octroi de mer, vu sa complexité et vu les raisons historiques invoquées précédemment, il a été jugé plus opportun de « payer » l'administration de douanes plutôt que de changer le système de perception vieux de plus d'un siècle.

c) Le fait générateur

Les opérations soumises à l'octroi de mer sont les suivantes :

- les importations de biens ;
- les livraisons de biens, faites à titre onéreux, par des personnes qui y exercent des activités de production (les « assujettis » ou « redevables »).

Sont considérées comme des activités de production les opérations de fabrication, de transformation ou de rénovation d'un bien meuble corporel, ainsi que les opérations agricoles et extractives.

Est considérée comme une transformation toute modification de l'état d'un bien, qu'il y ait ou non un changement de position tarifaire, à l'exception des opérations de conditionnement ou de manutention[16]. Les Conseils régionaux (en Guadeloupe et à la Réunion), les collectivités territoriales (de la Guyane et de la Martinique) ou le Conseil général (à Mayotte) peuvent également instituer un octroi de mer régional dont l'assiette est identique à celle de l'octroi de mer. Le fait générateur était l'introduction de la marchandise dans le département. Jusqu'à 1964, les productions locales à partir de produits importés ou de matières premières indigènes ont fait l'objet d'une taxation en Martinique et en Guadeloupe. Depuis 2004, les marchandises « livrées » dans les territoires concernés font l'objet de la taxation. La livraison d'un bien s'entend du transfert du pouvoir de disposer d'un bien meuble corporel comme un propriétaire. Les prestations de service n'entrent pas dans le champ d'application de cette taxe. Le seuil d'assujétissement était à 500 K€, il a été ramené à 300 K€ avec la loi de 2015[17].

---

[15] Voir Chapitre : 1.2.5 Le cas des îles du nord (St Martin et St Barthélémy)

[16] Il y a lieu de bien distinguer les activités de production ou de transformation et celles de conditionnement.

[17] Voir plus de détails au chapitre 1.1.3.5, « Le dispositif depuis 2015 ».

d) Le redevable

Le redevable est en tout état de cause le déclarant, en somme l'importateur ou l'industriel local selon les modalités qui seront présentées infra. En fait, il y a bon nombre de régimes de dérogation et le régime d'exception.

e) La valeur d'assiette

La base d'imposition est constituée :

- pour les importations de biens, par la valeur en douane au sens de la réglementation communautaire ;
- pour les livraisons de biens produits localement, c'est le prix hors taxe sur la valeur ajoutée et hors accises qui est retenu, comme on le verra dans les développements qui suivront.

L'assiette des droits d'octroi de mer « ad valorem » (les droits spécifiques antérieurs étant abandonnés), est constituée par la valeur en douane définie à l'article 35 du code des douanes pour l'assiette de droits de douane ; C'est ainsi que l'octroi de mer s'applique théoriquement sur le coût (FOB)[18] de la marchandise lors de son embarquement mais aussi sur les frais d'approche de ladite marchandise. Soit en définitive, au prix CAF (parfois appelé CIF)[19] c'est à dire, assurance et fret compris. Il s'ensuit qu'un faible taux d'octroi de mer sur une marchandise chère à transporter devient un montant d'octroi de mer élevé par rapport à son prix de départ. Par exemple, pour les fruits comestibles frais, le fret coûte 80% du prix FOB, l'octroi de mer 5,5% va donc s'appliquer sur 180% du prix de départ. C'est ce que certains commerçants appellent, d'un air savant, pour expliquer leurs marges honteusement élevées, « les frais d'approche... ». Les régimes suspensifs douaniers (entrepôt, admission temporaire, etc.) entraînent également suspension de la perception des droits d'octroi de mer.

f) Les différents régimes

Outre le régime général, il y a le régime d'exception, celui d'exonération et celui de remboursement.

f.1. Le régime général

Le taux du régime général, faut-il s'en étonner, n'était pas le même pour tous les DOM ! Il était en moyenne de 7% en Guadeloupe, 10% en Guyane, de 7% en Martinique et de 5,5% à la Réunion.

Depuis 2014 les taux sont les suivants :

- Guadeloupe : Le taux moyen est de 7 %.

---

[18] FOB veut dire Free On Board, c'est-à-dire, avant qu'il ne monte sur le bateau.

[19] CAF veut dire Coût du transport, Assurance et Fret compris. On peut également trouver CIF (Coast of transportation, Insurance fret).

- Guyane : taux : 0 %, 2,5 %, 8 %, 14 %, 17,5 %, 27,5 %, 28 %. Le taux moyen est de 15 %.
- Martinique : 11 taux : 0 %, 2 %, 5 %, 7 %, 10 %, 15 %, 20 %, 25 %, 30 %, 40 % (films violents ou pornographiques) et 50 % (tabacs). Le taux moyen est de 7 %.
- Mayotte : 8 taux : entre 0 et 130%.
- Réunion : Le taux moyen est de 4 %. Taux maxi : 60 %.

L'Octroi de mer régional est en général à 2,5 % (avec le taux zéro [0 %] et le taux réduit à 1,5 %). Il sera très probablement porté à 5% sur l'ensemble des DROM-COM[20].

A noter que la loi du 29 juin 2015 précise que les taux ne peuvent pas excéder un maximum de 60 % pour les produits alcooliques et les tabacs manufacturés, un taux maximal de 90%. A Mayotte, ces taux maximums sont majorés de moitié. Les « petits envois sans caractère commercial et colis familiaux répondant à la définition du tarif des douanes » sont taxés à 7% en Guadeloupe, 7% à la Martinique et 5,5% à la Réunion. Enfin, les quatre départements appliquent le même taux d'octroi de mer aux « emballages d'un type usuel importés pleins ». En Guadeloupe, même les « futailles et les sacs en textile divers » sont assujettis à l'octroi de mer. Le régime général est donc appliqué à tous les objets qui ne figurent pas expressément sur le tarif d'usage des droits d'octroi de mer ou des modifications qui y sont apportées.

f.2. Le régime d'exception

Le régime d'exception touche les produits alimentaires de première nécessité, mais aussi certains produits agricoles ainsi que des matériaux de construction (ces derniers bénéficient par ailleurs de l'exonération de T.V.A). On peut classer dans le régime d'exception la réglementation spécifique des îles de Saint Martin et de Saint Barthélémy[21].

f.3. Le régime d'exonération

Le régime d'exonération découle des décisions des assemblées afin de réguler l'activité économique et de favoriser la production locale en exonérant certaines matières et en majorant le taux des produits importés concurrentiels. On comptait six catégories répertoriées dans le régime d'exonération et qui concernaient :

- les marchandises relevant d'opérations exceptionnelles et non commerciales, par exemple les déménagements ;

[20] Voir chapitre 6.2 Le rendez-vous (presque) manqué de 2020.

[21] Voir chapitre 1.2.5 Le cas des îles du nord.

- les marchandises importées par certains services de l'Etat (armée, gendarmerie, douane...) ;
- les biens d'équipement importés par les hôtels, ou liés à l'activité touristique[22] ;
- les matières premières entrant dans la composition de produits finis fabriqués localement, ainsi que les biens d'équipement relatifs aux activités industrielles ;
- les engins divers et produits divers liés aux activités de la mer ;
- et plus spécifiquement, les exonérations accordées pour des durées limitées par les conseils généraux, puis par les Conseils régionaux.

Depuis la loi de 2004, on peut noter qu'il y a deux types d'exonérations :

1/ les exonérations obligatoires (articles 4, 5 et 8 de la loi n° 2004-639 du 2 juillet 2004 relative à l'octroi de mer modifiée par la loi n° 2015-762 du 29 juin 2015) qui concernent : les exportations (article 4- 1° et 3° de la loi), les importations de productions locales dans le cadre du marché antillo-guyanais (article 4-2° de la loi) sauf pour certains biens listés au I de l'article 5, ainsi que les importations de biens bénéficiant des franchises applicables aux autres droits et taxes en vigueur (article 8 de la loi).[23]

---

22 Sont inclus dans le régime d'exonération, les importations temporaires de navires de plaisance, à condition qu'ils ne restent pas plus de six mois consécutifs dans l'année dans les eaux d'un des cinq départements indiqués plus haut. Ce qui amène certains navigateurs à se parer du ciré de circumnavigateur ou de tourdumondiste et revenir dans l'île paradisiaque de leurs rêves pour ne pas s'acquitter de leurs taxes. Elles peuvent représenter 10% de la valeur du bateau aux Antilles, 20% en Guyane et 30% à Papeete. A noter que l'absence du propriétaire du bateau (retourné en France par avion pendant plusieurs semaines ou plusieurs mois) n'interrompt pas les compteurs. La taxe sera due moins la période d'absence, si le bateau n'a pas navigué en absence de son propriétaire. La valeur en douane d'un produit est son prix (valeur de transaction, souvent à l'argus, TVA comprise), plus le transport jusqu'à la frontière de l'Union Européenne. Les services de la Douane ont toute autorité pour réévaluer la valeur d'un bien si elle la trouve sous-évaluée, même à dire d'expert. En ce qui concerne les constructions modernes réalisées par des chantiers navals français ou européens, cela ne pose aucun problème. Les litiges connus dans le passé portaient sur des constructions artisanales en ferrociment ou en bois.

23 A noter : « Aux termes de l'article premier de la loi [du 29 juin 2015], sont soumises à l'octroi de mer, les importations de biens, dans ces territoires, qu'elles soient réalisées à titre gratuit ou à titre onéreux, quelle que soit la qualité de l'expéditeur et du destinataire (particulier ou professionnel). Toutefois, sous certaines conditions, ces biens peuvent bénéficier d'une franchise de taxe (article 8 de la loi du 2 juillet 2004 modifiée). En effet, lorsque des cadeaux sont adressés depuis un pays tiers à l'Union européenne par un particulier à un autre particulier résidant dans un département d'outre-mer, une franchise de droit de douane [2], de taxe sur la valeur ajoutée [3], et d'octroi de mer est appliquée aux envois dont la valeur ne dépasse pas 45 €. Cet envoi doit présenter un caractère occasionnel, les marchandises doivent être réservées à un usage personnel ou familial et leur nature ou leur

2/ les exonérations facultatives (articles 6, 7 et 7-1 de la loi) :

Les Conseils régionaux, les collectivités territoriales (ou le Conseil général (à Mayotte) ont la faculté d'exonérer :

Les importations de certains types de biens (article 6 de la loi) ;

Les livraisons de biens réalisées par des personnes assujetties par la fixation d'un taux zéro ou d'un taux réduit (article 7 de la loi) ;

Les importations, mises à la consommation et livraisons de biens destinés à l'avitaillement des navires et aéronefs et de carburants (tracés/colorés) destinés à un usage professionnel (article 7-1).

La loi sur l'octroi de mer a prévu 7 possibilités d'exonération :

Les biens destinés à une personne exerçant une activité économique, au sens de l'article 256 A du code général des impôts. Les exonérations sont accordées par secteur d'activité économique et par position tarifaire, dans des conditions fixées par décret,

Les biens destinés à des établissements ou à des personnes morales exerçant des activités scientifiques, de recherche ou d'enseignement,

Les biens destinés à l'accomplissement des missions régaliennes de l'Etat,

Les biens destinés aux établissements et centres de santé, ainsi qu'aux établissements et services sociaux et médico-sociaux publics ou privés,

Les biens destinés à l'avitaillement des aéronefs et des navires,

Les carburants destinés à un usage professionnel qui ont fait l'objet d'une adjonction de produits colorants et d'agents traceurs conformément à l'article 265 B du code des douanes. Cette exonération est accordée par secteur d'activité économique,

Les biens destinés à des organismes mentionnés au b du 1 de l'article 200 du code général des impôts.

Les livraisons réalisées par les personnes dont le chiffre d'affaires annuel relatif à leur activité de production est inférieur à 300 000 € sont désormais hors du champ d'application de la réglementation sur l'octroi de mer (article 2 de la loi du 29 juin 2015).

---

quantité ne doit traduire aucune intention d'ordre commercial. Lorsque des cadeaux proviennent de pays membres de l'Union européenne et notamment de l'hexagone, dans les mêmes conditions, la franchise s'applique aux envois qui ne dépassent pas la valeur de 205 €. » selon la réponse de la ministre des outremers à un question écrite du député Michel Vergnier, le 22 septembre 2015.

f.4. Le régime de remboursement

Il s'agissait d'une détaxe partielle pour les achats faits par des touristes payés par Travellers Chèques ou par cartes de crédit, payés en devises. C'est la fameuse vente « duty free »[24].

g) La déclaration

Depuis 2015, toutes les entreprises de productions doivent s'identifier auprès de la recette des douanes territorialement compétente. Les entreprises réalisant plus de 300 000 euros de chiffre d'affaire doivent, en sus de cette identification, déclarer leur production trimestriellement auprès de la recette des douanes. Cette déclaration intervient au plus tard le 24 du mois qui suit l'expiration du trimestre civil. Le paiement de l'octroi de mer éventuel du mois intervient au moment de la déclaration trimestrielle. Les entreprises réalisant moins de 300 000 euros de chiffres d'affaire ne déclarent pas car elles sont exonérées d'octroi de mer interne. Toutefois, elles doivent renouveler leur identification annuellement. L'identification et la déclaration trimestrielle pour les entreprises exonérées permettent de recenser et de justifier de l'existence des productions pour lesquelles, une demande de différentiel de taux à la production locale pourrait être sollicitée auprès de la Commission Européenne. Le défaut de justification de l'existence des productions pénalise les demandes de différentiels de taux des entreprises des DROM-COM devant les instances européennes. Il est primordial que les entreprises s'identifient et ou déclarent leur production afin que le Département et l'Etat puissent disposer de données permettant de défendre les différentiels de taux dont bénéficient les entreprises concertées.

h) L'octroi de mer régional

En 1984, avec la création de la nouvelle collectivité majeure, le Conseil régional, apparait le DAOM (Droit additionnel à l'Octroi de Mer), appellation qui sera remplacée en 2004 par le terme « Octroi de mer régional »[25].

Tableau comparatif des OMR des DROM-COM

	1989	2017
	Taux normal	Taux normal
Guadeloupe	1 %	2,5 %
Guyane	0,75 %	5 %
Martinique	0,75 %	2,5 %
Mayotte		2,5 %
Réunion	1 %	2,5 %

Tableau réalisé après collation de données

[24] Voir chapitre 2.2.2.1 « La Douane se met au parfum ».

[25] Voir chapitre 1.1.3.4 La Loi de 2004.

L'octroi de mer et l'octroi de mer régional sont exigibles :

Pour les importations de biens, lors de l'entrée dans l'une des cinq régions précitées ou lors de la mise à la consommation en cas de placement des biens, lors de cette entrée, sous un régime suspensif douanier ou fiscal ;

Pour les livraisons de biens, au moment de la livraison. Ils sont liquidés :

- pour les importations de biens, sur la déclaration en douane ;
- pour les livraisons de biens, sur les déclarations trimestrielles souscrites par les assujettis auprès du bureau de douane territorialement compétent.

Cette taxe ainsi votée et perçue est répartie, comme tout le monde le sait, au profit des communes, mais selon une logique pour le moins curieuse.

1.1.3.3. LA REPARTITION DE L'OCTROI DE MER

A la collecte brute de l'octroi de mer s'ajoute la taxe additionnelle à l'octroi de mer (appelée aussi DAOM, Droit Additionnel à l'octroi de mer puis, à partir de 2004, OMR, Octroi de mer régional). Elle était à sa création, indépendamment du taux appliqué en principal, de 1% pour la Guadeloupe et la Réunion, de 0,75 % à la Martinique et un taux variable selon le produit importé à la Guyane.

Sur cette collecte brute viendront se greffer certains prélèvements au profit de personnes qui interviennent... uniquement pour toucher cette taxe. La répartition concernera toutes les communes, même celles qui ne collectent pas l'octroi de mer sur leur territoire.

a. Le montant de l'octroi de mer collecté

Aussi curieux que cela paraisse, il n'est pas facile d'obtenir des chiffres précis, et irréfutables, de l'octroi de mer. Est-ce à dire que cet aspect du sujet est tabou alors qu'à longueur de journée on en parle aussi bien dans les médias que dans les réunions d'intellectuels Bon Chic Bon Genre voire même dans les lolos. Combien d'octroi de mer est réellement collecté ? Mystère. La Douane qui est chargée de collecter l'octroi de mer refuse de communiquer à tout un chacun le montant des sommes collectées, se réfugiant derrière le « secret statistique »[26]. Pour le département de la

[26] Information importante : Les fonctionnaires du PAE (le Pôle d'Activités Economique) de la Martinique m'ont opposé un refus catégorique à mes demandes réitérées en janvier 2017 d'avoir les chiffres de l'octroi de mer collecté. Ce fut considéré comme une insulte pour eux de vouloir connaitre leurs chiffres. Pire, dans son courriel du 30 janvier 2017,

Guadeloupe, il était encore plus que difficile de citer un chiffre qui soit indiscutable sans craindre d'être contredit. Selon un document officiel du Conseil général de la Guadeloupe le montant des « sommes brutes recouvrées » s'élevait, au titre de l'octroi de mer et des droits additionnels à l'octroi de mer :

	OM	DAOM
1986	388 355 KF	48 079 KF
1987	430 048 KF	53 176 KF

(En milliers de Francs)

Sur un autre document, non moins officiel, de la Direction Régionale des Douanes, récapitulant les impôts recouvrés par les comptables de la Direction Générale des Douanes et Droits Indirects, on obtient les chiffres suivants pour les « droits d'octroi de mer (produits bruts) », en milliers de francs :

	OM	DAOM
1986	368 281 KF	48 079 KF
1987	406 212 KF	53 264 KF

La comparaison de ces quatre chiffres venant d'administrations sérieuses sur des documents officiels laisse perplexe. Seul un montant est identique.

---

l'Administratrice supérieure des Douanes, sous directrice des droits indirects m'écrit : « 3) le montant des frais d'assiette et de recouvrement, fixés à 2,5% du produit de l'octroi de mer par l'article 44 de la loi n° 2004-639 modifiée du 2 juillet 2004 relative à l'octroi de mer, n'est pas une donnée pouvant être communiquée à un particulier. Les principes généraux qui régissent la communication, par l'administration fiscale, d'informations couvertes par diverses mesures de secret sont strictement définis. Les règles relatives au secret professionnel ont un caractère général et absolu et il ne peut y être dérogé qu'en vertu d'une disposition ayant au moins une valeur législative (art 226-14 du code pénal) d'interprétation et d'application strictes (droit de communication ou dérogation au secret professionnel). Lorsque des informations détenues par la DGDDI présentent un caractère confidentiel au sens de l'article 59 bis du code des douanes, leur communication à un tiers n'est envisageable qu'en application d'une disposition de nature législative (droit de communication, échanges spontanés légalement prévus ou dérogation au secret professionnel dans le cadre de la mise en œuvre de l'article 59 ter du code des douanes). En l'espèce, un particulier réalisant une étude ne dispose d'aucun droit de communication applicable à l'égard de l'administration des douanes.
Les agents des douanes sont tenus au secret professionnel dans les conditions et les peines prévues à l'article 226-13 du code pénal.
L'article 59 ter du code des douanes ne permet pas davantage la transmission d'informations confidentielles à un particulier réalisant une étude. Il la réserve uniquement « aux services relevant des autres départements ministériels et de la Banque de France qui par leur activité, participent aux missions de service public auxquelles concourt l'administration des douanes. Les informations communiquées doivent être nécessaires à l'accomplissement de ces missions ou à une meilleure utilisation des dépenses publiques consacrées au développement du commerce extérieur. » (sic)

Les différences portent sur des écarts allant de 88 000 F à 23 836 000 F. Vingt-trois millions de francs (lourds !). A qui profite la différence ?[27]

b. Les prélèvements opérés sur l'octroi de mer

Encore une fois, on constatera des différences dans la réalité de l'octroi de mer dans les quatre Départements d'Outre-mer. L'article 38 al.2 de la loi du 2 aout 1984, précisait : « L'Etat perçoit sur le produit de l'octroi de mer un prélèvement pour frais d'assiette et de recouvrement. Le taux de ce prélèvement est fixé par arrêté conjoint du ministre chargé du budget et du ministre chargé des départements d'outre-mer ». Le décret du 20 mars 1978 édicte les conditions de répartition de l'octroi de mer. Malgré tout, il y a des différences sensibles.

A la Guadeloupe :

Le prélèvement au profit de l'Etat était de 3,55 %, il a été ramené à 2,5 % en 2016. Le prélèvement au profit du personnel des douanes était alors de 2,50%. Ce qui représentait un sursalaire moyen annuel de l'ordre de 16 180 F en 1998 pour les quelques 220 fonctionnaires des services des douanes de ce département, soit environ 25 % de leur salaire.

Le prélèvement au profit du Trésorier-Payeur-Général a été, fut un temps, de 0,75%. Il aurait donc perçu au titre de l'octroi de mer collecté en 1987 la somme de 3 225 361 F. Le secret étant bien gardé, il serait hasardeux d'affirmer que cet homme aurait effectivement perçu plus de 320 millions de centimes. Soit donc un total de prélèvements de 6,80% en 1978.

A la Martinique :

Le prélèvement au profit du service des douanes était de 1,5 %. Celui au profit du personnel des douanes et des contributions indirectes en fonction de leur présence effective dans le département était de 1,50 %. Total : 3 %.

A la Réunion :

Le prélèvement au profit du service des douanes était de 1%.
Le prélèvement au profit du Trésorier-Payeur-Général aurait été de 0,3%.
Soit un total de prélèvements de 1,3% en 1978.

A la Guyane :

Pas de possibilité de connaître le montant effectif du prélèvement au profit du service des douanes. En 1978, il était théoriquement de 1%.

---

[27] Selon une source « généralement bien informée », il semblerait qu'un cabinet conseil aurait été missionné par la CTM aux fins d'expliquer les anomalies constatées. Il aurait repris le tarif des douanes et recalculé les différentes lignes pour avoir les totaux par nomenclature. Les écarts seraient importants, dit-on.

Il semblerait que ces sommes, ne seraient pas toujours perçues par les bénéficiaires en raison de règles de non-cumul des rémunérations. Ces sommes auraient été reversées à l'Etat. Toutefois, un arrêté du Ministre de l'économie et des finances en date du 11 mai 1976 dispose que « le montant des prélèvements effectués sur les recettes d'octroi de mer est limité aux seules sommes susceptibles d'être définitivement acquises aux personnes intéressés ». Ces sommes sont-elles effectivement reversées ?

On peut noter que la loi du 2 juillet 2004, dans sa version consolidée au 19 décembre 2016, stipule en son article 44 que l'Etat perçoit sur le produit de l'octroi de mer un prélèvement pour frais d'assiette et de recouvrement égal à 2,5 % du montant dudit produit.

c. La distribution aux communes

Enfin, on parlera des communes qui sont, tout le monde le reconnait, les principales bénéficiaires de l'octroi de mer. Toucher 98,7% (comme à la Réunion) 93,2% (comme à la Guadeloupe) de la collecte brute ce n'est pas si mal pour les municipalités. Encore qu'il faille noter une exception, en Guyane il avait été décidé d'affecter 35% des recettes de l'octroi de mer au département. Le principe veut que les communes touchent un montant au prorata de leurs populations. Dans la pratique, la répartition est plus subtile. A la fin du 20e siècle, on avait cette répartition :

Pour la Réunion :

La collecte nette est ainsi répartie :
- 36% au prorata de la population ;
- 10% à égalité pour chaque commune (soit 1/24ème pour chacune) ;
- 54% en fonction des dépenses de fonctionnement et d'investissement de l'antépénultième année (à savoir l'année avant l'année dernière).

Pour la Martinique :

La collecte nette fait l'objet de la répartition suivante :
- 90% entre toutes les communes au prorata de leur population ;
- 5% à part égale entre toutes les communes ;
- 5% aux communes ayant un produit de centime inférieur à 100 Francs par tête d'habitant.

Pour la Guadeloupe :

100 % au prorata de la population. Cette construction semble plus simple, mais cache des calculs compliqués. L'exemple le plus flagrant est la notion de population fictive. En effet, afin de percevoir un montant plus important lors de la répartition au prorata de la population, les petites communes de la Guadeloupe bénéficient d'un calcul basé sur leur population fictive. Pour ces

7 municipalités, cette astuce qui doit rendre perplexe les statisticiens de l'INSEE, l'augmentation de la population est de 13 359 habitants. Quand il s'agit de toucher l'octroi de mer en fonction de la population, bon nombre de municipalités trouvent des « astuces ».

Pour la Guyane :

35 % pour le département (depuis 1975, « pour des raisons historiques »). A partir de 2015, ce montant va à la CTG (Collectivité Territoriale de Guyane)[28] , cette part est limitée à 27 millions d'euros (son niveau atteint en 2003) ;

65 % aux communes au prorata de la population.

Ce schéma est particulier et se différencie des autres répartitions. La collecte définie, les clés de répartition précisées, il faut maintenant procéder au versement des fonds aux communes. Défiant le bon sens populaire, le Jacobisme politique inventa un système particulier pour reverser l'octroi de mer aux communes. C'est ainsi que fut créée la Dotation Globale Garantie (DGG) dont le calcul et la répartition sont fixés par décret sur proposition du Conseil régional. Une fois cette dotation déterminée, le solde de l'octroi de mer, s'il en existe un, est affecté au Fonds Régional pour le Développement et l'Emploi (FRDE). Institué en 1992, ce fonds a vocation de mieux orienter l'emploi de cette ressource fiscale par les communes vers des actions de développement économique.

Quelques aménagements à ce dispositif ont été apportées en 2000 (avec l'extension aux EPCI[29]) et en 2003 (par la possibilité de financer des infrastructures et des équipements publics contribuant au développement économique. Le FRDE a été modifié pour sa part dans la loi de 2004. « Plus fort que le système D antillais, tu meurs ! » Depuis la loi de 2004, revue par la loi de 2015, la répartition est autre.

1.1.3.4. LA LOI DE 2004

On l'a dit, la loi du 2 juillet 2004 qui fait suite à la décision n°2004/162/CE du 10 février 2004 met l'octroi de mer en conformité avec les règles de la Communauté. Elle a ainsi prorogé la décision de 1989 jusqu'au 31 juillet 2004 C'est ainsi que les produits importés, tout comme les livraisons de productions locales sont taxées. Il est institué un différentiel de taxation de 10, 20 ou 30 points d'écart, fixés pour chaque DOM, et repris en parties A, B, et C de l'annexe jointe à la décision susvisée et qui doit être respecté en fonction des produits.

---

[28] Voir Chapitre 5.2 Les chamailleries entre les collectivités.

[29] Etablissements Publics de Coopération Intercommunale

On peut noter la possibilité offerte aux Conseils régionaux d'exonérer certains matériels d'équipements et matières premières destinés à être incorporés dans un processus de fabrication. Certains matériels destinés, soit à l'accomplissement des missions régaliennes de l'État, soit aux établissements de santé publics ou privés peuvent également bénéficier d'une exonération au moment de leur importation. Dans tous les cas, les Conseils régionaux sont tenus de prendre une délibération pour leur mise en œuvre.

TAUX DIFFERENTIEL : LA MECANIQUE

Les écarts de taxation entre les importations et les productions locales sont strictement encadrés.

Le Conseil fixe pour chaque département d'outre-mer et pour les produits listés en parties A, B et C, fixant ainsi l'écart maximum de taxation qui pourra exister entre les importations et les livraisons de ces produits par les producteurs locaux. Cet écart ne peut excéder 10% (liste A), 20% (liste B) ou 30% (liste C).

Les produits qui ne figurent pas dans les listes A, B, C ne peuvent faire l'objet d'aucune différence de taxation.

FRDE perçu par les communes des DOM

	2007	2008	2009	2010
Guadeloupe	16 127	16 362	0	6 150
Guyane	9 034	11 211	8 321	11 112
Martinique	15 505	16 856	0	0
Réunion	31 299	34 970	0	11 112
Totaux	71 965	79 399	8 321	28 374

En milliers d'euros Source : Direction régionale des Douanes, in Cour des comptes

Ce tableau montre bien la sensibilité du FRDE aux aléas de la conjoncture. En raison de la crise sociale de 2009, les Antilles et la Réunion n'ont pas eu de dotation au titre du FRDE puisque le produit global de l'octroi de mer n'a pas permis d'allouer la DGG à son plafond réglementaire. Bien entendu, s'agissant de l'affectation du produit de l'octroi de mer, celui-ci fait l'objet, après prélèvement d'un montant de 2,5% par le service des douanes pour frais d'assiette et de recouvrement, d'une affectation annuelle à une dotation globale garantie répartie entre les 32 communes de l'archipel (pour la Guadeloupe). Il peut arriver qu'il existe un solde après l'affectation du produit, il sera affecté à une dotation : le Fonds Régional pour le Développement et l'Emploi (FRDE) modifié pour une plus grande latitude dans la gestion des investissements des communes. On peut préciser que la part de FRDE est proportionnellement plus importante dans les plus petites communes, notamment dans celles qui disposent de marges de manœuvre financière limitées ou nulles.

Le FRDE représente, en 2008, environ 4 à 40 % des recettes d'investissement pour la Guadeloupe, 5 à 28 % pour la Guyane et moins de 15 % pour la Réunion.

1.1.3.5. LE DISPOSITIF DEPUIS 2015

Pour répondre aux injonctions de la décision du Conseil de l'UE n° 940/2014/UE du 17 décembre 2014. Le gouvernement français a promulgué la loi du 29 juin 2015[30] Celle-ci reconduit, jusqu'au 31 décembre 2020, le système de différentiel créé en 2004 en donnant une restriction supplémentaire. Désormais, les entreprises locales qui produisent et vendent des biens meubles corporels dans les DOM pour un chiffre d'affaires supérieur à 300 000 € sont désormais assujetties à l'octroi de mer. Bien que l'entrée en vigueur soit fixée au 1er juillet 2015, une période transitoire de six mois est prévue pour la mise en conformité de ces dernières. On peut noter que la livraison de biens fabriqués localement, placés sous régime suspensif puis exportés, est désormais exonérée.

Les obligations des redevables sont les suivantes :

- S'identifier auprès de la douane (les opérateurs dont le CA de production est inférieur à 300 000 € n'ont plus cette obligation) ;
- Appliquer l'octroi de mer sur les ventes ;
- Déclarer chaque trimestre les ventes effectuées ;
- Remplir les obligations comptables.

Avec les NTIC[31], l'administration française se modernise. Ainsi, les démarches se simplifient. Le nouveau cadre juridique de l'octroi de mer rend possible l'envoi à la douane des documents sous forme dématérialisée via BA-Net, AFRI-Net ou ProDouane. Les modèles de documents à utiliser sont définis par arrêté ministériel et mis à la disposition des opérateurs sur le portail sécurisé des téléprocédures de la douane. A terme, est prévu un système de télérèglement de l'octroi de mer sur les livraisons.

---

[30] Loi n° 2015-762 du 29 juin 2015 publiée au JORF n° 0149 du 30 juin 2015, page 10979, modifiant la loi n° 2004-639 du 2 juillet 2004 relative à l'octroi de mer.

[31] Nouvelles Technologies de l'information et de la Communication.

Concernant l'Octroi de mer externe sur les importations, cette réforme clarifie et étend le système d'exonérations : Élargissement de l'exonération pour certains secteurs d'activité économique, Exonération de l'avitaillement et des carburants à usage professionnel, Exonération des biens destinés à des personnes morales.

Mais 2020, c'est bientôt...[32]

1.2. LE CONTEXTE SPECIFIQUE DES DROM-COM

« Spécificités. » Que de fois a-t-on galvaudé ce mot ! Que n'a-t-on pas dit en l'invoquant ?

Il est singulier de constater que ce mot s'écrit souvent au pluriel ! Les DOM étaient longtemps constitués de quatre régions monodépartementales : la Guadeloupe, la Guyane, la Martinique et la Réunion. Depuis 2004[33], les statuts sont plus compliqués.

Un 5e département est concerné par l'octroi de mer : Mayotte. En effet, depuis les lois organique et ordinaire du 7 décembre 2010 (publiées au JORF du 8/12/10). L'île de Mayotte s'est distinguée des autres territoires de l'archipel des Comores en demandant son rattachement à la France, devenant ainsi le 101e département français, dans le cadre de l'article 73. On peut d'ores et déjà noter que Mayotte fait partie du territoire douanier français et de l'Union Européenne, mais est exclue du territoire fiscal de la Communauté Européenne. [34]

Les D.F.A. (Départements Français d'Amérique) regroupent les deux départements des Antilles (la Martinique et la Guadeloupe), et celui de la Guyane. Ce sigle plus récent que le précédent semble être à la mode depuis la décennie 80.

Afin de comprendre certaines réticences vis-à-vis de l'Europe, il est bon de présenter les « cartes d'identité » des DROM-COM, expression qui remplace la célèbre DOM-TOM et de les situer dans leur contexte géographique, économique, commercial et monétaire.

---

[32] Voir Chapitre 6.2 Le rendez-vous (presque) manqué de 2020.

[33] Mayotte a d'abord été une collectivité départementale dotée, depuis le 1er avril 2004, d'un Conseil général et d'une administration décentralisée avec un commissaire du gouvernement.

[34] Voir Chapitre 1.2.6 L'arrivée de Mayotte.

1.2.1 Les caractéristiques géographiques, historiques et sociologiques des DROM-COM

Pour bien parler de cette France d'Outre-Mer qui représente plus de 2,1 millions d'habitants, il faut pouvoir aisément la situer, géographiquement, avoir à l'esprit les principales dates de leur développement et connaître les paradoxes sociologiques des ultra-marins.

1.2.1.1 LEUR LOCALISATION GEOGRAPHIQUE

Les DROM-COM ne sont pas tous localisées au même point du globe. Mayotte et La Réunion se trouvent dans l'océan indien, à côté de l'ancienne possession française de Madagascar, à l'est de l'Afrique. Les Antilles (la Martinique et la Guadeloupe) se trouvent dans le bassin caraïbe, entre l'Amérique du Nord et l'Amérique du Sud. La Guyane, elle, se trouve sur les rives nord-est de l'Amérique du Sud, aux frontières occidentales du Brésil.

Des différences, il y en a, autant que des points de rapprochement. Des cinq DROM-COM, seule la Guyane est un département continental, les autres étant des îles. Cet avantage, comme on le considère dans d'autres régions du globe, en Europe notamment, n'en est pas forcément un pour la Guyane qui se voit pénalisée par une forêt dense l'isolant du Brésil et du Surinam, ses voisins, au demeurant peu développés. Au contraire, les immigrations de réfugiés de toutes sortes depuis quatre décennies perturbent le développement de la Guyane. Ce territoire bénéficie d'une superficie importante (le 1/5ème de la France) dont la population peu nombreuse (3 % de celle de la France) ne tire pas profit.

La Réunion, tout comme la Martinique et la Guadeloupe, est une île volcanique, au relief tourmenté, relativement petite, avec une population dense.

Mayotte, qui a fait tardivement le choix de devenir française est caractérisée par une forte immigration entrainant en cela une très forte densité de population.

Ils bénéficient tous les cinq d'un climat tropical, idéal pour les productions agricoles. Ces dernières, qui ont fait les beaux jours de l'époque coloniale, ne sont plus le pilier de leur économie à cause de la parcellisation des terres agricoles mais aussi de la difficulté de mécanisation des régions montagneuses. Assez curieusement, la Guyane n'est pas le haut-lieu de l'agriculture, les succédanés de sucre, les cultures agricoles venant d'Afrique ou d'Asie du sud-est ne la rendent pas compétitive. Les différentes politiques de développement (le fameux « Plan Vert » de Valéry GISCARD d'ESTAING notamment), furent des échecs. Et pourtant, il y a de vastes étendues de terres inexploitées.

POPULATION ET SUPERFICIE DES DROM-COM

	Superficie en Km²	Population en 1990	Population en 2015	Densité (hab/km²)	Evolution population 1990/2015
Guadeloupe	1 780	386 988	400 132	246 Hab/km²	+ 3,3 %
Guyane	91 000	114 599	254 541	3 hab/km²	+ 122,1 %
Martinique	1 100	359 572	378 243	335 hab/km²	+ 5,1 %
Mayotte	375	217 091	256 518 (en 2017)	684 hab/km²	+ 17,9 % (en 2017)
Réunion	2 510	515 814	843 529	337 hab/km²	+ 63,5 %

(Recensements, source : INSEE)

D'après leur population recensée, les deux départements des Antilles et celui de la Réunion pourraient avoir une évolution qui se rapproche de la moyenne métropolitaine (qui est de 0,6 en 2015). Encore que l'analyse plus approfondie de la densité des différentes communes montre de grandes inégalités : en France continentale 14 départements seulement dépassent 185 hab/km², et seulement 10 (dont les 7 parisiens) dépassent 299 hab/km².

Saint Denis de la Réunion se classe à la 4ème position des régions les plus densément peuplées. Elle a toutefois le 1/5 de la population de l'île. La population réunionnaise représente 1,3 % de la population française. Malgré sa baisse progressive du taux de natalité, on estime qu'elle franchira la barre symbolique du million d'habitants en 2030, malgré un solde migratoire négatif.

Fort de France, c'est « la capitale » de la Martinique. La conurbation foyalaise comptabilisait 100 080 habitants en 1990, soit près du 1/3 de la population de l'île. Le recensement du chef-lieu donnait 383 911 habitants en 2014 et 378 245 en 2015. Ce qui est un trend de recul régulier depuis 2006 dont on verra les conséquences sur l'octroi de mer et sur l'urbanisme plus loin[35].

Les Abymes, en Guadeloupe, rassemblaient 62 605 habitants en 1990 et se situent parmi les villes de plus de 50 000 habitants. La « ville principale », Pointe à Pitre, n'en regroupait que 26 029 en 1990, chiffre qui est tombé à 17 4018 en 2007, puis à 16 261 en 2014 et à 15 807 habitants en 2017. Vu que Pointe-à-Pitre a une très faible superficie (2,6 Km²), sa densité est l'une des plus importante des DROM-COM : 6 544, 36 habitants/Km². Basse-Terre, le

[35] Voir chapitre 2.2.4. Les incidences de l'octroi de mer sur l'urbanisme.

chef-lieu de la Guadeloupe est régulièrement en diminution de population depuis l'exode massive de 1976 suite aux manifestations du volcan de la Soufrière. Elle n'avait plus en 2014, lors du recensement, que 10 787 habitants contre 15 457 en 1975.

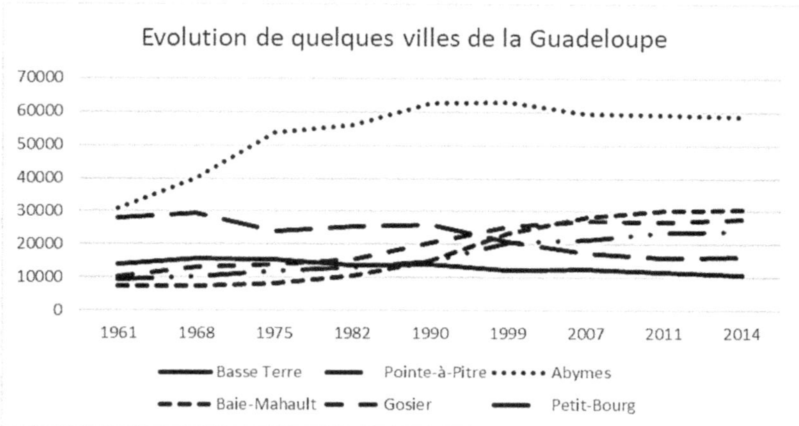

Côté développement fulgurant, on peut citer l'explosion démographique de Saint Martin qui est passée de 8 072 habitants en 1982 à 36 522 en 2015. On ne peut pas parler d'une progression similaire pour Saint Barthélémy qui avait 3 059 habitants en 1982 et plafonne à 9 427 en 2015.

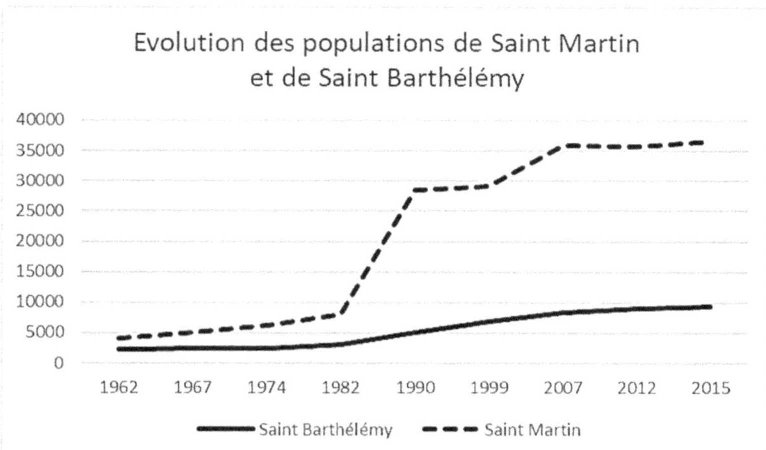

Cayenne, le chef-lieu de la Guyane, est en passe de se faire dépasser, en termes de population par St Laurent du Maroni, 44 169 habitants en 2015 (en partie du fait de la forte immigration et du fort taux de natalité qui y est enregistré). La Guyane, terre des grands nombres, sauf pour la population, doit gérer un territoire immense avec des recettes fiscales faibles voire inexistantes dans certains domaines. La Guyane est passée de 27 863 habitants en 1954 à 259 865 habitants au 1er janvier 2015. Cayenne, son chef-lieu avait 41 067 habitants en 1990 pour 55 817 en 2014. Kourou, avec son fort développement lié à la base spatiale est passé de 7 061 habitants en 1982 à 25 868 en 2014.

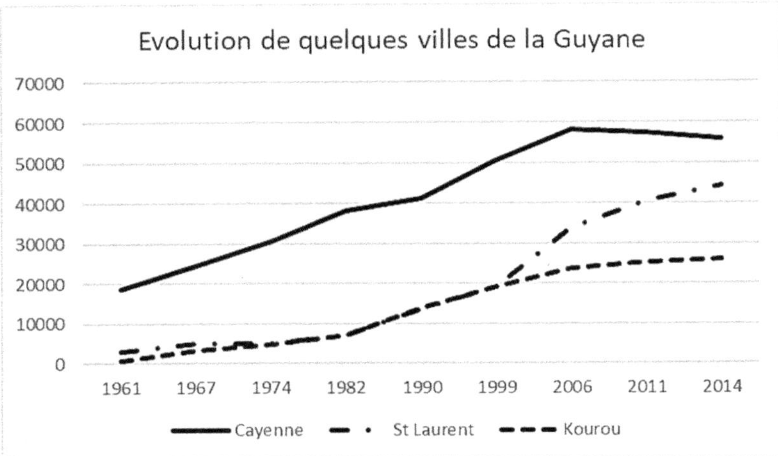

Dzaoudzi, le chef-lieu de Mayotte, comptait environ 11 000 habitants en 1911. Le dernier recensement en date donnait 256 518 habitants pour toute l'île. Sa densité de population est une des plus élevé (566 hab/km²). Le taux de progression est de 3,8% par an. L'immigration exponentielle devient une forte préoccupation des populations indigènes. Mayotte reste le département ayant la plus forte croissance démographique, devant la Guyane.

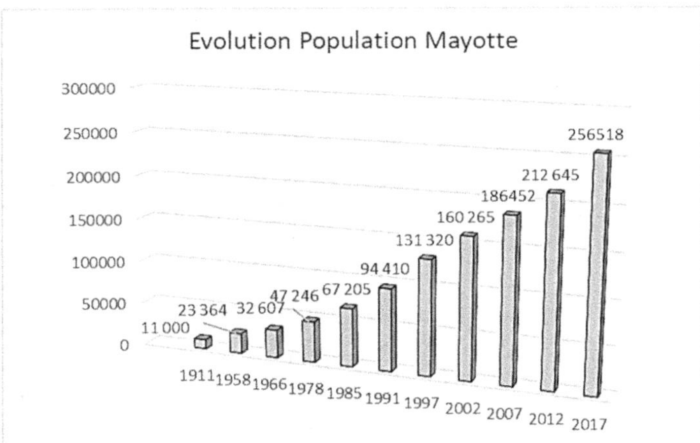

1.2.1.2 DE LA COLONIE A LA REGION

Sans retracer toutes les grandes dates de l'histoire des DROM-COM, il est évident que les anciennes colonies françaises seraient inéluctablement européennes. Nos élus, au fil des siècles, ont-ils eu la clairvoyance nécessaire et suffisante pour l'avenir de ces « confettis de l'Empire », selon l'expression de J-C Guillebaud ?

En s'appuyant sur les publications de l'IEDOM, on peut faire un rapide rappel sur les collectivités territoriales en outre-mer :

> « Il s'agit de collectivités qui ne sont pas situées sur le territoire "européen" de la République. Elles sont énumérées à l'article 72-3 alinéa 2 de la Constitution et regroupées en fonction de leurs statuts :
>
> La Guadeloupe et La Réunion sont des départements d'outre-mer et des régions d'outre-mer régis par l'article 73 de la Constitution ;
>
> Mayotte est une collectivité unique, appelée "Département de Mayotte" qui exerce les compétences dévolues aux départements d'outre-mer et aux régions d'outre-mer :
>
> La Guyane et la Martinique sont des départements d'outre-mer et des régions d'outre-mer régis par l'article 73 de la Constitution ; toutefois, aux termes de la Loi organique n° 2011-883 du 27 juillet 2011 et de la loi n° 2011-884 du même jour, elles deviennent des collectivités uniques exerçant les compétences dévolues aux départements d'outre-mer et aux régions d'outre-mer comme le précise l'article L 7211 du CGCL (Code Général des Collectivités Locales).
>
> Saint-Barthélemy, Saint-Martin, Saint-Pierre-et-Miquelon, les îles Wallis et Futuna, et la Polynésie française, sont des collectivités d'outre-mer régies par de l'article 74 de la Constitution. »

Guadeloupe

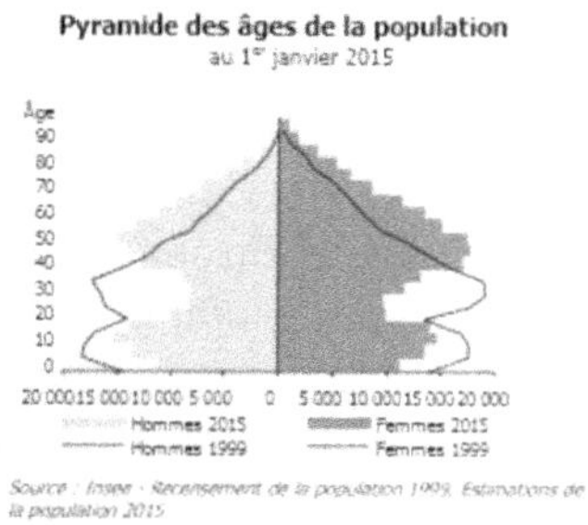

Guyane

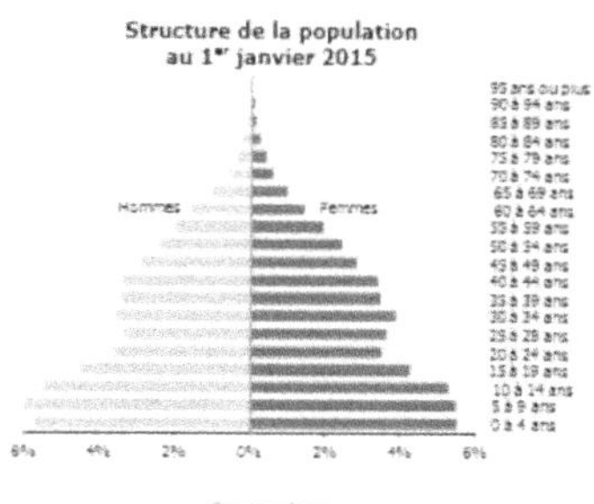

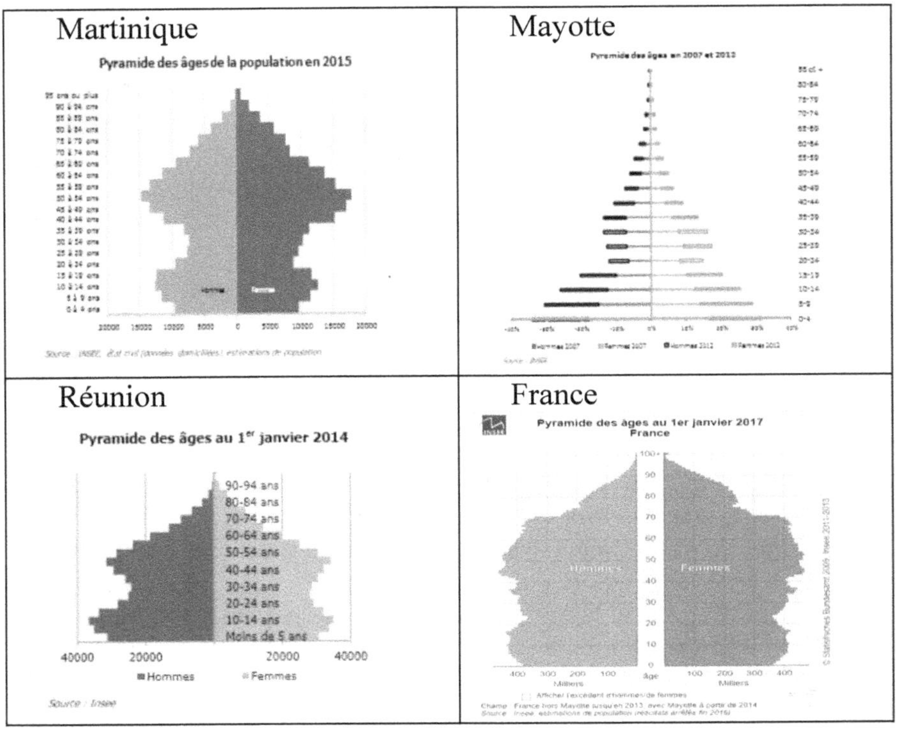

1.2.1.3 LA MENTALITE DOMIENNE

Même si le terme « domien » n'est plus juridiquement exact, il est encore très fréquemment employé. Il est toujours hasardeux pour un non spécialiste de parler de mentalité domienne. Toutefois il y a un certain nombre de généralités que tout un chacun peut admettre. La population est multiraciale. Sans rechercher l'ordre des arrivées, ni la quantité de chaque ethnie, on peut tirer, pour les cinq DROM-COM les conclusions suivantes :

- la population est très métissée ;
- la population est jeune et scolarisée ;
- il n'y a pas de ségrégation, ou d'Apartheid. Certains diront qu'il n'y a pas un racisme visible mais diffus. A la Martinique, par exemple, les békés habitent pour la plupart dans la région du François (appelée « Békéland ») où nul nègre, métis, indien (quelle que soit la hauteur de sa fortune) ne serait autorisé à y demeurer ;

- l'autorité administrative est assurée (en règle quasi générale) par des métropolitains[36] (nommés par le pouvoir central à Paris). Ces fonctionnaires (les *trente-six mois*) viennent faire leur temps, prendre du galon et repartent aussitôt ;
- s'agissant des D.F.A., la puissance commerciale est détenue par les békés martiniquais, les indiens guadeloupéens et les chinois guyanais. Encore qu'avec l'arrivée récente des juifs, des syro-libanais et des sociétés multinationales, il est difficile d'être affirmatif sur ce point.

Le modèle de développement qui a toujours été inculqué depuis des générations est celui de « la mère-patrie », la France. L'idéal pour un père de famille était de voir ses enfants travailler dans l'Administration. Les populations indigènes des colonies n'avaient pas la fibre commerciale (il y a toutefois de beaux exemples de réussite de nègres et de métis dans le haut négoce). L'industrie a longtemps été inexistante. Seule l'industrie sucrière existait, appartenant d'abord à des békés, puis à de grands groupes financiers nationaux ou, depuis le début du siècle, multinationaux.

La production intensive de produits manufacturés à partir de fruits et légumes locaux s'est développée au cours de la seconde guerre mondiale, nécessité oblige. Savons, biscuits et pâtes alimentaires notamment furent les plus fabriqués. L'industrie, concept étant entendu comme moyen de production de biens consommables sur le marché local et éventuellement exportables sur d'autres marchés, est un phénomène relativement récent.

La départementalisation administrative étant instaurée en 1946, les hommes politiques prônèrent la « départementalisation économique » dans les années 60. A ce titre, certains grands programmes structurants furent comptabilisés dans la liste des effets positifs. Mais l'essor de l'industrie domienne ne se réalisa qu'avec l'appui des aides à l'investissement dans les Outre-mer (exonérations partielles ou totales de TVA et d'octroi de mer sur les biens d'équipement importés, sur la matière première ou les éléments rentrant dans la composition du produit fini). Dans le souci de protection de leur production, les industriels locaux obtinrent des élus, en utilisant la corde sensible du chômage, la majoration des taux d'octroi de mer pour les produits concurrentiels importés. Cela a-t-il suffi pour qu'il y ait un décollage de l'industrialisation des DROM-COM ?

Il y a deux autres facteurs à prendre en considération : les aides communautaires (qui seront analysées dans un chapitre spécifique), mais aussi et surtout, le changement de mentalité du domien. En effet, longtemps averti

[36] Exception à la règle, la Guadeloupe a eu une préfète native de l'île (Madame Marcelle PIERROT) qui a exercé les plus hautes fonctions de l'état du 23 janvier 2013 au 21 décembre 2014.

contre la production locale qu'il estimait de mauvaise qualité, parfois à juste titre, et d'un coût élevé par rapport aux produits importés, le consommateur de ces régions semble, de nos jours, changer de comportement. Son appétence pour les produits locaux est développée et encouragée par les campagnes de publicité et de promotion sur les lieux de vente (notamment pour les produits alimentaires). Les campagnes successives sur le thème « Consommez local », puis le sigle « Produit Local » ou encore « Produit de l'industrie Locale (PIL) » ont eu un impact très positif sur le comportement du domien d'aujourd'hui[37].

Les très bons clips vidéo et audio passés régulièrement à heure de grande écoute, tant à la télé qu'à la radio ont marqué plus d'un enfant, et par conséquent modifié les habitudes (alimentaires) des familles. Toutefois, la ménagère ne s'en laisse pas conter et compte par deux fois avant de choisir un produit local.

Si l'on écarte les pratiques industrielles consistant à présenter des produits similaires sous des emballages et des quantités différents, on peut parfois s'étonner que des productions locales, subventionnées à la production, soient aussi chères que des produits importés plus lourdement taxés par l'octroi de mer. Une tentative de réponse sera apportée à cet épineux problème plus loin. Auparavant, il faut parler chiffres.

1.2.2 Analyse comparative des DROM-COM

Pour mieux comprendre le contexte spécifique des DROM-COM, il n'est pas superflu d'en rappeler les principales caractéristiques tant géographiques, démographiques, historiques, statutaires qu'économiques.

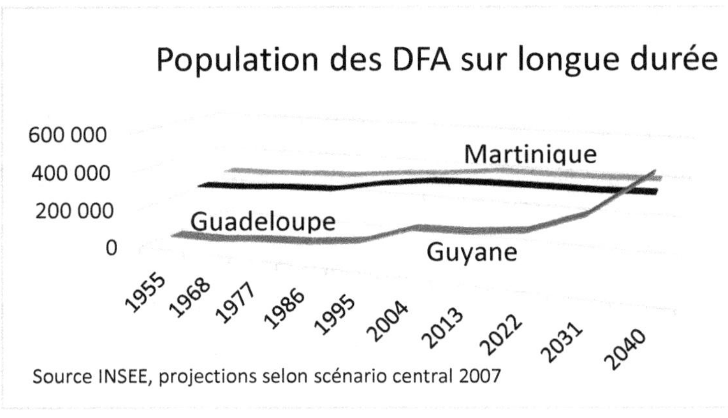

37 Cf le chapitre 3.1.3.2 Les croisades des Moyennes et Petites Industries.

GUADELOUPE

La Guadeloupe est un archipel formé de la « Guadeloupe continentale » en forme de papillon, regroupant Basse-Terre à l'ouest et Grande-Terre à l'est de la Rivière salée, d'une part, et de la « Guadeloupe insulaire » englobant La Désirade, Petite-Terre, les îlets des Saintes [Terre de haut et Terre de bas] ainsi que Marie-Galante, d'autre part. D'une superficie de 1 632, 43 km2, pour une population estimée à 395 725 habitants au 1er janvier 2016, soit une densité d'environ 246 habitants au km2. On peut noter une variation annuelle moyenne négative de 0,2 % sur la période 2009-2016.

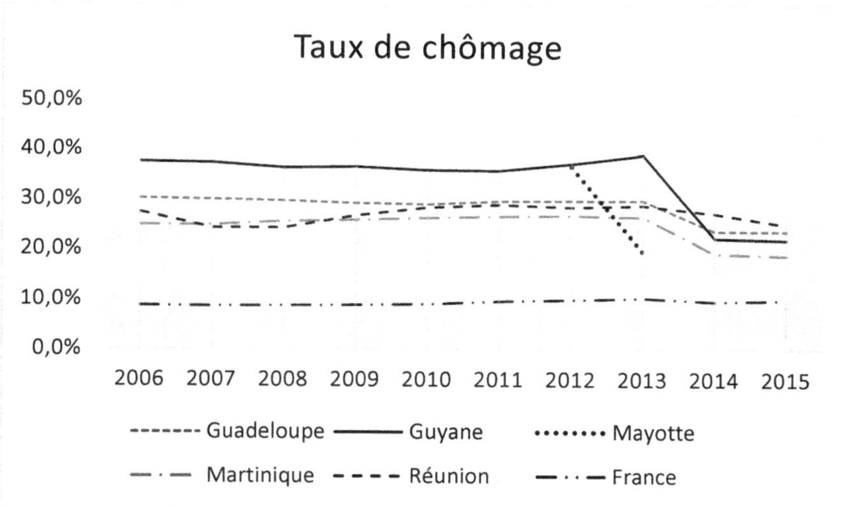

LES RUP ET LES PTOM

Afin de prendre en compte l'éloignement, les difficultés économiques et l'insularité de certains territoires ultramarins de ses Etats-membres, le droit communautaire a institué deux régimes spécifiques : les RUP (Régions Ultra Périphériques) et les PTOM (Pays et Territoires d'Outre-mer).

Les 9 RUP sont : les Canaries (Espagne), les Açores et Madère (Portugal), la Guadeloupe, la Guyane, la Martinique, Mayotte, Saint Martin, et la Réunion (France)[38]. Elles font partie intégrante de l'UE et appliquent le droit communautaire. Mais elles bénéficient toutefois de certaines dérogations. L'octroi de mer en est une. On peut noter l'existence de zones franches et d'entrepôts francs en matière de pêche. Elles sont éligibles à des aides d'Etat avec notamment les aides à l'investissement et peuvent concourir aux soutiens financiers (fonds structurels). Ces aides et soutiens pouvant créer des distorsions de concurrence par rapport aux pays voisins (notamment par l'application de normes techniques communautaires coûteuses) pénalisantes pour le dynamisme économique de ces territoires.

L'autre régime est celui de PTOM. Les pays et territoires sont associés à l'Europe. Depuis le traité de Lisbonne, il est plus facile de passer du statut de RUP vers celui de PTOM (par exemple, St Barth est passé de RUP à PTOM en janvier 2012), que l'inverse, de PTOM vers celui de RUP (comme l'a fait Mayotte, le 1er janvier 2014).

Elle se situe à 600 km au nord des côtes de l'Amérique du Sud, à 700 km à l'est de la République dominicaine et à 2 200 km au sud-est des États-Unis. Il y a 32 communes. Les anciennes communes de Saint Martin et de Saint Barthélémy sont devenues des Collectivités d'Outre-Mer (COM) depuis la loi du 21 février 2007. La première est RUP et la seconde PTOM. Le chef-lieu de la Guadeloupe est Basse Terre. La ville principale, Pointe-à-Pitre, se trouve à 6 900 km de Paris, à 2 950 Km de New York et 180 Km de Fort-de-France.

Karukéra, le nom caraïbe de la Guadeloupe, se caractérise par une économie tertiarisée forte mais qui est largement en dessous du niveau national. Il y a donc une salariarisation importante des agents économiques et un niveau de développement humain parmi les plus forts de la zone. Fin 2015, le niveau de chômage était très élevé, notamment chez les jeunes, avec 61 381 DEFM (Demandeurs d'Emploi de Fin de Mois) de catégorie A. Le taux de chômage est de 23,7 % en Guadeloupe, contre 9,9 % en métropole.

On note un faible taux d'ouverture de ses échanges (8,2 %), comparable à celui des petits états insulaires voisins, peu intégrés au commerce

[38] Ces RUP figurent sur les billets en euro.

international. Par rapport à la France métropolitaine, le PIB de la Guadeloupe est faible, mais fait mieux que ses voisins de la Caraïbe.

Région monodépartementale, comme la Réunion, la Guadeloupe fait partie des RUP (Régions Ultra Périphériques) de l'UE (Union Européenne).

RAPIDE SURVOL HISTORIQUE DE LA GUADELOUPE

La tradition veut que Christophe COLLOMB découvrît d'abord la Désirade, puis Marie-Galante et voyant les chutes du Carbet, il accosta à Sainte Marie de Capesterre, le 4 novembre 1493.

Mais bien avant lui, la Guadeloupe comptait, depuis 3 500 ans avant JC des habitants venant d'Amérique du sud. Ce fut d'abord le peuple huécoïde, en provenance des Andes précolombiennes, vers 700 av JC, puis au tour des Arawaks, lesquels furent exterminés par les Caraïbes dès le IXème siècle. Donc, quand arrivèrent les Caravelles, l'île n'était pas inoccupée. La colonisation se fit d'abord avec des « engagés » puis avec de la main d'œuvre plus endurante aux travaux de culture de la canne à sucre. Cette exploitation des ressources humaines venues d'Afrique est généralement appelée généralement « esclavage et traite négrière ». L'occupation de l'île par les français se fera avec l'Olive et Duplessis dès 1635[39]. Charles Houël achètera la Guadeloupe à Louis XIV et fondera la ville de Basse-Terre. De nombreuses batailles entre les anglais et les français pour la possession de cette île marqueront le 18ème siècle. Lors de la promulgation du 1er décret d'abolition de l'esclavage par la révolution française, la Guadeloupe était encore sous domination française. Le régime de terreur qui s'en suivit incita de nombreux planteurs à se réfugier à la Martinique. En mai 1802, Delgres et Inace résistèrent en vain. L'esclavage sera définitivement aboli en 1848. Des travailleurs venant des comptoirs français de l'Inde remplaceront alors les noirs libres qui ne voulaient plus retourner aux champs. En plus du sucre de canne, la banane et le rhum deviennent des produits d'exportation.

La loi de départementalisation du 19 mars 1946 donna des espoirs d'égalité sociale avec les habitants de la France métropolitaine. La Guadeloupe se relèvera de l'explosion de la Soufrière, en 1976, à la suite de laquelle plus de 100 000 personnes furent déplacées de la Basse Terre vers la Grande Terre. L'île aux belles eaux, traduction du nom caraïbe de la Guadeloupe, a pensé ses blessures après le passage du cyclone Hugo, en 1989. Malgré ses difficultés économiques et son fort taux de chômage, les électeurs guadeloupéens ne voteront pas pour le choix statutaire en 2003. La Guadeloupe reste toujours région monodépartementale. Ce qui n'empêcha pas la population d'exprimer son mécontentement lors de la crise sociale qui a duré 44 jours en février-mars 2009.

[39] N'en déplaise aux Alsaciens, aux Lorrains et aux Niçois, les Antillais sont français depuis près de quatre siècles. Bien avant eux !

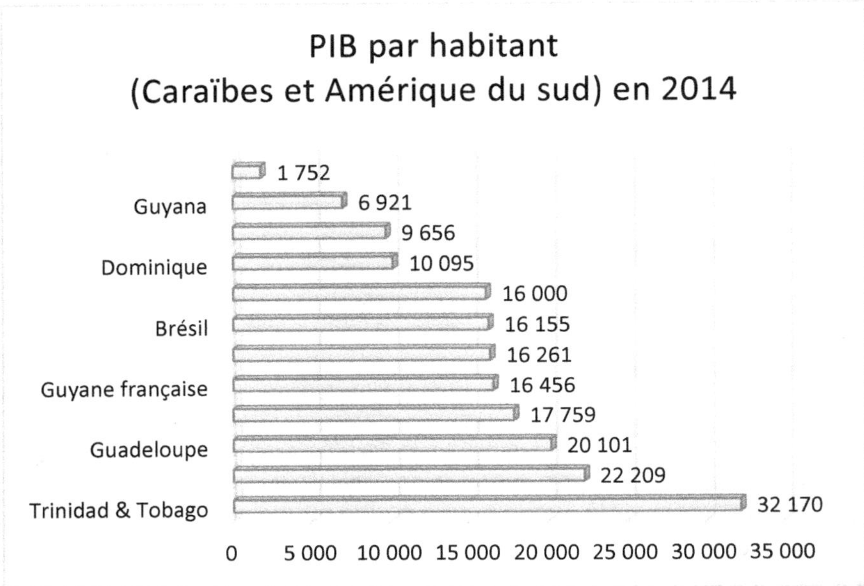

GUYANE

La Guyane a une superficie de 85 504 km² soit 16% de la superficie de la France hexagonale. 96 % sont couverts par une forêt équatoriale, sa population est estimée à 262 527 habitants au 1er janvier 2016 (soit une densité de l'ordre de 3 habitants au km², sauf pour Cayenne, son chef-lieu, qui atteint 2 318 hab/Km²). Elle demeure la région française la plus dynamique en termes de démographie puisque la population augmente chaque année de 2,2 % (contre 3,9 % entre 1997 et 2007 cependant). Pour l'INSEE[40], le solde naturel, porté par une forte natalité, était, en 2014, l'unique moteur de la croissance démographique.

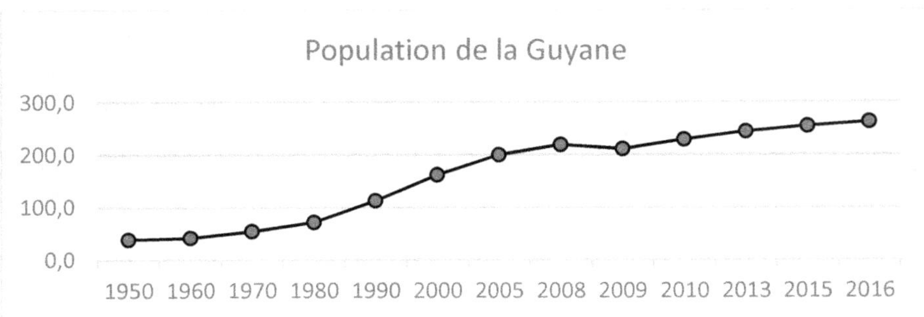

[40] Article « Une croissance démographique qui ralentit » in INSEE Dossier Guyane n°4 – Mai 2017.

Depuis peu, la forte immigration venant des pays voisins a fait remonter les incivilités, actes de délinquances et homicides au point que la population autochtone s'est révoltée e mars et le 3 avril 2017. La toute nouvelle Collectivité de Guyane ne pouvant faire face financièrement, le peuple, avec à sa tête un collectif dit des « 500 frères », a manifesté son mécontentement. La crise sociale s'est arrêtée le 21 avril 2017 avec « l'accord de Cayenne » pour lequel le gouvernement Cazeneuve a acté le déblocage de plus d'1,85 milliard d'euros pour financer notamment les soins aux personnes, la sécurité, l'économie et le fonctionnement de la justice. Dans un second temps, ce seront 2 milliards d'euros supplémentaires qui seront budgétés pour reconstruire le département, dans le domaine des infrastructures, de la santé, de la lutte contre l'orpaillage illégal, de l'insécurité, de la délinquance et de l'illettrisme, entre autres.

Bien que l'on parle de l'île de Cayenne, la Guyane n'est pas une île et constitue un territoire du continent sud-américain. Elle est frontalière du Brésil (sur 730 km) et du Suriname (sur 510 km). Sa préfecture, Cayenne, se situe à 7 000 km de Paris.

Par ailleurs, située en zone de forêt dense, la Guyane échange avec la métropole et les Antilles voisines essentiellement par voie maritime pour tout ce qui concerne le fret en produits pétroliers.

La Guyane a un climat équatorial humide et est idéalement placé près de l'équateur, ce qui lui donne un avantage certain sur les autres sites de lancements de fusées. D'où l'implantation de l'Agence spatiale européenne au Centre spatial guyanais, sur le territoire de la ville de Kourou.

Bien que les départements et régions d'outre-mer (souvent appelées DROM) soient régis par le principe de l'identité législative, des adaptations aux lois et règlements qui prévalent en métropole sont autorisées dès lors qu'elles sont motivées par « les caractéristiques et contraintes particulières de ces collectivités ». C'est ainsi que des libertés d'action sont possibles dans les domaines suivants : le droit domanial[41] (avec notamment la zone des 50 pas géométriques), la fiscalité (pas de TVA, IRPP réduit de 40%, octroi de mer et autres dispositions spécifiques), le droit de la fonction publique (qui fait l'objet de quelques aménagements pour tenir compte de l'éloignement).

La Guyane bénéficie de toute latitude pour signer des accords régionaux en matière de coopération régionale. Ce qui n'est pas contraire à son appartenance à l'Europe où elle bénéficie d'un double classement en tant que

---

[41] L'ancien territoire de l'Inini, qui compose la quasi-totalité de la forêt guyanaise, fait partie du domaine privé de l'Etat.

RUP et que PTOM.[42] Le statut de RUP permet à la Guyane d'accéder à des fonds structurels au titre de la politique régionale et de son objectif de convergence.

RAPIDE SURVOL HISTORIQUE DE LA GUYANE

A l'origine peuplée par des indiens de l'Amazonie, les espagnols la découvrent en 1500. Elle fut colonisée par les français en 1643 puis mise en valeur par les hollandais pour une courte durée. En 1664, débute la colonisation esclavagiste française. On y exploite du coton, de l'indigo, du roucou, de la canne à sucre, du café et diverse épices particulièrement appréciées à la cour et dans l'aristocratie. Un siècle plus tard, il y eut, sous les ordres de Louis XIV une importante arrivée d'hommes pour exploiter les richesses minières de ce vaste territoire. Environ 2/3 des 15 000 volontaires furent décimés par la maladie en moins d'un an. Un siècle d'esclavage plus tard, ce vaste territoire se fait remarquer par l'implantation d'un bagne où seront déportés plus de 90 000 prisonniers. Au milieu du XIXème siècle, ce sera la ruée vers l'or. Après l'éruption de la montagne Pelée, en 1902, de nombreuses familles martiniquaises se réfugient en Guyane, plus particulièrement dans la région de Rémire-Monjoli. Depuis la fermeture du bagne, en 1953, la Guyane est victime de son isolement, dans un état économique et sanitaire déplorable. La départementalisation, en 1946, ne remplira pas tous les espoirs qui y étaient placés. La balance commerciale reste fortement déficitaire et les coûts de production élevés. Avec le lancement de la première fusée Ariane en 1968, un nouveau pan de l'économie voit le jour. La décentralisation, en 1982, permet des transferts de compétence de l'Etat vers les collectivités locales sans forcément les ressources correspondantes. La CTG (Collectivité Territoriale de Guyane), créée en 2015, ne pouvant indéfiniment lever l'impôt se trouve en situation de cessation de paiement, ce qui a déclenché les événements de mars 2017. Les populations des pays voisins, affluent vers la Guyane, attirées par des lois sociales et une politique sanitaire et infantile plus favorable.

Par vote, en 2010, la population guyanaise a opté pour une nouvelle organisation administrative prenant effet au 18 décembre 2015. Depuis, la Collectivité Territoriale de Guyane regroupe les compétences du Conseil général et du Conseil régional. L'économie de la Guyane reste atone malgré les succès commerciaux de la base spatiale.

[42] Les RUP (Régions Ultra Périphériques) sont définies dans le Traité d'Amsterdam de 1997, en son article 299-2. Elles sont au nombre de sept : Açores, Canaries, Guadeloupe, Guyane, Madère, Martinique et Réunion. Depuis ce traité, deux autres RUP ont été ajoutées : Mayotte et la collectivité d'outre-mer de Saint Martin. Le classement des PTOM (Pays et Territoire d'Outre-Mer) comprend surtout les collectivités d'outre-mer.

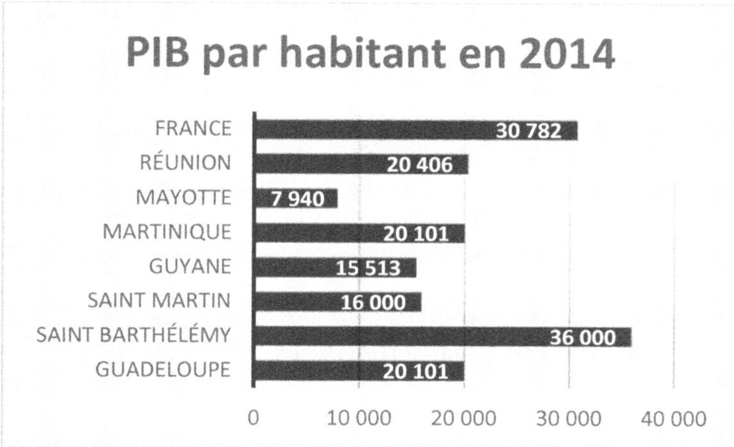

Si toutes les lois de la République s'y appliquent, il faut retenir que, conformément à l'article 294 du code général des Impôts qui décrit l'application de la TVA pour les départements d'Outre-mer, « La taxe à la valeur ajoutée n'est provisoirement pas applicable dans le département de la Guyane.[43] »

MARTINIQUE

La Martinique est la troisième île des petites Antilles par la superficie avec 1 128 km². Selon les estimations de l'INSEE, sa population s'élevait, en 2015, à 378 243 habitants, soit une densité de l'ordre de 335 habitants au km². Située, elle aussi dans la mer des Caraïbes, elle est distante de 450 km au nord-est des côtes de l'Amérique du Sud et environ 700 km au sud-est de la République dominicaine. Fort de France, son chef-lieu, compte 83 651 habitants est à 3 150 Km de New York et est éloignée de 6 800 km de Paris.

Région monodépartementale jusqu'en 2015, elle est maintenant une Collectivité territoriale régie par l'article 73 de la constitution (fusionnant ainsi Conseil général et Conseil régional), tout comme la Guyane.

Le climat économique semble vouloir repartir depuis la crise de 2009. Les intentions d'investissements des entreprises se concrétisent et se traduisent par une nette amélioration de l'indicateur du climat des affaires et une reprise des activités économiques. La consommation des ménages reste hésitante bien que l'on observe une forte consommation des

[43] Ce département, en vertu de l'alinéa 1 de l'art 294 CGI, est resté en dehors du champ de la TVA, comme il l'était de la taxe sur le chiffre d'affaires instituée en 1948.

immatriculations automobiles. Tout cela dans un contexte social agité et un taux de chômage de 18,9 % (contre 10 % en France métropolitaine). Les exportations peinent à progresser alors que les importations (sur lesquelles reposent en partie l'octroi de mer) sont sur un trend haussier. Outre la banane, on note une progression de la filière canne-sucre-rhum. Le BTP et l'activité commerciale restent atones. Seule la croisière donne des signes de reprise économique, malgré des fermetures de structures hôtelières.

RAPIDE SURVOL HISTORIQUE DE LA MARTINIQUE

Les Arawaks, les premiers habitants de l'île, venaient du bassin de l'Orénoque. Ils furent disséminés par les Caraïbes, venant également du plateau des Guyanes. Après le débarquement de Christophe COLOMB, le 15 juin 1502, sur la plage du Carbet, les français de la Compagnie des Isles d'Amérique commencèrent leur colonisation dès 1635 avec Pierre Belain D'Esnambuc. Café, sucre, indigo et épices étaient exportés vers la cour du Roi-soleil. Le commerce triangulaire entretint l'esclavage et la traite négrière. Après l'occupation de l'île par les anglais, il y aura une première abolition de l'esclavage en 1794. Il fut rétabli, en 1802, par Napoléon Bonaparte, qui épousa une native de l'île, Joséphine Tascher de la Pagerie. La seconde abolition se fera en 1848. Des travailleurs venus d'Inde furent amenés depuis leur lointaine contrée pour remplacer les anciens esclaves noirs devenus libres.

L'éruption de la Montagne Pelée, le 8 mai 1902, fit plus de 30 000 victimes à Saint Pierre, surnommée alors « le petit Paris des Antilles ». De ce fait, de nombreuses familles martiniquaises émigrèrent vers la Guyane. La ville de Fort-de-France devint alors le chef-lieu de « l'île aux fleurs ».

Après la 2e guerre mondiale, la loi sur la départementalisation (dont le rapporteur était Aimé Césaire, alors jeune député communiste) laissa à certains hommes politiques des espoirs d'autonomie. En 1982, la régionalisation fait de la Martinique une région mono départementale.

L'activité économique basée sur la canne et la banane diminue régulièrement. Les services prennent une place prépondérante suppléés par les transferts sociaux. Ce n'est qu'en 2015 que la Martinique change de statut en devenant une collectivité relevant de l'article 73 de la constitution. Elle est également l'une des 9 RUP (Régions Ultra Périphériques) de l'UE. Le nouveau statut de la Martinique permettra à cette collectivité d'avoir de nouvelles habilitations (sauf dans les domaines régaliens de l'Etat) comme le permet l'article 73.

Du point de vue fiscal, la règlementation française s'applique, avec toutefois la possibilité de fixer les taux d'octroi de mer. La TVA est à un taux moindre qu'en France hexagonale (8,5 % contre 20 %). Elle est, selon certaines conditions, non perçue mais récupérable. L'IRPP est minoré de 30 %. Des zones franches d'activité ont été créées par la LODEOM (LOi pour le Développement Economique des Outre-Mers) après la crise sociale de 2009. La fiscalité sur les produits pétroliers et le tabac y est également spécifique.

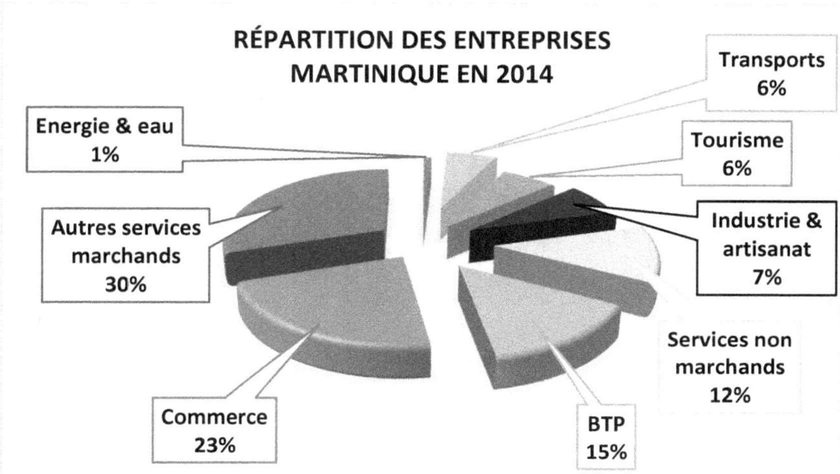

Le PIB régional de la Martinique s'élève à 8,4 milliards d'€, soit 22 209 € par habitant. C'est le plus élevé des DROM, mais inférieur toutefois à la moyenne nationale française (32 199 €/hab). Autrefois agricole, puis industrielle, l'économie martiniquaise est fortement tertiarisée. Les exportations de biens et de services est trois fois moindre que les importations.

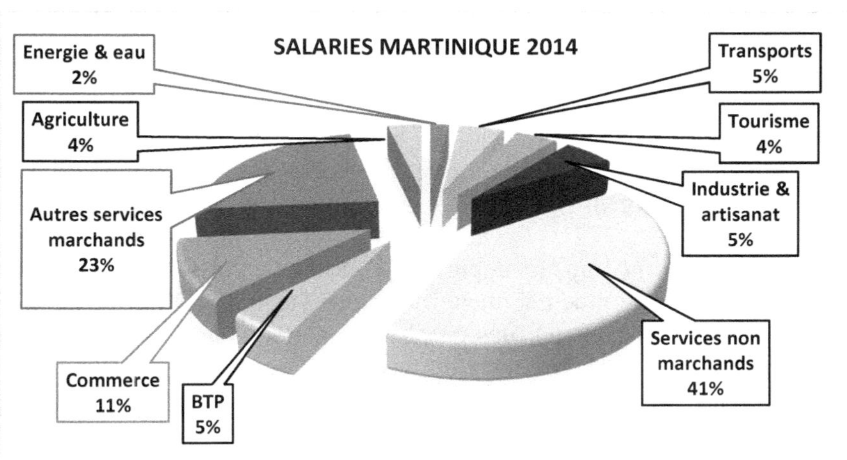

Les produits agricoles et industriels exportés sont : le rhum (23 %), le sucre et la banane. De plus en plus de petites structures agro-alimentaires ou artisanales se positionnent sur des niches haut-de-gamme (chocolat, épices, etc.).

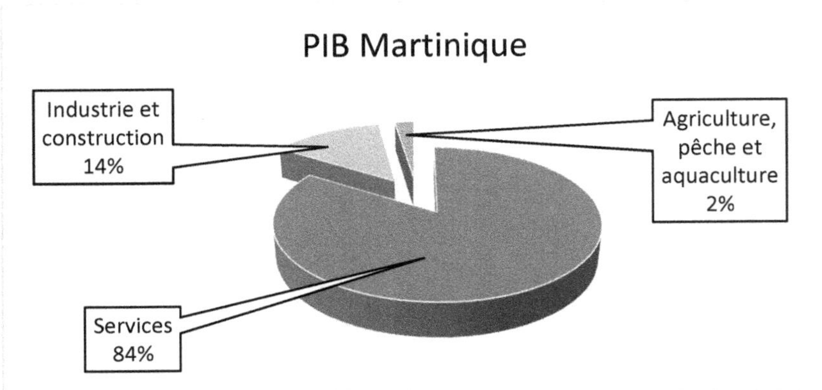

Le chômage y est très élevé avec 58 130 demandeurs d'emplois en 2015, soit 18,9 % (contre 10% en France hexagonale).

MAYOTTE

Pour situer Mayotte, on peut dire qu'il s'agit d'un ensemble d'îles situées dans l'archipel des Comores, lui-même en plein dans le canal du Mozambique, dans l'océan indien, entre la Tanzanie (sur la côte est de l'Afrique) et l'île de Madagascar. Elle est distante de 1 400 Km de la Réunion et d'environ 8 000 Km de la France. Peuplée de 235 100 habitants en 2016, Mayotte s'étend sur une superficie de 374 Km² répartis entre Grande Terre (363 Km²), Petite terre (11 Km²) et une trentaine d'îlots non habités. Sa densité de population est de 511 habitants/Km². La population est jeune (plus de la moitié a moins de 20 ans) et a une appétence non dissimulée pour la langue française. Le chef-lieu est Dzaoudzi alors que le siège de la préfecture et du Conseil départemental est à Mamoudzou. Il n'y a pas de Conseil régional.

101e département français depuis 2011, Mayotte est souvent qualifiée de département où le taux de chômage est le plus élevé des DROM-COM. Cela s'explique par le fait que de plus en plus de mahorais arrivent sur le marché du travail alors que les créations d'emploi ne peuvent suivre ce rythme.

En 2014, Mayotte a dû faire face à l'entrée en vigueur de la fiscalité de droit commun et de l'accession du territoire au statut européen de RUP. En

2015, ce fut la mise en route de la consommation, au détriment des activités de production et d'exportation qui ne semblent pas décoller. Ces dernières devraient voir leur volume augmenter avec l'aide des financements européens.

Bien que Mayotte ne dispose pas de comptes économiques régionaux (qui évaluent les agrégats économiques tels que la consommation finale, la formation brute de capital fixe, etc.), l'IEDOM[44] peut estimer le PIB en valeur (à prix courants), lequel doit être fourni annuellement aux instances européennes. Même si les chiffres de l'INSEE sont publiés avec un décalage de trois ans, les estimations de l'IEDOM permettent une approche plus juste de la situation.

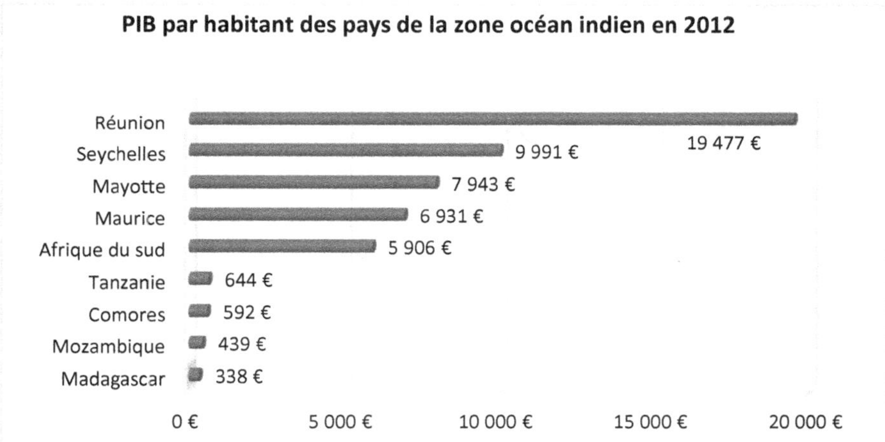

Source : INSEE, Wold Bank Indicators in IEDOM

Afin de mesurer les réalisations moyennes d'un pays dans trois aspects fondamentaux du développement humain, le PNUD (Programme des Nations Unies pour le Développement) a défini l'IDH (Indice de Développement Humain). Il prend en compte les données relatives à la vie longue et saine (santé), l'accès aux connaissances (éducation) et un niveau de vie décent (revenu). Pour Mayotte, l'IDH était à 0.637 en 2005, la classant ainsi au 107ème rang mondial. Elle figure parmi les pays ayant un indice de développement humain moyen alors que les autres DROM-COM sont dans la catégorie des pays ayant un IDH élevé, voire très élevé.

[44] L'Institut d'Emission des Départements d'Outre-Mer

RAPIDE SURVOL HISTORIQUE DE MAYOTTE

On date généralement l'installation des premiers habitants dans les îles des Comores vers les VIIIe et IXe siècles. Les peuples swahilis venaient de la côte de l'Afrique orientale, de la Somalie au Mozambique.

Mayotte et Anjouan se distinguant par leur évolution linguistique spécifique, leur histoire diffère de celle des autres îles des Comores. Bons marins, musulmans et excellents commerçants, ils étaient reconnus dans la zone. Une particularité : l'organisation sociétale qui était tribale et matrilinéaire[45], héritée des origines africaines devient un sultanat appliquant les principes de l'Islam.

Après sa perte d'influence sur l'île de France (aujourd'hui Île Maurice), la France s'intéressa à Mayotte. Elle lui sera vendue en 1841 par le sultan Andriantsoly. Elle devient une colonie française. Le traité d'abolition de l'esclavage datant de 1846 mit fin à la traite arabe. Les îles et territoires voisins (Grande Comore, Anjouan et Mohéli devinrent des protectorats français. Tous ont été séparés administrativement de Madagascar et furent érigés en TOM (Territoires d'Outre-Mer) en 1946.

Pendant un quart de siècle, les Comores furent l'objet de manifestations pour et contre l'indépendance. Le référendum du 22 décembre 1974 fut favorable pour l'ensemble des îles sauf pour Mayotte qui voulut rester française à 63,8 %. Un second référendum, en 1976 confirma à 99,4% la volonté des mahorais de faire partie intégrante de la République française. L'ONU (Organisation des Nations Unies) dénoncera la présence française à Mayotte et contestera cette élection en considérant ce référendum comme nul et non avenu. Une nouvelle résolution en 1994 de l'assemblée générale de l'ONU confirma l'appartenance de Mayotte à l'Etat comorien.

Un nouveau référendum, le 29 mars 2009, renouvela, par 95 % des votants la volonté des mahorais de devenir département français. Ce sera fait le 31 mars 2011 quand Mayotte devient le 101ème département français, le 5ème d'outre-mer. Vis-à-vis de l'Union européenne, Mayotte quitte alors le statut de PTOM pour devenir RUP.

Mayotte est caractérisée par sa faible production locale. Les principales productions agro-alimentaires sont le riz, le manioc, et les fruits tropicaux, bananes, noix de coco, mangues et ananas. L'île aux parfums, comme on qualifie Mayotte, était réputée pour ses essences naturelles. Elle exporte toujours de l'ylang-ylang et de la citronnelle utilisés dans la parfumerie, mais aussi de la vanille (comme à la Réunion), de la cannelle et du girofle.

I

45 Les sociétés matrilinéaires s'organisent à partir du lignage féminin pour la transmission, l'héritage, la propriété, les noms de famille et les titres.

INDICE DE DEVELOPPEMENT HUMAIN (IDH)

	Année	PIB/hab	IDH rang 2010	IDH 2010
Wallis et Futuna (F CFP)	2005	1 211 000	53 (2005)	0,763 (2005)
Polynésie française (F CFP)	2007	2 230 000	75	0,737
Nouvelle Calédonie (F CFP)	2010	3 288 000	50	0,789
Saint Pierre & Miquelon	2008	28 327	66	0,762
Mayotte	2009	6 275	107 (2005)	0,637 (2005)
La Réunion	2010	17 520	54	0,774
Guyane	2011	15 294	73	0,74
Martinique	2011	21 131	39	0,814
Saint Martin	1999	14 500	64 (2000)	0,702 (2000)
Saint Barthélémy	1999	26 000	69 (2000)	0,688 (2000)
Guadeloupe (euros courants)	2011	19 589	38	0,822

Source : CEROM, ISEE, ISPF, INSEE, AFD, IEDOM

Ces faibles quantités de productions agricoles exportées sont aussi dues aux graves pénuries d'eau venant de la faible pluviométrie, de l'obsolescence des réseaux hydrauliques et de surtout la forte progression de la demande en eau potable. Les exportations mahoraises sont surtout des réexportations. On peut s'interroger sur le devenir des anciennes filières (ylang-ylang et vanille). Il est plus qu'incertain par un coût du travail rédhibitoire et l'urbanisation effrénée qui ne permet presque plus de créer des exploitations de grande taille. On observe que les exportations des autres produits industriels représentent 60 % des exportations.

Principaux produits mahorais exportés :

		2014	2015	Variation 2014/2015
Autres produits industriels, dont		6 439,7	7 323,0	13,7%
	Produits métallurgiques et métalliques	1 014,3	1 266,3	24,8%
Biens d'équipement, dont		2 984,8	1 684,9	-43,6%
	Produits informatiques, électroniques et optiques	1 006,6	866,3	-13,9%
	Machines industrielles et agricoles, machines diverses	1 681,5	721,8	-57,1%
Matériels de transport		1 108,0	1 122,4	1,3%
Produits agricoles de la pêche et de l'aquaculture		149,9	169,4	13,0%
Produits des industries agroalimentaires		598,9	1 328,3	121,8%
Hydrocarbures naturels		523,1	495,8	-5,2%
Autres		33,0	78,0	136,3%
	Total	11 837,4	12 201,8	3,1%

en milliers d'euros
Source : Douanes in IEDOM

Les produits des IAA (industries agro-alimentaires) ont timidement progressé entre 2009 et 2015 en passant de 6,8 % à 10,9 %. Enfin, le taux de couverture (exportations / importations) est de 2,44 %.

« MAYOTTE 2025 »

Depuis sa départementalisation, et suite aux nombreuses émeutes locales, le président de la République a mis en place un document stratégique intitulé « Mayotte 2025 » qui prévoit les grandes orientations de l'île pour les dix ans à venir. Il a été élaboré avec le concours de l'Etat, des élus de Mayotte et des principaux acteurs socio-économiques de l'île. Le document est structuré autour de six thématiques prioritaires, déclinées en objectifs à atteindre à l'échéance 2025.

Thèmes	Objectif 2025
Un cadre institutionnel performant	Parachever la départementalisation, renforcer les collectivités territoriales et conforter la réorganisation de l'administration territoriale de l'Etat
Une éducation de qualité, des formations et une politique d'insertion au service de la jeunesse	Assurer les conditions de réussite éducative de tous les jeunes mahorais
Un tissu économique développé	Contribuer à résorber le déficit d'équipements et accompagner le renforcement de filières économiques pérennes au soutien de l'emploi et de la compétitivité
Un secteur sanitaire et une cohésion sociale exemplaires	Contribuer à l'amélioration de la santé des mahorais, protéger la jeunesse en danger et partager un agenda social ambitieux
Une politique de l'habitat et de la ville adaptée aux enjeux du territoire et aux risques naturels	Libérer le foncier pour faciliter la mise en place d'une politique du logement ambitieuse
Une gestion durable des richesses naturelles	Valoriser les richesses naturelles et la biodiversité du territoire et accélérer la mise en place des équipements indispensables à la gestion des ressources et des déchets.

Source : Préfecture de Mayotte in IEDOM

Ces actions retenues dans le document stratégique vont dans le même sens que celles contenues dans les PO et le CPER puisqu'elles prétendent aux mêmes sources de financement.

Mayotte accédant au droit commun français en matière de fiscalité le 1er janvier 2014, la réglementation commune s'applique avec quelques spécificités cependant :

a. Les mesures structurelles d'allègement fiscaux : réduction de la cotisation d'impôt sur le revenu de 40 % (comme en Guyane), abattements sur les bénéfices imposables (LODEOM) ;
b. Une fiscalité directe de droit commun aménagée : Taxes foncières sur le bâti et le non bâti remplaçant la Taxe Foncière Spécifique (un gros travail de mise à jour cadastral est en cours), le prélèvement sur les entreprises de la CET (Cotisation Economique Territoriale) qui est l'ancienne patente et la taxe d'habitation ;
c. Une fiscalité indirecte locale spécifique comprenant la Taxe Spéciale de Consommation sur les produits pétroliers et une taxe sur le tabac. Et, bien sûr, l'octroi de mer y est donc applicable.

Tout comme pour la Guyane, la TVA n'est provisoirement pas applicable à Mayotte.

REUNION

La Réunion a une superficie totale de 2 512 km². Sa population est estimée en 2014 à 842 767 habitants, soit une densité d'environ 337 habitants/km². Située dans l'océan indien, l'île fait partie de l'archipel des Mascareignes, à environ 700 kilomètres à l'est de Madagascar et 200 kilomètres au sud-ouest de l'île Maurice, au large de la côte sud-est du continent africain. Sa préfecture, Saint-Denis, se situe à 9 300 km de Paris.

Elle fait preuve d'un grand dynamisme économique. Même si l'emploi a été multiplié par trois entre 1946 et 2016, il y a toutefois un chômage qui a presque triplé entre 1967 et 2016. Son taux est actuellement à 24,6 % contre 9,9 % en métropole. Après la crise de 2009, le marché du travail a été soutenu par les politiques publiques. Selon les spécialistes de l'INSEE, malgré le rattrapage, la pauvreté reste hors norme. Le revenu par habitant était estimé à 300 € en 1970 (soit 17% de celui de la métropole). Le taux de pauvreté a atteint 42 % en 2010 contre 17% en France hexagonale.

Cette île volcanique a le plus haut sommet de l'océan indien avec le Piton des neiges qui culmine à 3 069 mètres. Mais c'est surtout celui de La Fournaise qui relance l'activité touristique avec ses éruptions spectaculaires comme celles de 2017. Le sud-est de l'île est moins développé économiquement mais tire un avantage économique substantiel de ces manifestations naturelles.

RAPIDE HISTORIQUE DE LA REUNION

L'île Bourbon n'a été habitée qu'à partir du milieu du XVIIème siècle. Auparavant, les navigateurs ne s'y arrêtaient que pour se ravitailler en eau douce. Les français en prirent possession en 1638 mais ce n'est qu'en 1663 que la colonisation française commença véritablement. La Compagnie des Indes Orientales géra cette île pendant près d'un siècle. Le café et la vanille furent les principales productions exportées. La population de race blanche, jusqu'alors majoritaire ne l'est plus avec l'arrivée d'esclaves en provenance de l'Afrique de l'est, de l'Inde et de Madagascar.

Après la faillite de la Compagnie des Indes, le roi racheta l'île et tira profits des exportations d'épices (girofle, muscade, poivre, cannelle et café. A la Révolution française et sous l'empire, on ne compte plus les instabilités politiques (et même l'occupation anglaise). Au XIXème siècle, la culture de la canne à sucre remplaça celle du café. Au plan économique, après l'abolition de l'esclavage de 1848, le système économique majoritaire fut celui de « l'engagisme » des anciens esclaves. C'est un volontariat pour une durée de 5 ans, mais dans les faits, ce régime était proche de l'esclavage. Les anciens esclaves ont été au fur et à mesure remplacés par des « engagés » venant d'Afrique, d'Inde et de Chine. L'île périclita avec l'ouverture du canal de Suez en 1870. La départementalisation apporta une amélioration sanitaire et sociale à la Réunion, mais pas véritablement un essor économique. Depuis un demi-siècle, on constate une grande évolution au niveau des infrastructures routières, des installations portuaires et aéroportuaires, des équipements scolaires et hospitaliers.

La Réunion a toujours gardé son statut de région monodépartementale avec (comme pour la Guadeloupe) un Conseil départemental et un Conseil régional.

Les territoires étant définis, il est bon de voir leurs relations économiques avec les pays voisins ayant souvent la même population et inévitablement les mêmes productions.

Population légale de la Réunion, par commune

	Population municipale au recensement 2014	Population municipale au recensement 2009	Population sans doubles comptes au recensement 1999	Taux de croissance annuel moyen entre 1999 et 2009	Taux de croissance annuel moyen entre 2009 et 2014
	nombre			en %	
Nord	**200 090**	**198 013**	**176 283**	**1,2**	**0,2**
Saint-Denis	144 642	145 209	131 557	1,0	- 0,1
Sainte-Marie	33 042	30 367	26 582	1,3	1,7
Sainte-Suzanne	22 406	22 437	18 144	2,1	0,0
Ouest	**213 321**	**209 835**	**179 940**	**1,5**	**0,3**
Le Port	35 653	38 609	38 412	0,1	- 1,6
La Possession	32 261	30 167	21 904	3,3	1,4
Saint-Leu	33 575	30 504	25 314	1,9	1,9
Saint-Paul	104 634	103 498	87 712	1,7	0,2
Les Trois-Bassins	7 198	7 057	6 598	0,7	0,4
Sud	**303 027**	**289 896**	**248 273**	**1,6**	**0,9**
Les Avirons	11 315	10 455	7 172	3,8	1,6
Entre-Deux	6 634	6 176	5 170	1,8	1,4
L'Étang-Salé	14 103	13 484	11 755	1,4	0,9
Petite-Île	12 035	11 582	10 151	1,3	0,8
Saint-Joseph	37 362	35 846	30 293	1,7	0,8
Saint-Louis	52 803	51 460	43 519	1,7	0,5
Saint-Pierre	81 583	77 146	68 915	1,1	1,1
Saint-Philippe	5 101	5 100	4 860	0,5	0,0
Le Tampon	76 796	72 658	60 323	1,9	1,1
Cilaos	5 295	5 989	6 115	- 0,2	- 2,4
Est	**126 329**	**118 620**	**101 804**	**1,5**	**1,3**
Bras-Panon	12 887	11 699	9 683	1,9	2,0
La Plaine-des-Palmistes	5 950	5 072	3 434	4,0	3,2
Saint-André	55 900	52 939	43 174	2,1	1,1
Saint-Benoît	37 738	34 682	31 560	0,9	1,7
Sainte-Rose	6 722	6 822	6 551	0,4	- 0,3
Salazie	7 132	7 406	7 402	0,0	- 0,8
La Réunion	**842 767**	**816 364**	**706 300**	**1,5**	**0,6**
Guadeloupe*	400 187	401 554	386 566	0,4	- 0,1
Martinique	383 910	396 404	381 427	0,4	- 0,6
Guyane	252 337	224 469	157 213	3,6	2,4
DOM**	**1 879 202**	**1 838 791**	**1 631 506**	**1,2**	**0,4**
Métropole	**64 027 784**	**62 465 709**	**58 504 511**	**0,7**	**0,5**
France**	**65 906 986**	**64 304 500**	**60 136 017**	**0,7**	**0,5**

** hors Saint-Barthélemy et Saint-Martin. ** hors Mayotte.*

Source : Insee, Recensements de la population.

1.2.3 LA COOPÉRATION INTER-RÉGIONALE

Bien qu'une rivalité ancestrale et une jalousie fratricide nuisent à leurs bonnes relations, les Antilles et la Guyane se sont rapprochées au cours des décennies 70-80 dans des structures interrégionales. Depuis, la tendance est plutôt d'avoir chacun ses propres structures et équipement (universités, Tepscan, directions départementales, rectorats, etc…). La Réunion, pour sa part, est venue s'adjoindre plus récemment à certaines structures qui seront développées ci-après.

S'agissant de l'octroi de mer, il y a une date importante à retenir, c'est celle de la fameuse conférence interrégionale qui s'est tenue à la Guadeloupe les 7 et 8 mai 1979. Cette rencontre est plus connue sous le nom de « colloque Dijoud »[46] au cours duquel le Secrétaire d'Etat aux DOM-TOM en exercice avait présenté ses « Vingt points d'appui » pour le développement économique des Antilles et de la Guyane françaises.

L'esprit dans lequel cette rencontre s'est déroulée est décrit dans les lignes qui suivent : « Ces contacts devront être mieux institués, afin de permettre aux élus des trois départements, aux représentants de leurs activités socio-économiques, et aux pouvoirs publics d'organiser une véritable coopération inter- régionale, dans la perspective d'un vaste marché de 700 000 habitants. Ce devra être la tâche prioritaire de la Mission Interrégionale. »

L'un des points importants de cette rencontre portait sur l'harmonisation de l'octroi de mer entre la Martinique, la Guadeloupe et la Guyane. Mais avant d'en discuter, les représentants des trois Conseils Généraux ont évoqué l'exonération des droits d'octroi de mer en Guyane pour les produits en provenance des Antilles.

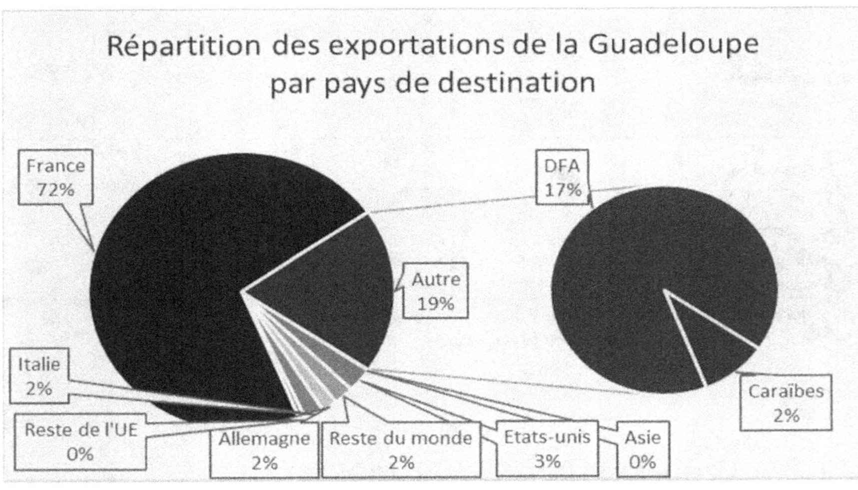

Outre l'exonération des produits antillais, il y avait un autre point de discussion épineux à ce « Colloque DIJOUD » de 1979. C'était le problème plus général de l'harmonisation des tarifs d'octroi de mer entre les trois régions.

[46] Du nom de Paul Dijoud, Secrétaire d'Etat auprès du Ministre de l'intérieur et de la décentralisation (des Départements d'Outre-Mer), du 3 avril 1978 au 13 mai 1981 au sein du gouvernement de Raymond Barre.

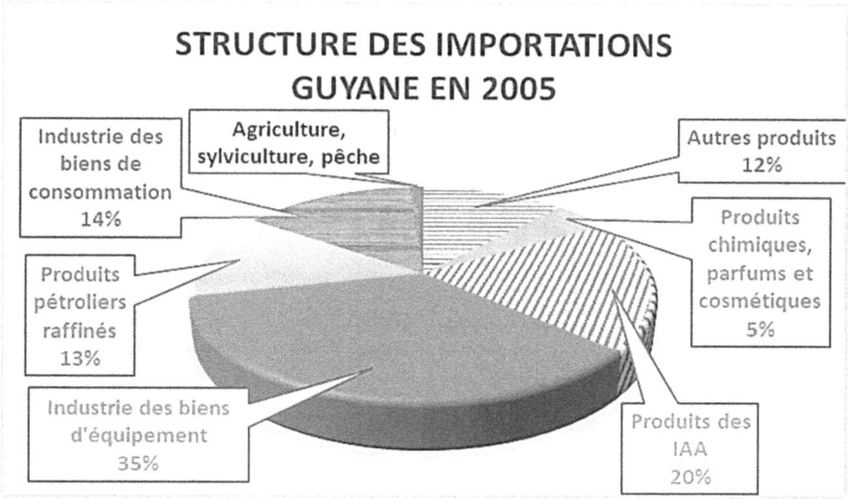

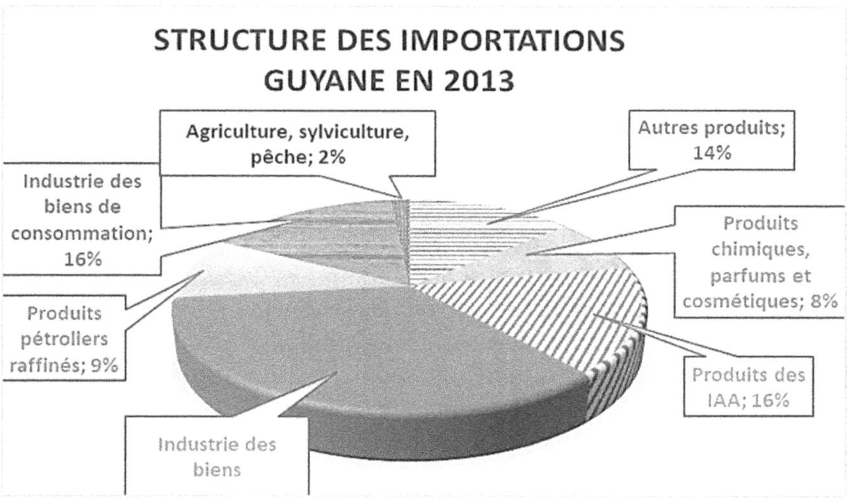

Après de belles déclarations, venait l'aveu de l'attristante réalité sur l'absence de véritable projet qui tienne la route : « D'une façon générale, l'utilisation de l'octroi de mer comme instrument de politique économique doit faire l'objet de réflexions et d'études plus poussées associant toutes les parties concernées. »

Depuis deux siècles, que de fois cette petite phrase a été prononcée !...

1.2.4. Le « marché unique » Guadeloupe-Martinique

Bien que les échanges entre les deux îles des Antilles soient déjà formalisés, il fallait aller plus loin avec le troisième DFA, la Guyane. La loi de 2004 précisera les conditions de fonctionnement du Marché Unique Antillais (MUA), dans ses articles 38 à 42.

Structure des exportations Guyane

	En 2005	En 2013	En 2014	En 2015
Agriculture, pêche, sylviculture	0,6	0,6	0,5	0,7
Produits étalliques et metallurgiques (dont or)	44,0	67,5	49,3	38,7
Produits des IAA	13,2	11,3	11,8	13,5
Industrie des biens d'équipement	32,4	185,0	88,4	62,1
Produits pétroliers raffinés	0,0	4,4	1,7	1,0
Industrie des biens de consommation	0,7	0,9	1,0	0,9
Autres (produits chimiques, produits en bois)	2,8	27,4	25,2	22,7
Total	93,7	297,1	177,9	139,6

en millions d'€

Fin 2014, Hervé Toussay, président de l'AMPI (Association Martiniquaise pour la Promotion de l'Industrie), donnait une interview au journal France-Antilles dans laquelle il déclarait à propos du droit à la différenciation de la production locale : « ce qui est dommageable ce sont les écarts entre la Martinique et la Guadeloupe. Nous avons des paradoxes comme la farine qui bénéficiera d'un écart préférentiel de 30% à la Martinique, alors qu'il sera de 20% en Guadeloupe. Ce qui est l'inverse pour le café qui sera à 30% d'écart à la Guadeloupe, et 20% à la Martinique. Ces écarts sont pénalisants pour le transfert des marchandises entre les deux îles. Le risque existe pour que la fabrication des produits se fasse là où l'écart sera plus intéressant. Ce qui est paradoxal pour les entreprises installées sur les deux îles. Mais aucun élément économique ne justifie, à nos yeux, qu'il y ait une différence de taux entre les deux îles sur des produits identiques. Évidemment, cela aura un impact sur le consommateur, et les entreprises concernées ». A la question de savoir si le principe est de protéger la production locale, le président de l'AMPI répond sans ambages : « Le terme protection des productions locales ne convient pas à la réalité de l'octroi de mer. Son principe est de compenser des disparités de production entre l'hexagone et la Martinique. (...) Car produire chez nous coûte plus cher que dans l'Hexagone. Nous sommes pénalisés par rapport au produit importé et c'est pour cela qu'il y a des différences de taux d'octroi de mer, entre le produit importé et le local. Si on réduit le différentiel de taux entre les deux, nécessairement il y aura plus de recettes pour les collectivités. Mais il y aura un impact significatif sur nos entreprises. Un impact en termes de capacité d'investissement, voire en termes d'emploi. » Rien de nouveau sous le soleil, depuis le Colloque Dijoud de 1979 !

1.2.5. Le cas des îles du nord

Quand un européen parle des Caraïbes, il s'imagine un paysage paradisiaque (Sun, Sea, Sex, Sand and Sailing), havre de repos de quelque(s) flibustier(s)...

Les Caraïbes, et plus précisément les îles du nord de la Guadeloupe (appelées aussi « les dépendances »), représentent encore ce que l'imaginaire populaire a bien voulu transmettre au fil des siècles. Ces îles du nord s'appellent Saint Martin et Saint Barthélémy. Elles sont petites (respectivement 54 Km^2 et 25 Km^2) et ont un développement démographique différent (36 522 habitants pour l'une et 9 427 habitants pour l'autre). Elles se situent à 260 Km au Nord-Ouest de la Guadeloupe, dans l'arc caraïbe, entourées d'autres îles anglophones et indépendantes pour la plupart.

Au regard de l'octroi de mer, ces anciennes communes de la Guadeloupe se caractérisaient par le fait que les marchandises qui étaient introduites sur leurs territoires n'étaient soumises à aucune taxe. Pas d'octroi de mer, pas de T.V.A, pas d'impôts directs, pas d'impôts indirects. Elles bénéficiaient d'un régime d'exonération douanière et fiscale tout en étant inscrites dans la liste des communes de la Guadeloupe pour la répartition de l'octroi de mer proportionnellement plus que d'autres communes, grâce au mécanisme de la "population fictive" décrit plus loin et de « l'expression des besoins » !

En 2017, St Barth et la partie française de l'île de St Martin, constituent deux collectivités territoriales au sens de l'article 74 de la constitution par la loi organique n°2007-223 du 21 février 2007. Elles sont dotées de l'autonomie fiscale. Le changement a été effectif le 15 juillet 2007. Concernant St Barth, elle a évolué en Pays et Territoire d'Outre-Mer (PTOM) tel que décrit dans le Traité de Fonctionnement de l'Union Européenne (TFUE). Elle est donc située hors du territoire douanier de l'Europe.

1.2.5.1. Vraie population et faux chiffres

Cette « curiosité » administrative découle en fait de subtils calculs qui avaient été mis en place pour favoriser les petites îles de l'archipel guadeloupéen.

Voici comment le Président du Conseil régional de la Guadeloupe justifiait ce mécanisme lors de la 4ème réunion de 1989 : « Afin de venir en aide plus spécialement aux communes qui supportent des charges exceptionnellement lourdes pour leur approvisionnement en eau provenant du dessalement de l'eau de mer, la répartition du produit de l'octroi de mer fait appel à un deuxième critère qui vient s'ajouter à celui de la population : le prix de revient du mètre cube d'eau potable. Cette aide est attribuée pour donner aux collectivités la possibilité de mettre en place un tarif modulé, permettant aux habitants desservis par un réseau d'eau potable de bénéficier d'une quantité minimale d'eau facturée à un prix très inférieur au prix de revient actuel. Ce dernier, extrêmement prohibitif, empêche la majorité des résidents de bénéficier actuellement du service public de distribution d'eau. Cette quantité d'eau potable est caractérisée par un nombre de m^3 consommés par trimestre, que l'on appellera « tranche sociale »[47]. L'objectif, compte tenu des incidences financières, était relativement modeste et limité : il s'agissait de donner à chaque commune la possibilité de mettre à la disposition de chaque famille de résidents une tranche de 15 M^3 par trimestre et par branchement, facturés à 6 Francs par mètre cube consommé, qui représentait le prix de l'eau en « Guadeloupe continentale ».

Ceci permettait à chaque habitant de consommer en moyenne 40 litres d'eau par jour, ce qui restait très inférieur aux normes des pays développés où l'on estime que chaque habitant consomme par jour entre 150 et 200 litres d'eau. Pour atteindre cet objectif, il était appliqué aux populations des communes concernées un coefficient multiplicateur K (supérieur à 1), qui se traduisait pour celles-ci par une dotation de produits de l'octroi de mer supérieure à celles qu'elles auraient pu percevoir sans ce dispositif.

La Direction de l'Agriculture et de la Forêt (DAF) qui procédait habituellement à l'élaboration des coefficients K, estimait que d'une année à l'autre, on pourrait retenir les mêmes « coefficients K », car les données de base n'évoluaient pas de manière significative.

En vertu de ce qui vient d'être exposé, la DAF avait proposé les « coefficients » suivants[48] :

- Terre de Haut K= 1,4988
- Terre de Bas K= 1,4988

---

[47] Cette diatribe fort louable pourrait être parole d'évangile si concomitamment il n'y avait une gabegie sur l'eau qui rejaillira une trentaine d'années plus tard. Alors que des taxes étaient prélevées sur l'eau distribuée et sur les factures d'assainissement des eaux usées, aucune amélioration sérieuse du réseau de distribution d'eau potable n'a été faite. Ainsi les fuites furent de plus en plus nombreuses et les pertes s'estiment de nos jours à plus de 30% de la production d'eau potable produite. En 2017, de nombreux quartiers, voire plusieurs villes de la Guadeloupe ne sont pas alimentées en eau potable créant alors de nombreuses mobilisations des usagers. Les fermiers incriminent les collectivités locales. Les villes rejettent la faute sur les communautés de communes, lesquelles renvoient la responsabilité sur les fermiers qui prétendent que les fonds ont été collectés par le Département et la Région. Ouroboros !

[48] Chiffres de 1989.

- Désirade K=1, 5511
- Saint Barthelemy K=1, 6430
- Saint Martin K= 1,4629

Ces « coefficients » ont été approuvés par l'assemblée du Conseil régional réunie en séance plénière le 29 décembre 1988. On comprend donc le souci des maires de faire procéder à des recensements complémentaires afin que la répartition de l'octroi de mer leur soit encore plus favorable, surtout s'il y avait un coefficient multiplicateur. Cet artifice juridique, comme tant d'autres en matière d'octroi de mer, est généralement passé sous silence.

Un silence complice !

Pour ceux qui n'avaient jamais fait le rapprochement entre l'octroi de mer et l'eau de mer, les voilà informés ! L'octroi de mer mène à tout, à condition de se mouiller !

1.2.5.2. LES VELLEITES SEPARATISTES DES ILES DU NORD

Sans analyser ici toutes les conséquences de l'Acte Unique Européen qui sera examiné plus loin, il y a lieu de s'interroger sur le statut juridique de ces deux îles.

Le cas de SAINT MARTIN :
Saint Martin a longtemps été une « zone franche » par décisions gubernatoriales des 11 février 1850 et 9 octobre 1862, instituant l'exemption d'impôts et d'octroi de mer. En outre, d'autres textes précisent le régime spécifique de cette île ; à savoir les conditions particulières établies entre les deux parties de l'île de Saint Martin lors du traité de partage du 23 mars 1648, traité de Concordia.

Le cas de SAINT BARTHELEMY :
L'île fut cédée le 1er juin 1784 au roi de Suède et le port de l'île fut érigé en port franc. L'île connut à cette époque une certaine prospérité et c'est de cette période que remonte son statut d'exonération douanière, ainsi que celles résultant des traités de rétrocession de Saint Barthélémy par la Suède, le 10 août 1877. L'île fut ensuite rattachée à la Guadeloupe en 1878.

Saint Barthélémy a été soumis au même régime que Saint Martin par arrêté gubernatorial du 21 novembre 1878, confirmé par les décrets du Président de la République du 29 juin 1882 et 11 mars 1899. En résumé, on peut dire que l'administration française fut absente de l'île de 1880 jusqu'au lendemain de la Seconde Guerre mondiale. Ainsi, des règles locales se développèrent. La départementalisation de 1946 n'a guère modifié la situation, restée floue pendant plusieurs années.

Plus récemment, un droit de quai ad valorem avait été institué en substitution à l'ensemble des taxes douanières sur toutes les marchandises importées (par voie aérienne ou maritime) sur le territoire de Saint Barthélemy par la loi n° 74-114 du 27 décembre 1974 portant loi de finances rectificative pour 1974. Cette taxe était perçue et contrôlée par les agents de la Douane.

L'évolution institutionnelle des îles du nord :

Jusqu'à 2003, ces deux îles étaient considérées comme territoires d'exportation par rapport à la Guadeloupe en vertu de l'article 5 du décret N° 47-2390 du 27 décembre 1947. En conséquence, les élus de Saint Martin et de Saint Barthélémy ont estimé que les îles du nord étaient en droit et en fait assimilés à des Pays et Territoires d'Outre-mer (PTOM). Forts de cette conviction, ils ont déposé lors de la première réunion plénière de 1989 du Conseil régional de la Guadeloupe, ainsi qu'au Conseil général de la Guadeloupe, un projet visant à créer deux collectivités locales à statut particulier relevant de l'article 74 de la constitution se substituant pour l'administration de Saint Barthélémy et de Saint Martin (partie française) aux communes éponymes. En effet, les nouvelles collectivités, chacune étant administrée par un conseil élu au suffrage universel, ont les pouvoirs détenus par les communes et le Conseil général. Ce nouveau statut s'apparenterait à celui de l'autonomie dont dispose la Polynésie française.

Cette volonté de changer de statut est venue de la peur, non dissimulée des saint-martinois et saint-barth, de perdre les avantages qu'ils avaient du point de vue fiscal et ainsi voir s'effondrer toute l'économie de ces deux îles. Celle-ci repose essentiellement sur l'industrie touristique et sur le commerce « Duty free ».

Les accrochages verbaux avec M. Michel Charasse, le ministre du budget d'alors, n'avaient rien fait à l'époque pour calmer les esprits. Les élus de Saint Martin refusaient l'Europe car ils se sentaient rattachés de fait à la « zone dollar » (près de 90 % des touristes sont de nationalité américaine[49]) et que du point de vue culturel, ils ne se sentent pas français (la langue parlée couramment est l'anglais). Au fil des ans, des réunions de travail avec les élus de la zone hollandaise se sont intensifiées en vue de rapprochements des deux parties de l'île à la double nationalité. L'objectif est commun : faire

[49] Même si certaines personnalités très en vue y avaient de somptueuses villas, comme Donald Trump, ou ont décidé de s'y faire inhumer, comme ce fut le cas pour Johnny Halliday.

front contre l'Europe et sauvegarder le « statut » particulier favorisant commerce duty free et tourisme.

Bien qu'il y ait eu des efforts financiers considérables pour la construction d'infrastructures publiques dans les îles du nord au cours des dernières années, eu égard au fort développement de l'île, notamment avec tous les effets de la « défiscalisation », les élus de ces îles étaient insatisfaits. C'est alors que la résistance s'est organisée côté administration française.

Dans cette affaire, la position officielle du gouvernement français a été exprimée dans une note émanant de la Direction des Affaires Politiques, Administratives et financières du ministère des DOM-TOM. Cette note (réf DAPAF/AP/DOM/JG/NL en date du 20 septembre 1988) précise que :

> La suppression des deux communes est susceptible de se révéler incompatible au regard de la constitution. La solution avancée par le ministère serait, éventuellement, la superposition des compétences des deux nouvelles collectivités à celles déjà existantes.
>
> Le maintien dans la Région Guadeloupe pose problème dans la mesure où l'on ne peut être à la fois hors de l'Europe et dans l'Europe. Ce qui fait craindre un détournement des aides dites « structurelles » (FEDER, FEOGA, FSE) transitant par la Région.

Bien entendu, le gouvernement français ne voyait pas de bon œil les velléités autonomistes de ces îles du nord qui pourraient inspirer, pourquoi pas, la grande dépendance (Marie-Galante). Laquelle assurait déjà un lobbying en ce sens auprès des autres îles de l'archipel pour une plus grande « liberté d'action » (comme le disait un élu de la Désirade). Depuis, les urnes ont parlé. C'est avec 76% des suffrages favorables à Saint Martin que la réforme constitutionnelle a été décidée par le peuple lors du référendum de décembre 2003.

St Martin et St Barth ont été érigées en collectivités d'outre-mer (COM) au sens de l'article 74 de la Constitution par la loi organique n° 2007-223 du 21 février 2007. Ces collectivités sont donc considérées comme des régions ultrapériphériques de l'UE, elles se situent dans le territoire douanier communautaire. Toutefois, elles bénéficient des dispositions de l'article 2 du Code des douanes communautaire (CDC) qui prévoit que, du fait de « pratiques coutumières d'une portée géographique et économique limitée », la réglementation douanière communautaire peut ne pas s'y appliquer dans tous ses éléments. Cependant, pour l'exportation, les marchandises importées ou acquises dans l'île qui sont exportées vers la Guadeloupe, les autres départements d'outre-mer ou la métropole sont soumises à leur arrivée aux taxes normalement exigibles :

TVA ;
Octroi de mer et octroi de mer régional (pour les produits importés dans les DOM) ;
Autres taxes le cas échéant (droits d'accises par exemple).

La fiscalité spécifique de St Martin :

Au fil des ans, le discours des élus locaux a beaucoup évolué. Pour Aline Hanson, alors Présidente du Conseil territorial de St Martin, lors de la commémoration du 10e anniversaire de la collectivité de St Martin[50] ; « Il s'agit, dans un premier temps, de concevoir des dispositifs très favorables aux holdings, aux sociétés de capital-investissement et aux structures spécialisées dans la gestion de droits incorporels, comme des brevets ou des marques. L'objectif poursuivi est de les inciter à s'implanter à Saint-Martin, en France, et donc en Europe, avec l'ensemble des garanties que cela comporte en termes de transparence et de sécurité juridique et financière. En choisissant Saint-Martin, elles bénéficieront non seulement de ces garanties mais aussi d'un régime fiscal particulièrement favorable, comparable par exemple à ce qu'on trouve dans les pays développés les plus attractifs. Très concrètement, si ces mesures produisent les effets attendus, Saint-Martin pourrait devenir une ''mini-place financière'' offrant aux investisseurs une implantation en France, au sein de l'Europe, mais géographiquement située aux portes des États américains (USA, Canada, Brésil...). Les mesures fiscales proposées vont très loin dans l'amélioration de l'attractivité de notre système, et sont nécessaires à la venue d'investisseurs. »

Bien qu'il y ait une taxe spéciale de consommation sur les carburants (article 1585 P du code général des impôts de la collectivité de Saint-Martin), l'essence sans plomb était facturée aux stations-service de St Martin à 0,89 € contre 1,16 €/litre sur la Guadeloupe « continentale » en octobre 2016.

[50] Discours officiel, en juillet 2015.

IMPOTS SUR LES SOCIETES A ST MARTIN

Contrairement à l'idée généralement répandue qui laisse croire que St Martin est un paradis fiscal et que l'on n'y paie pas d'impôts. On peut signaler que depuis 2014, il y a eu une grande réforme de la fiscalité à saint Martin :

1) Taux normal : 20% Taux réduit PME simplifié : taux de 10% plafond 40 000 euros. Entreprises concernées : entreprises nouvelles et entreprises existantes.

2) Suppression du dispositif complexe « anti-capitalisation » ; instauration d'un simple garde-fou visant à éviter que les intérêts versés aux associés hors de Saint-Martin soient calculés à un taux supérieur à celui du marché.

3) Holdings : amélioration du régime des sociétés mères et filiales.
Quasi-exonération des dividendes si…
- détention des titres depuis un an au moins (ou engagement en ce sens) ;
- détention représentant au moins 5% du capital de la filiale ou représentant un prix de revient égal à 1 million d'euros au moins.
… sous réserve d'une quotepart de frais et charges. Imposition sur une assiette égale à 5% du montant du produit total de la participation, hors crédit d'impôt étranger… => soit une imposition égale à 1% du montant des dividendes perçus.

4) Holdings : taxation au taux réduit de 10 % de certains produits financiers ; possibilité d'imputation (plafonnée) de l'éventuelle RAS prélevée par le territoire de source (imposition minimale de 3% ; report de l'excédent sur les exercices suivants).

5) Holdings : taxation des autres produits financiers : maintien de la taxation au taux normal ramené à 20% ; possibilité d'imputation (plafonnée) de l'éventuelle RAS prélevée par le territoire de source (imposition minimale de 6% ; report de l'excédent sur les exercices suivants.

6) Filiales possédant des droits incorporels : taxation au taux de 10 % du résultat net de la concession, de la sous-concession, de la cession de : Brevets ; Inventions brevetables ; Procédés de fabrication industriels ; Marques de fabrique, de commerce ou de services ; Dessins et modèles ; Droits d'auteur sur œuvre littéraire, artistique ou scientifique (y compris films) ; Droits de reproduction d'objets au moyen de la technologie d'impression en 3D ; suppression de la condition de détention de deux ans ; possibilité d'imputation (plafonnée) de l'éventuelle RAS prélevée par le territoire de source (imposition minimale de 3 % ; report de l'excédent sur les exercices suivants) ; droits d'enregistrement : généralisation d'un droit fixe de 125 a en cas d'acquisition de ces éléments.

7) Rapatriement en franchise d'impôt des bénéfices réalisés à Saint-Martin. Généralisation de l'absence de retenue à la source : à l'ensemble des dividendes, y compris ceux versés à des personnes physiques domiciliées à l'étranger ; aux bénéfices des établissements stables.

8) Aides à l'investissement : Amélioration du régime de défiscalisation locale qui garantit une exonération totale d'IS tant que les résultats fiscaux cumulés n'excèdent pas le montant des investissements productifs réalisés.

9) Création d'un régime dérogatoire en faveur des impatriés. Personnes concernées : salariés venant de l'étranger pour s'installer à Saint-Martin afin d'y

exercer une activité professionnelle Portée du régime (Impôt sur le revenu) : exonération pendant 5 ans de la prime d'impatriation, évaluée dans certains cas à 30 % de la rémunération ; Exonération de la fraction de la rémunération se rapportant à l'exercice d'une activité hors de Saint-Martin ; plafond : 50 % de la rémunération

Il faut donc signaler :
- Extension à la restauration (si titre de maître-restaurateur), aux guest-houses (si classement), aux centres d'appels, aux conventions de terminal portuaire ;
- Extension aux schémas « location » avec condition de rétrocession d'au moins 50% de l'avantage fiscal à l'exploitant. Corrélativement, exonération de droit de bail pendant 5 ans ;
- Refonte de la procédure d'accord préalable ;
- Prorogation jusqu'en 2020 ;
- Droits d'enregistrement réduit en cas d'acquisition de terrains dans le cadre d'une opération éligible à la défiscalisation locale (2 % au lieu de 8 %) ;
- Taxe foncière : exonération pendant 5 ans des locaux à usage professionnel (si permis de construire délivré après le 1er juillet 2014).

La fiscalité spécifique de St Barth[51] :

De son côté, évoquant le droit de quai, Bruno Magras, Président du Conseil Territorial de la Collectivité de St Barthélémy déclare[52] : « Ce droit est aujourd'hui codifié à l'article 13 du Code des contributions. L'extraterritorialité des îles du Nord a par la suite été reconnue par le Code des douanes communautaire adopté par le règlement CEE du 12 octobre 1992 au titre des pratiques coutumières d'une portée géographique et économique limitée. Au 1er janvier 2012, l'île est devenue un pays et territoire d'outremer (PTOM) et se trouve ainsi en dehors du territoire douanier de l'Union européenne. Saint-Barthélemy s'est mise à l'abri d'une requalification du droit de quai en droit de douane et est devenue depuis compétente en matière de fiscalité douanière. Ce changement de statut n'a pas modifié la pratique. Saint Barthélemy continue à appliquer le droit de quai[53]. » Il rajoute : « Saint-Barthélemy n'est pas un paradis fiscal, mais une zone à basse pression fiscale. La compétence fiscale dévolue à l'île depuis 2007 lui a permis de développer un système sur mesure adapté à l'économie de l'île et grâce auquel elle est en mesure d'assurer un niveau de recettes de fonctionnement élevé qui vient alimenter un programme d'investissement

[51] Voir les textes suivants : Décret n° 47-2390 du 27 décembre 1947 (JORF du 30 décembre 1947), Article 2-1 du code des douanes communautaire, Loi organique n° 2007-223 du 21 février 2007.

[52] Interview donnée dans le Magazine de la Douane en 2015.

[53] Fixé à 5 %, instauré par les textes suivants : arrêté municipal du 24 mai 1879, loi n° 74-1114 du 27 décembre 1974, loi n° 96-1182 du 30 décembre 1996 et article 13 du Code des contributions de Saint-Barthélemy.

soutenu, sans avoir recours à l'emprunt. En matière de fiscalité douanière, Saint-Barthélemy continue à taxer les importations du droit de quai[54] au taux de 5% sur la valeur en douane des marchandises avec deux aménagements : 8% sur les véhicules à moteur de poids autorisé en charge (PTAC) de moins de 14 tonnes et 30% sur les véhicules à moteur de PTAC de plus de 14 tonnes. Un régime spécifique existe pour certaines importations temporaires qui permet au président du Conseil territorial de les faire bénéficier d'une exonération de droit de quai. À la condition que ces importations restent moins de trois mois sur l'île et qu'elles n'aient pas fait l'objet d'une cession. Il est à noter que Saint Barthélemy est désormais dotée de ses propres "cachets", reconnus au niveau national et européen. Cette basse pression fiscale par rapport à d'autres régions du monde n'est pas pour autant synonyme de paradis ou d'évasion fiscale. Le droit bancaire et financier est celui de Métropole. Nos agences bancaires ne sont que des agences locales des grandes banques françaises. Ce n'est pas une place "offshore" ». On voit bien la différence avec Saint Martin[55].

Mais les îles du nord ne sont pas les seules exceptions de la cartographie fiscale de la France. Il y a la dernière venue : Mayotte.

1.2.6 L'arrivée de Mayotte

Mayotte, 101e département français depuis 2011, est devenue la 9e région ultrapériphérique européenne le 1er janvier 2014. Elle applique la réglementation douanière communautaire de droit commun et une fiscalité spécifique (taxe d'octroi de mer externe et régional mais pas de TVA). Mayotte ne dispose donc plus d'une autonomie douanière et fiscale depuis sa départementalisation. Cela s'explique dans la mesure où Mayotte fait partie du territoire douanier de la France et de l'UE mais est exclue du territoire

---

[54] Cette taxe, propre à Saint Barthélémy, a été créée par arrêté municipal du 24 mai 1879 et approuvée par le gouverneur de Guadeloupe. Il a été confirmé par l'article 10 de la loi rectificative pour 1974, lui-même complété par l'article 45 de la loi de finances rectificatives pour 1996. Il existe trois taux de droit de quai : 5% pour toutes les marchandises, sauf pour certains véhicules terrestres qui sont taxés à 8% ou 30%. Il est perçu sur différents sites : la régie principale, sur le port et deux sous-régies, à l'aéroport et à la poste de Gustavia. Il est également perçu, pour les envois postaux, aux bureaux de poste de Saint-Jean et Lorient, ainsi que par les sous-traitants de FEDEX, UPS, DHL et Chronopost qui en encaissent le montant au moment de la livraison.

[55] Les observateurs attentifs auront remarqué les positions différentes des dirigeants de St Martin et de St Barth à la suite de la malheureuse épreuve qu'ils ont subi lors du passage du cyclone Irma, en septembre 2017.

fiscal de la Communauté Européenne. Tout comme la Guyane, la TVA n'est pas applicable à Mayotte[56].

L'application de l'octroi de mer dans le territoire mahorais est une conséquence de la « Rupéisation » de ce département. L'octroi de mer a été institué à Mayotte par la délibération n°1428/2014/CD du 6 février 2014 du Conseil départemental, abrogée et remplacée le 10 décembre 2015 par la délibération n°2399/2015/CD relative à l'harmonisation des taux d'octroi de mer applicables dans le Département de Mayotte.

Deux particularités pour Mayotte :

1° Puisqu'il n'y a pas de Conseil régional, les recettes d'octroi de mer sont affectées annuellement à une Dotation Globale Garantie (DGG). Cette dotation est répartie entre les communes et le Département. Le surplus de recettes est reversé intégralement aux Communes au lieu d'être reversé à un fonds régional de l'emploi et de développement comme prévue par la loi sur l'octroi de mer.

2° Le Conseil départemental fixe librement les taux d'octroi de mer et d'octroi de mer régional ainsi que les exonérations à l'importation et à la production locale selon les conditions fixées par la loi.

Les taux d'Octroi de Mer sont au nombre de 9[57] :

- 0% / 2,5% / 5% : sur les produits de première nécessité
- 10% : sur certains produits essentiels au bâtiment, d'énergie renouvelable (chauffe-eau solaire, panneaux solaires, ...)
- 20% / 30% : sur les produits de consommation divers
- 60% : tabac, produits polluants
- 90% / 100% : sur les armes et l'alcool (ce taux a été ramené à 90% avec la loi n°2015-762 du 29 juin 2015 qui encadre désormais la fixation des taux d'octroi de mer).

De façon pratico-pratique, une déclaration d'importation (DAU) doit être déposée au bureau de douane d'importation par les importateurs pour les biens soumis à l'octroi de mer externe et à l'octroi de mer régional. Cependant, sous condition, les productions locales sont exonérées d'octroi de mer. Les marchandises importées, ou acquises à Mayotte, qui sont exportées vers la métropole ou les autres départements d'outre-mer, sont soumises à leur arrivée aux taxes normalement exigibles : octroi de mer et autres taxes le cas échéant (droits d'accises par exemple).

---

[56] Cf. art 294-1 du CGI

[57] Avec la départementalisation, il y a eu plusieurs variantes. Après l'harmonisation, ils ont été ramenés de 24 à 9.

A la faveur de la discussion du projet de loi de finances rectificative n° 3217 pour 2015, un amendement a été déposé par M Aboubacar dont voici l'exposé des motifs : « Depuis l'entrée en vigueur de l'ordonnance du 19 septembre 2013, la répartition de l'octroi de mer entre les Communes et le Département de Mayotte se caractérise par le versement d'une dotation globale garantie (DGG) aux Communes qui est une fraction du produit de l'octroi de mer (hors octroi de mer régional). Cette situation est contraire au droit commun constaté dans les autres DOM (hors Guyane) où l'ensemble du produit de l'octroi de mer communal vient abonder les recettes de fonctionnement des Communes. Afin de permettre aux Communes de Mayotte de bénéficier du dynamisme de l'octroi de mer, sans pour autant déséquilibrer le mécanisme de prélèvement sur ressources (PSR) qui permet d'abonder le budget du Département, il est proposé, sur le modèle guyanais, de plafonner la part de l'octroi de mer communal allouée au Département au niveau atteint au titre de l'exercice 2014, soit 24M€. De la sorte, la croissance du produit de l'octroi de mer sous l'effet de la progression de l'économie mahoraise profitera exclusivement aux Communes.» Cet amendement a été adopté. Du fait de son statut de RUP, Mayotte est éligible aux fonds européens et singulièrement aux PO (Programmes Opérationnels). Ces sommes remplacent les aides allouées auparavant par le FED. Ainsi, pour le PO 2014-2024, Mayotte a reçu une enveloppe globale de 320, 44 millions d'euros se décomposant ainsi :

<table>
<tr><td>FEDER (Fonds Européen de DEveloppement Régional) finançant les aides directes aux investissements dans les entreprises, des infrastructures diverses, des instruments financiers pour soutenir le développement régional et local ainsi que des mesures d'assistance technique</td><td>148, 9 millions d'€</td><td rowspan="6">320, 44 millions d'€</td></tr>
<tr><td>FSE (Fonds Social Européen) qui est le principal soutien à l'emploi</td><td>65, 5 millions d'€</td></tr>
<tr><td>IEJ (Initiative pour l'Emploi des Jeunes) qui comme son sigle l'exprime concerne la lutte contre le chômage des nouveaux arrivants sur le marché du travail</td><td>9, 2 millions d'€</td></tr>
<tr><td>CET (Coopération Territoriale Européenne) dont 12, 0 pour le volet transfrontalier et 21, 8 pour le volet transnational Réunion-Mayotte)</td><td>33, 8 millions d'€</td></tr>
<tr><td>FEADER (Fonds Européen Agricole pour le DEveloppement Rural) qui est un instrument de financement et de programmation de la politique agricole commune</td><td>60, 0 millions d'€</td></tr>
<tr><td>FEAMP (Fonds Européen pour les Affaires Maritimes et la pêche) très sollicité en outre-mer.</td><td>3, 04 millions d'€</td></tr>
</table>

Il a été question d'Europe, il est bon d'en approfondir les accointances avec les DOM.

2. L'OCTROI DES PAIRS

2.1. LES DROM-COM, EUROPEENS MALGRE EUX

Il a été précisé plus haut que la loi de départementalisation du 19 mars 1946 a fait rentrer les quatre anciennes colonies françaises dans le cadre de la nation française avec le rang de département français à part entière. Les mauvaises langues (?) affirment qu'il s'agit plutôt de départements entièrement à part dans la mesure où une loi française promulguée à Paris par le Président de la République ne peut être exécutoire, dans ces départements, que s'il y a eu un décret spécifique pour les DOM.

L'histoire des DOM étant intimement liée, jusqu'à présent, à celle de la « mère-patrie », l'entrée de la France dans l'Europe a eu pour conséquence inéluctable celle des DOM dans l'Europe. Il est bon, afin de mieux percevoir les contradictions qui se sont fait jour au cours des récentes années, de présenter l'évolution historique de cette Europe adorée et décriée à la fois. Cette histoire chaotique partira du marché commun pour aboutir au grand marché unique. Pour la clarté de l'exposé, les différentes structures européennes seront présentées. Le nouvel univers concurrentiel des DROM-COM ne peut être passé sous silence. Enfin, l'arrêt Hansen qui a été une étape historique de l'européanisation des DROM-COM sera examiné.

2.1.1. DU MARCHÉ COMMUN AU GRAND MARCHÉ UNIQUE

Choisir quelques dates suggestives de l'histoire communautaire est un exercice difficile car forcément partial. Sans être trop rébarbatif, ni exhaustif, il faut, au vu du sujet qui nous préoccupe, déterminer malgré tout, des points de repères. Ils expliqueront pourquoi l'octroi de mer a dû se frayer un chemin dans tout l'arsenal politique, juridique et législatif européen.

1946 : Discours de Winston Churchill à Genève en faveur de la création des « Etats-Unis d'Europe » dont l'idée maîtresse est la réconciliation franco-allemande. Rideau de fer. Guerre froide. Création du Kominform.

1948 : Création de l'OECE (qui deviendra en 1960 l'OCDE). Cette Organisation Européenne de Coopération Economique est créée par 16 pays d'Europe occidentale ayant accepté l'aide financière américaine (le plan Marshall). A l'intérieur de l'OECE, le Luxembourg, la Belgique et la Hollande formaient déjà depuis 1944 le Benelux. Contribution de l'OECE à l'idée de CEE : accroissement des échanges commerciaux, limitation des contingentements, aménagement des moyens et des modalités de paiement, concertation en matière de mobilité de la main d'œuvre, de la formation professionnelle et aides aux régions les moins développées (déjà !).

1949 : Création de l'Organisation du Traité de l'Atlantique Nord (OTAN) et du Conseil de l'Europe. Aujourd'hui 28 Etats membres[58], tous les pays de l'Europe occidentale (sauf Andorre, Monaco, Saint Marin et le Vatican).

1951 : Le 18 avril 1951, les « Six » (Allemagne, Italie, Belgique, Pays-Bas, Luxembourg et France) signent le traité instituant la CECA (Communauté Economique du Charbon et de l'Acier). C'est la première organisation de type fédéral, financée par des prélèvements directs sur les productions. C'est le premier impôt européen. Elle concerne 170 millions de consommateurs sans tenir compte des frontières.

1952 : Création de la Communauté Européenne de Défense (CED). C'est en quelque sorte l'idée d'une armée européenne.

1954 : Le 31 août 1954, c'est la première crise avec le refus du parlement français de ratifier la CED (Communauté Européenne de Défense).

1955 : Relance économique de l'idée européenne. Sous l'impulsion de Jean Monnet, les « Six » adoptent le « rapport Spaak » sur « les possibilités d'une union économique ».

1957 : Le 25 Mars 1957, à Rome, les ministres des « Six » signent les traités instituant d'une part, la Communauté Européenne de l'Energie Atomique (EURATOM) dont la mission sera de promouvoir en Europe l'utilisation à des fins pacifiques de l'énergie nucléaire. Et d'autre part, la Communauté Economique Européenne (CEE) plus souvent appelée « Marché commun » qui sera une vaste zone de politique économique.

1958 : Le 19 mars 1958, première réunion à Strasbourg du Parlement Européen.

1959 : Première diminution de 10% des droits de douane.

1961 : Demandes d'adhésion de la Grande Bretagne, de l'Irlande et du Danemark.

[58] Par ordre alphabétique : l'Allemagne, l'Autriche, la Belgique, la Bulgarie, Chypre, la Croatie, le Danemark, l'Espagne, l'Estonie, la Finlande, la France, la Grèce, la Hongrie, l'Irlande, l'Italie, la Lettonie, la Lituanie, le Luxembourg, Malte, les Pays-bas, la Pologne, le Portugal, le République tchèque, la Roumanie, la Royaume-Uni, la Slovaquie, la Slovénie, et la Suède.

QUELQUES EXTRAITS DU TRAITE SOUVENT EVOQUES :

Art 227-2 : En ce qui concerne l'Algérie et les départements français d'Outre-Mer, les dispositions particulières et générales du présent traité relatives :

- à la libre circulation des marchandises,
- à l'agriculture, à l'exception de l'article 40 paragraphe 4[59],
- à la libération des services,
- aux règles de concurrence,
- aux mesures de sauvegarde prévues aux articles 108, 109 et 226,
- aux institutions,

sont applicables dès l'entrée en vigueur du présent traité.

« Les conditions d'application des autres dispositions du pré traité seront déterminées au plus tard deux ans après son entrée en vigueur, par des décisions du Conseil statuant à l'unanimité sur proposition de la commission ».

Les institutions de la Communauté veilleront dans le cadre des procédures prévues par le présent traité et notamment de l'article 226, à permettre le développement économique et social de ces régions.

Art. 227-3 : Les pays et territoires d'Outre-Mer dont la liste figure à l'annexe IV du présent traité, font l'objet du régime spécial d'association défini dans la quatrième partie de ce traité.

1962 : Premiers textes sur la Politique Agricole Commune (PAC) instituant le prix unique et principe de la « préférence communautaire ».

1963 : Le 20 juillet 1963, signature de la première convention de Yaoundé (Cameroun). Charles De Gaulle refuse l'entrée du Marché Commun à la Grande Bretagne.

1965 : Signature de fusion des exécutifs du Marché Commun, de la CECA et de l'Euratom. Etablissement d'un Conseil unique et d'une Commission unique. Le 30 juin 1965 : deuxième crise européenne. Le gouvernement français joue pendant sept mois la politique de la chaise vide à la suite d'un désaccord sur le financement de la politique agricole commune.

1967 : La Grande Bretagne, l'Irlande et le Danemark posent à nouveau leur candidature à la CEE. La Norvège fait la même démarche.

1968 : L'année 1968 est marquée par l'importante étape du 1er juillet, date à laquelle l'Union douanière entre les « Six » est achevée, avec 18 mois d'avance sur le calendrier prévu par le traité : les droits de douane sont complètement éliminés à l'intérieur de la communauté. Le tarif extérieur

[59] Article 40 al 4 : « Afin de permettre à l'organisation commune visée au paragraphe 2 d'atteindre ses objectifs, il peut être créé un ou plusieurs fonds d'orientation et de garantie agricoles. »

commun est mis en place. D'autre part, plusieurs pays commencent à adapter leur législation interne en vue d'y adjoindre le système de la TVA. Il s'agit là d'un des éléments clés de la politique fiscale de la communauté.

1969 : Au sommet de la Haye, les « Six » décident un, élargissement de la Communauté par la mise en œuvre d'une union économique et monétaire. Le 23 juillet 1969 : signature de la deuxième convention de Yaoundé.

1972 : Signature, le 22 janvier 1972 à Bruxelles, du traité d'adhésion des quatre nouveaux membres de la Communauté : Irlande, Danemark, Royaume-Uni. 10 avril 1972 : Création du « Serpent Monétaire ». L'écart admissible entre les taux de change est ramené à 2,25%.

1973 : Les norvégiens rejettent l'adhésion par référendum.

1975 : Signature de la première convention de Lomé, coopération économique entre 46 pays des ACP (Afrique, Caraïbe, Pacifique) et la CEE.

1978 : Le 10 octobre 1978, la cour de justice des communautés européennes rend le célèbre arrêt Hansen.

1979 : Entrée en vigueur du Système Monétaire Européen (SME) et naissance de l'ECU, unité de compte interne à la CEE. Le 28 mai 1979 : signature du traité d'adhésion de la Grèce à la CEE. Juin 1979 : premières élections au suffrage universel du Parlement Européen, 410 députés élus par les neuf pays membres. Juillet 1979 : Simone Veil est élue à la présidence de l'assemblée européenne. 31 octobre 1979 : deuxième convention de Lomé, avec 58 pays ACP.

1982 : Vote « historique » des prix agricoles à Bruxelles, pour la première fois à la majorité qualifiée et non à l'unanimité.

1983 : Le 19 janvier 1983, le Groenland, rattaché au Danemark, décide par référendum de sortir de la CEE et d'établir avec celle-ci de nouvelles relations.

1984 : Le 8 décembre 1984, signature de la troisième convention de Lomé.

1985 : Sortie du « Livre blanc sur l'achèvement du marché intérieur prévu pour 1992 ». Les 3 et 4 décembre 1985, accord des chefs d'Etats et de gouvernement sur l'Acte Unique Européen. La règle de l'unanimité laisse la place à celle de la majorité qualifiée dans les grands dossiers qui visent l'aboutissement de 1992.

1896 : Troisième élargissement de la Communauté avec l'entrée de l'Espagne et du Portugal. La CEE compte dès lors 12 états- membres et 322 millions d'habitants.

1987 : L'année commence par un réajustement monétaire au sein du SME. La suppression progressive des montants compensatoires est envisagée. Les 4 et 5 juin 1987, rencontre à Bruxelles DOM-CEE

1988 : La commission des Communautés Européennes adopte, le 29 mars 1988, la version provisoire du Programme d'Options Spécifiques à l'Eloignement et à l'Insularité des Départements français d'Outre-mer (POSEIDOM), ainsi que la proposition de décision du Conseil relative au régime de l'octroi de mer dans les départements d'outre-mer. Le 22 décembre 1988, le Parti Communiste Guadeloupéen propose un statut spécifique pour la Guadeloupe fondé sur l'article 72 de la Constitution.

1989 : Le POSEIDOM est adopté définitivement le 22 décembre 1989. Mme Edith Cresson, Présidente du Conseil signera ce texte et deviendra, moins de deux ans après, Premier Ministre du gouvernement français.

1990 : Libération complète du marché des capitaux dans huit Etats membres, le 1er juillet 1990.

1991 : Les institutions européennes montrent leurs faiblesses devant l'effondrement du mur de Berlin, la guerre du Golfe et le renversement du régime communiste en URSS. Elles veulent jouer un rôle économique et non politique.

1994 : Par le Traité de Corfou, trois nouveaux pays deviennent membres : l'Autriche, la Finlande et la Suède.

2003 : Une dizaine d'Etats frapperont à la porte de l'UE et signeront le Traité d'Athènes : La Slovaquie, Chypre, Malte, la Pologne, la Lituanie, la République tchèque, la Lettonie, la Hongrie, l'Estonie et la Slovénie.

2005 : Avec le Traité de Luxembourg, ce sont deux autres pays qui entrent dans l'UE : la Bulgarie et la Roumanie.

2011 : Le 28ème Etat-membre, la Croatie, signe son entrée dans l'UE par le Traité de Bruxelles.

2015 : Sortie du Royaume-Uni diversement appréciée à travers les Etats-membres. Les Pays-Bas et la Hongrie ont également fait un référendum qui a été rejeté. Après le référendum du 23 juin 2016, une « réflexion en profondeur » sur l'UE est entamée, pour une stratégie globale de l'Union sur la politique étrangère et de défense commune.

2017 : Le Royaume-Uni devient le premier pays à avoir activé l'article 50 du TFUE qui lance officiellement, et de manière irréversible, son retrait de l'UE.

On peut noter que l'Islande, la Norvège et la Suisse avaient déposé leur candidature mais la procédure a été stoppée de leur fait. Par ailleurs, le Kossovo et la Moldavie sont reconnus comme des candidats potentiels pour leur entrée dans l'UE. Des pays des Balkans souhaitent également adhérer : la Macédoine, le Monténégro, la Serbie, l'Albanie, et la Bosnie-Herzégovine. L'entrée de la Turquie fait encore couler beaucoup d'encre. Ainsi donc, après ce demi-siècle de lente mais inexorable installation, et de présence, l'Union Européenne s'affiche comme un acteur incontournable de la vie économique mondiale. Preuve en est encore de nos jours des nombreuses tractations pour l'accord de libre-échange entre le Canada et l'Europe pour la mise en place du CETA.

Il n'est peut-être pas superflu d'examiner maintenant les principales institutions de la Communauté Européenne (plus fréquemment appelée CE).

2.1.2. Définitions et structures de la CEE

Les traités de Rome et de Paris ont créé quatre institutions européennes : le Conseil, la Commission, le Parlement et la Cour de justice. A ces quatre institutions originelles s'ajoutera, plus tard, le Conseil Européen, réunion des Chefs d'Etats ou Chefs de Gouvernement.

a) LE CONSEIL EUROPEEN

Il est avant tout la « banalisation » des sommets. Il est la réunion, trois fois par an, des chefs d'états et des chefs de gouvernement des pays membres. Institutionnalisé en 1974, ce conseil joue un double rôle : il concilie ou arbitre les points de vue différents, il a également une mission d'impulsion des grands thèmes de la CEE. Au fil des années, la zone de compétences entre le Conseil Européen et le Conseil des ministres s'est précisée. Celui-ci traduit en actes communautaires les grandes orientations déterminées par le premier. Le Conseil a un pouvoir de décision. La présidence du conseil est exercée par chaque pays, à tour de rôle, pour deux ans et demi.

b) LA COMMISSION EUROPEENNE

Elle a un rôle co-exécutif avec la Commission. Elle est composée d'un président (élu par le Conseil européen pour 5 ans) et de 28 membres, désignés d'un commun accord par les gouvernements. Elle a longtemps été présidée par le français Jacques Delors qui avait su s'imposer face aux chefs d'Etat étrangers et surtout face à ceux des Etats-membres. Sa présidence est assurée, en 2017, par Jean-Claude Junker. Elle prépare les grands dossiers du Conseil Européen, et propose les lois communautaires. Indépendante, elle assure la gestion financière des instruments de la CEE, elle la représente dans les négociations commerciales avec les pays tiers. Elle est responsable devant le Parlement qui peut exercer à son encontre le droit de vote d'une motion de censure, entraînant sa démission.

c) LE PARLEMENT EUROPEEN

Installé à Strasbourg, il est composé de 751 députés, élus au suffrage universel. La répartition est proportionnelle aux populations des pays. Le Parlement dispose d'un pouvoir de contrôle sur la Commission. Il arrête le budget de la Communauté après l'avoir établi avec le Conseil. Le budget, ou plus précisément le cadre financier 2014-2020, s'élève à 960 milliards d'euros. Le Parlement peut rejeter le projet de budget. Il l'a fait déjà à deux reprises, en 1979 et 1984. Il a un droit de contrôle sur l'exécution de ce budget. Le Parlement participe pour avis au processus législatif.

d) LA COUR DE JUSTICE

Elle siège au Luxembourg. Elle est composée de 13 juges et 6 avocats généraux, nommés d'un commun accord, pour 6 ans par les pays membres. La cour de justice veille au respect de l'application des traités. Elle peut être saisie par les Etats-membres, ou par les institutions communautaires, mais également par des personnes physiques ou morales. Elle exerce un contrôle de légalité des décisions prises par la Commission ou le Conseil.

e) LE CONSEIL DE L'UNION EUROPEENNE

C'est la composante législative de l'Union où se réunissent les ministres des Etats-membres (par portefeuille) en fonction des sujets à débattre. Il est présidé à tour de rôle par le ministre des Affaires étrangères de chaque Etat-membre pour six mois.

Outre ces grandes institutions, quelques organes annexes les assistent et les conseillent :

- le Conseil Economique et Social (C.E.S.) qui est le lieu d'expression de la société civile sur des questions économiques et sociales,
- la Cour des comptes qui est l'organe de contrôle de l'utilisation correcte et légale du budget de l'Union,
- les Comités spécialisés : Comité des régions, notamment,
- la Banque Européenne d'Investissement (B.E.I.) qui contribue à la réalisation des objectifs de l'Union en finançant des projets d'investissement.

Bien qu'il ait toujours été tabou de parler de supranationalité, les dirigeants de la CEE ont la ferme volonté de créer une Europe de l'ouest unie et forte de 510 millions d'habitants (en 2016). Ce qui la place au troisième rang mondial, derrière la Chine et l'Inde, mais avant l'U.R.S.S. et les Etats-Unis. Au niveau de la superficie, elle est classée au 7ème rang mondial avec ses 4 493 712 km². Dans le classement par PIB, elle se retrouve au 1er rang avec 18 162 204 Milliards de Dollars (US). Le PIB par habitant est évalué à 33 817 $/hab.

Les événements du mois de novembre 1989, en Allemagne de l'est et ceux d'août 1991 en URSS ont été favorablement accueillis par les dirigeants européens. Il y a fort à parier que d'ici un demi-siècle, les hostilités de naguère se soient apaisées et que l'Europe soit une et indivisible, de l'Atlantique à l'Oural, comme le souhaitait d'un ton prémonitoire le Général de Gaulle. La longue et inexorable marche des peuples vers leur avenir est commencée.

On peut regretter toutefois que l'Europe ne soit qu'une organisation économique et non politique. Les hésitations ou prises de positions contradictoires sur certains sujets politiques ne la font pas toujours reconnaître comme un interlocuteur valable au plan international. On pourrait citer par exemple la guerre du Golfe, en 1990, le conflit syro-libanais, les violences en Egypte, la crise financière de la Grèce dès 2008, les attentats du 11 septembre 2011, la crise des migrants, la poussée de l'Etat Islamiste, etc.

La priorité a donc été donnée à l'économique avec notamment la diminution des disparités régionales. Pour ce faire, un certain nombre de mécanismes ou d'institutions financières ont été mises en place pour ralentir l'accroissement de ces disparités. Certaines régions des « pays riches » souffrent malgré tout de cet état de fait : le sud de la Grande Bretagne, le nord-est de la France), l'est de la France (du fait des problèmes du textile) et également la Belgique (suite aux crises dans la sidérurgie). Des problèmes de chômage se précisent de plus en plus dans des régions d'Irlande, de la Grèce, du sud de l'Italie où il y a en outre la baisse de production. L'arrivée de l'Espagne et du Portugal dans le concert européen n'a fait qu'augmenter les difficultés des membres fondateurs de cette union économique. C'est « l'Europe de la périphérie ». Elle englobe bien entendu les DROM-COM. Ce qui fait grosso modo 50 millions d'européens (sur 510) qui s'estiment en dessous du niveau moyen de développement des régions européennes.

A ce propos, il est intéressant de reproduire ci-dessous la position de la Commission suite à la question écrite adressée par le parlementaire européen M Robert Delorozoy[60] :

« De tous temps, la Communauté a clairement manifesté sa solidarité à l'égard des Départements d'Outre-Mer (DOM) dont les handicaps économiques sont bien identifiés. Avec toutes les réserves qui s'imposent dans le cadre de financements épars, notamment du Fonds Européen de Développement, aux modalités différentes et sur des périodes variées, la Commission précise à l'honorable parlementaire que les DOM ont bénéficié de 1959 à 1986 de 935 millions d'ECU de financements communautaires ».

Outre le principe (non officiellement admis) de supranationalité évoqué plus haut, il en est deux autres qui régissent les arrière-pensées des responsables du « grand marché unique », il s'agit de l'harmonisation des règlementations en vigueur dans les Etats-membres ainsi que le rattrapage du

[60] Reproduite dans la revue Guadeloupe Economique, de la CCI de Pointe à Pitre n° 118 de Janvier-février 1988.

niveau économique pour les régions les moins favorisées (y compris leurs « voisins en développement », il faut entendre par là les pays ACP ou PTOM).

LES FONDS EUROPEENS DU PROGRAMME OPERATIONNEL

Pour combattre les « europessimistes » et établir l'égalité communautaire, la CEE a mis en place des aides financières aux régions dont voici les plus importantes :

- le F.S.E. (Fonds Social Européen), est composé de quatre volets : l'amélioration et le développement de l'accès à l'emploi, la valorisation des ressources humaines ainsi que l'inclusion sociale et la lutte contre les discriminations ;
- le FEOGA (Fonds Européen d'Orientation et de Garantie Agricole), devenu depuis le FEADER (Fonds Européen Agricole de DEveloppement Rural) dont la section « orientation » vise la modernisation des structures agricoles de production et de distribution autour de quatre axes : la compétitivité, l'environnement, la qualité de vie et l'initiative communautaire LEADER, qui vise principalement à mettre en œuvre les mesures du développement rural dans le cadre de stratégies intégrées bâties par les acteurs locaux ;
- le FEAMP (Fonds Européen pour les Affaires Maritimes et la pêche), plus connu sous le nom de FEP (Fonds Européen pour la pêche), qui remplace l'ancien IFOP, est particulièrement orienté pour le développement des activités de la pêche. Il est composé de quatre domaines : l'adaptation de la flotte de pêche, le développement de l'aquaculture, de la transformation et de la commercialisation dans le cadre de la politique européenne de la pêche ;
- le FEDER (Fonds Européen de Développement Régional) a pour objet spécifique et exclusif de contribuer à corriger les principaux déséquilibres régionaux affectant la Communauté. Ainsi, le FEDER participe au développement et à l'ajustement structurel des régions en retard et à la reconversion des régions industrielles en déclin. A cet effet, il comporte six axes : compétitivité et attractivité, environnement, cohésion sociale et territoriale, volet territorial (à cet égard, Saint Martin et Saint Barthélémy ont bénéficié d'un accompagnement non négligeable de ce fonds), surcoûts de fonctionnement et surcoûts d'investissement.

Pour résumer, on peut présenter le processus décisionnel de l'Europe sous un autre angle :

La Commission européenne peut prendre cinq types d'actes selon le principe de la proportionnalité dégressive. On entend par là l'action de privilégier les moyens d'actions les moins contraignants pour les Etats-membres. Elle peut émettre un règlement, une directive, une décision, des recommandations ou des avis.

Le Conseil de l'Union européenne et le Parlement européen adoptent ou rejettent alors le texte selon un système de double majorité qualifiée basé, depuis le Traité de Lisbonne en date du 13 décembre 2007 sur la démocratie des Etats.

Les gouvernements des Etats-membres doivent alors transposer ce texte dans leur législation. Cette dernière est vérifiée par la Cour européenne de justice.

Les Conseils régionaux, en ce qui les concerne, doivent adapter la loi française à leur réglementation, notamment sur les taux, l'assiette, les modalités de perception et de répartition de l'octroi de mer.

Ce processus fait donc partie de ce que les juristes appellent les « sources écrites » du droit européen[61]. A côté de cette hiérarchie, il faut signaler la présence des « sources non écrites » avec notamment la jurisprudence de la Cour européenne de justice.

Mais à ce stade de l'analyse, certains se demandent si les DOM font bien partie de l'Europe. Cette interrogation pourrait paraître pernicieuse. Bien au contraire, elle est tout à fait justifiée. C'est d'ailleurs dans le célèbre arrêt Hansen que l'on pourra trouver une qualification officielle des DOM.

2.1.3. L'ARRÊT HANSEN SUR L'OCTROI DE MER

Rarement un arrêt a si souvent été cité ! En matière d'octroi de mer, la jurisprudence qui est sur toutes les lèvres est bien celle de la Cour de justice des Communautés Européennes, prononcée au Luxembourg, le 10 octobre 1978, plus connue sous le nom de « Arrêt Hansen ».

Il ne serait pas superfétatoire d'en rapporter les principales articulations. Cependant, les lecteurs sont avantageusement conviés le lire en entier sur les sites Internet cités en référence. Il est de ces textes que la mémoire collective cite à loisir sans que véritablement les orateurs en aient pris connaissance. C'est le mal de notre peuple. En l'espèce, c'est moins le fond que la forme qui importe. Les faits : Hansen a importé des alcools, mais cela pourrait être une tout autre marchandise provenant d'une île appelée Guadeloupe. Est-elle ou non de la communauté ? Si oui, il y a libre circulation. Si non, il y a perception de droits de douane. Aussi curieux que cela pourrait paraître à un lecteur non averti, à aucun moment il n'est fait allusion à l'octroi de mer. Et pour cause ! Il s'agit d'un arrêt mettant en lumière l'appartenance des DOM à l'Europe. Ce qui a pour conséquence, au niveau de la présente étude d'arguer si oui ou non les DOM pourront prétendre à la qualité de partie intégrante de l'Europe. Ainsi donc ce (Oh combien !) célèbre arrêt a fait couler beaucoup

---

[61] Comprenant le droit communautaire primaire et le droit communautaire dérivé.

d'encre et alimenté bon nombre de discours savants sur l'européanité des DOM et notamment sur la possibilité de « prévoir ultérieurement des mesures spécifiques en vue de répondre aux besoins de ces territoires ».

Combien d'hommes politiques locaux avoueront qu'à la fin des années 50 ils avaient prévu l'évolution du statut des (encore tout nouveaux) départements d'outre-mer ?

Combien d'observateurs ont alerté l'opinion sur les risques de voir le délai de deux ans s'écouler sans que des « spécificités » des DOM ne soient pas reconnues par la Communauté ?

Combien de décideurs, administratifs ou socio-économiques, ont élaboré des « dispositions particulières, adaptées aux exigences spécifiques de ces parties du territoire français » ?

Après avoir feuilleté moult journaux et publications de l'époque, on peut retenir ces quelques lignes de Me Omer Ninine[62] : « Aurons-nous, outre-mer, intérêt à la réalisation de ce marché commun ? Des voix s'élèvent à l'Assemblée de l'Union Française et à l'Assemblée Nationale pour que les territoires que la France possède au-delà des océans ne fassent pas les frais de cette opération insuffisamment étudiée, préparée, à notre sens, eux qui, par vocation, devraient jouer au point de vue économique un rôle de complémentarité vis à vis de la métropole. (...) Puissent nos parlementaires veiller au grain et dire hautement que nous n'entendons pas être mangés à une sauce acide pour nos destinées. » Bon nombre de politiciens locaux se pourfendront de leurs inquiétudes dans les colonnes de la presse locale et parfois nationale. Il est toutefois surprenant de voir que certains individus, notamment les élus de l'époque, dont la sénilité physique n'affectait pas la vivacité de l'esprit, se trouvaient être les plus farouches adversaires de l'Europe. Au point que certains d'entre eux, militants d'un parti totalitaire, jalousaient la situation des pays ACP voire même des PTOM. Il n'était pas si difficile de sortir de l'Europe pour ceux qui le voulaient !

Le Groenland en sait quelque chose et ne renie pas son choix. La Grande Bretagne, par un référendum (avec 51,9 % de votes favorables), le 24 juin 2016 a décidé le « Brexit », c'est-à-dire la sortie pure et simple de l'Europe. La perfide Albion n'avait pas la monnaie commune, l'euro. Contre vents et marées, elle avait toujours conservé sa Livre Sterling. Maintenant, le plus dur reste à faire : détricoter les mesures européennes et les accords pris au fil des ans pour que les sujets de Sa Majesté ne soient plus européens. L'impact financier serait de 100 milliards d'euros et près de 5 % du PIB de la Grande Bretagne.

---

[62] Ancien bâtonnier, ancien président du Conseil général de la Guadeloupe.

Mais la situation des DOM, si elle est étroitement liée à celle de l'Europe, elle dépend également aussi de celle de ses voisins, les pays ACP (d'Afrique, de la Caraïbe et du Pacifique).

2.1.4 ACP, CBI, CARIBCAN

A défaut de données récentes de toutes les îles de la Caraïbe, on utilisera une photographie, un peu ancienne certes, mais significative. Le tableau ci-dessous montre, pour ceux qui en doutaient, que les départements français de la Caraïbe ne sont et, pourrait-on dire, n'étaient certainement pas les plus mal lotis, si tant est que la mesure statistique soit l'élément de comparaison le plus objectif.

Il est caractéristique que seulement quatre îles aient un PIB (Produit Intérieur Brut) supérieur à celui des DOM :

Les Bahamas, qui tirent profit de leur tourisme et constituent une place financière de renom, et un paradis fiscal convoité ;

Porto-Rico, l'île de l'Oncle Sam dans les Caraïbes, a su tirer avantage du CBI (le plan Reagan, en 1987) en développant ses activités de transformation pour relayer l'agriculture traditionnelle ;

Barbade, de moins en moins agricole, s'assure la pérennité de son industrie touristique depuis bientôt un demi-siècle ;

Trinidad et Tobago, réalisent, jusqu'à présent, fort bien le développement économique grâce au raffinage du pétrole, en partie d'Amérique du sud.

Il faut noter que de toutes petites îles, indépendantes depuis environ une trentaine d'années, bien qu'ayant un PIB relativement faible, arrivent à équilibrer leur balance commerciale. C'est le cas notamment de Saint Vincent, Sainte Lucie et Dominique.

Les DROM-COM, en ce qui les concerne, ne sont certainement pas le meilleur modèle avec des déficits du commerce extérieur parmi les plus importants. Une autre comparaison un peu plus récente montre une légère évolution des DFA :

Pays	Population	PIB / Habitant	Import°	Export°
Guadeloupe	337 000	3 300 $	847 M$	112 M$
Martinique	335 000	4 280 $	832 M$	216 M$
Guyane	90 000	2 900 $	368 M$	40 M$
Bahamas	230 000	10 520 $	1 697 M$	713 M$
Cuba	10 190 000	1 530 $	8 622 M$	6 462 M$
Rép. Dominic.	6 420 000	790 $	1 783 M$	711 M$
Haïti	5 360 000	360 $	685 M$	453 M$
Jamaïque	2 380 000	840 $	1 207 M$	649 M$
Porto-Rico	3 300 000	5 190 $	10 723 M$	12 053 M$
Antigue	82 000	2 390 $	452 M$	73 M$
Barbade	256 000	5 150 $	515 M$	156 M$
Dominique	78 000	1 290 $	54 M$	50 M$
Grenade	114 000	1 220 $	49 M$	21 M$
Sainte Lucie	133 000	1 370 $	107 M$	104 M$
Saint Vincent	105 000	1 050 $	32 M$	34 M$
Trinidad & Tobago	1 224 000	4 320 $	1 258 M$	1 420 M$
Guyana	990 000	410 $	231 M$	242 M$
Surinam	350 000	2 660 $	317 M$	329 M$

(Source INSEE 1990)

Quand on parle de coopération caraïbe, les antillais pensent toujours au martiniquais Clovis Beauregard qui a été un ardent militant pour les échanges intra-caribéens. On peut reprendre un court extrait de la communication qu'il nous avait accordée dans la revue Parabole[63] :

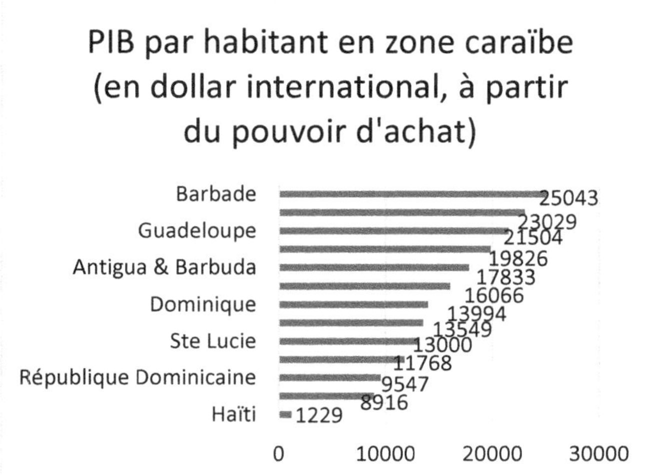

Source : INSEE, CEROM, FMI (estimations), calculs IEDOM

« D'ailleurs, le CBI et le CARIBCAN spécifient tous les deux que les marchés en cause sont ouverts non pas aux produits traditionnels seulement,

63 Parabole, revue de la Jeune Chambre Economique de Pointe-à-Pitre et sa Région, n°6, de décembre 1987.

mais surtout aux productions nouvelles avec la technologie fantastique dont nous disposons. Bien sûr, il y a des impatiences en l'absence de réalisation immédiate mais il s'agit en l'occurrence de résultats à moyen et à long terme qui ne peuvent être acquis que si le climat et les conditions favorisant des investissements sont créés par exemple par la réforme fiscale et l'harmonie des codes d'investissement. » Dès la fin des années 60, il a toujours souhaité que les échanges commerciaux avec les voisins des îles se développent.

LES PRINCIPALES INSTITUTIONS CARIBEENNES

On ne peut parler d'intégration régionale, sans présenter les principales structures qui régissent ces pays : Le CARICOM, l'OECO, le CEPALC. Il faut également évoquer les accords de partenariat économiques.

Le CARICOM : Créée en 1973, la Communauté Caribéenne et du Marché Commun (CARICOM) a pour but d'instaurer un marché commun entre les Etats de la Caraïbe. On peut y dénombrer 15 membres actifs qui sont : Antigua et Barbuda, La Barbade, les Bahamas, le Bélize, la Dominique, le Guyana, Grenade, Haïti, la Jamaïque, Montserrat, Sainte Lucie, St Kitts & Nevis, St Vincent & les Grenadines, Suriname, Trinidad & Tobago. Il y a également 5 membres associés : Anguille, Bermudes, les Îles vierges britanniques (BVI), les Îles Cayman et les Îles Turks et Caicos.

La CEPALC : La Commission Economique Pour l'Amérique Latine et les Caraïbes a été créée en 1984. C'est une commission régionale du Conseil économique et social de l'ONU (Organisation des Nations Unies). Avec ses 41 membres et ses 7 membres-associés, elle a pour mission de contribuer au développement de l'Amérique latine et des Caraïbes. Elle doit produire une expertise sur les problématiques de développement communes aux pays de sa zone d'intervention. C'est en août 2012 que la Guadeloupe et la Martinique ont été admises comme membres-associés.

L'AEC : Créée en juillet 1994, l'Association des Etats de la Caraïbe a pour objectif de promouvoir l'action concertée entre tous les pays de la Caraïbe par le renforcement du processus régional de coopération et d'intégration économique, la préservation économique de la mer des Caraïbes et la promotion du développement durable de la Grande Caraïbe. L'AEC compte 25 Etats-membres et 3 membres-associés dont la Martinique et la Guadeloupe depuis le 15 février 2014.

Dans les années 80, c'est le guadeloupéen Félix Proto qui prônait la coopération identitaire. Dans les années 90, d'autres ont repris le flambeau pour accélérer les échanges dans des domaines très ciblés : santé, éducation, énergie renouvelable, culture, transports, risques majeurs, etc. C'est ainsi que la Martinique et la Guadeloupe sont devenues en 2015, membres à part entière de l'OECS (Organisation of Eastern Carribean States, en français OECO : Organisation des Etats de la Caraïbe Orientale). Ainsi, nos départements pouvaient présenter des joint-venture[64] avec les pays de la Caraïbe. Le combat était grand, car il fallait combattre les « Negative list », des listes de produits qui ne pouvaient être importés dans les îles voisines depuis les DFA. Certes, l'octroi de mer était un rempart, mais vite franchi par les importateurs de produits dominicains, saint-luciens, barbadiens ou trinidadiens qui étaient protégés par les accords de Lomé.

2.1.5 Les R.U.P. de l'Europe

En vertu de l'article 299 paragraphe 2 du traité instituant la Communauté européenne autorisant des mesures particulières en faveur des régions ultrapériphériques (RUP), y compris dans le domaine fiscal, justifiées par leur situation économique et sociale, les îles Canaries et les DOM appliquent des taxes indirectes spécifiques. Pour les premières, il s'agit de l'impôt AIEM (Arbitrio sobre los Importaciones y Entregas de Mercancias en las Islas Canarias) aux îles Canaries et l'octroi de mer dans les DOM.

Voilà comment le Sénat présentait l'impôt AIEM en 2002 : « L'impôt AIEM aux îles Canaries : une taxe qui ressemble à l'octroi de mer. L'Espagne a mis en place en 2002 un nouvel impôt applicable aux îles Canaries (dénommé "Arbitrio sobre los Importaciones y Entregas de Mercancias en las islas Canarias" ou AIEM), en remplacement de l'ancienne taxe sur la production et les importations (APIM), qui a été accepté par l'Union européenne, par une décision du Conseil du 20 juin 2002. Cet impôt présente une certaine ressemblance avec le régime de l'octroi de mer applicable aux DOM. L'AIEM vise à prendre en considération les handicaps pesant sur l'activité de production industrielle aux îles Canaries. On constate, en effet, une très forte prédominance du secteur des services, avec en particulier un poids très important du tourisme, dans l'économie locale (de l'ordre de 75 % du PIB). Le secteur industriel n'occupe, lui, qu'une faible part (5 % si on exclut l'énergie et le traitement des eaux) et l'activité exportatrice de l'île est concentrée sur le secteur du tabac, qui connaît toutefois un déclin sensible. Il s'agit donc d'un dispositif qui a pour vocation

---

[64] Selon la définition officielle de la Douane française : La joint-venture (« opération conjointe » ou « co-entreprise ») est une des méthodes d'exportation concertée. Elle se rapporte soit à une création en commun, par deux partenaires de nationalité différente, d'une société industrielle ou commerciale ; soit à la prise de participation significative dans le capital d'une société étrangère implantée sur le marché d'exportation visé, par une entreprise exportatrice nationale.

première à protéger l'industrie locale, même s'il n'est pas présenté de cette manière à Bruxelles. (...) La Commission européenne a autorisé une modulation de l'AIEM, qui grève les livraisons de biens produits sur l'île et les biens similaires importés, afin de soutenir la production locale dans quelques secteurs sensibles. Ces produits sensibles concernent les secteurs de l'agriculture et de la pêche, la construction, la chimie, l'industrie métallurgique, l'industrie alimentaire et les boissons, le tabac, le textile et le cuir, le papier, les arts graphiques et l'édition. En ce qui concerne ces produits, les autorités canariennes sont autorisées à fixer une taxe, dont les taux maxima ne peuvent dépasser 5 % ou 15 % selon les produits et 25 % uniquement pour le tabac (les îles Canaries avaient demandé 45 %), ou à appliquer des exonérations totales ou partielles lorsqu'ils sont le fruit de l'activité industrielle locale. À l'intérieur de la fourchette desdits maxima, les autorités régionales et nationales peuvent moduler les taux en fonction des besoins, de même qu'elles peuvent choisir d'appliquer des exonérations totales ou partielles pour les produits fabriqués localement. Ces avantages ne s'appliquent qu'à certains produits limitativement énumérés et jugés les plus sensibles, les autorités nationales et régionales pouvant appliquer aux autres produits la taxe qu'ils jugent la mieux adaptée sans pouvoir toutefois octroyer un avantage aux productions locales. Par ailleurs, les ressources de l'AIEM sont obligatoirement affectées à une stratégie de développement économique et social des îles Canaries. Toutefois, contrairement au régime de l'octroi de mer dans les départements français d'outre-mer, l'AIEM ne représente qu'une faible part des ressources dont dispose la communauté autonome des îles Canaries (300 millions d'euros sur un budget total de l'ordre de 7 milliards d'euros), dont l'essentiel provient des dotations de transfert de l'État central espagnol. Le régime de l'AIEM était prévu pour une durée de dix ans avec un rapport d'étape était prévu à mi-parcours (en 2007)[65]. L'examen par la Commission européenne (direction générale en charge de la fiscalité et de l'union douanière) de ce seul rapport d'évaluation a toutefois pris plus de trois ans, ce qui illustre les réticences, au sein de la Commission européenne, à l'égard des régimes fiscaux particuliers applicables aux régions ultrapériphériques, tels que l'impôt AIEM ou l'octroi de mer, qui sont assimilés par la Commission à des droits de douane.

Si les négociations sur la reconduction du régime dérogatoire de l'AIEM ou de l'octroi de mer seront certainement délicates, les représentants de l'Espagne et des Canaries rencontrés à Bruxelles se sont montrés toutefois assez confiants dans la mesure où ce dossier sera susceptible de remonter au Conseil des ministres et qu'il s'agira alors avant tout d'une décision prise au niveau politique. »

---

[65] Il faut noter que l'AIEM a été prorogé jusqu'à 2020, conformément à la décision de la Commission COM 171.

En Espagne comme en France, les îles se font remarquer par une fiscalité spécifique. Loin des métropoles, la réglementation nationale serait-elle à géométrie variable ou appliquée en fonction des mœurs locales ?

2.2 L'OCTROI DES MŒURS

A côté de tous les aspects réglementaires de l'octroi de mer, il y a la réalité, la décevante réalité de l'octroi de mer. Que ce soit le fameux « Droit additionnel à l'octroi de mer », les scandales qu'il a suscités, l'affaire des GMA ou ses incidences sur l'urbanisme, l'octroi de mer s'est toujours fait remarquer, et pas toujours à son avantage.

2.2.1 Le droit additionnel à l'octroi de mer

Jusqu'en 1984, l'octroi de mer relevait de la compétence du Conseil général. Depuis la publication de la loi n° 84-747 du 2 août 1984, la gestion de ce « droit de consommation » est attribuée au Conseil régional. Il faut préciser que c'est la première fois qu'une loi stipule expressément que l'octroi de mer est un droit de consommation. L'article 38 de ce texte a, au regard de l'histoire, une valeur essentielle.

La deuxième nouveauté, pour l'époque, venait du fait que l'article 39 de cette loi accordait à cette assemblée la possibilité d'avoir de nouvelles recettes à partir de l'octroi de mer. Cet article était libellé comme suit : « Les Conseils régionaux de Guadeloupe, de Guyane, de Martinique et de la Réunion peuvent instituer un droit additionnel à l'octroi de mer, dont l'assiette est la même que celle de l'octroi de mer. Son taux est fixé par le Conseil régional et ne peut excéder 1 pour 100. Le produit du droit additionnel constitue une recette du budget de la Région. »

Ainsi donc, au terme de cet article, les Conseils régionaux pouvaient taxer jusqu'à 1 %, ce qui veut dire des sommes particulièrement importantes. Le Conseil régional de la Martinique avait opté pour le taux de 0,75 %, celui de la Guadeloupe avait choisi le taux maximum légal de 1 %.

Comme il a déjà été dit plus haut, l'octroi de mer se distingue depuis des décennies par son absence d'homogénéité. Chaque région y va de sa petite spécificité. En ce qui concerne le « 1% », c'est la Guyane qui à son tour marquait son originalité : le Droit Additionnel à l'Octroi de Mer (DAOM) se décomposait en pas moins de 5 taux qui s'appliquaient en fonction du taux d'octroi de mer dont étaient passibles les marchandises importées :

- 0,15 % et 0,25 % sur certains produits pétroliers ;
- 0,25 % sur les produits passibles d'un octroi de mer inférieur à 12 % ;
- 0,50 % sur les produits passibles d'un octroi de mer de 12% ;
- 0,75 % sur les produits passibles d'un octroi de mer supérieur à 12 % et inférieur à 25 % ;
- 1 % sur les produits passibles d'un octroi de mer de 25 % et plus.

Qui a dit que la prime des douaniers n'était pas justifiée ? Quand on voit la complexité de ces taux, on peut admettre que leurs revendications étaient fondées[66]. Cette complication à outrance montre, s'il en était besoin, que les élus régionaux ont toujours établi des tarifs d'octroi de mer en fonction de produits (ou d'importateurs) bien déterminés. L'étroitesse du marché monodépartemental le permettait.

Dans son ouvrage intitulé « Quelques réflexions critiques sur l'organisation et les attributions des régions d'outre-mer », étude éditée par le service des publications de l'Université de la Réunion, André Oraison écrivait en mars 1985 : « Le produit du droit additionnel constitue sans doute une recette nouvelle pour le budget de la Région. Cependant, il est permis de penser que cette dernière sera, somme toute, dérisoire par rapport aux besoins de la nouvelle collectivité territoriale ». La clairvoyance de ce propos fut confirmée par les chiffres.

Ainsi, si l'on reprend les statistiques douanières : En Guadeloupe, le montant d'octroi de mer collecté en 1987 était de 406 212 000 F alors que celui de la taxe additionnelle s'élevait à la somme de 53 264 000 F. Il est assez curieux de constater que la taxe additionnelle à l'octroi de mer croit plus vite que le droit lui-même. Pour l'évolution entre 1986 et 1987, les progressions ont été de 10,30 % pour l'octroi de mer et de 10,78 % pour la taxe additionnelle.

Recettes procurées par le DAOM et l'OMR

	2002	2003	2015
Guadeloupe	46.523.294	49.152.214	
Guyane	17.672.893	17.407.630	28.927.932
Martinique	48.752.462	49.081.975	
Réunion	23.593.032	25.130.783	

(en euros) Sources : Rapport Sénat, 2004 et Douanes

[66] La loi du 2 juillet 2004 supprimera les fractions et imposera la limite maximum de 2,5 % pour le DAOM, dans un écart de taux correspondant à la liste correspondante.

L'article 13 de la loi de 1992 a repris cette possibilité en y ajoutant une particularité : « le droit additionnel s'applique à l'ensemble des produits à l'exception de ceux qui sont exonérés ou soumis au taux zéro ». Toujours pour financer leurs projets de développement, les élus régionaux obtiendront un coup de pouce de Bercy. L'article 20 de la loi de finances rectificative pour 1995 permettra de faire dépasser ce taux de 1%. Chaque assemblée régionale en profitera. Ainsi, selon la Région, le DAOM s'affichera entre 1,5 et 2,5 % avec des conditions d'applications compliquées. C'est ainsi que lorsque le taux n'excède pas 1 %, il ne s'applique pas aux produits soumis à un taux zéro ou exonérés. Mais, la fraction qui excèdera ce taux est applicable à l'ensemble des produits, qu'ils soient exonérés ou à taux zéro. On peut indiquer que les produits en situation « hors champ » dans la loi de 1992 ne sont pas concernés : Ils ne sont ni exonérés, ni soumis à un taux zéro. Ils n'acquittent donc pas l'octroi de mer régional.

Dans un rapport du Sénat, on peut lire : « Les ressources procurées par ce droit additionnel à l'octroi de mer (DAOM) sont devenus non négligeables dans le budget des Conseils régionaux, notamment avec la possibilité qui leur était offerte d'en maîtriser les taux ». Il est bien évident que l'OM plus le DAOM ne pouvaient augmenter le niveau global de la taxation au-delà de 30 %. Les recettes alors obtenues s'élevaient pour la période 2002 -2003 aux montants suivants :

	Guadeloupe	**Martinique**	**Guyane**	**Réunion**
2002	46 523 294 €	48 752 462 €	17 672 893 €	23 593 032 €
2003	49 152 214 €	49 081 975 €	17 407 630 €	25 130 783 €

Source : Sénat

Les inspections générales des finances ont relevé que le droit additionnel semble poser des difficultés juridiques. En effet, selon elles, « [...] on ne peut que s'interroger sur la validité juridique du droit additionnel à l'octroi de mer (DAOM), introduit par la loi du 2 août 1984 à hauteur de 1 % et porté à 2,5% par les Conseils régionaux de Guadeloupe, Guyane et Martinique, comme la loi de finances pour 1994 les y autorisait. S'agissant d'un relèvement de taxe postérieur à l'entrée en vigueur du Tarif douanier commun, il ne pouvait être instauré que par une décision communautaire ».

Dans l'arrêt « Cadi surgelé et autres »[67], la Cour européenne de justice précise en son 29ème considérant, que « s'agissant du droit additionnel, qu'il soit qualifié de simple majoration de l'octroi de mer ou de taxe nouvelle, il y

---

[67] Arrêt de la CJCE du 7 novembre 1996, référencé C 126/94.

a lieu de constater qu'une telle taxe est incompatible avec le traité ». Ces remarques, qui s'adressent à « l'ancien système » mis en place avec la loi de 1984, auraient pu trouver à s'appliquer avec le relèvement de la taxe prévu par la loi de finances rectificative n° 95-1347 pour 1995, mais non visées par les autorités communautaires.

ANALYSE DE L'ARRÊT « CADI SURGELES ET AUTRES » PAR LE SENAT

Dans l'arrêt du 7 novembre 1996, la CJCE aborde la légitimité de la taxe par rapport à la date de mise en place du tarif douanier commun au 1er juillet 1968.

Elle considère très précisément que la perception de cette taxe est fondée et ne peut être considérée comme une taxe d'effet équivalant à un droit de douane dès lors qu'elle existait au 1er juillet 1968 et que son montant n'avait pas augmenté à cette date.

Comme cela n'était pas le cas pour la hausse des taux qui résultent de l'instauration en 1984 du DAOM, la CJCE devait déclarer la taxe illégale et constitutive d'une taxe équivalant à un droit de douane.

Il faudra notamment attendre la jurisprudence « Chevassus Marche » pour que la CJCE définisse précisément les conditions dans lesquelles une telle taxe pouvait être considérée comme n'étant pas équivalant à un droit de douane en définissant ce que recouvre une telle notion (par un rappel d'un arrêt de 1981) et en précisant que cette taxe doit être examinée au regard du texte qui l'a créée (par le rappel d'un arrêt de 1995).

En analysant la décision du conseil de décembre 1989, la CJCE devait reconnaître la validité de la décision du conseil de 1989 et partant, le bien-fondé de la taxe d'octroi de mer, entendue comme différenciation entre des produits importés et obtenus localement. Cette jurisprudence de portée générale vaut pour ce type de taxe dont le DAOM n'est qu'une modalité d'une taxe de même nature.

Source : Sénat, à partir d'une note fournie à votre rapporteur par les services du ministère de l'outre-mer. La situation juridique du DAOM devait donc être clarifiée et pérennisée.

Ainsi donc, si l'on considère que la Commission ne prend en compte que le différentiel de taux entre le produit importé et la livraison tel que défini dans la décision du 10 février 2004. Le DAOM doit se retrouver à l'intérieur de cette fourchette. Pour bien montrer qu'il y a une modification notable du système, à partir de la loi de 2004, le DAOM sera désormais appelé « Octroi de mer régional ». Ainsi donc, pour chaque produit, le niveau de l'octroi de mer régional s'ajoute à la taxation déjà pratiquée au titre de l'octroi de mer, et c'est cette somme qui sera jugée pertinente pour évaluer le différentiel de taxation au regard du droit communautaire[68].

Depuis la loi du 2 juillet 2004, le DAOM est uniformisé à 2,5 % pour l'ensemble des DROM-COM. Mais avec la loi du 28 février 2017, les collectivités territoriales, régionales ou départementales pourront le porter à 5%.

OM en Guyane

	2010	2011	2012	2013	2014	2015	Evol.
Recettes d'OM	111 378 497,08€	121 494 898,90€	127 138 010,79€	127 493 764,09€	131 979 798,95€	135 880 281,86€	+22%
dont frais de recouvrement des douanes	2 784 393,00€	3 020 924,00€	3 191 465,93€	3 113 742,45€	3 232 876,00€	3 347 495,00€	+20%
dont recettes reversées aux collectivités	108 594 104,08€	118 473 974,90€	123 976 544,86€	124 380 021,64€	127 746 922,95€	132 532 786,86€	+22%
Recettes d'OMR	25 225 435,20€	28 386 382,00€	28 413 765,00€	29 616 451,00€	29 890 951,00€	28 927 932,00€	+14%
Recettes d'OM et d'OMR	136 603 932,28€	149 881 280,90€	155 551 775,79€	157 110 215,09€	161 870 749,95€	164 808 213,86€	+21%
Perceptions Communes[1]	76 028 000,30€	82 415 551,80€	89 785 190,65€	93 622 927,47€	93 816 555,30€	98 530 805,46€	+30%
Perceptions CTG[2]	54 305 682,60€	55 386 382,00€	59 443 758,16€	56 616 45,00 €	61 372 182,13€	60 511 133,46€	+11%

Sources Douanes

[1] OM+FRDE perçus durant l'exercice budgétaire
[2] OMR+OM+FRDE perçus durant l'exercice budgétaire

Ne rigolez pas ! C'est avec le plus grand sérieux que nos élus régionaux envisagent cette augmentation[69]. Mais pour quelle utilisation ? Certains chroniqueurs ont parlé de gabegie, d'autres esprits critiques ont laissé

[68] On pourrait reprendre avec profit l'exemple cité le rapport du Sénat présenté par Roland Du Luart, le 16 juin 2004 (consultable sur le site http://www.senat.fr/rap/l03-357/l03-35728.html) : « Supposons qu'un produit soit présent sur la liste C, et puisse donc bénéficier d'un écart de taux maximal avec une importation équivalent de 30 points. Si le taux de base de l'octroi de mer est fixé à 10 %, on va se retrouver dans la situation suivante :

- l'importateur est taxé à 40 % : 30 points de différence avec la production locale, plus dix points de taux de base. Sur ces 40 %, la région peut prélever à son profit jusqu'à 2,5 % mais pas plus, ce qui, dans ce cas, donnerait : 37,5 % au bénéfice des communes, 2,5 % au bénéfice de la région ;
- le producteur local est taxé à 10 % : 7,5 % pour l'octroi de mer, et, dans notre hypothèse, 2,5 % au titre de l'octroi de mer régional.

La différence de taux est donc respectée, l'octroi de mer régional n'ayant pas pour effet de fausser la concurrence au-delà de ce qui a été admis par la décision du 10 février 2004. »

[69] Voir le chapitre 6.2 Le rendez- vous presque manqué de 2020.

planner des rumeurs de dilapidation de fonds publics. Les électeurs seront les seuls juges dans le silence feutré de leur isoloir.

2.2.2 Les affaires et autres scandales

Cet ouvrage a été écrit sans esprit frondeur ou polémiste. Il n'y a aucune attaque personnelle. Il a seulement pour vocation d'expliquer et d'approfondir un mécanisme qui est celui de l'octroi de mer, lequel crée parfois des situations incohérentes. Il s'agit de rapporter dans cette étude ce qui se dit ici et là par des personnes autorisées.

La rigueur du chercheur se heurte parfois à l'incompréhension de certains qui, voulant jalousement garder une parcelle de la vérité, refusent d'exposer clairement les problèmes. Très savamment, sans rougir et sans fausse honte, « les yeux dans les yeux et la main sur le cœur[70] », d'aucuns affirment que l'apport du mécanisme de différentiel des taux au niveau macro-économique a été évalué, avec l'aide d'un modèle économétrique. On veut le croire. Mais rarement on trouve dans les rapports ces fameuses simulations. La demande de reconduction du régime d'octroi de mer n'avait pas été acceptée en 2002 au motif qu'elle n'était pas suffisamment étayée et motivée.

La France sera à nouveau réprimandée par la Commission européenne à ce sujet, on le verra plus loin[71].

Si l'octroi de mer, au fil des ans, a créé ces situations paradoxales, un fonctionnaire ou un élu ne peut pas s'en rendre personnellement responsable. La culpabilité, en la matière, serait collective, s'il fallait chercher des responsables. Aussi bien les théoriciens que les praticiens le seraient puisque ceux-là impliquent ceux-ci.

2.2.2.1. La douane se met au parfum

Qu'en termes élégants, on appelle « effets pervers » ce qui est l'utilisation abusive et frauduleuse de ce mécanisme compliqué quand il est appliqué à l'octroi de mer comme facteur de développement économique. Il s'agit bien de la pratique des parfumeurs vendant dans des DFS (Duty Free Shop). Cette profession était la seule à bénéficier du régime de « remboursement pour

---

[70] Pour utiliser l'expression fétiche d'un ancien ministre de l'économie et des finances, Jérôme Cahuzac.

[71] Voir chapitre 4.1.5. La dérogation arrachée au forceps en 2004.

indue perception ». Mais, à quel prix ! Ou plutôt, dans quelles conditions ! Ils sont plus d'un à s'être mis les nerfs en boule devant la complexité inutile de la réglementation sur l'octroi de mer en la matière.

Faut-il rappeler rapidement les conditions exigées à l'époque pour de tels remboursements ?

1) La nature des marchandises : la liste des marchandises éligibles à cette procédure étaient ceux répertoriés au tarif sous les numéros :
   - 33.06 : produits de parfumerie et de toilette préparés et cosmétiques préparés ;
   - 34.01 : savons de toilette ou de parfumerie.
2) La situation douanière des marchandises : elles devaient avoir été mises régulièrement à la consommation avec les droits (dont l'octroi de mer) acquittés, et ne pas avoir subi de transformations après l'importation.
3) Les bénéficiaires du régime : Ils devaient avoir reçu un agrément du Directeur régional des douanes, ceci après enquête sur leur moralité.
4) La qualité des acheteurs : Il devait s'agir uniquement de touristes ayant leur résidence soit à l'étranger soit dans les T.O.M. de la République Française.
5) Les moyens de paiement : Ne pouvaient être acceptés que les chèques de voyage et les règlements par cartes de crédit (Diners club, American Express…) libellés en devises étrangères et délivrés par une banque à l'étranger. Enfin, les règlements en espèces étaient admis par l'administration des douanes sous réserve de verser ces fonds à l'IEDOM ou dans un établissement bancaire sur un compte spécifique en devises.
6) La forme des factures délivrées : Elles devaient comporter tous les renseignements relatifs au vendeur, à l'acheteur, à la marchandise vendue et au moyen de paiement utilisé.

A l'usage, cette réglementation s'était caractérisée par une complexité déroutante. Loin de faciliter la vie des touristes en leur proposant des parfums de Paris au meilleur coût, elle les plongeait dans des tracasseries administratives auxquelles ils n'étaient pas toujours habitués. Le touriste de croisière est souvent celui qui transite quelques heures à peine dans une île. Le fait de perdre du temps à remplir des imprimés pour un simple flacon de parfum lui laissait souvent un mauvais souvenir de son passage en territoire français. Très souvent, il n'avait pas son passeport sur lui, car gardé par les autorités maritimes à bord, il avait donc des difficultés à justifier de son identité. Pour ceux qui résidaient dans un hôtel, la réglementation devenait inquisitoire. Il fallait en effet justifier de son lieu de résidence temporaire sur le territoire français. Pour celles qui souhaitaient s'offrir quelque parfum, le vendeur leur demandait leur numéro de chambre d'hôtel. Les services des douanes, accomplissant consciencieusement leur travail ont constaté que les numéros de chambre indiqués par les clients ne correspondaient pas forcément au nom déposé à la réception. Depuis, les vendeurs des DFS en sont venus jusqu'à demander à leurs clientes le nom de la personne qui a réservé la chambre d'hôtel. Les Directeurs « en déplacement » avec leur secrétaire (ou autres situations analogues) qui ont connu cette délicatesse de l'Administration française étaient peu enclins à retourner dans les DOM, ou pour tout le moins à y faire des achats de la sorte. Où est l'hospitalité française, se demandait un jour un touriste ?

Il y avait de quoi résigner ces commerçants qui sont « la vitrine de la France aux portes des Amériques » selon l'expression si chère à Valéry Giscard d'Estaing. Témoin ce commerçant qui, déçu d'attendre au moins six mois que l'administration des douanes veuille bien le rembourser, a fini par ne plus demander de remboursement tout en accordant des prix « discount » aux étrangers. Il n'en pouvait plus de remplir des « factures-questionnaires », d'inscrire ceci-cela sur un formulaire en plusieurs exemplaires, d'inscrire ceci-cela sur un registre paraphé, de tout récapituler par devises, par bateau, par produits, etc. L'octroi de mer ne vaut pas une crise de nerfs.

Depuis, il faut rendre grâce à la sagesse de l'Administration des douanes d'avoir supprimé ce formalisme inutile. En effet, les services des douanes informent que si la vente de produits hors taxes est supprimée dans l'Union européenne depuis le 1er juillet 1999, les voyageurs ont toujours la possibilité d'acheter en dehors de cette zone des produits en détaxe et de les rapporter sans avoir à verser de droits douaniers, à condition de respecter les règles d'exonération de l'Union européenne. La réglementation a changé le 16 juillet 2009. Les voyageurs entrant dans l'Union européenne ou regagnant depuis l'étranger leur pays d'origine dans l'Union peuvent rapporter les marchandises suivantes en Duty free (exonération de taxes douanières) :

- 200 cigarettes (ou bien 250 g de tabac, 50 cigares ou 100 cigarillos, ces quantités ne pouvant se cumuler).
- 1 litre d'alcool fort (plus de 22 degrés) ou 2 litres de liqueur (de moins de 22 degrés)
- 4 litres de vin
- 16 litres de bière
- café, thé et parfum sans limitation de quantité
- souvenirs (objets, vêtements, matériel hi-fi) d'une valeur maximale de 430 euros (entrés par avion ou bateau) ou de 300 euros (entrés par la route).

Ces quantités sont valables par personne, pour les plus de 15 ans. Pour acheter alcools et cigarettes, il faut avoir plus de 17 ans. Attention, le montant des souvenirs autorisés n'est pas cumulable entre plusieurs personnes pour justifier d'un achat important.

La toute dernière réforme en la matière date de la loi de finances rectificative 2016 (article 87, II) qui prévoit que les opérateurs de détaxe doivent obligatoirement être agréés. Selon la Douane française, la vente en détaxe est une exonération de la taxe sur la valeur ajoutée (TVA) sur le prix de biens achetés par des personnes de passage en France, soumise à conditions. Le commerçant est libre d'appliquer la détaxe, qui est facultative. L'acheteur ne peut pas l'exiger du vendeur. Tous les biens achetés pour être transportés hors de l'Union européenne (UE), dans les bagages personnels de l'acheteur, sont concernés. Un produit acheté pour être consommé en France ne peut pas bénéficier de la détaxe. Le montant des achats TTC doit être supérieur à 175 €. Lors de la sortie du territoire, la présentation des marchandises est obligatoire. La non-présentation des marchandises annule la détaxe et peut être sanctionnée d'une amende. Sont exclus de la détaxe les prestations de services et de certaines marchandises : tabacs manufacturés, armes, munitions, biens culturels, véhicules privés, produits pétroliers par exemple. L'achat doit correspondre à une vente au détail, la limite étant fixée à 15 exemplaires d'un même article. Ainsi, un achat pour un usage professionnel, correspondant à un approvisionnement commercial en gros, ne peut pas être exonéré. Les achats doivent être effectués le même jour, dans le même magasin, ou dans différents points de vente d'une enseigne, établis dans la même ville et identifiés par un seul numéro de TVA intracommunautaire.

Avec l'ère du digital, les commerçants peuvent proposer la détaxe électronique à leur clientèle en utilisant la procédure PABLO[72].

Les professionnels de la plaisance étaient conscients de la non-compétitivité de ce marché du fait de la réglementation actuelle et font tout pour le redynamiser face à la concurrence des autres îles voisines[73].

---

[72] Selon la Douane, PABLO est l'acronyme de Programme d'Apurement des Bordereaux de vente en détaxe par Lecture Optique de codes-barres. C'est une Procédure qui permet à un voyageur résidant dans un pays tiers à la Communauté européenne de se faire détaxer sa marchandise (c'est à dire rembourser la TVA sur son achat) et la ramener dans son pays d'origine. Cette opération peut s'effectuer automatiquement, grâce à un bordereau remis par le commerçant et sur lequel apparait un code barre et le logo PABLO. Les voyageurs quittant définitivement l'Union européenne à partir d'un point de sortie équipé de bornes automatiques PABLO présentent eux-mêmes leurs bordereaux aux bornes de lecture de codes-barres mises à leur disposition (Roissy-Charles-de-Gaulle, Orly, Marseille-Provence, Nice-Côte d'Azur, Lyon-St-Exupéry, Genève-Cointrin, St-Julien en Bardonneix et Marseille-Port). Ce visa électronique accélère la procédure, supprime l'envoi du bordereau par voie postale, et offre la possibilité du remboursement immédiat de la TVA au guichet de change.

[73] On peut citer Dougles Rapier, président de MYA (Martinique Yachting Association) qui dans une interview à France Antilles déclarait : « Le Livre bleu publié par Contact-Entreprises

2.2.2.2. L'OCTROI DENIM

Les consommateurs étaient surpris de savoir qu'un taux d'octroi de mer majoré frappait toujours les produits importés qui ne sont plus concurrencés par la production locale. Si cela ne gêne certainement pas les élus (maires et conseillers régionaux), on constate que ces majorations entrainent une hausse du coût de la vie d'autant plus inutile qu'elles majorent des produits de très grande consommation.

Quand on parle d'octroi de mer en Guadeloupe, un certain nombre de personnes se croient avisées de faire allusion à la FRAMI. Il s'agit d'une société dont le président n'était autre que le conseiller régional, conseiller général et adjoint au maire de Pointe à Pitre, Raphaël Koury. Comme bon nombre de créateurs d'entreprises, il a bénéficié de maints avantages : terrains, aide à la création d'entreprises, subventions, exonération de l'octroi de mer sur la matière première importée. Jusque-là rien d'extraordinaire. Là où le bât blesse, c'est qu'avant la création de la société, il y a la majoration des produits concurrentiels importés. Les « vêtements de dessus pour homme et garçonnet », pantalons de coton (réf 62.03.42 de la nomenclature en système harmonisé) ainsi que les « vêtements de dessus pour femme, fillette et jeunes enfants », « pantalons de coton » (réf 62.04.62) sont passés à l'époque de 8 à 15% de taux d'octroi de mer. Fallait-il que les élus d'alors manquent de clairvoyance ? Car il s'agissait d'une fabrique de jeans. La nomenclature, pourtant fort détaillée, n'avait pas prévu de distinguo entre les jeans et les autres vêtements en coton. Le dossier prévisionnel prévoyait d'en exporter sur toute la Caraïbe. Hélas, il n'en fut rien ! Est-ce à cause d'une mauvaise gestion comme le prétendent certains ? Est-ce à cause de

---

et Martinique Développement a mis en exergue l'immense potentiel de la mer comme source de développement économique pour notre île. Ouvrir la Martinique sur la mer, et en saisir toutes les opportunités qui nous échappent aujourd'hui (au profit de nos voisins), c'est un défi qui doit nous mobiliser tous. Parmi ces opportunités ratées, l'activité de plaisance, qui avec une réglementation adaptée, nous redonnerait de l'attractivité et contribuerait fortement à l'accroissement de notre PIB. (…)
* Trop de taxes X Peu de bateaux = Peu de taxes collectées !
* Taxes acceptées X Beaucoup de bateaux = de nombreuses taxes collectées !
Quelques données de nos îles concurrentes :
-> Sint Maarten : Yachting 12,6% de son PIB - Hotels et restaurants 9,5% de son PIB
-> La Grenade : Impact du yachting à 130M EC$ soit 4 fois plus que l'impact de la croisière à 30M EC$!
-> St. Kitts : une nouvelle marina annoncée au salon de Monaco en 2014 pour les yachts professionnels (la grande plaisance).
Nos voisins l'ont bien compris et la floraison des politiques du "Hors Taxes" fait qu'aujourd'hui les DOM se singularisent par une posture commerciale dissuasive. Ce constat s'impose, et il nous paraît primordial, voir vital pour cette filière de procéder à des adaptations d'une législation quelques fois éloignée des réalités économiques concurrentielles propres à cette région. La "french touch" ne suffit pas ! »

subventions qui n'auraient pas été accordées, mettant en péril par là-même la pérennité de cette unité industrielle, comme l'affirme Mr Koury ? Toujours est-il que cette entreprise a fermé peu après sa retentissante ouverture.

Si l'on analyse les faits, et non pas les ragots, il est curieux de constater que la fermeture de cette unité industrielle a coïncidé avec une campagne de déstabilisation d'un homme politique en rupture de ban avec le parti communiste et plus particulièrement avec la municipalité de Pointe à Pitre dont il était un adjoint de premier plan. Coïncidence (?), les importateurs locaux (également du milieu syro-libanais) ont manifesté leur désapprobation devant la création de cette usine de jeans et l'augmentation du taux d'octroi de mer sur les jeans importés. Ce chef d'entreprise était Président de la Commission des affaires économiques du Conseil général (qui avait à l'époque la gestion de l'octroi de mer). Il était donc certainement bien informé pour connaître les règles d'exonération et de détermination des taux.

Doit-on croire que cette usine a fermé parce que la municipalité pointoise qui a procuré le terrain pour son implantation, avait imposé l'embauche de 100 personnes non formées ? Est-ce vrai que les promesses de marché sur la caraïbe et les Etats-Unis qui avaient été formulées n'ont pas été respectées ? Est-ce que la production (pourtant dessinée par le styliste guadeloupéen réputé, Alex Mondello) était de si mauvaise qualité que la marchandise ne se vendait pas ? Faut-il reconnaitre que le public guadeloupéen n'était pas très favorable à acheter local ? Etait-ce à cause du tout nouveau syndicat UGTG (Union Générale des Travailleurs Guadeloupéens) qui a mené un conflit dur avec les dirigeants de cette usine ? La vérité tient certainement un peu de tout cela. Avoir pléthore de personnel non qualifié pour une entreprise qui débute n'était pas forcément une bonne démarche. Les contrats commerciaux, quand ils ne sont pas signés n'engagent pas les parties. Les premières productions péchaient par leur manque de fini par rapport aux jeans importés, parait-il. La démarche (peut-on dire la mode) d'acheter local en était à ses balbutiements au milieu des années 80. Le cas de la FRAMI est intéressant car beaucoup de commerçants ont été concernés par la hausse de l'octroi de mer sur ce produit. Ce qui a entraîné malheureusement certains individus peu scrupuleux à frauder en faisant de fausses déclarations en douane, notamment sur la nature du textile. Notre climat tropical et nos habitudes vestimentaires font que le coton est très employé, aussi bien pour les hommes que pour les femmes. En majorant les « pantalons de coton », la sagacité des élus a été mise à mal car ils auraient pu prévoir qu'il n'y avait pas que les pantalons en coton de type « denim » qui étaient concernés. Les mères de familles, tout au moins celles qui étaient informées, n'ont toujours pas compris que des produits aussi couramment utilisés ne soient pas considérés comme des produits de première nécessité, mais qu'au contraire ils soient majorés.

Pour la vérité des faits, on peut préciser que la FRAMI a mis en location-gérance ses locaux et matériels à la société SACO à partir de 1981. Cette dernière arrivait à produire 4 000 jeans par mois. Selon Mr Koury, sa société aurait produit le jean le moins cher de France[74].

Y a-t-il un contrôle de l'octroi de mer ? Y a-t-il des vérifications de la pertinence des exonérations accordées et des majorations décidées ?

2.2.2.3. CHEF D'ŒUVRE EN PERIL

Pour illustrer le fait que l'octroi de mer touche les domaines les plus divers, on peut citer l'incroyable aventure d'une sculpture bloquée par le service des douanes plus de six mois parce que l'Etat français n'a pas payé d'octroi de mer lors de son introduction à la Martinique.

En fait, il s'agit d'une sculpture de Mme Boisecq-Longuet, réalisée au titre du « 1% » pour la cité scolaire du Marin. Les droits à payer (au taux exigible de 20 % sur les œuvres d'arts) s'élevaient à 35 170 Francs en 1985 alors que la décoration avait été estimée à 171 900 Francs. Cette somme n'ayant pas été inscrite au budget, l'œuvre fut confisquée par les autorités.

Ainsi donc, une œuvre d'art, destinée à décorer un bâtiment public, devait être taxée. Depuis la fameuse délibération du 9 juin 1982 en effet, les marchandises introduites à la Martinique par et pour le compte de l'Etat, des établissements publics nationaux, de la Région, du Département, des communes ainsi que des Etablissements publics communaux et départementaux étaient assujetties au paiement normal des droits d'octroi de mer.

La solution dans de telles circonstances n'était pas facile à trouver. Fallait-il :

Attendre le prochain exercice ou le budget complémentaire pour faire voter les droits d'octroi de mer et les indemnités de retard qui s'y sont ajoutés ?

---

[74] Mr Fritz Jalet, Directeur de la fiscalité et de l'analyse économique à la Région Guadeloupe, responsable du Service octroi de mer, nous a rassuré : ce ne pourrait être possible actuellement. Les articles sont identifiés sur 8 positions et non plus sur 4 comme dans les années 80.

Payer le retour de l'œuvre originale créée spécialement pour ce bâtiment scolaire et financer une création nouvelle par des artistes locaux ?
Solliciter une subvention du Conseil régional pour payer cette taxe puisque les exonérations ne se font, en général, que pour les matières premières des unités industrielles ?

Il y a tant de situations analogues que l'on pourrait citer... Cet ouvrage ne serait pas suffisant. Ces aberrations sont décrites pour édifier le lecteur sur les effets pervers de l'octroi de mer. A noter cependant que la loi de 2004 exonère d'octroi de mer tous les biens destinés aux services de l'Etat et des collectivités. Qu'en est-il des produits de première nécessité ?

2.2.2.4. LA GUERRE DU RIZ N'A PAS EU LIEU

On ne le dira jamais assez, l'octroi de mer est facteur d'inflation, et défavorise encore plus les économiquement pauvres car il touche très souvent les produits de grande consommation.

Le riz est un élément essentiel de l'alimentation des antillais. Les conseillers généraux de la Guadeloupe, voulant favoriser la production de la rizerie locale[75], avaient porté, en 1983, à 20 % le taux d'octroi de mer sur les importations de riz blanchi (à l'exclusion du riz Paddy et décortiqué). Cette mesure a bien sûr fait réagir les importateurs de riz du Surinam qui ont alerté les autorités françaises et communautaires. La question de la conformité de cette décision avec les buts, objectifs et fonctionnement de l'organisation commune du marché du riz de la CEE a été posée. De même, celle de la compatibilité avec les dispositions de la convention de Lomé protégeant les riz des pays ACP. La Guadeloupe importait en effet du riz de la Guyana et du Surinam. Dès lors que la Guyana ne fournissait plus, le Surinam a relevé ses prix sur le riz « brut » et baissant concomitamment ceux des produits finis pour conserver la valeur ajoutée du produit fini. Entre temps, afin que l'usine fonctionne, elle s'est approvisionnée en Colombie. Mais les

[75] Voici comment la Compagnie Rizicole des Antilles Françaises (CRAF) donne la définition du « produit local » : « Après 3 à 6 mois, les épis sont récoltés puis battus afin d'en récupérer le grain. Le grain récolté se nomme riz paddy ; il est ensuite séché et décortiqué afin d'enlever la première enveloppe ou balle. Il en ressort un riz brun appelé riz cargo qui sera ensuite transporté par bateau, dans notre rizerie. (…) Notre activité consiste à usiner le riz cargo pour en faire un produit fini : le riz blanc prêt à consommer sur plusieurs variétés. Le riz complet est obtenu par polissage et tri des grains de riz cargo. Pour devenir blanc, il est libéré de la totalité de son enveloppe brune (appelée péricarpe) par friction. Il est ensuite blanchi, calibré et trié. Le riz est enfin conditionné en sachets. » On peut signaler que des expériences de plantations rizicoles ont été menées avec succès sur un demi hectare par Monsieur Gérard Sainte-Rose, agrobiologiste de renom. Cette expérience n'a jamais eu le succès industriel escompté.

importateurs, ayant compris cette tactique se sont directement approvisionnés sur le marché international (Rotterdam, Dunkerque) pour le revendre en Guadeloupe.

L'octroi de mer aurait pu périr si les importateurs de riz s'étaient faits plus pressants et mieux armés juridiquement. Ils furent purement et simplement déboutés au motif que la taxe qui touchait ces produits venant du Surinam ne pénalisaient pas seulement les produits des pays ACP, mais tous les produits y compris ceux de la France métropolitaine. L'intérêt pécuniaire de 350 000 guadeloupéens (mangeurs de riz potentiels) n'a pas pesé lourd face à l'enjeu économique d'une entreprise qui blanchissait du riz (importé et non cultivé sur place) et qui employait une dizaine de personnes. De l'aveu même du Directeur de l'époque, cette entreprise perdait déjà de l'argent (!).

C'est ainsi que depuis août 1983, le riz semi-blanchi ou blanchi même poli ou glacé ainsi que le riz en brisure importé subissent un octroi de mer de 20 % alors que le riz en paille (riz paddy), et le riz décortiqué (riz cargo ou riz brun) en sont exempts. Sur le tarif de 2016, ils étaient respectivement à 25% pour le premier et 7 % pour les autres. Et pourtant, la rizerie CRAF est loin de satisfaire l'ensemble de la consommation guadeloupéenne !

De tels exemples nous font douter de l'intérêt de promouvoir des « industries » dans les DOM. Où sont les belles promesses de création de 26 emplois ? Dix ans après sa création, on attendait toujours les 45 000 T de production annuelle invoqués lors de la demande d'exonération (et de majoration) d'octroi de mer ! Trente ans après sa création, en 2017, il y a 19 salariés pour une production de 6 000 T de riz sec usiné.

L'histoire de l'octroi de mer est un éternel recommencement. Trois décennies après la Guadeloupe, c'est au tour des consommateurs de la Réunion de connaître la même mésaventure. En effet, devant la croissance des importations de riz blanchi, notamment du Cambodge, depuis l'an 2 000, les acteurs de la filière riz à la Réunion sont passés d'une situation de quasi-monopole à moins de 50% du marché. Ce qui les a amenés à saisir le Conseil régional afin de majorer les importations de l'ancien empire de Siam (la Thaïlande) qui a réussi à supplanter les pays fournisseurs traditionnels qu'étaient la Thaïlande, l'Inde, le Pakistan ou le Vietnam. « L'élément déclencheur qui a concouru à notre perte de parts de marché s'explique par la mise en place en septembre 2009 du programme Tout Sauf les Armes », constatait Marc Gautheron, porte-parole des Rizeries de la Réunion. Ce dispositif permettait ainsi aux pays d'exporter vers l'Europe, et donc vers la Réunion, en franchise totale de taxes. Un programme qu'a su saisir le Cambodge. A tel point qu'il a mis en péril la filière de la transformation du riz des trois sociétés « péi » la mise en place d'un octroi de mer ne devrait pas influer sur les prix du riz transformé à la Réunion par les trois sociétés locales. Seuls les riz blanchis importés directement d'Asie seraient pris pour cible par l'octroi de mer. Autrement dit, le prix du riz récupéré en vrac et travaillé localement ne bougerait pas.

D'ailleurs, pour prouver sa bonne foi, la profession était prête à jouer le jeu de la transparence. « Nous, on dit à la Région qu'on leur propose une formule de calcul pour la révision des tarifs du riz usiné localement. Des tarifs qui pourraient être vérifiés par l'instance régionale régulièrement. De cette manière, nous ne pourrons être accusés d'alimenter une inflation sur nos produits », spécialisées dans ce créneau, à savoir l'UCR (Unité de Conditionnement du Riz), SIS Sodériz et Soboriz-Capricorne. Tout en sachant qu'il pourrait susciter l'incompréhension des acheteurs, le porte-parole expliquait sa démarche ainsi : « Nous avons besoin de l'instauration de l'octroi de mer sur le riz blanchi importé. » La demande de taxation sur le riz importé portait sur un écart de 20%. Oui, 20% de plus sur un produit de grande consommation alors que la production de riz réunionnais diminuait régulièrement[76] :

PRODUCTION DU RIZ A LA REUNION

	2000	2005	2010	Observations
Riz blanchi importé (sujet à taxation)	6 %	6 %	58 %	
Riz cargo blanchi (transformé localement)	94 %	94 %	42 %	Situation monopolistique des trois « producteurs » péi.

Toujours dans les céréales, et au fameux chapitre 10 de la nomenclature, il y a un autre produit qui a mis plus d'un dans le pétrin, il s'agit de la fameuse affaire des farines.

[76] Pour se sustenter à la façon traditionnelle, un internaute proposait la recette suivante sur le site www.sinfos974.com : « Un bon zambrocal woemm' avec des pommes de terre et jauni avec du safran pays + un rougail de chevaquines pays (le vrai, pas les congelées du Vietnam) + un piment écrasé avec piment martin + un p'tit vin Covino pour rincer le gosier, sur un zassiette feuille figue = un REGAL ». Un autre réagit plus vivement : « Cette histoire de riz comme nourriture "de base" est une vaste fumisterie, demandez à des personnes de 60 ans et plus ! De leur temps, la nourriture de base c'était patates, manioc, cambarre etc., des produits cultivés localement, c'est en important du riz bon marché que les importateurs de riz (parler de producteurs dans ce cas est un abus de langage) ont réussi à détourner les consommateurs des produits traditionnels, à tuer une production locale, à nous rendre dépendants de l'extérieur et à faire flamber le diabète (le gros riz blanc pas lavé c'est parfait pour choper le diabète...) c'est n'importe quoi ! Aujourd'hui ils viennent pleurer que la fin du temps béni du monopole est venue... tant pis pour eux ! »

2.2.3. La guerre des farines

Les événements qui ont secoué la Guadeloupe et la Martinique en avril 1986 ont une origine juridique qui a vite déclenché des conséquences politiques et sociales. Le phénomène était prévisible dans la mesure où l'on assistait depuis plusieurs décennies à une lente mais inexorable évolution jurisprudentielle, entrecoupée de prises de positions faites par des hommes politiques, ou des socioprofessionnels de plus en plus catégoriques. Pour bien comprendre ce « front du refus » il faut commenter la jurisprudence à l'origine de cette « révolte » et retracer la chronologie des événements.

2.2.3.1 LE JUGEMENT DU TRIBUNAL ADMINISTRATIF DE FORT-DE-FRANCE DU 2 AVRIL 1986

Pour mieux être pénétré de cette affaire complexe, il y a lieu de lire ci-dessous les considérants et la décision de l'affaire Lancry / GMA :

> « Considérant que par cette décision du 2 décembre 1983, le Conseil général de la Martinique a décidé de porter à 25% le taux d'octroi de mer applicable aux farines importées ;
>
> Considérant qu'il ressort de l'ensemble du dossier que cette décision a pour seul but de permettre à la société Grands Moulins des Antilles dont l'usine de production est en Guadeloupe de supporter la concurrence des importateurs de farine ; Qu'ainsi, en utilisant sa compétence en matière de fixation d'octroi de mer, le département s'est immiscé dans un conflit de concurrence entre un fabricant implanté localement et ses concurrents métropolitains, sans qu'au-delà d'une solidarité entre deux collectivités territoriales juridiquement et territorialement distinctes l'intérêt économique du département soit en jeu ;
>
> Considérant qu'ainsi le département a détourné au profit d'une société privée implantée en Guadeloupe le pouvoir qu'il détenait réglementairement de fixer le taux d'octroi de mer ;
>
> Considérant que ce détournement de pouvoir caractérisé doit être sanctionné et que, sans qu'il soit besoin de statuer sur les autres moyens tirés de la requête il y a lieu d'annuler la délibération du 2 décembre 1983 par laquelle le Conseil général de la Martinique a porté à 25% le taux d'octroi de mer de farines importées ;
>
> Décide :
>
> Article 1 : La délibération en date du 2 décembre 1983 du Conseil général de la Martinique fixant le taux d'octroi de mer de farines importées est annulée.

Article 2 : Notification du présent jugement sera faite par les soins du Secrétaire-greffier en chef, au Président du Conseil général, au Préfet, Commissaire de la République de la région Martinique, au Président du Conseil régional, à Monsieur René Lancry et à la société les Grands Moulins des Antilles.

Prononcé en audience publique le 2 avril 1986. »

Sans épiloguer sur l'aspect évènementiel de cette « affaire », le juriste la trouve intéressante bien que confirmant la tendance déjà prise par les tribunaux administratifs depuis 1983. Cette décision ne remet pas en cause la notion même de l'octroi de mer, bien que le demandeur invoque sa non-compatibilité avec l'article 95 al.2 du traité de Rome. Elle se prononce sur l'excès de pouvoir du Conseil général qui, dans sa délibération du 2 décembre 1983 a « relevé » de 10 points le taux d'octroi de mer sur la farine importée en Martinique (à l'exception de celle provenant de la Guadeloupe), portant ainsi ce taux de 15 à 25%. La lecture des considérants de ce jugement permet de bien comprendre l'articulation du raisonnement du juge administratif. Sur la notion de détournement de pouvoir, on peut citer l'analyse de Christian Vitalien, Chercheur au Centre de Recherche sur les Pouvoirs Locaux dans la Caraïbe (CRPLC) parue dans *L'écho du Palais*, édité en Martinique : « Le détournement de pouvoir est un moyen d'annulation dont il est souvent dit qu'il se rapproche de la "théorie civiliste de l'abus de droit" »[77]. Il se caractérise par « l'exercice d'un pouvoir pour un objet autre que celui en vue duquel il a été confié par la loi[78] ». C'est initialement par deux décisions du 26 novembre 1875[79] que le Conseil d'Etat fit application de ce nouveau cas d'ouverture du recours pour excès de pouvoir. Défini *stricto sensu*, c'est à dire vidé de l'hypothèse voisine de détournement de procédure il [80]est en général appliqué dans deux catégories de cas. Soit l'acte administratif est étranger à tout intérêt public, soit, bien que pris dans un tel but, il ne couvre pas celui pour lequel les pouvoirs ont été conférés à son auteur. Utilisé d'abord avec prudence, le juge, en recherchant les éléments dans le corps même de la décision attaquée. Ce cas d'ouverture du recours pour excès de pouvoir vit progressivement s'étendre son champ d'application. Ainsi dans l'espèce Abbé Olivier, le juge[81] en rechercha la preuve dans « les pièces du dossier » pour en admettre

[77] Lire à ce propos : M. Long, P. Weil, G. Braibant - Les grands arrêts de la jurisprudence administrative. Sirey 8e édition 1984, p 23.

[78] C.E. 26 novembre 1875 Pariset. Rec. 934 - Laumonier- Carriol Rec. 936.

[79] Selon Long - Weil et Braibant « L'administration, dissimulant le contenu réel d'un acte sous une fausse apparence, recourt à une procédure réservée par la loi à d'autres fins que celle qu'elle poursuit, afin d'étudier certaines formalités ou de supprimer certaines garanties » op. cit. p 25.

[80] C.E. 19 février 1909.Rec. 181.

[81] C.E. 3 mars 1939. Rec. 138.

l'existence dans l'affaire dame Laurent « sur la base de présomptions suffisamment fortes et d'indices suffisamment sérieux ». Le jugement du 2 avril se situe dans la lignée de l'espèce Abbé Olivier, le juge administratif considérant que le détournement de pouvoir « ressort de l'ensemble du dossier »[82].

Le juge administratif a conclu à l'intrusion d'une assemblée locale dans un litige relatif à la concurrence entre un producteur et un importateur. Fort de ce constat et sans remettre en cause la notion même de l'octroi de mer, le juge administratif cassa la délibération du Conseil général. Dans sa recherche fondamentale, Christian Vitalien espérait que l'on se serait enfin penché sur le statut de l'octroi de mer en déclarant : « Nous sommes de ceux qui souhaitent que l'occasion offerte par cette affaire ne soit pas manquée et que soit conféré à l'institution contestée un statut juridique clair qui en faisant litière des actuelles ambigüités la clarifie tant au regard du droit interne que relativement à la règle communautaire ». Cette « affaire » n'en restera pas là. La Cour de Justice des Communautés Européennes (CJCE) rendra un arrêt le 9 août 1994[83] qui fera jurisprudence.

Hélas, le déchaînement des passions déclenché par cette décision était peu propice à une réflexion sereine sur le statut de l'octroi de mer.

2.2.3.2 LES EVENEMENTS D'AVRIL 1986

Dire que tout a commencé le 2 avril serait un peu faux. En fait, il y avait un contexte d'inquiétude légitime qui régnait dans les milieux politiques et économiques des Antilles depuis le début de l'année 86. Les projecteurs de l'actualité mettaient en relief les divers aspects de l'Acte Unique Européen au cours de la campagne législative où l'on sentait confusément qu'il allait se passer quelque chose.

La montagne a accouché d'une souris. Plus précisément, au niveau politique national, il y a eu la fameuse cohabitation (entre un Président de la République socialiste et un Premier Ministre de droite). Au niveau local, ceux qui n'osaient remettre en question le statut de département français des DOM se cachaient de moins en moins pour attirer l'attention des électeurs sur les risques inhérents à cet Acte Unique Européen. D'autant plus que, dès le début de l'année, les attaques contre l'octroi de mer se faisaient de plus en plus pressantes de la part des Etats-membres de l'Europe. En effet, la Hollande a introduit, au début de l'année 1986, un recours auprès de la Cour de Justice Européenne à l'encontre de l'octroi de mer, considéré comme une taxe équivalente à un droit de douane. Des rumeurs persistantes sur des

---

[83] Voir Chapitre 4.1.1. Pas d'OM pour Legros.

réactions analogues d'autres pays de la communauté se faisaient entendre. Les déclarations rassurantes du Président de la République française calmaient à peine les inquiétudes. En effet, lors de son passage aux Antilles, en décembre 1985, François Mitterrand rappelait que la France et l'Europe étaient résolument contre les protectionnismes : « Créer des barrières artificielles serait aussitôt dénoncé par les institutions européennes. Il y a d'autres façons de soutenir vos industries » déclarait-il en pensant à l'aide européenne. Peu de temps après, par lettre en date du 24 février 1986, la Commission des Communautés Européennes manifesta son opposition à l'octroi de mer perçu dans les DOM en se référant de l'article 169 du Traité de Rome sur le manquement d'un Etat-membre à ses obligations communautaires. La haute instance européenne sollicitait donc le gouvernement français pour obtenir des justifications de cette « entrave à la libre circulation des marchandises ». Les technocrates de Matignon, de la rue de Rivoli et de la rue Oudinot étaient en alerte. Ils firent part aux élus locaux des démarches des instances européennes. C'est ainsi qu'au cours de sa séance du 1er avril 1986, le Conseil régional de la Martinique eut à discuter de cette question. Le Président Aimé Césaire s'est élevé contre ce « démantèlement » : « Le Conseil régional doit dire son émotion devant une telle menace. Les acquis sont remis en cause ». Le Conseiller communiste Armand Nicolas, parlant de « danger mortel » et de « combat vital » a préconisé l'envoi d'urgence d'une délégation d'élus, de socioprofessionnels et de syndicalistes à Paris et à Bruxelles. Ce à quoi le conseiller UDF Miguel Laventure souscrit mais il souhaite que les Régions définissent au préalable leur philosophie. Pour sa part, le Comité Economique et Social de la Martinique prend une position de principe similaire.

Le cadre est dressé. Il ne manque plus que l'étincelle qui viendra mettre le feu aux poudres.

Dès la publication du jugement du tribunal administratif de Fort de France, la direction et le personnel des Grands Moulins des Antilles (GMA) ont alerté l'opinion publique sur ses possibles conséquences. Mr Jacques Tarer, le Directeur commercial devait déclarer que « cette décision à moyen terme conduira à la fermeture de l'usine qui est implantée en Guadeloupe depuis 1972 et qui compte 107 permanents et une vingtaine de temporaires ou saisonniers ». L'argumentation essentielle qui est avancée touche au fait que les GMA approvisionnent 50% du marché martiniquais. Pour ce qui est des échanges inter-îles, la Guadeloupe a vendu à la Martinique pour 82 millions de Francs dont 49 millions représentés par la farine. (Cette argumentation sera reprise par plus d'un intervenant au cours de cette semaine épique). Les GMA, qui produisent également des aliments pour bétail, menacent de « mettre la clé sous la porte ». Pour expliquer que les GMA sont en phase de croissance, Maryse Mayéko ajoute que « cela arrive au moment où nous projetons de mettre sur pied une unité plus moderne d'ensachage de farine d'un kilo. Ainsi, avec un groupe français et allemand, on entendait faire de la farine composée pour les croissants et on allait créer un centre de conditionnement et de commercialisation des œufs avec un label Guadeloupe pour les petits producteurs ». Les dirigeants des GMA sont conscients que « sur le plan du droit pur la décision est légale mais qu'au niveau politique et économique, elle s'avère très grave, surtout dans le contexte de la décentralisation ».

Personnel et direction des GMA feront tant et si bien que le Président du Conseil régional se rendra en personne à l'usine située à la zone industrielle de Jarry (en Guadeloupe). Félix Proto leur a appris que sur cette affaire, les Conseils régionaux de Martinique et de Guadeloupe se réuniraient de toute urgence (le 10 avril 1986) car ce problème n'est pas seulement celui des GMA mais celui du maintien ou de la disparition de l'octroi de mer. S'adressant aux syndicalistes, il a demandé au MASU et à la CGTG de surseoir à toutes manifestations qui pourraient compromettre les discussions entre les deux Conseils régionaux. Cette réunion rassemblera le bureau du Conseil régional de la Guadeloupe, le Président du Conseil général de la Guadeloupe ainsi qu'une délégation du Conseil régional de la Martinique. Cette dernière était composée de Me Camille Darsières, Premier Vice-Président, Louis Crusol, Vice-président et de Philippe Saint-Cyr, Président de la commission des avis et propositions à caractère législatif et réglementaire du Conseil régional de la Martinique. Le communiqué publié en commun est ainsi rédigé : « Après avoir reconnu la gravité de cette décision tant pour l'emploi des travailleurs des Grands Moulins des Antilles (GMA), que pour les économies de la Guadeloupe et de la Martinique, les deux délégations ont examiné les solutions envisageables dans les meilleurs délais. Dans un premier temps, le président du Conseil régional de la Martinique s'est engagé à réunir l'assemblée plénière de cette collectivité le 23 avril 1986 afin de fixer le taux d'octroi de mer à 20% applicable immédiatement. Les GMA soumettront très rapidement un dossier permettant de soutenir que dans un second temps, l'octroi de mer soit porté au taux antérieur. Une réflexion commune est engagée afin de se donner les moyens de défendre en commun les intérêts économiques des deux collectivités guadeloupéenne et martiniquaise. »

Cette entente des deux Conseils régionaux eut l'avantage de calmer les esprits. En effet, le rétablissement au taux de 25% ne pourrait se faire qu'avec l'avis de l'Etat. La proposition d'augmenter immédiatement à 20% était donc une demi-victoire du politique sur le juridique. Il est assez curieux à ce propos de constater que Me Camille Darsières, avocat de profession, a déconseillé les GMA de faire appel auprès du Conseil d'Etat concernant le jugement administratif.

« De toute façon, la décision du tribunal est immédiatement exécutoire, même si nous faisons appel... D'autre part, le texte du jugement, tel qu'il a été rédigé a évité au Conseil régional une possible violation des règlements communautaires », déclarait-il sur les ondes.

STRUCTURE FINANCIERE DES GMA

« Les Grands Moulins des Antilles (GMA), installés en Guadeloupe, sont contrôlés à la hauteur de 48,6% par la Continental Miling Corporation (USA) de 47,4% par la Continentale de France et de 4,11% par OCRIM SPA (Italie); les GMA détiennent 50% du capital d'une filiale commune crée en Martinique, en association avec des intérêts locaux [84] intéressés à la commercialisation sur le marché martiniquais de la farine fabriquée à la Guadeloupe par les G.M.A. »

La « guerre des farines » avait été copieusement commentée par les éditorialistes locaux. Selon leurs tendances, les opinions étaient diamétralement opposées. Sous la plume de Max Rustal (dans Révolution socialiste n° 527 du 26/4/86), on pouvait lire : « Il reste que d'un côté comme de l'autre, les "producteurs guadeloupéens" tout comme le "petit importateur martiniquais" font planer sur la tête des travailleurs la même épée de Damoclès du licenciement pour raisons économiques. Il reste aussi que les consommateurs, c'est à dire l'ensemble des travailleurs des deux îles, ne voient plus qu'une seule chose à l'horizon, c'est que, eux aussi, feront les frais d'une "guerre des farines" dont l'issue est connue d'avance : l'augmentation à terme du prix du pain. »

Dans le quotidien guadeloupéen, les propos n'étaient pas plus tendres. René Cazimir-Jeanon écrivait dans le France-Antilles du 10 avril 1986 : « L'ensemble des îles de la Caraïbe ne pratique pas différemment lorsqu'à l'intérieur de leur Marché Commun (CARICOM), il y a une libre circulation des marchandises communautaires, tandis qu'un tarif extérieur commun, et des "négative lists" sont opposables aux marchandises des pays tiers. (...) Si la France accepte de revenir sur cette analyse, on peut d'ores et déjà jeter aux orties toute la panoplie des aides à la création industrielle et artisanale. Dans le même temps, en acceptant d'exécuter le jugement du Tribunal Administratif de Fort de France, on casse définitivement l'esprit régional qui était en train de prendre forme, avec pour objectif de permettre, à terme, des efforts de développement en commun des départements français d'Amérique qui pendant plus de 100 ans s'étaient préoccupés de gérer leurs seuls intérêts. Que ceux qui veulent prendre ces responsabilités lèvent le doigt ! »

[84] N.R. Il s'agit notamment de quelques capitalistes martiniquais dont Desgrottes, Vilo, Berté.

Après les salariés de G.M.A., les politiques et les journalistes, les socio-professionnels et notamment les représentants des Moyennes et Petites Industries (MPI) montèrent au créneau. Dans une longue déclaration qu'il a fait paraître dans le France Antilles (édition Guadeloupe) du 14 avril 1986, Roger de Jaham, Président du Comité régional des MPI Antilles donnait son point de vue en ces termes : « Mais au-delà de ce débat (juridique sur la compatibilité ou non à la réglementation européenne), il y a les réalités économiques et sociales de notre région qui sont pour le secteur industriel : des industries implantées en majorité dans l'import-substitution, une concurrence très vive entre, d'une part nos très petites entreprises locales, et d'autre part de grands groupes européens pour lesquels la Martinique ne représente que 1 ou 2% de leur chiffre d'affaires. » Le tableau ci-dessous permet de mesurer l'importance des échanges de produits industriels entre ces deux îles et illustre bien la notion de région économique.

Le Président des MPI de la Martinique termine sur une note plus sereine : « Cette décision du tribunal met bien en lumière l'inadéquation des structures administratives de nos régions et les freins qui en résultent pour le développement industriel. Souhaitons, qu'à cette occasion, de part et d'autre la prise de conscience de l'interpénétration des intérêts soit plus forte et que à l'avenir, les tribunaux n'aient plus à en discuter. »

Exportations	Mque/Gpe	Gpe/Mque
Année	**1984-1985**	**1984-1985**
Pétrole	90.397.000	187.166.000
Engrais	16.714.000	21.240.000
Journaux	7.665.000	10.792.000
Fer & acier	11.397.000	10.093.000
Pates alim. biscuits	7.900.000	9.400.000
Peinture	3.911.000	4.084.000
Divers	13.922.000	15.176.000
Total	151.906.000	257.951.000
Produits industriels		
Sucre canne	13.112.000	4.251.000
Farine alim bétail	47.339.000	49.144.000
Jus, alcool	11.094.000	14.184.000
Peintures	6.398.000	5.695.000
Divers	29.091.000	6.807.000
Total	107.034.000	80.081.000

Cette déclaration est bien plus modérée que celle du Président des MPI de la Guadeloupe, diffusée dans les tout premiers jours de la « guerre des farines ». Le télex que le bouillant Président Roger Gabriel avait adressé au Préfet de la Martinique lui demandait purement et simplement « au nom de toute la production guadeloupéenne de surseoir à l'exécution du jugement du tribunal administratif de Fort de France dans l'affaire GMA/Lancry ».

Cette « guerre des farines » a donc eu l'avantage de tester la capacité de mobilisation des troupes face aux possibles attaques contre l'octroi de mer. Ce « front du refus » refera surface moins de trois ans plus tard avec le POSEIDOM.

2.2.3.3 LA DECISION DU TRIBUNAL ADMINISTRATIF DE FORT-DE-FRANCE DU 20 AVRIL 1989

Ainsi donc, en plein tumulte, les Ets Lancry vont attaquer, le 18 juin 1986, devant le tribunal administratif le Conseil régional de la Martinique. Ils demandent l'annulation pour excès de pouvoirs de la délibération du 23 avril 1986 du Conseil régional de la Martinique fixant à 20 % le taux d'octroi de mer sur les farines de froment importées. Le juge administratif sera assez circonspect et, dans son premier considérant, se refusera de se prononcer sur la conformité de la loi du 2 août 1984 avec les traités internationaux ou de saisir une quelconque instance de l'appréciation de cette conformité. C'est regrettable car, si la question préjudicielle avait été posée à la Cour de justice européenne, on aurait certainement gagné trois précieuses années. Le POSEIDOM n'aurait peut-être pas eu à disposer pour l'octroi de mer. Sa nature juridique en serait déjà et définitivement précisée. Hélas, trois fois hélas !

Dans sa décision, le juge administratif considère que la différenciation des taux selon l'origine de la marchandise ne résulte pas de l'acte attaqué puisque la loi du 2 août 1984 reprenait les dispositions en vigueur lors de sa publication. Sur le troisième considérant, le juge administratif n'a voulu voir dans l'usine des Grands Moulins des Antilles (GMA), qu'un « fabricant implanté localement » qui avait un conflit de concurrence avec « ses concurrents métropolitains ». Il reproche donc au Conseil régional de la Martinique de s'y être immiscé alors « que cette concurrence ne mettait pas en jeu l'intérêt économique de la Région Martinique ». La solidarité entre les deux collectivités juridiquement distinctes n'a pas été, semble-t-il, un élément déterminant en l'espèce. La coopération interrégionale, souvent invoquée par les hommes politiques, n'a pas eu gain de cause auprès du juge administratif.

Ce magistrat aurait-il oublié que parfois les faits précèdent le droit ?

Le quatrième considérant reprend l'argument du détournement de pouvoir au profit d'une société privée. C'est assurément une vue très restrictive du problème. Faut-il donc être déçu d'une telle décision ? On pourrait l'être à moins car ce fut un coup d'épée dans l'eau. Le tribunal administratif de Fort de France n'a pas tranché définitivement l'affaire des farines, et encore moins le sort de l'octroi de mer. Bien au contraire, la délibération du Conseil régional a été annulée par cette décision du 25 avril 1989 mais le Conseil régional a fait appel. Or, en droit français, l'appel est suspensif...

Est-il vrai que l'octroi de mer a changé les comportements urbanistiques des populations indigènes ? Les exemples qui suivent permettent sans conteste de le penser.

2.2.4 Les incidences de l'octroi de mer sur l'urbanisme

S'il est vrai qu'une commune bien gérée attire du monde, il faut reconnaitre que les maires font tout pour rassembler sur leur territoire le plus grand nombre. Même si les édiles font mine de se plaindre en rétorquant qu'il s'agit de « cités dortoirs », ils ne rechignent pas lors des recensements qui serviront de base à la répartition de l'octroi de mer. Le chiffre de la population servira également au calcul de la Dotation Globale de Fonctionnement et de toutes les rétributions concédées par l'Etat.

Pour illustrer cette préoccupation, on peut citer le compte-rendu de la journée de réflexion sur l'administration communale organisée par la municipalité de Pointe à Pitre à Caféière le 15 décembre 1973. Concernant les recettes, on note : « Certaines se basent sur l'activité économique, c'est le cas de l'octroi de mer (...) D'autres se basent sur le chiffre de la population, l'octroi de mer encore, les subventions automatiques de l'Etat, les centimes ; sans entrer dans le vif du contentieux sur les limites, mentionnons que le tracé des limites et le chiffre de la population attribué à une commune ont une répercussion matérielle sur les recettes de cette commune. »

Il est vrai que les deux villes de Pointe à Pitre et des Abymes ont leurs territoires imbriqués l'un dans l'autre. Que de fois les deux voisins en sont venus à régler leur territorialité à la barre du tribunal. Le bornage de 1840 ayant donné une superficie 30 fois moins importante à Pointe à Pitre qu'à sa voisine. L'insuffisance de réserves foncières a amené la municipalité pointoise à acquérir des terrains sur le territoire de sa voisine afin d'y construire, à la Cité Louisy Mathieu, des logements sociaux en collectifs verticaux. La mairie des Abymes, pour sa part, entend bien distinguer le terrain dont on est propriétaire, du territoire où s'exerce la puissance publique d'une collectivité. La qualification de Pointe-à-Pitre comme « ville-centre » et son classement parmi les « villes d'art et d'histoire » n'ont été qu'une maigre consolation face à leur imposant voisin. La création d'une communauté de communes « Cap Excellence » englobant Point-à-Pitre, Les Abymes et Baie-Mahault a calmé les récriminations des Docteurs Bangou (père et fils) qui ont successivement été à la tête de la municipalité pointoise.

Les pratiques administratives ont conduit certaines municipalités à concevoir aux Antilles un urbanisme calqué sur certaines grandes métropoles. La Rénovation Urbaine de Pointe à Pitre, conçue au début des années 60, a modifié radicalement le comportement des guadeloupéens. Beaucoup s'accordent à penser que les cases traditionnelles qui se trouvaient de l'autre côté de l'ancien canal à ciel ouvert des boulevards Faidherbe et Chanzy étouffaient la personnalité. « Mais y a t'il jamais eu, à la Guadeloupe, une architecture et un urbanisme qui fussent le reflet d'un profil socio- économique culturel homogène ? » s'interrogeait le Dr Henri Bangou, Sénateur-Maire de Pointe à Pitre. La construction de tours de 16 étages se justifiait-elle ? La ville de Pointe à Pitre a été récupérée au fil des siècles sur la mer. La construction des tours a nécessité parfois la pose de pieux de 35 mètres ! Des investissements colossaux ont été entrepris par la municipalité pour augmenter sa densité de population. Hélas, si les locataires pouvaient être mieux comptabilisés, ils étaient loin d'exprimer tous les meilleurs sentiments vis à vis des nouvelles commodités qui leur étaient offertes.

En 1975, alors journaliste à l'hebdomadaire martiniquais Aujourd'hui dimanche, dans un dossier intitulé « Des bidonvilles aux logements sociaux », nous écrivions : « Il est communément admis que pour être locataire, il faut avoir des "rentrées" sûres et périodiques. Toutefois, ces logements sociaux peuvent abriter "les économiquement faibles" dans le cas d'opérations de "recasement". Il en est ainsi du Bloc Saint Vincent de Paul aux Terres Sainville et à Dillon sud, ainsi qu'à l'Assainissement (à Pointe à Pitre) pour donner quelques exemples. Ces deux dernières opérations avaient aussi pour but d'éloigner les populations pauvres du centre de l'agglomération. »

Ces quelques exemples montrent combien l'octroi de mer a modifié les mœurs des hommes politiques et autres décideurs. La prise de conscience du fait européen révolutionnera les mentalités d'une couche de plus en plus grande de la population.

3. L'OCTROI AMER

3.1. LE BEURRE ET L'ARGENT DU BEURRE

Les anciennes colonies françaises ont certainement vécu au cours des trois dernières décennies les périodes les plus incertaines de leur histoire. Depuis la départementalisation, on n'avait jamais autant parlé des relations avec la France et encore bien moins des rapports avec l'Europe.

La publication de l'Acte Unique Européen engendra un déferlement de passions (pour ou contre). La diffusion du POSEIDOM, même si elle fut confidentielle a donné l'occasion de maints débats engagés. Tout cela a conduit à une inéluctable prise de conscience des départementalistes et des indépendantistes.

3.1.1. L'ACTE UNIQUE EUROPÉEN, UNE ÉTAPE DÉCISIVE

L'Acte Unique Européen, objet de tous les maux... et de tous les espoirs. Celui qui ne citait pas l'Acte Unique Européen... se faisait remarquer. En effet, à longueur de journée et en toutes circonstances, que ce soit dans la rue, au travail ou chez eux, les antillais étaient toujours en train de faire allusion à l'Acte Unique Européen. Mais combien d'entre eux avaient lu cette douzaine de pages ? Que ce soit pour maudire ces « versets sataniques » ou pour louer ces « saintes écritures », il faut reconnaître que peu de ceux qui en parlaient s'étaient penchés véritablement sur ce texte, se contentant de colporter les pires inepties xénophobes ou prophétiques. On entendait dans les nombreuses réunions ou dîners-débats sur le sujet des propos du style : « Avec l'Acte Unique Européen, il y aura un italien ou un allemand derrière chaque bananier... » ou encore « Heureusement qu'il y a l'Acte Unique Européen, pour qu'en 93 le nègre se mette au travail ! » A n'en point douter, il y en avait pour tous les goûts et chacun voyait midi à sa porte.

Mais qu'est-ce que l'Acte Unique Européen ? C'est un document qui a été signé par les douze Etats-membres de la Communauté Economique Européenne les 17 et 28 février 1986. C'est l'aboutissement des rapprochements entamés par les signataires du traité de Rome pour arriver enfin à l'union douanière. En fait, quand le socialiste Jacques Delors devint président de la Commission Européenne, fin 84, il s'est donné pour objectif de relancer et de concrétiser la réalisation de l'Europe. Depuis les années 70, les discussions tournaient court sur les questions de budget et de Politique Agricole Commune, la PAC, (les éclats verbaux de Jacques Chirac, quand il était ministre de l'agriculture, ne sont pas oubliés). Quatre possibilités s'offraient à Delors :

- réformer les institutions communautaires ;
- avancer vers la création d'un véritable fonds monétaire européen ;
- relancer le débat sur la défense européenne ;
- ou encore réaliser un espace économique commun.

Le président français de la Commission Européenne a préféré choisir la quatrième solution qui avait l'avantage sur les précédentes de ne pas relancer, ouvertement, le débat sur la supranationalité. Au-delà de la querelle des mots : grand marché intérieur, espace économique commun, marché unique, cet Acte Unique Européen visait à instituer une zone économique européenne de 320 millions d'habitants. Il agissait dans le prolongement du traité de Rome qu'il complète. A ce sujet, la grande innovation était, par rapport au texte de 1957, le plus grand nombre de sujets sur lesquels les membres peuvent prendre des décisions à la « majorité qualifiée » et non plus uniquement à l'unanimité. Un grand nombre d'articles de l'Acte Unique institueront cette modification. Ce qui, il faut l'avouer, facilita grandement la prise de décision.

Cet avantage pour les instances dirigeantes de l'Europe ne fut pas forcément un avantage pour les départements français d'outre-mer Ils se voyaient exposés ainsi à de possibles modifications de la réglementation (avantageuse) qui leur était octroyée. Les « nouveaux venus » dans l'Europe (Grèce, Espagne et Portugal) avaient des productions et des îles similaires aux nôtres. Même si à eux seuls, ils ne représentaient que 13 voix (sur 76), nos représentants se devaient d'être vigilants. Les dossiers difficiles étaient nombreux en effet, et le risque était grand, au détour du vote d'un amendement apparemment banal de voir anéantir tous les efforts menés depuis des années pour une définition du « rhum agricole » ou peut-être tout simplement...une mise hors-la-loi de l'octroi de mer. Pour bon nombre, l'Acte Unique Européen était le franchissement du dernier obstacle. L'étape ultime vers les Etats-Unis d'Europe. Ce document, s'il ne créait pas un nouvel état, s'efforçait d'être plus précis que le traité de Rome. Il mit l'accent sur quatre libertés fondamentales :

La libre circulation des individus ;
La libre circulation des capitaux ;
La libre circulation des marchandises ;
La libre circulation des services.

Ceci s'entend avec une abolition des barrières (douanières, techniques, fiscales) entre les différents Etats-membres. Dans son article 13, il est stipulé que « la Communauté arrête les mesures destinées à établir progressivement le marché intérieur au cours d'une période expirant le 31 décembre 1992 ».

Bien souvent le public non averti parlait de 1992 ou de 1993, sans véritablement connaître la date. A dire vrai, cela importait peu car il s'agissait d'une date butoir. Pour ce qui est de la libération complète des mouvements de capitaux, elle a été effective dès le 1er janvier 1992. Cela s'explique dans la mesure où elle conditionnait le libre échange des biens, des services et des personnes dans le grand espace européen. Ce qu'il est important de retenir, ce n'est pas la date du 31 décembre 1992, ni même celle du 1er janvier 1993, mais surtout le fait que le compte à rebours était déjà déclenché depuis mars 1985. Telle la fusée Ariane sur sa rampe de lancement qui voit au fur et à mesure se détacher son cordon ombilical ...

Certains croyaient que tout allait se jouer le 1er janvier 1993. Il n'en fut rien ! Pour son entrée en vigueur, l'Acte Unique préconisait l'application de pas moins de 300 directives concernant tous les domaines (commerce, enseignement, fonction publique, couverture sociale des travailleurs, normes de fabrications et de prestations, l'hygiène, la sécurité, etc.). Cet Acte Unique Européen a fait couler beaucoup d'encre en ce qui concerne la lecture de son article 23. Il a créé un nouveau titre intitulé : « La cohésion économique et sociale ». Le nouvel article 130 A du traité stipulait donc que « La communauté vise à réduire l'écart entre les diverses régions et le retard des régions les moins favorisées ». Un peu plus loin, dans le nouvel article 130 C, il est précisé que « le fonds européen de développement régional est destiné à contribuer à la correction des principaux déséquilibres régionaux dans la communauté par une participation au développement et à l'ajustement structurel des régions en retard de développement et à la reconversion des régions industrielles en déclin ». Ces deux articles, utilisés à bon escient, devaient permettre aux DOM de mieux tirer profit de leur appartenance à l'Europe. Mais celui dont on fera le plus référence a été sans conteste, l'article 15. Il stipule : « Lors de la formulation de ses propositions en vue de la réalisation des objectifs énoncés à l'article 8 A, la Commission tient compte de l'ampleur de l'effort que certaines économies présentant des différences de développement devront supporter au cours de cette période d'établissement du marché intérieur et elle peut proposer les dispositions appropriées. Si ces dispositions prennent la forme de dérogations, elles doivent avoir un caractère temporaire et apporter le moins de perturbations possibles au fonctionnement du marché commun. » Nous y voilà ! Les fameuses dérogations !

La question essentielle est de savoir si l'existence de l'octroi de mer, par son poids dans les échanges intra-communautaires risque de « perturber » tout le négoce européen. Un large débat d'idées a été institué quant aux bénéfices que tireraient ou pourraient tirer les DOM de l'Europe. De nombreux articles sur la question ont été écrits. On retiendra la série de communications de Jean Crusol, Député européen (de sensibilité socialiste), dans France Antilles (édition Martinique) et celles d'Antonin Brédent dans l'Etincelle, l'organe du Parti Communiste Guadeloupéen. Dans les deux cas on notera l'insatisfaction de leurs auteurs et, pour le second, la proposition d'instituer un nouveau statut pour la Guadeloupe. Il franchit allègrement le cap de l'autonomie à l'indépendance.

Sans véritablement parler de levée de boucliers, on a remarqué que certaines professions ont très tôt réagi à l'annonce de l'Acte Unique Européen. Parmi les plus véhémentes on retrouvait les douaniers et les transitaires (dont les inquiétudes justifiées seront examinées dans le chapitre comparant l'octroi de mer à la TVA). Certaines professions libérales (médecins, avocats, Architectes...) ruèrent également dans les brancards. Cet acte unique européen a eu peut-être un avantage : celui de déclencher des passions. Jusqu'à présent, l'Europe est un sujet qui interpelle tous les individus vivant en Guyane, à la Réunion ou aux Antilles. C'est une bonne chose. Car, dans les années 1956 à 1959, qui parlait d'Europe ? Pourtant c'est à cette période qu'il fallait prendre des décisions. C'est dans ce fameux délai de deux ans qu'il fallait se prononcer[85]. Quand on cherche les écrits antillais ou guyanais relatant cette époque, on est saisi de constater que certains hommes politiques se dépêtraient dans de sombres magouilles électorales, la plupart se contentant de gérer la toute nouvelle départementalisation en demandant, quelle que soit leur étiquette politique, une plus grande assimilation[86]. Ce sont d'ailleurs ces transfuges du MRP, de la SFIO ou du PC qui sont les plus critiques vis à vis de la départementalisation aujourd'hui. Allez donc comprendre la politique !

Pour la Guyane, on note à cette époque l'apparition d'un phénomène nouveau avec la création du Parti Socialiste Guyanais fondé par Justin Catayée, en juin 1956. Le but de son action a été de réaliser une nouvelle organisation de la Guyane avec un conseil local élu qui aurait le pouvoir de décision et d'exécution du budget notamment. En fait, le député de la Guyane, de 1958 à 1962, (date de sa tragique disparition dans un accident d'avion laissant croire à certains que cet accident n'était pas si fortuit mais répondait aux exigences de la raison d'Etat), voulait instituer ce qui a vu le

---

[85] Voir l'article 227 paragraphe 2 du traité de Rome.

[86] Il serait vain de rappeler la démarche du jeune député Aimé Césaire, rapporteur de la Loi n° 46-451 du 19 mars 1946 tendant au classement comme départements français de la Guadeloupe, de la Martinique, de la Réunion et de la Guyane française. En effet, les députés noirs ou métis, Léon Lepervanche et Raymond Vergès (La Réunion), Gaston Monnerville (Guyane), Eugénie Éboué-Tell (Guadeloupe), Léopold Bissol et Aimé Césaire (Martinique) ont bataillé ferme pour obtenir le vote de ce texte. Le 24 octobre 1956, dans sa lettre à Maurice Thorez, le poète-député-maire de Fort-de-France écrira que « *L'heure de nous-mêmes a sonné* ». Et sa vie durant, il militera pour une autonomie, étape vers l'indépendance de la Martinique, dénonçant ainsi la départementalisation qu'il avait exigée 10 ans avant.

jour en 1982 avec le Conseil régional. Une plus grande latitude de légiférer, notamment en matière fiscale et spécifiquement sur l'octroi de mer. En outre, lors de la mise en place du Nouveau franc, il avait déposé un amendement pour que la monnaie en vigueur en Guyane soit en parité sur le dollar US. Bien entendu, il n'y avait donc pas là aussi de préoccupation européenne[87].

Si l'on examine la situation de nos jours, on constate que les hommes politiques ont beaucoup changé vis à vis de l'Europe, bien que certains mènent encore un combat d'arrière-garde.

3.1.2. COMBATS D'ARRIÈRE-GARDE OU PARTENARIAT ?

Les directives européennes se succédant à un rythme élevé, les hommes politiques locaux ont dû prendre le train en marche. Ils se sont même rendus à Bruxelles afin de bien comprendre les intentions de la Commission vis à vis des DOM et apprécier la gravité de la situation.

3.1.2.1. LE LIVRE BLANC

Ainsi qu'il l'a été précisé plus haut, c'est au conseil européen de mars 1985 qu'a été lancée l'idée de transformer les douze pays signataires du traité de Rome en un grand espace sans frontières. Parallèlement, la Commission rédigeait un « livre blanc » qui allait devenir l'ouvrage de référence sur le sujet. Ce « livre blanc » de la Commission européenne fut approuvé par les Chefs d'Etat et de gouvernement du Conseil Européen de Milan, en juin 1985, tandis que ses objectifs furent solennellement confirmés dans l'Acte Unique Européen. Ce livre blanc regroupait des actions à mener en vue de l'élimination de trois types de frontières : physiques, techniques et fiscales. C'est dans cet esprit que la Commission avait, en février 86, demandé des explications au gouvernement français sur les manquements des Etats-membres aux règles communautaires. Le Premier Ministre d'alors, Jacques Chirac, avait répondu en juin 1986 en ces termes : « Je me permets néanmoins d'appeler votre attention sur l'importance économique et politique du régime de l'octroi de mer pour ces départements. Ce système, dont l'existence remonte au siècle dernier, a fait ses preuves et constitue un

---

87 Le lecteur pourra utilement lire le roman historique « Tuez le député ! » qui décrit d'une façon pleine de suspens la situation en Guyane à cette époque et le combat du député Justin Catayée pour faire triompher ses idées. « Tuez le député ! », par Fred Le Breton, Editions Nestor, 2015, 437 pages.

élément essentiel du développement économique et social des DOM et de leur équilibre financier. Sur le plan juridique, la France considère que l'octroi de mer ne peut être assimilé à un droit de douane entre Etats-membres. La suppression, sans mise en place préalable d'un système équivalent, ne pourrait qu'aboutir à une grave déstabilisation économique et politique des départements d'outre-mer, que le gouvernement français ne peut pas admettre. Il n'y a aucune raison de détruire ce dispositif puisque l'article 227 du Traité prévoit qu'un traitement particulier doit être appliqué aux DOM pour permettre leur développement économique et social. D'autre part, dans le cadre de l'élargissement à l'Espagne et au Portugal, certaines collectivités de ces nouveaux Etats- membres, dans une situation très proche de celle des DOM, ont bénéficié d'un régime tout à fait spécial. Je profite de cette occasion pour souligner le souhait du gouvernement français de voir traiter l'ensemble des questions qui se posent aux départements d'outre-mer, dans le cadre Communautaire, de manière cohérente et globale. »

Depuis 1986, nos hommes politiques et de nombreux décideurs locaux font de très fréquents voyages sur Bruxelles. Cela permet de présenter des dossiers, comme le fameux Mémorandum DOM-CEE, et de voir sur place la perception que les Commissaires européens ont de nos préoccupations. Ces fréquents, et coûteux, déplacements offrent aussi l'avantage de mieux défendre nos intérêts devant la menace de suppression de l'octroi de mer.

3.1.2.2. MEMORANDUM DE BRUXELLES EN JUIN 87

Quand on parle de Mémorandum, on est vite tenté de préciser lequel. Car en la matière, la France n'en était pas à son coup d'essai. Il y avait déjà eu trois autres mémorandums adressés par la France à la Commission des Communautés européennes.

Le premier date de 1975 : Il demandait l'application intégrale des dispositions du FEOGA (Fonds Européen d'Orientation et de Garantie Agricoles) aux DOM qui jusqu'alors relevaient du FED (Fonds Européen de Développement) comme les régions associées de la CEE. Le second, présenté en 1978, réclamait une meilleure application des politiques communautaires par des interventions prenant compte des spécificités des DOM. Le troisième a été remis le 10 avril 1987 par le gouvernement français à la Commission. Il était est intitulé : « Mémorandum pour une meilleure insertion des Départements d'Outre-mer dans la Communauté Economique Européenne ».

Le quatrième mémorandum « résulte de l'initiative du ministre des DOM/TOM, annoncée en juillet 1986. Il est l'aboutissement d'une concertation approfondie menée depuis l'été précédent avec les élus, les collectivités locales et les acteurs économiques et sociaux des départements d'outre-mer », indique la revue Marchés Tropicaux dans son édition du 24 avril 1987. Ce mémorandum est rédigé dans l'optique du grand marché européen pour qu'il « puisse rentrer dans les faits sans inquiétude ni contrecoup. L'évolution de la Communauté vers un grand marché intérieur exige une action vigoureuse pour le rattrapage des régions en retard de développement, dont les DOM sont l'exemple français le plus caractéristique » peut-on y lire. Une grande partie de ce document (6 pages sur les 16 du mémorandum) est consacrée à recenser les obstacles ou les insuffisances de la politique communautaire dans les DOM. A aucun moment, il n'est fait expressément allusion à l'octroi de mer. Bizarre ! Vous avez dit bizarre ?

Peut-être que les rédacteurs de la rue Oudinot ne tenaient pas spécialement à soulever ce lièvre. Ne leur faisons pas l'injure de dire que ce document a été préparé à la hâte par un jeune fonctionnaire qui ignorait l'existence de l'octroi de mer.... On ne s'explique pas non plus le silence sur le régime douanier et sur les transports maritimes... Il y a des silences qui en disent long !

Ce texte constate que les 3/4 de la production agricole échappent au soutien communautaire, que, par ailleurs, les pays ACP en profitent plus. Il est proposé une aide au transport de 150 millions de francs par an, une définition agricole du rhum, etc. Une insistance non dissimulée est faite sur le rapprochement qu'auraient pu avoir les DOM avec leurs voisins (notamment de la Caraïbe). A titre d'exemple, des entreprises conjointes DOM/ACP pourraient avoir une production identique sous un label commun régional, bénéficiant d'aides communautaires tant pour l'investissement que pour la commercialisation. Cette arrière-pensée, pour être pernicieuse n'en est pas moins lancinante. Elle réapparaîtra avec le POSEIDOM.

Ce texte, pour les rares privilégiés qui purent le lire, fit l'effet d'une bombe. Les avis furent très divergents. Ce mémorandum fut l'occasion pour une centaine d'élus et de personnalités des quatre DOM de participer les 4 et 5 juin 1987 aux « Journées des départements français d'outre-mer ». C'était certainement la première fois que les représentants des quatre DOM se rendaient ensemble à Bruxelles, en compagnie des membres du gouvernement français en tête desquels figuraient Bernard Pons, Ministre des DOM-TOM, et la guadeloupéenne Lucette Michaux-Chevry, Secrétaire d'Etat à la francophonie. Susceptibilité mal placée ou souci d'efficacité, la plupart des socio- professionnels a brillé par son absence. Ces deux journées furent l'occasion, non pas de dialogues mais de joutes oratoires sur les relations DOM/Europe. Le gouvernement français par la voix du ministre des DOM-TOM devait insister sur le fait que « si l'Europe constitue une chance pour les DOM, les DOM, au cœur des grands enjeux de demain, sont une chance pour l'Europe ». Ainsi donc, les membres de la délégation des quatre DOM, politiques ou socioprofessionnels, ont bien vu la « volonté politique » (pour reprendre une expression utilisée par Jacques Delors lui-même) exprimée par la Commission de ne pas considérer comme des acquis intouchables un certain nombre de mesures dérogatoires dont l'octroi de mer et de faire passer dans les faits, les conséquences de l'adoption de l'Acte Unique. Conséquence : l'octroi de mer risquait tôt ou tard d'être dénoncé et condamné à disparaître. Toutefois, dans une conférence de presse qu'il a accordée à l'issue des rencontres, Jacques Delors a annoncé aux journalistes que la Commission venait de retirer sa plainte contre l'octroi de mer. Cette mansuétude du Président de la Commission ne mettait pas l'octroi de mer à l'abri pour autant puisque n'importe quel état (ou particulier) pouvait saisir la Cour de justice européenne. Sur la question de l'octroi de mer, ce fut une fois de plus un coup d'épée dans l'eau. L'Europe ne voulait pas entendre parler de « spécificités » après 1993.

Pour mieux apprécier la situation des DOM, Jacques Delors avait créé, début 87, un groupe interservices des DOM à la Commission pour suivre plus particulièrement les dossiers de l'Outre-Mer. Cette structure avait également pour mission de présenter aux Douze, fin 87, les propositions spécifiques de la Commission en faveur des DOM. Ce sera le fameux POSEIDOM (Programme d'Options Spécifiques à l'Eloignement et à l'Insularité des Départements français d'Outre-Mer). Cette rencontre a permis aux domiens de saisir l'implacable réalité de l'Europe et de sa marche inexorable vers une harmonisation sur tous les plans. Les commissaires européens, pour leur part, étaient désormais mieux à même d'appréhender les problèmes des DOM. Certains représentants des DOM n'ont pas caché que cette prise de conscience a marqué « la fin des illusions », comme l'a dit Camille Darsières, ou encore que « le réveil sera brutal pour certains » aux propres dires de Paulin Bruné, élu de la Guyane.

Les visites effectuées à Bruxelles donnèrent une perception différente de la situation. Prenons par exemple l'opinion formulée par E Paterne dans « L'octroi de mer et statut dérogatoire », (article publié dans France Antilles, édition Martinique, le 3 décembre 1987) : « C'est vrai que nos îles lointaines jouissent à Bruxelles d'un préjugé favorable. Il nous a été indiqué, par exemple, que la commission aurait pu fermer les yeux pendant un certain temps encore si l'octroi de mer ne s'appliquait pas à des produits très “sensibles” tels que ceux faisant partie de la politique commune : produits qui sont gérés par des règlements spécifiques et comportant des prix communs CEE afin de réaliser dans les douze pays de la communauté ce qui est convenu d'appeler “l'unicité des prix”. Ces produits “sensibles” sont : les céréales et farines de céréales, le riz, les produits laitiers, les aliments pour bétail, l'huile d'olive, les viandes : bovine et porcine, le vin et certains fruits et légumes. Il était donc dangereux et maladroit d'appliquer à la Martinique un octroi de mer à l'importation de la farine de froment de métropole afin de protéger la production guadeloupéenne. »

3.1.2.3. LA REFLEXION ASSOCIATIVE

Comme il l'a été précisé plus haut, nombreux étaient les dîners-débats ou autres réunions qui ont été organisés sur le thème de l'Acte Unique Européen. Toutefois, sur celui plus spécifique de l'octroi de mer, on peut retenir que L'Association des Anciens Etudiants en droit et sciences économiques de Vizioz (l'AAEV)[88] a animé un dîner-débat puis, le 4 juillet 1986 un colloque à Pointe à Pitre. Nous présentions dans l'exposé liminaire les aspects historiques et juridiques, budgétaires et de développement dont on peut tirer les points suivants :

- L'analyse de la nature de la société guadeloupéenne permet d'affirmer que la Guadeloupe est une société de consommation.
- Il y a un flou juridique qui demeure sur la nature et les fonctions de l'octroi de mer.
- La fiscalité municipale repose essentiellement sur les produits importés. Les recettes de l'octroi de mer sont affectées essentiellement au budget des municipalités.
- L'octroi de mer est générateur d'inégalités sociales car il frappe de nombreux produits de consommation courante. Il pénalise le consommateur qui voudrait consommer local.
- L'octroi de mer ne s'intègre à aucune politique globale de développement économique.
- L'octroi de mer n'a pas encore été en mesure de susciter l'incitation à la production tant souhaitée.

Au cours de ce colloque, les chercheurs de l'AAEV ont exposé les effets pervers de l'octroi de mer. Les conseillers régionaux présents ont précisé que les deux Conseils régionaux de la Martinique et de Guadeloupe réaffirmaient leur volonté d'harmoniser les tarifs de l'octroi de mer entre ces deux régions et d'assurer un meilleur contrôle a posteriori des exonérations accordées. A n'en point douter, ce deuxième point aurait pu être considéré par des journalistes comme un "scoop", car il faut bien reconnaître qu'en matière d'octroi de mer le contrôle était quasi inexistant.

---

[88] Dont Fred Le Breton a été le trésorier et un conférencier régulier, notamment sur les thèmes des « Cinquante pas géométriques » et, bien sûr, de l'octroi de mer.

Bien entendu, ceux qui avaient tout intérêt à ce qu'il y ait le moins de contrôles possibles, voire pas du tout, ne partageaient pas cette opinion. Ce sont eux d'ailleurs qui sont les plus farouches défenseurs de l'octroi de mer.

3.1.3. Le lobby de l'import-substitution

Contrairement à ce que certains pourraient croire, l'octroi de mer touche les domaines les plus variés de la vie de tous les jours. Par définition il affecte toute marchandise qui entre dans le département. Et, bien sûr, toute production faite dans les DROM-COM. Il existe cependant quelques exonérations dont le mécanisme sera expliqué plus loin. Il faut donner des exemples de marchandises ayant bénéficié au cours des dernières années d'une telle mesure. Mais il faut aussi montrer quelle force représente les tenants de l'import-substitution, et son corolaire l'action déterminante des associations des Moyennes et Petites Industries de la Guadeloupe et de la Martinique.

Elles ont également mené bataille. Quand on demande[89] à Christophe Wachter, Secrétaire Général des MPI Guadeloupe, de définir l'octroi de mer, il répond tout de go, et sans hésiter : « L'octroi de mer c'est la colonne vertébrale de l'économie de l'outre-mer français ». Il précise que le même instrument a trois effets puisqu'il permet l'existence du secteur productif, de faire fonctionner les collectivités et d'assurer la maîtrise du secteur économique. Quand on lui réclame des chiffres, il regrette qu'il n'y ait pas, à son sens, de véritable politique économique de développement sur l'île. Il ne sent pas, chez les décideurs, de volonté de développer l'industrie locale. Elle représente à peine 7 à 8% du PIB local. Il reconnait que l'on est sur « un marché de dégagement » (les produits sont vendus à perte par les multinationales sur notre petit marché). Il donne comme exemples : les œufs réfrigérés importés qui sont vendus en pleine chaleur sur le bord de la route, ou encore les grandes sociétés métropolitaines qui déversent des bouteilles d'eau à des coûts que ne peuvent pas pratiquer nos industries locales. Pour lui, actuellement, l'impact de l'octroi de mer est surtout dans le maintien d'une paix sociale et non dans le développement économique des DOM. Il reconnait que l'on ne peut pas moraliser un homme d'affaires. Certains essaient de tirer le maximum de profit. Cependant, il faut s'inscrire dans le jeu économique. Il y a des niches, mais c'est très particulier. Le café de la

---

[89] Lors d'un entretien qu'il m'a accordé le 7 mars 2017, au siège de l'Association des MPI Guadeloupe, à Jarry. Christophe Wachter a été le 1er à recevoir en 2002, la réécriture de l'article 73 de Brigitte Girardin, alors Ministre de l'Outre-mer. Il est très pointu sur la question de l'octroi de mer.

Guadeloupe est le pire des exemples : Il nécessite un travail manuel, ce qui donne un produit de qualité, donc cher, mais réputé à travers le monde. Le rhum de Marie-Galante est un produit artisanal alors que la distillerie de Sainte Rose produit du rhum industriel qui sera expédié à Négrita.

Le secrétaire général des MPI de Guadeloupe regrette que les règles concernant la définition de la transformation aient changé. En effet, depuis la loi 2016/1918 du 29/12/16 de finances rectificative pour 2016 a donné une nouvelle définition de la transformation qui contredit la définition donnée par la Cour Européenne de justice en 2009. Voir Arrêt CJUE C260/2008 Celex.

Les campagnes « Achetez local pour valoriser votre avenir » a marqué tout le monde mais n'a pas été à l'origine d'un acte d'achat. Elles n'ont touché qu'une frange de la population. Les MPI estiment qu'il devient inutile de communiquer sur des manifestations à fort impact tel le Tour cycliste de la Guadeloupe. La publicité sur les produits locaux a deux limites : la capacité financière des entreprises locales (qui sont souvent de petites tailles), et d'autre part, la vampirisation de l'espace publicitaire par les 150 chaines TV actuellement disponibles. L'avis du secrétaire général des MPI Guadeloupe sur le bouclier des prix[90] ? Il n'y a eu aucun bilan de fait. C'était une innovation technocratique, en pleine crise de 2009, pour faire de la communication gouvernementale. Enfin, il déclare que ceux qui sont contre l'octroi de mer relèvent de deux catégories : ceux qui font partie du monde de l'importation (ils payent les taxes et revendent ensuite) et ceux qui ne connaissent pas l'octroi de mer.

3.1.3.1. QUELQUES EXEMPLES RECENTS D'EXONERATIONS

Comme dit plus haut, les mesures d'exonération peuvent toucher toutes sortes de marchandises du fait du caractère temporaire de leur introduction, de la qualité de l'importateur ou de leur nature. Certes, les biens d'équipement des unités de production industrielles bénéficient de cet avantage d'une manière quasi-systématique. Cela est moins évident pour les autres produits importés :

---

[90] En 2009, en Guadeloupe, au plus fort de la crise des « 44 jours » en Guadeloupe, un accord a été pris entre les GMS (Grandes et Moyennes Surfaces) et le LKP (Lyannaj Kont Pwofitasyon) afin de proposer une liste de 100 produits de première consommation qui seraient proposés à prix bas et « bloqués ». Quelques années après, force est de constater que si la liste de ces produits est disponible (quand on la demande à l'accueil des Hypermarchés), les produits ne le sont plus ou, pour le moins, difficilement trouvables sur les rayons. Ils sont mis tout à fait en haut ou tout en bas. Le réflexe du consommateur est de prendre le produit qui est à hauteur des yeux. Cela s'appelle du marketing sur la zone de chalandise.

A. La mise en bouteille de vin en vrac.

Avec l'augmentation des importations de vins embouteillés, les entreprises locales qui embouteillaient localement du vin reçu en vrac se sont retrouvées avec une baisse d'activité. A la fin des années 80, le plus faible taux d'octroi de mer sur le vin importé en vrac (de 10 à 5%) et l'augmentation de 10 à 30% celui des vins importés leur avait permis de sauvegarder des emplois. Actuellement le vin en vrac (référence 22 04 2900) est à 20 % au tarif de l'OM Guadeloupe

B. La production bananière

Aux Antilles, après le cyclone David, en 1979, il y a eu une invasion de charançons dans les bananeraies et le produit « Curlone » a été diffusé en grande quantité en exonération de taxes (pas de TVA, pas d'octroi de mer, etc.) pour combattre ce fléau. Deux décennies plus tard, ce produit qui était déjà interdit en France et en Europe, mais vendu aux Antilles, a contaminé une grande partie de la population à cause d'un de ses composants actifs.

En effet, le chlordécone, s'il était efficace pour la prospérité des planteurs de bananes, a contaminé les sols, donc les racines, les nappes phréatiques, et par conséquent l'eau potable. Ainsi, presque tous les hommes ayant la cinquantaine ont eu un cancer de la prostate ou des symptômes s'y rapprochant. Véritable épidémie, le cancer de la prostate est jugulé de nos jours par l'efficacité des équipes soignantes, notamment celle du Professeur BLANCHET au CHU de Pointe-à-Pitre.

C. Les entreprises agricoles

De nombreux biens d'équipement ont fait l'objet d'une exonération des droits d'octroi de mer dès lors qu'ils concourent au développement d'entreprises agricoles ou aquacoles et de fabrication de produits agro-alimentaires. Ces exonérations portent aussi bien sur les emballages que sur les machines ou mêmes certains véhicules.

D. Les embouteilleurs de « jus locaux »

Peut-être pour satisfaire les ardents défenseurs des productions locales, il a été prévu d'exonérer les produits importés suivants : « jus de fruits ou de légumes non fermentés, sans addition d'alcool, avec ou sans sucre : jus de raisins, de pomme, de poires, et autres... » Bien entendu, les cartons, étiquettes et autres emballages sont exonérés.

E. Les peintures locales

Les produits destinés à la fabrication et au conditionnement des peintures sont également exonérés. Ce qui est l'objet d'une procédure contentieuse entre les importateurs et les producteurs de peinture réunionnais.

F. Les fabriques de papier

Aussi bien pour les papiers crêpés à usage domestique que sur les autres déchets de papier et cartons d'emballage il y a exonération.

G. Les entreprises de transformation

Pour les nombreuses entreprises qui importent des plastiques et dérivés de matières synthétiques pour la fabrication de bouteilles et autres emballages divers, les industriels locaux bénéficient d'une exonération.

H. Les outils de production en général

Nombreuses sont les unités industrielles qui sollicitent, et obtiennent généralement, l'exonération des droits d'octroi de mer sur les machines, matières premières ou emballages relatifs à la production.

I. La fusée Ariane en Guyane

Les activités du Centre Spatial Guyanais (CSG) jouissent d'un régime particulier à bien y regarder. Théoriquement, la fusée Ariane devrait être assujettie à l'octroi de mer, puisqu'elle est assemblée et donc « produite » sur place. Or, le gouvernement français, ainsi que les autres pays européens faisant partie du consortium de l'Agence Spatiale Européenne (ESA) se sont ligués contre le Conseil général de l'époque pour que cette activité stratégique ne soit pas taxée. Leurs arguments sont de deux ordres :

- Premièrement, les exportations ne sont pas frappées de l'octroi de mer, en vertu de l'article 2 de la loi de 1992 et de l'article 4 de la loi de 2004. Or, pour la doctrine fiscale, l'espace est considéré comme une « zone d'exportation ». La fusée Ariane a donc bénéficié de cette disposition ;
- Deuxièmement, quand bien même que l'activité du centre spatial nécessite l'importation de très nombreux éléments, qui ne sont pas tous destinés à « aller dans l'espace », on applique l'article 6 de l'annexe 1 de la convention du 30 mai 1975 portant création d'une agence spatiale européenne. Ce dernier prévoit explicitement que tous les éléments nécessaires au fonctionnement du centre spatial sont exonérés de taxes comme de droits de douanes.

Les chercheurs du centre spatial ne sont pas si tête en l'air que cela. Ils savent se transformer en trouveurs[91] pour défendre leurs intérêts.

3.1.3.2. LES CROISADES DES MOYENNES ET PETITES INDUSTRIES

S'il ne fait pas systématiquement parler de lui, le patronat, (et plus particulièrement les représentants de « l'import-export »), se montre très réservé quant à l'octroi de mer. Il est vrai que ce « lobby » regroupe des intérêts tellement divergents qu'il lui est parfois difficile de se mettre d'accord pour parler d'une seule voix. Toutefois, il insiste sur la nécessité d'avoir un environnement favorable en insistant notamment sur :

- L'allègement des charges qui pèsent sur les entreprises : avec la baisse de l'ensemble des prélèvements obligatoires (taxe régionale additionnelle, taxe professionnelle...) ;
- Le plafonnement de l'évolution des ressources fiscales en fonction de l'évolution de l'indice de la production intérieure brute et une limite maximale de prélèvement par habitant ;
- Les interventions ponctuelles des collectivités locales. Car selon l'Union Patronale, « il importe d'éviter une économie assistée qui conduirait à la création d'un patrimoine public, à usage privé, dont la valeur est susceptible de décroître commercialement sans que cela n'apparaisse dans les comptes administratifs de la collectivité ».

En quelque sorte, les patrons reprochent quelquefois à la puissance publique de s'immiscer dans le secteur privé et de fausser les règles habituelles de la libre concurrence.

Ces mêmes patrons sont gênés pour formuler un avis objectif sur l'octroi de mer car ils en tirent un inconvénient et un avantage :

- *L'inconvénient* : L'octroi de mer étant payé à l'entrée de la marchandise dans le département, les stocks sont donc infatués de cette taxe. Il génère des délais supplémentaires tant au départ qu'à l'arrivée à cause des formalités douanières. Il arrive souvent que des marchandises soient bloquées à la douane à cause de documents non conformes ou incomplets. De plus les honoraires des transitaires sont une charge supplémentaire pour l'entreprise. Ces inconvénients majeurs sont repris en chœur par certains pontes du patronat local qui n'hésitent pas à dire : « il faut détruire l'octroi de mer[92] ». Par ailleurs, la TVA, quand elle est récupérable, l'est des mois après l'achat.

---

[91] Pour utiliser une expression chère au Général de Gaulle qui, visitant le CNRS déclara que la France n'avait pas besoin de chercheurs, mais de trouveurs !

[92] Voir chapitre 3.1.3.4 L'exaspération des commerçants

- *L'avantage* : L'octroi de mer est calculé sur le prix CAF (Coût Assurances Fret et non FOB[93]). La marge bénéficiaire se calcule sur ce prix majoré de l'octroi de mer. Il s'ensuit que la marge bénéficiaire du négociant est plus forte. Il n'y a pas de petits profits...

3.1.3.3 LE LOBBYING DES INDUSTRIELS ET GROS PRODUCTEURS

Il faut bien avouer que s'il est une organisation professionnelle qui a beaucoup fait pour l'évolution positive de l'octroi de mer, c'est bien l'association des Moyennes et Petites Industries (MPI) de la Guadeloupe. Sous la houlette de son dynamique secrétaire général de l'époque, Alain Espiand, cette association professionnelle a été de tous les combats. Que ce soit à l'époque des tentatives d'harmonisation interrégionale menées par Lucette Michaux-Chevry, la Présidente du Conseil général d'alors (devenue Secrétaire d'Etat à la Francophonie puis Ministre des droits de l'homme), ou encore lors de la passation des compétences du Conseil général vers le Conseil régional. L'année 1984 fut pour les MPI de la Guadeloupe l'occasion de préciser aux élus que l'octroi de mer ne devait pas se considérer isolément mais dans le cadre d'une politique globale. Les MPI de la Guadeloupe proposaient la concertation avec les autres régions monodépartementales : « Si l'on veut promouvoir le développement des trois régions, il faut se donner les moyens de mener une politique économique interrégionale ». A ce préalable posé par les guyanais lors du fameux sommet interrégional de 1979, la réponse a été affirmative en précisant que l'octroi de mer apparait comme « le principal outil mis par l'Etat à la disposition du pouvoir régional, afin de réaliser l'intégration économique régionale ».

En 1984, l'objectif des MPI de la Guadeloupe était, de créer ce « grand marché commun des départements français ». Pour cela, elles préconisaient :

- L'exonération d'octroi de mer sur les matières premières qui est justifiée par l'éloignement des sources d'approvisionnement et les retards pris dans le développement agricole ;
- La hausse des taux d'octroi de mer sur les produits importés qui est une mise à niveau par rapport aux entreprises extérieures qui peuvent se permettre sur un marché marginal de vendre au prix de revient.

Plus globalement, les observateurs constataient que les rapports étaient tendus entre les élus régionaux et cette organisation professionnelle. Cette dernière proposait :

- De poursuivre le rapprochement déjà commencée avec l'île sœur ;

[93] Voir les définition CAF et FOB dans l'index.

- D'harmoniser les exonérations d'octroi de mer sur les matières premières en alignant les entreprises sur le régime le plus favorable des deux îles ;
- D'harmoniser sur la base la plus élevée des deux îles les taux de protection sur les produits finis importés susceptibles de concurrencer l'industrie et l'artisanat.

Ces trois étapes devaient précéder celle de l'harmonisation avec la Guyane.

Après les escarmouches de bon aloi, une fructueuse collaboration entre les MPI et le Conseil régional de la Guadeloupe s'est instituée. L'année 1986, qui pourtant avait commencé mal, fut l'occasion d'une fructueuse collaboration entre les élus et les socioprofessionnels. Une commission spécialisée a travaillé entre juin et décembre 1986 sur la redéfinition des taux d'octroi de mer en matière industrielle. Ce document, important aussi bien par le nombre de pages que par son impact sur l'avenir de l'octroi de mer, comportait quatre parties. Les trois premières établissaient des listes de produits auxquelles sont appliqués des conditions particulières. L'approche était nouvelle puisqu'elle recensait les matières premières « par nature », travaillées ou susceptibles d'être travaillées en Guadeloupe, les produits semi-finis ou matières premières « par destination », ces deux premières catégories de produits faisaient l'objet de propositions d'exonération. La troisième portait tant sur les produits finis importés qui entrent en concurrence avec des produits locaux que sur des produits de luxe et devaient voir leur taux d'octroi de mer majoré. La quatrième partie du document répertoriait la liste des entreprises inscrites à l'association des MPI de la Guadeloupe.

En 1986, au cours d'un diner rassemblant les MPI et le Conseil régional, Jean-Pierre Roche, le Président des MPI nouvellement élu, devait déclarer à propos des nouvelles notions de matières premières par nature et par destination : « Cette mesure est une aide à l'exploitation et l'expérience montre aujourd'hui que celle-ci est plus importante encore que l'aide à l'investissement, si l'on veut pérenniser le secteur productif guadeloupéen ». A son tour, le communiste Serge Pierre-Justin, Vice-président du Conseil régional et Président de la commission *ad hoc*, s'adressait aux industriels en ces termes : « Tous les pays du monde possèdent dans leur législation intérieure telles ou telles taxes de consommation. Les remettre en question équivaudrait à commettre un attentat contre l'authenticité de ces peuples, contester les franchises communales, entamer leurs moyens d'existence. (…)

Vous, dirigeants des MPI, avez un rôle essentiel à jouer dans la défense de vos pairs et la promotion de vos activités professionnelles. (...) Si l'on tient compte que, dans le produit intérieur brut (PIB) de la Guadeloupe, les secteurs productifs interviennent à concurrence de 16% face au secteur improductif des “services” et des administrations, on comprendra que notre détermination se fonde, non sur des sentiments ou des idées préconçues, mais sur la nécessité vitale de conférer à la réalité guadeloupéenne des assises économiques moins artificielles, moins vulnérables. Aider ceux qui prennent des risques pour accroître la richesse publique, voilà la seule démarche qui vaille. » A n'en point douter, si le début de l'intervention du premier Vice-Président du Conseil régional, et Président de la commission *ad hoc*, a surpris les industriels, ils sont partis pour le moins rassurés par des perspectives nouvelles que laissait entrevoir son assemblée.

La démarche des MPI et du CR semblait positive puisque le travail cité ci-dessus a été annexé à la délibération prise par le Conseil régional, fin 86.

Si, sur le principe, cette démarche semblait intéressante, à l'usage, elle s'avéra moins pratique puisque les douaniers devaient faire une vérification en trois temps : d'abord vérifier la nomenclature en identifiant le produit importé. Ensuite, le douanier devait constater s'il s'agissait de produits classés dans les matières premières « par nature » ou « par destination ». Enfin il fallait s'assurer que le déclarant (l'industriel) était bien répertorié parmi les membres des MPI Devant les difficultés soulevées par les déclarations quotidiennes, les MPI et le Conseil régional ont été amenés à modifier cette procédure en la simplifiant. Les MPI avaient lancé l'idée d'un « laissez-passer » qui permettrait, pour les douaniers, mais aussi pour les industriels, un allègement non négligeable des formalités d'octroi de mer. Pour ce faire, une proposition de convention avait été élaborée ainsi qu'une nouvelle nomenclature. La convention prévoyait que « pour assurer la promotion, le développement et la sauvegarde des activités industrielles de la région, le Conseil régional accorde aux entreprises de production de l'AMPIG[94], l'exonération de l'octroi de mer et du droit additionnel à l'octroi de mer, sur les marchandises à transformer et sur leurs biens d'équipement ». Par biens d'équipement, il faut entendre : les outillages et matériels repris à la liste figurant à l'article 50 *duodecies,* section VII de l'annexe IV du code général des impôts, ainsi que les maquettes, plans et dessins industriels qui y sont relatifs. Les outillages ou matériels ne figurant pas sur cette liste pouvaient également bénéficier de l'exonération des droits d'octroi de mer, lorsque cette exonération serait jugée nécessaire par le bureau du Conseil régional.

La procédure, telle que définie dans l'article 4, était la suivante :

1°) Pour l'exonération des matières à transformer : La liste des entreprises membres de l'association est fournie au Conseil régional, elle sera remise à jour périodiquement d'un commun accord entre les parties. Les entreprises bénéficieront d'un laissez-passer individuel

[94] L'Association des Moyennes et Petites Industries de la Guadeloupe.

valant agrément du Conseil régional. Ce laissez-passer préparé par l'AMPIG et visé par le Président du Conseil régional comportera les renseignements majeurs concernant l'entreprise. L'importateur devra demander expressément sur la déclaration en douane, le bénéfice de l'exonération de l'octroi de mer et du DAOM ; il devra par ailleurs répondre à toute demande de justification permettant d'apprécier la situation des marchandises importées et l'affectation de celles-ci.

2°) Pour l'exonération des biens d'équipement : L'entreprise devra faire sa demande au Conseil régional selon un modèle mis au point par le Conseil régional et l'AMPIG. Le dossier devra être visé par l'AMPIG. Le Conseil régional statuera dans un délai de deux mois à compter de la date de réception du dossier. En cas d'urgence, un accusé de réception du dossier permettra toutefois à l'entreprise de retirer son bien d'équipement par soumission cautionnée.

3°) Pour la modification du taux de l'octroi de mer sur les produits finis importés : L'entreprise formulera sa demande au Conseil régional selon un dossier type visé par l'AMPIG permettant de juger de l'opportunité économique de cette décision ; l'instruction se fera par les services du Conseil régional et tous services mandatés à cet effet dans un délai de trois mois, à compter de la réception du dossier.

3.1.3.4 L'EXASPERATION DES COMMERÇANTS

Certains commerçants pointois, dont Joseph Titéca-Beauport en tête[95], dans des tribunes libres et lors de conférences-débats, ne se génèrent pas pour critiquer vertement l'octroi de mer, indiquant qu'il était un mode de préfinancement des collectivités locales. Ils souhaitaient « que le politique se décida à provoquer la mort annoncée d'une taxe qui réunit tous les défauts, ne présentant plus aucun avantage et dont les effets néfastes perduraient. »

C'est alors Jean Louard, commerçant aux Abymes, bien connu pour sa papeterie lors des rentrées scolaires, qui écrivait[96] qu'il fallait détruire l'octroi de mer. Son argumentation était claire et vaut, même de nos jours, d'être largement reprise pour que le fil conducteur de sa pensée ne soit pas faussé. D'entrée de jeu, il disait : « Le coût global de chaque stade de la production, puis de la transformation, et enfin de la commercialisation se reporte en cascade pour être, in fine, à charge de l'utilisateur final : le "destructeur" ». Il affirmait que les composantes de la chaîne sont

---

[95] Joseph Titéca-Beauport était Vice-Président et Trésorier de la CCI de Guadeloupe, et professionnellement bijoutier-horloger à Pointe-à-Pitre.
[96] Cf la revue Entreprendre, n°3 de février 1996, page 54.

innombrables et que chaque maillon récupère ses propres coûts sur le maillon suivant. On ne peut vendre à perte indéfiniment. Sinon, la trésorerie de l'entreprise en prend un coup.

Et il expliquait que les commerçants domiens sont doublement pénalisés : « Nous sommes déjà pénalisés par les délais d'approche, par l'impossibilité de morceler les approvisionnements, par des frais financiers élevés, etc. Il faut bien faire avec. Mais les choses se gâtent véritablement au niveau des taxes dites à la consommation, la TVA, l'octroi de mer et son petit frère le droit additionnel à l'octroi de mer (DAOM). Nos confrères de l'Europe récupèrent dans le mois une part (TVA récupérable) facturée par les fournisseurs, donc, dans la plupart des cas avant que leur trésorerie en ait eu la charge. Les fournisseurs sont le plus souvent payés à terme. Nous, nous payons cette partie de taxes (TVA et octroi de mer) à la Douane à l'entrée de la marchandise et nous ne récupérons qu'après que notre trésorerie en a supporté la charge. C'est pour moitié environ seulement un mois plus tard (TVA). Et le reste seulement lorsqu'intervient le règlement de nos ventes par nos clients (octroi de mer). Ce qui peut ne se réaliser que longtemps après. Pendant cette période, cette taxe que nous ne pouvons encore récupérer est immobilisée dans nos stocks. Pour caricaturer, nos confrères de l'Hexagone se font de la trésorerie avec quelque 20% de leurs achats, tandis que nous écornons notre trésorerie de quelque 20% de nos achats sur le mois. C'est un différentiel de l'ordre de 40% qui mérite d'être expliqué, formalisé, chiffré. Car ce n'est pas rien. Pour schématiser, nous conviendrons de considérer que ces taxes sont plus ou moins égales de part et d'autre, et qu'elles sont de l'ordre de 20% des valeurs d'achat (c'est nettement moins pour certains secteurs, c'est beaucoup plus pour d'autres[97]. Récupérer 20% de la valeur de ses achats en ne les déboursant qu'environ deux mois plus tard, c'est du produit financier de 3,33% l'an sur le montant des achats annuels[98]. Payer un mois d'avance (TVA) 10% de la valeur de ses achats, c'est une charge en plus de 3,33% (0,83% + 2,5%) du montant des achats. C'est une approche[99]. Cela fait une différence, toutes choses égales par ailleurs, de 6, 66% du montant des achats entre nos comptes d'exploitation et ceux de nos confrères de l'Hexagone.

En ne prenant pas en compte les activités agricoles, les industries agro-alimentaires, l'énergie, l'automobile (à statuts spéciaux), les importations

---

97 TVA taux normal Hexagone à l'époque : 20 %. TVA taux normal Guadeloupe : 9,5% + octroi de mer + DAOM 9%, soit 18% sur la valeur rendue, donc majorée des frais d'approche.)

98 Le règlement des fournisseurs à 90 jours est dans les usages.

99 Nous avons supposé que le délai moyen d'écoulement du stock est de 4 mois. Il est souvent de 6 mois voire 1 an pour certains secteurs. C'est 10, 15, 25% (si l'on veut bien oublier le tabac à 73%). Pour une rotation de stocks longue, pour des produits surtaxés, cela devient vraiment lourd).

sont de l'ordre de 5 milliard et demi de Francs[100]. L'anticipation des paiements des taxes est une charge de plus, qui pèse donc sur les entreprises à hauteur de 180 millions de Francs, dont 135 MF pour le seul octroi de mer et D.A.O.M[101]. Le rendement de l'octroi de mer est de 760 millions de Francs, soit 160 millions pour la Région et 600 millions pour les communes[102]. Le rendement de la TVA est de 740 millions de Francs[103]. Concernant les taxes à la consommation, qui représentent 1 milliard et demi, de Francs, les entreprises en préfinancent près de 18% pour le seul octroi de mer, et 12% pour la globalité. Et nous n'avons pas parlé du surcoût des charges financières qui s'y ajoutent. A terme, on peut espérer la refonte de l'octroi de mer le plus vite possible (c'est en tous les cas, incontournable, pourquoi attendre ?). La continuité territoriale est bien plus difficile à envisager. Dans l'immédiat, l'IEDOM a déjà commencé la révision des notations des entreprises d'après les normes d'estimation de la Banque de France. De ce classement dépend bien plus l'accès au refinancement et au réescompte. Il sera le premier critère de tout organisme bancaire ou similaire, d'où l'accès ou non à l'incontournable crédit. Merci de penser à ajuster ces critères à la réalité de nos spécificités et tout spécialement à celle que nous évoquons ici. (...) Et pour paraphraser Caton, en "latin de cuisine" : *Maris octroa delinda est* (il faut détruire l'octroi de mer) *!* »

CQFD.

3.1.4. L'OCTROI DES MAIRES

Nombreux sont les contribuables qui pensent que leur percepteur veut « avoir leur peau ». Si, manque de pot, ils se font épingler pour avoir ignoré quelque subtilité d'une réglementation tatillonne et archaïque, ils devront payer l'impôt. Mais, après le redressement, leur restera-t-il encore de quoi se payer ... un pot ? Trêve de plaisanterie sur un sujet aussi grave !

Souvent par ignorance, le grand public est dérouté par ses questions sans réponses. D'ailleurs, le grand public se pose-t'il même des questions ? Les gens rencontrés ici et là, dans la rue, au marché, dans les salons, lors de diners en ville, savent que l'octroi de mer existe et que l'argent va aux communes. Sans plus. Les réponses de nombre de « politiques » ne les aident pas à éclaircir leur connaissance sur le sujet. Lors de forums, de

---

[100] Cf TER Guadeloupe 1995 (édité par l'INSEE) page 125.
[101] 5 400 000 X 0,0333 dont 5 400 000 X 0,085).
[102] Cf Rapport annuel 1994 de l'IEDOM pages 181 et 183.
[103] (Renvoi bas de page : Cf TER ouvrage déjà cité, page 129).

débats ou de colloques[104] ou plus récemment sur les fameux « répondeurs » qui fleurissent à la télé ou dans les radios de grande écoute, on est affligé par la méconnaissance de la population sur l'octroi de mer.

Souvent, à la question « A quoi sert l'octroi de mer ? », les gens répondent généralement « A donner de l'argent aux communes ». Si on a vu que ce n'est pas totalement faux, on peut cependant s'interroger sur les finances communales de nos régions et faire un parallèle avec les budgets communaux de la France métropolitaine. Pour beaucoup, la chose publique est irréprochable. Nombreux sont ceux qui seraient effrayés de lire dans un rapport de la cour des comptes[105] « qu'aux Antilles et en Guyane, les insincérités budgétaires sont nombreuses et la fiabilité des comptes présentés par les ordonnateurs est insuffisante ».

Outre la complexité des dispositions fiscales, on se heurte à leur absence de réalisme. Les quatre vieilles, ou du moins ce qu'il en reste, datent de la Révolution française. Epoque où l'on privilégiait encore la terre sur l'immobilier et sur l'outil de travail. L'édification du contribuable sera à son comble quand il lira les principes qui régissaient, fut un temps, la répartition de l'octroi de mer entre les différentes communes des DROM-COM.

3.1.4.1 LES QUATRE VIEILLES

Il y a bien quatre vieilles[106] qui ne sont pas vénérées. Il s'agit des fameux impôts créés en France dans la période postrévolutionnaire. En effet, les taxes sur le foncier bâti et non bâti, la taxe d'habitation et la taxe professionnelle sont sans cesse promises à une grande réforme. Le Président de la République Emmanuel Macron a signé le 30 décembre 2017 la loi de

---

[104] On peut reprendre (sans aucune correction) une des interventions sur le blog des Etats généraux de l'Outre-mer dans l'Hexagone, en 2009 : « *Idée :* Supprimer l'octroi de mer et les taxes additionnelles. La suppression de l'octroi de mer et des droits de douanes ferait baisser les prix de 30%. Comment peut ont parler d'égalité entre français si pour changer de département un Réunionnais doit être contrôler par la PAF 2 fois, au départ de la Réunion puis a l'arrivée en France Métro...je suis donc étranger dans mon propre pays. Je dois payer des droits de douanes sur des produits importer de France, taxe déjà perçu une fois en France s'ils ont été importer. Je paie l'octroi de mer sur tout, du lait a l'essence... Alors oui et oui il faut supprimer ces taxes discriminatoires. Et pour ce qui est du financement des communes ? Eh bien dite-moi comment font les communes de France qui elles n'ont pas de recettes d'octroi de Mer et pour des impôts locaux égales aux nôtres ??? Comment font-elles pour nettoyer tous les matins avec des machines leurs rue. Pour éclairer toute la nuit les voies publiques. Peut-être que leurs élues ne touche pas 5000€/mois.... »

[105] Rapport « La situation financière des communes des départements d'Outre-mer » _ Juillet 2011.

[106] En réalité, elles ne sont plus quatre mais trois puisque la loi de finances pour 2010 (du 30 décembre 2009) a institué la contribution économique territoriale. On peut noter également que la Taxe d'habitation devrait disparaître d'ici 2002, selon les projets du président Macron.

finances pour 2018 qui donne des éléments sur l'aménagement de la suppression de la taxe d'habitation d'ici 2020. Il aurait dit devant les édiles : « Si la taxe d'habitation n'est pas un bon impôt pour 80% des français, il y a peu de chances qu'elle le soit pour les 20% restants ». Les dernières modifications importantes datent de l'ordonnance du 7 janvier 1959, précisée par les textes de 1974 pour la taxe d'habitation et les taxes foncières, et de 1976 pour la patente devenue taxe professionnelle. François Mitterrand, alors dans l'opposition, ne la qualifiait-il pas « d'impôt imbécile » ?

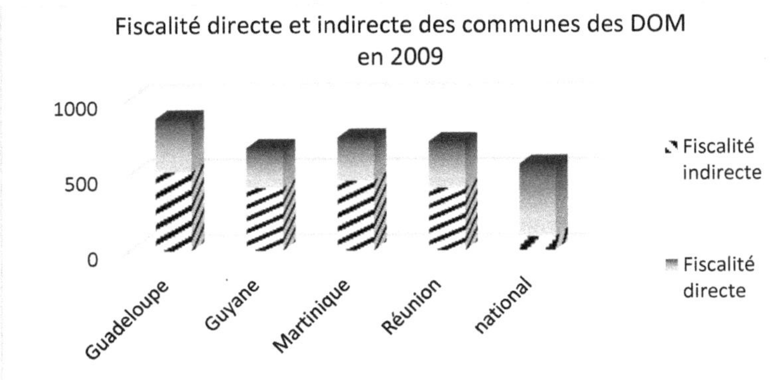

(en pourcentage)

Contrairement à ce que certains croient, si les municipalités peuvent souverainement en fixer les taux, les impôts locaux n'alimentaient pas que les seules caisses des communes, témoin ce tableau récapitulatif de la Direction des Services Fiscaux de la Guadeloupe pour l'année 1987.

TABLEAU DE REPARTITION DES IMPOTS LOCAUX

	Taxe Habitat°	Taxe Bâti	Taxe Non Bâti	Taxe Professionn.
Montant total	103.837.561F	229.152.599F	37.619.366F	198.652.066F

	T H	TB	TNB	TP
Communes	36,46%	29,78%	45,72%	32,14%
Département	57,53%	44,90%	28,06%	44,82%
Région	2,16%	1,56%	2,77%	1,85%
CCI B/Terre				3,35%
CCI P-à-P				7,47%
Chambre des Métiers				3,01%
Enlèvem. Ordures Ménagéres		16,70%		
Chambre d'Agriculture			12,28%	
BAPSA			4,07%	
Etat (assiette)	3,85%	3,71%	3,76%	3,94%
Etat (dégrèvement)		3,35%	3,34%	3,42%
Total	100%	100%	100%	100%

Source : Ministère de l'Aménagement du territoire, de la ruralité et des collectivités territoriales, Ministère de l'intérieur.

Examiner ces quatre impôts n'écarte pas de l'étude de l'octroi de mer. Bien au contraire, des propositions de substitution pourraient s'inspirer avantageusement de ce qui se fait, ou plus précisément ne se fait pas en la matière dans l'Outre-Mer français. Ces impôts étaient très contestés. Un Ministre du Budget, Michel Charasse, reconnaissait, début 89, que les services des impôts recevaient au minimum trois millions de réclamations par an. Beaucoup plus que tous les autres ministères réunis. Les calculs sont parfois obscurs ou ne tiennent plus compte de la réalité du bien imposable et de son environnement, ou parfois de la possibilité financière du contribuable à payer l'impôt. Il est constant que les bases d'imposition sont l'objet des principaux litiges avec l'Administration. L'assiette des taxes foncières et de la taxe d'habitation est établie sur la valeur locative cadastrale, c'est à dire le loyer qu'encaisserait le propriétaire s'il louait son bien. Les principes de calcul sont fort anciens et la dernière méthode établie pour ce faire date de 1970. Les locaux d'habitation par exemple sont classés selon huit catégories en fonction de leurs qualités architecturale, de construction, de la disposition du local et des équipements (eau, sanitaires et chauffage). Faut-il en conclure qu'un appartement livré dans une HLM à Lauricisque, à Volga Plage, à La Crique ou au Chaudron[107] avec une baignoire doit être considéré aux yeux du fisc comme plus « luxueux » qu'une villa individuelle sur la Riviera, à Didier, à Rémire-Monjoly ou à Bellepierre coûtant trois fois plus cher mais n'ayant pas cet équipement de confort ? Phénomène de mode et/ou prise en compte des chutes des personnes âgées, il y a de moins en moins de baignoires dans les logements modernes et de plus en plus de douches « italiennes ». Allez comprendre !

La taxe professionnelle, pour sa part, était très contestée par les chefs d'entreprise qui voyaient en elle une pénalisation de l'embauche et de l'investissement. Il faut préciser que l'assiette de cette taxe était constituée de trois éléments : la valeur locative des bâtiments et constructions de l'entreprise, celle des équipements et biens mobiliers et une fraction des salaires (20% à l'origine, 18% depuis la loi du 25 juin 1982) ou des recettes (10%) pour certaines professions. A partir de 1987, l'assiette de la taxe a été réduite de 16%. Selon certaines analyses, la taxe professionnelle ne représenterait que 2,1% des salaires bruts et des cotisations patronales, et même 1,15% seulement si l'on tient compte de la déductibilité de la taxe professionnelle du bénéfice imposable. Selon la Trésorerie Générale de la Guadeloupe, les quatre vieilles ont rapporté 178 Millions de Francs en 1987 aux communes de la Guadeloupe, ce qui représentait un accroissement de 32,64% par rapport à 1986 alors que curieusement pour la même période la part d'octroi de mer reversé aux communes de la Guadeloupe s'élevait à 387 Millions de Francs, soit un accroissement de 2,74% par rapport à 1986. Ces

[107] Respectivement à Pointe-à-Pitre, à Fort-de-France, à Cayenne ou à Saint Denis

écarts deviennent encore plus importants si l'on compare sur une période plus longue non pas les sommes perçues par les communes, mais les montants mis en recouvrement :

Evolution des impôts locaux en Guadeloupe (en MF)

	TP		TH		TF	
Années	1985	1987	1985	1987	1985	1987
Montants en recouvrement	151	202	67	94	172	258
Evolution en %	33,77		40,29		50	

Sur cette base, les résultats sont différents puisque la taxe professionnelle mise en recouvrement a connu un accroissement de 34% entre 85 et 87 contre 40% pour la taxe d'habitation et 50% pour les taxes foncières. Doit-on en conclure que les édiles ont compris qu'il faut équilibrer les budgets communaux sur autre chose que l'octroi de mer ?

Part de l'octroi de mer dans les recettes fiscales

	Communes (part moyenne)	Départements	Régions
Guadeloupe	41 %	-	34 %
Guyane	43 %	27 %	48 %
Martinique	47 %	-	33 %
Réunion	43 %	-	11 %

Source : ministère de l'intérieur

Sur ce tableau établi en 2002, on observe :

- Une extrême disparité entre les Régions
- Des disparités encore plus grandes entre les communes d'un même département allant de 17 % (pour certaines grandes villes) à 87 % pour quelques petites communes
- Un recensement insuffisant des bases fiscales
- La situation économique de ces départements avec beaucoup d'exonérations (dans un but politique voire électoraliste) des taxes foncières et de la taxe d'habitation

En lisant le rapport des Inspections générales des finances et de l'Administration[108] , on lit que « le produit de l'octroi de mer est directement injecté dans l'économie locale sous deux formes : la commande publique, qui bénéficie aux entreprises locales, et les dépenses de personnel, qui représentent entre 50 et 58 % des dépenses de fonctionnement des

108 Rapport d'enquête sur le régime de l'octroi de mer, IGFA, n° 2002-M-028-01, décembre 2002.

communes, soit une proportion supérieure à celle de la métropole (entre 38 et 47 % pour des communes de taille comparable). En outre, une partie du personnel réalise en régie des travaux d'équipement ou de maintenance (construction d'écoles et de crèches, travaux d'infrastructures routières…) ». Hélas ! Il serait hâtif d'avancer que tout est pour le mieux dans le meilleur des mondes. Depuis quelques années, aux élections, on voit apparaître des « hommes nouveaux », qui se présentent comme des gestionnaires et non plus comme de seuls tribuns[109]. De plus, avec la parité aux élections, on constate l'arrivée de femmes particulièrement compétentes, dynamiques et volontaires sur la scène politique[110].

Répartition Hommes/Femmes des responsables politiques dans les DROM-COM en 2017

<table>
<tr><th rowspan="2"></th><th colspan="2">Maires</th><th colspan="2">Présidents d'assemblée locale</th><th colspan="2">Parlementaires</th><th colspan="2">Ministre</th></tr>
<tr><th>H</th><th>F</th><th>H</th><th>F</th><th>H</th><th>F</th><th>H</th><th>F</th></tr>
<tr><td>Guyane</td><td>7</td><td>1</td><td>1</td><td>0</td><td>3</td><td>1</td><td rowspan="5">0</td><td rowspan="5">1</td></tr>
<tr><td>Guadeloupe</td><td>24</td><td>8</td><td>1</td><td>1</td><td>6</td><td>1</td></tr>
<tr><td>Martinique</td><td>32</td><td>2</td><td>2</td><td>0</td><td>6</td><td>0</td></tr>
<tr><td>Mayotte</td><td>15</td><td>2</td><td>1</td><td>0</td><td>4</td><td>0</td></tr>
<tr><td>Réunion</td><td>23</td><td>1</td><td>1</td><td>1</td><td>9</td><td>2</td></tr>
</table>

Source : INSEE (avant les élections présidentielles d'avril 2017 et les législatives de juin 2017)

Certains édiles, élus de longue date, ont eu la sagesse de s'entourer de spécialistes de la gestion. Il n'est plus possible de « se payer le luxe d'une administration qui ne prendrait pas en compte le concept de productivité » écrivent Jean-Pierre Couriaut et Philippe Grosjean dans leur ouvrage intitulé « Le projet d'entreprise dans les mairies »[111]. Ils affirment que la mairie est devenue la principale entreprise de la commune. Elle évolue dans un environnement différent de celui des entreprises privées, avec des contraintes spécifiques liées à ses sources de revenus, aux règles juridiques qui la régissent, à la notion de service public excluant celle du profit. Il y a une nouvelle façon de gérer la commune, par le management participatif, certes, mais surtout par la recherche de la qualité.

Un autre élément a fondamentalement modifié la gestion des collectivités locales, il s'agit de la décentralisation. Depuis 1982 en effet, et cela empire

[109] N'a-t-on pas eu un président âgé de 39 ans ?

[110] La loi constitutionnelle du 8 juillet 1999 a figé dans le marbre le principe de la parité en inscrivant l'égal accès des femmes et des hommes aux mandats électoraux et fonctions électives. Ce principe a solennellement été réaffirmé par son inscription à l'article 1er de la Constitution lors de la révision constitutionnelle du 23 juillet 2008 (article 1er, alinéa 2 de la constitution). Ce qui oblige tous les partis et groupements politiques à mettre en œuvre ce principe (article 4, alinéa 2 de la Constitution).

[111] Editions d'organisation, 1988.-

depuis 1984, une concurrence, pas toujours saine, s'est développée entre les différents décideurs publics et dont le bénéficiaire est (ou devrait être) le contribuable. On peut citer à titre d'exemple la publicité faite autour des dépenses des collectivités locales pour les différents établissements scolaires, les affaires culturelles et sportives, le développement de ports de pêche ou de zones artisanales. Malheureusement, quand la politique s'en mêle...

RECETTES DES COMMUNES COMPTABILISEES DE 1984 A 1987

	1984	1985	1986	1987
Impôts locaux	77	95	134	178
Dotation Globale de Fonctionn^{t}	245	282	345	326
Octroi de mer	328	341	376	387

(Source Trésorerie Générale Gpe). En MF

Si les quatre vieilles sont considérées comme archaïques, c'est parce qu'elles reposent sur un principe révolu qui n'a d'égalitaire que le nom. En effet, « à l'origine la fiscalité locale était liée à celle de l'Etat, écrivait Dominique Sicot[112]. Celui-ci percevait pour le compte des collectivités locales des "centièmes" ou "centimes" additionnels au principal. Lorsque l'Etat s'est doté d'un autre système, les impôts locaux ont continué à être calculés à partir d'un principal fictif pour chaque taxe, ce qui a maintenu entre les quatre catégories de contribuables les rapports d'imposition d'avant 1914. Pour chaque catégorie, si la matière imposable évoluait (diminution des terrains, augmentation des constructions, des entreprises, etc.), on changeait le taux qui permettait de passer de la base d'imposition au principal fictif qui lui devait rester inchangé. »

La liberté des collectivités locales étant limitée en matière de fixation des taux des quatre vieilles, elles ne pouvaient, depuis 1983, toucher à la taxe d'habitation sans modifier concomitamment la taxe professionnelle. Ceci pour ne pas favoriser les particuliers (électeurs potentiels) au détriment des entreprises.

D'ailleurs, en matière de taxe professionnelle, on constate une très grande disparité entre les différentes communes. L'installation de certaines unités de production en dehors des agglomérations industrielles, ou pour le moins, économiquement développées, ne serait-elle pas déterminée par une préoccupation fiscale du chef d'entreprise ?

---

[112] Journaliste à *Science et vie économie* (en 1990), puis à *Alternatives économiques* (en 1994).

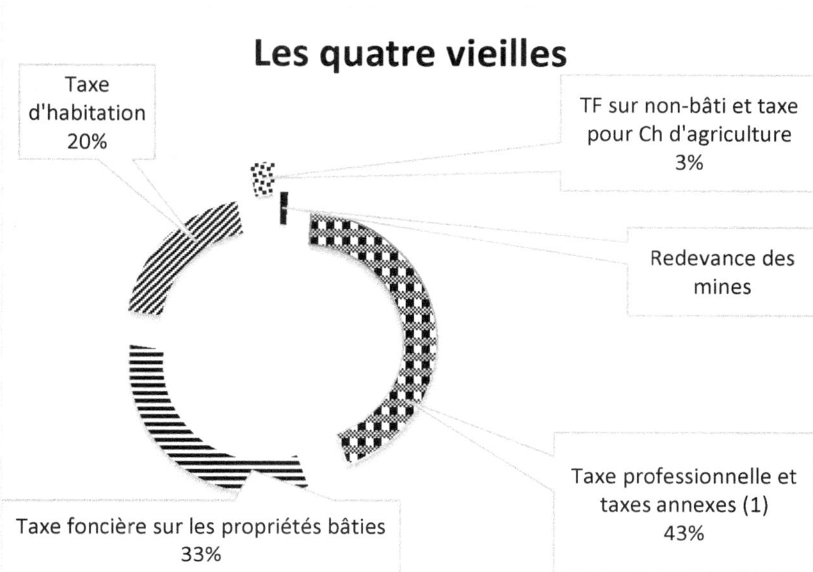

De ce tableau des taux on en tirera un second avec l'évolution des taux de la taxe professionnelle en Guadeloupe.

Taxe professionnelle / communes

Nom des communes	Tx 85	Tx 86	% var	Tx 87	% var	Tx 88	% var
ABYMES	2,1	2,1	0,00	2,36	12,38	2,5	5,93
GOSIER	1,42	1,42	0,00	1,76	23,94	2,68	52,27
PETIT BOURG	1,33	1,42	6,77	2,83	99,30	2,83	0,00
BAIE-MAHAULT	4,24	4,24	0,00	8,16	92,45	7,36	-9,80
POINTE-A-PITRE	5,89	7,43	26,15	7,83	5,38	7,4	-5,49
BASSE TERRE	6,10	6,47	6,07	7,19	11,13	6,92	-3,76
SAINT FRANCOIS	2,88	3,32	15,28	3,02	-9,04	2,76	-8,61

Source : Direction Générale des impôts

Selon une analyse datant des années 90 au niveau de la France continentale, les 9/10 des sommes collectées par les communes proviennent de la fiscalité directe, c'est à dire les quatre vieilles auxquelles s'ajoutent les taxes « additionnelles », telle la taxe d'enlèvement des ordures ménagères (TEOM). Le dixième restant est formé de taxes indirectes dont certaines sont obligatoires (taxe additionnelle aux droits de mutation, droits de licences pour débit de boisson, taxe sur les spectacles), et d'autres facultatives (taxes sur certaines fournitures, par exemple...).

Dans les DROM-COM, il est frappant de constater la faiblesse des budgets communaux. Les maires des petites communes se reposent essentiellement sur l'octroi de mer (recette facile) d'abord et sur les quatre vieilles subsidiairement. Encore que ces dernières ne soient pas toujours utilisées au mieux ! La taxe d'habitation devrait, logiquement, avoir une assiette plus importante. Il n'en est rien car bon nombre de constructions sont faites en toute illégalité, sans permis de construire, et parfois même par des gens qui ne sont pas propriétaire du terrain[113]. Le bon sens voudrait que les maires fassent régulièrement des mises à jour de leur relevé cadastral. Il n'en est rien car ces derniers ne veulent pas pénaliser leur électorat. On peut espérer à un avenir meilleur avec les évolutions des mentalités des élus. La preuve avec deux élus de la Guadeloupe qui répondent à la question « comment boucler les budgets pour faire face à la baisse des dotations de l'Etat ? »[114] :

Le premier maire à s'exprimer est Thierry Abelli, maire de Bouillante Il le fait ainsi : « Tout d'abord il convient de faire une analyse de tous les postes de dépenses qui ne sont pas incompressibles (carburant, téléphone, eau, électricité et fournitures administratives) et voir comment les réduire. Il s'agit véritablement de mettre en place une politique de contrôle des consommations et de responsabilisation des utilisateurs. Il faut ensuite opérer une maîtrise des dépenses de personnel, même s'il est vrai que les communes jouent un rôle important en matière d'emploi puisque très souvent elles jouent le rôle d'amortisseur social. Pour ma part, à Bouillante, je fais fonctionner cet amortisseur, mais seulement pour des besoins qui sont nécessaires et qui n'étaient pas satisfaits par les personnels existants. Pour des raisons économiques, il convient de privilégier des emplois aidés qui, très souvent, sont pris en charge par l'Etat à hauteur de 90%. Enfin, dernière piste à explorer, c'est, compte tenu des taux d'intérêt qui sont bas en ce moment, de renégocier les emprunts de la collectivité pour d'une part diminuer le coût et surtout obtenir un allongement du remboursement afin d'en réduire les annuités et dégager des marges de manœuvre financière. »

---

[113] En Guadeloupe, et spécifiquement sur la Grande Terre (qui est moins vallonnée que l'autre aile du « papillon »), il y a eu pendant des décennies un spectacle assez étonnant. Des cases étaient transportées sur des chars à bœufs, et dans les derniers temps, sur un camion-benne. L'explication est simple : les gens de la campagne étaient propriétaires de leur case. S'ils trouvaient un travail ailleurs, ils cherchaient un autre terrain à louer et transhumaient en mettant la maisonnette sur cet attelage. On peut signaler que ce phénomène se retrouve de nos jours en Floride (USA) et au sud du Canada.

[114] In *Communes de Guadeloupe*, le journal de l'Association des maires de Guadeloupe, n° 4, décembre 2016.

Le second édile est Madame Claudine Bajazet, maire de Sainte Rose. Elle répond à la même question ainsi : « A Sainte Rose, pour faire face à la baisse des dotations de l'Etat, nous avons décidé cette année de réévaluer les kilomètres des routes communales. Cette prestation nous permettra de comptabiliser en recettes près de 360 000 €. L'élargissement de la base fiscale, en transversalité, sur une opération d'adressage avec la Communauté d'agglomération du Nord Basse-Terre et les services des finances publiques, demeure un levier complémentaire du produit fiscal qui devrait renforcer les recettes communales. Enfin, les élus du conseil municipal réfléchissent à une révision quasi-inévitable des taux d'imposition communaux qui sont parmi les plus bas du département depuis plus de 18 ans. Il en est de même pour le prix au mètre cube d'eau courante et la facturation de l'assainissement, tous deux les plus bas cette fois-ci de toute la France. Il nous faut donc trouver des solutions pour équilibrer nos budgets, pour certains déficitaires, et témoins d'un lourd héritage. Nous devrons préserver, autant que faire se peut, le pouvoir d'achat des ménages. »

Puissent les autres élus s'en inspirer et trouver à leur tour des idées novatrices et salvatrices. Mais, la politique a des raisons que la raison ne connait pas ! Depuis 1986, an 1 de la Défiscalisation, de très nombreuses villas et immeubles collectifs verticaux ont été construits dans les DROM-COM, il s'en suivit inéluctablement une répercussion au niveau de la taxe d'habitation collectée. Il est pour le moins surprenant de constater que les maires n'utilisent pas tout l'arsenal réglementaire à leur disposition. Combien sont-ils à percevoir la taxe sur la publicité, à mettre en vigueur la taxe sur les trottoirs, à recouvrer les redevances pour occupation du Domaine Public ?

Et pourtant, il y a tant d'autres produits (dont on trouvera la liste ci-dessous) qui pourraient en toute légalité alimenter les budgets communaux.

LISTE RECAPITULATIVE DES PRINCIPAUX IMPOTS MUNICIPAUX

IMPOSITIONS DIRECTES

Taxe	Définition
Contribution économique territoriale (CET)	Composée d'une Cotisation Foncière des Entreprises (CFE) et d'une Cotisation sur la Valeur Ajoutée des Entreprises (CVAE). Elle a été créée en 2010 en remplacement de la taxe professionnelle.
Cotisation foncière des entreprises (CFE)	Impôt direct perçu à partir de 2011 exclusivement au profit des communes et des EPCI[115]. Elle est due chaque année par les personnes physiques ou morales ou par les sociétés non dotées de la personnalité morale qui exercent en France, à titre habituel, une activité professionnelle non salariée. La base d'imposition de la CFE est constituée par la valeur locative (diminuée de 30 % pour les établissements industriels) des seuls biens passibles de taxe foncière dont le redevable avait, pour les besoins de sa profession, la disposition au cours d'une période de référence qui est, en règle générale, l'avant-dernière année civile précédant celle de l'imposition.
Cotisation sur la valeur ajoutée des entreprises (CVAE)	Impôt direct perçu à partir de 2011 au profit de toutes les collectivités territoriales. Elle s'applique aux entreprises entrant dans le champ d'application de la cotisation foncière des entreprises et dont le chiffre d'affaires excède 152 500 €. Le taux de la cotisation est théoriquement égal à 1,5 % de la valeur ajoutée. En fait, les entreprises acquittent une CVAE calculée d'après un taux effectif d'imposition qui varie selon le montant du chiffre d'affaires. La CVAE est ensuite territorialisée : elle est répartie par commune pour deux tiers au prorata des effectifs que chaque entreprise y emploie et pour un tiers au prorata des valeurs locatives foncières avec un doublement de ces deux éléments de répartition pour les établissements industriels. Le produit de la CVAE est ensuite réparti à hauteur de 26,5 % pour le secteur communal, 48,5% pour les départements et 25 % pour les régions. La CVAE payée par les entreprises une année donnée est perçue par les collectivités l'année suivante.

[115] Etablissements publics de coopération intercommunale (EPCI) : structures permettant aux communes qui se regroupent de gérer en commun des équipements, des services publics, d'élaborer des projets de développement économique, d'urbanisme ou d'aménagement du territoire à l'échelle plus vaste que celle d'une commune. Ils comprennent les syndicats intercommunaux, les communautés de communes, les communautés d'agglomération, les communautés urbaines, les syndicats d'agglomération nouvelle et les métropoles (hormis la métropole de Lyon, qui est une collectivité à statut particulier).

Imposition forfaitaire sur les entreprises de réseau (IFER)	Instaurée à compter de 2010, au profit des collectivités territoriales et de l'établissement public « Société du Grand Paris », l'IFER s'applique à neuf catégories de biens (composantes de l'IFER) : Les « éoliennes » et les « hydroliennes » ; Les installations de production d'électricité d'origine nucléaire ou thermique à flamme ; Les installations de production d'électricité d'origine photovoltaïque ou hydraulique ; Les transformateurs électriques ; Les stations radioélectriques ; Les installations d'acheminement et de stockage du gaz naturel ; Le matériel roulant utilisé sur le réseau ferré national pour des opérations de transport de voyageurs ; Le matériel roulant utilisé sur les lignes de transport en commun de voyageurs d'Ile-de-France pour des opérations de transport de voyageurs. Le produit de cette composante de l'IFER est affecté à l'établissement public « Société du Grand Paris » ; Les répartiteurs principaux de téléphonie. Chaque catégorie d'installations fait l'objet de règles d'assiette, de calcul de l'imposition et de répartition du produit selon les destinataires spécifiques.
Taxe foncière sur les propriétés bâtie (TFB)	Impôt direct perçu depuis 2011 au profit des communes, de leurs groupements et des départements. Elle est due par le propriétaire d'immeuble au 1er janvier de l'année d'imposition. La taxe est assise sur la valeur locative cadastrale de la propriété diminuée d'un abattement forfaitaire de 50 %.
Taxe foncière sur les propriétés non bâties (TFNB)	Impôt direct perçu depuis 2011 au profit des communes et de leurs groupements. Elle est due par le propriétaire du terrain au 1er janvier de l'année d'imposition. La taxe est assise sur la valeur locative cadastrale de la propriété diminuée d'un abattement forfaitaire de 20 %.
Taxe additionnelle au foncier non bâti (TaddFNB)	Impôt direct perçu depuis 2011 au profit des communes et de leurs groupements qui correspond au transfert des parts départementale et régionale du non bâti vers le secteur communal. Le taux de cette taxe est figé. Le produit de cette taxe ne peut donc évoluer qu'en fonction de l'évolution des bases.
Taxe d'habitation (TH)[116]	Impôt direct perçu depuis 2011 uniquement au profit des communes et de leurs groupements. Elle est due par l'occupant au 1er janvier de l'année d'imposition d'un immeuble affecté à l'habitation, que ce soit à titre de résidence secondaire ou de résidence principale, et quelle que soit sa qualité : propriétaire, locataire ou occupant à titre gratuit.

[116] Sont regroupées sous l'appellation de Taxes « ménages », les taxes d'habitation et les taxes foncières sur les propriétés bâties et non bâties car ce sont essentiellement les ménages qui en sont redevables, par opposition aux impôts économiques qui touchent essentiellement les entreprises.

Taxe d'habitation des logements vacants (THLV)	Impôt direct facultatif. Depuis 2007, sous réserve que la taxe annuelle sur les logements vacants (TLV) (voir ci-dessus) ne soit pas applicable sur leur territoire, les communes peuvent assujettir à la taxe d'habitation des logements vacants (THLV) depuis plus de 5 ans au 1er janvier de l'année d'imposition. A compter de 2012, ce dispositif est étendu aux établissements publics de coopération intercommunale (EPCI) à fiscalité propre lorsqu'ils remplissent certaines conditions
Taxe professionnelle	Supprimée à compter du 1er janvier 2010. Remplacée par la CET (Contribution Economique Territoriale, laquelle est composée de deux taxes, la CFE (Contribution Foncière des Entreprises) et la CVAE (Cotisation à la Valeur Ajoutée des Entreprises) auxquelles s'ajoutent les taxes votées et perçues par les chambres consulaires et une IFER (Imposition Forfaitaire sur les Entreprises de Réseaux.
Taxe spéciale d'équipement (en Ile de France)	Spécifique pour la région parisienne.
Taxe spéciale pour chemins ruraux	Montant fixé selon les mêmes critères que les chemins communaux, depuis 2015. Le produit de cette taxe est réparti à raison de l'intérêt de chaque propriété aux travaux.
Redevance communale des mines	S'applique aux entreprises minières au lieu et place de la taxe professionnelle (et donc de la CET) dont elles sont exonérées.
Redevance de raccordement	C'est une redevance assainissement pour le tout-à-l'égout dont le montant est fixé par la commune.
Taxe de balayage	Elle est prélevée sur les habitants de la commune qui sont censés nettoyer devant chez eux. Le produit total de la taxe de balayage ne peut dépasser les dépenses occasionnées à la commune par le balayage de la superficie des voies livrées à la circulation publique qui incombe aux propriétaires riverains, chacun au droit de sa façade, sur une largeur égale à celle de la moitié desdites voies, sans pouvoir, toutefois, excéder six mètres. La valeur des propriétés n'entre pas en compte dans l'établissement de la taxe, qui repose uniquement sur les nécessités de la circulation, de la salubrité et de la propreté de la voie publique.
Taxe de pavage	Taxe anecdotique, décrite dans la loi du 24 juillet 1996, dont le calcul est libre pour chaque commune ayant des rues pavées.
Taxe de trottoirs	Supprimée depuis 2015. Le Conseil d'Etat (arrêt du 31/03/2014) ayant estimé que des clients faisant la queue devant un distributeur de billets ou une boulangerie ne faisaient pas une occupation du domaine public.
Taxes particulières (selon usages locaux)	
Taxes annuelles sur les logements vacants	Elle s'applique aux logements situés dans les communes appartenant à une zone d'urbanisation continue de plus de 200 000 habitants où existe un déséquilibre marqué entre l'offre et la demande de

	logements. La liste des communes est fixée tous les ans par décret. Cette liste a été élaborée sur la base de trois indicateurs permettant d'apprécier, sur l'ensemble du parc résidentiel existant, un déséquilibre marqué entre l'offre et la demande de logements : le niveau élevé des loyers, le niveau élevé des prix d'acquisition des logements anciens ou le nombre élevé de demandes de logement par rapport au nombre d'emménagements annuels dans le parc locatif social.

IMPOTS INDIRECTS

Impôts sur les spectacles	Ne concerne plus que certaines manifestations sportives, les cercles et maisons de jeux ainsi que les appareils automatiques installés dans les lieux publics. Le tarif est national mais les communes peuvent exonérer certaines manifestations et majorer le tarif sur les appareils automatiques.
Taxe sur les bowlings	
Licence des débitants de boissons	La fameuse « licence IV » : elle constitue une taxe pour le moins originale, puisqu'elle fut d'abord un droit additionnel à un droit d'Etat avant d'être ensuite perçue seule, puis servit de base, depuis 1992, à une taxe additionnelle perçue au profit du Trésor. Elle est perçue obligatoirement sur les commerçants débitants d'alcool pourvus d'une licence.
Taxe sur l'électricité	Taxe facultative, mais appliquée par environ 36 000 communes. Elle représente le premier impôt indirect des communes. L'assiette de la taxe correspond à un pourcentage du prix hors taxes de l'électricité facturée. Les industriels sont généralement exonérés. Les dépenses effectuées pour l'éclairage de la voirie nationale, départementale et communale ne sont pas assujetties à la taxe.
Taxe de séjour	Instituée en 1910 pour faire participer les touristes aux charges d'équipements destinés à favoriser la fréquentation de la commune, elle constitue, depuis la valorisation des tarifs de 1982, une recette appréciable pour les communes qui l'ont instituée. Elle est perçue par l'intermédiaire des logeurs, hôteliers, et propriétaires de locaux et emplacements mis à la disposition des touristes ou visiteurs, et reversée par eux à la commune.
Prélèvement sur le produit des jeux de casino	
Taxe additionnelle à la taxe de publicité foncière	Est payée par l'acquéreur des mutations à titre onéreux d'immeubles, fonds de commerce, etc., s'ajoute aux droits principaux. Le taux communal est uniformément fixé à 1,20 % de la valeur du bien (sauf pour les cessions de commerce où le taux est de 1 %). C'est l'un des impôts les plus productifs, mais sensible à la conjoncture.
Taxes sur la publicité	Elles sont au nombre de trois : la taxe sur les affiches, la taxe sur les emplacements publicitaires fixes

	(concessions) et la taxe sur les véhicules publicitaires. De par leur complexité de mise en œuvre, elles sont très peu usitées.
Taxe de protection sanitaire et d'organisation des marchés de la viande	
Surtaxe sur les eaux minérales	Elle ne repose sur aucun fondement autre qu'historique. A l'origine, vers 1939, elle a été instituée pour pallier le manque de revenus depuis la mise en bouteille des eaux thermales puisqu'il y avait une moindre fréquentation des stations. De nos jours, elle concerne toute commune ayant une source, même si l'embouteillage se fait ailleurs et qu'il n'y a pas d'établissement thermal sur le territoire de la commune. Cette taxe est perçue sur le volume d'eau extrait et due par les entreprises exploitant les sources.
Droit de port	

RESSOURCES LIEES A L'URBANISME ET AUX TRANSPORTS

Taxe locale d'équipement (TLE)	Crée en 1967, elle constitue une imposition forfaitaire et générale sur les constructions (nouvelles ou agrandissements). Elle s'applique de plein droit sur les communes de plus de 10 000 habitants ou sur décision du conseil municipal. Elle s'applique sur tous les bâtiments sauf ceux destinés à des services publics, des services d'utilité générale, des activités caritatives. Les communes peuvent renoncer à la percevoir pour les HLM, les garages et les bâtiments agricoles.
Participation pour dépassement du COS	Il s'agit d'indemnités versées par les constructeurs à la commune qui les autorise à dépasser les normes d'urbanisation fixées par la loi et éventuellement modulées par la commune.
Versement pour dépassement du Plafond Légal de Densité	Idem que la précédente, elle est perçue quand le constructeur dépasse le COS et la limite imposée par le PLD.
Taxe départementale des espaces naturels sensibles	
Taxe pour le financement des Conseils d'Architecture, d'urbanisme et de l'environnement	
Versements pour transports en commun	Concerne les communes de plus de 20 000 habitants et groupements de communes compétents pour les transports urbains. Sont assujetties les entreprises (quel que soit leur stat) qui emploient plus de neuf salariés dont le lieu de la masse salariale est situé sur la commune.

RECETTES DOMANIALES

Redevance pour occupation du domaine public : . Stationnement des véhicules . Entreprises concédées . Distributeurs de carburant . Droit de place dans les halles, foires et marchés	La participation en vue de la réalisation de parc public de stationnement s'applique à tout constructeur qui se trouve dans l'impossibilité technique de respecter les dispositions prévues au POS en matière de stationnement : nature du sous-sol, exiguïté du terrain, pente excessive, nécessité de respecter un espace planté.
Taxe sur les pylônes des lignes électriques à haute tension	Depuis 1980, les communes perçoivent une taxe forfaitaire sur les pylônes électriques à très haute tension (supérieure à 20 000 volts). Elle est payée par EDF.
Concession d'emplacements publicitaires	(voir Taxes sur la publicité).
Péages	Montants variables
Taxe ou Redevance d'enlèvement d'ordures ménagères (TEOM ou REOM)	Impôt direct facultatif, additionnel à la taxe foncière sur les propriétés bâties. Elle est due par tout propriétaire d'une propriété imposable à la taxe foncière sur les propriétés bâties dans une zone où les déchets sont collectés. La TEOM est établie au nom des propriétaires ou usufruitiers. Elle est dépourvue de tout lien avec la qualité d'occupant du local mais peut être répercutée par les propriétaires sur leurs locataires. Adossée à l'impôt sur le foncier bâti, la TEOM n'a pas de lien direct avec le coût réel du service ou le service rendu à l'usager. A partir de 2014, certaines collectivités ont mis en œuvre une part incitative à la TEOM. Ella pour but d'encourager la réduction et le tri des déchets des ménages en permettant de compléter l'assiette de la TEOM par une partie calculée en fonction du volume, du poids, du nombre d'enlèvements ou, le cas échéant, à titre transitoire pendant cinq ans, du nombre de personnes composant le foyer.
Redevance d'assainissement	Comprend une part fixe (pour couvrir tout ou partie des charges fixes du service d'assainissement) et une part variable (fonction du volume d'eau prélevé par l'usager sur le réseau public de distribution d'eau potable).
Taxe d'usage des abattoirs publics	Remplacée depuis 2010 par la redevance d'usage des abattoirs publics. A ne pas confondre avec la taxe d'abattage due par l'exploitant d'un abattoir agréé.
Redevance de télévision par câble	
Redevances perçues dans les cimetières	Les convois, les inhumations et les crémations peuvent donner lieu à perception de taxes dont les tarifs sont votés par le conseil municipal.
Taxe sur les remontées mécaniques	Elle a le caractère d'une taxe sur le chiffre d'affaires. Elle est payée par les entreprises exploitantes et est dans le prix du billet.
Redevance d'accès aux pistes de ski nordique (ou de ski de fond)	Ce produit est affecté : à l'entretien et l'extension des pistes, aux opérations tendant à assurer le développement et la promotion du ski de fond et des loisirs de neige non motorisés pratiqués sur le site nordique.

Produits forestiers	
Droits de timbre sur les permis de chasser	Cette taxe forfaitaire, dont le montant est fixé par décret, est perçue par les communes depuis l'institution du permis de chasser, en 1974. Elle est payée par les chasseurs. Son produit, faible, bénéficie surtout aux communes inférieures à 10 000 habitants.
Souscriptions volontaires	

Ces définitions sont données à partir du « Guide statistique de la fiscalité directe locale 2015 », publié par le Ministère de l'Aménagement du Territoire, de la Ruralité et des Collectivités territoriales et le Ministère de l'Intérieur[117], de l'ouvrage de René Dosière « La commune et ses finances »[118] et complétées par l'auteur.

« L'Europe sera harmonisation ou ne sera pas ! », disait un jour Jacques Delors, alors Président de la Commission Européenne. S'il est un niveau où l'harmonisation n'est pas inscrite à l'ordre du jour, c'est celui des communes. Dans une étude, le Conseil de l'Europe constatait que la fiscalité communale varie énormément d'un pays à l'autre. A l'époque, sur les 22 pays (dont 12 de la CEE) composant le Conseil de l'Europe, les communes des Pays-Bas se trouvaient en dernière position avec 5% des recettes ordinaires qui provenaient des impôts locaux. Dans les premières places se trouvaient les communes du Luxembourg avec plus de 50% des ressources provenant des recettes locales. La France, pour sa part, se singularisant avec sa multitude de communes (36.538 soit 69 fois plus que la Grande Bretagne et près de 5 fois plus qu'en RFA) mais aussi par la répartition de l'assiette des impôts locaux qui ne tient que faiblement compte des revenus des contribuables, entreprises ou particuliers. Si l'avenir est à l'harmonisation, verra-t-on un jour ce système archaïque remplacé par quelque chose de plus souple et de moins compliqué ?

Il est vrai que la simplification des quatre vieilles n'est pas évidente, car, au fil des ans, de multiples « aménagements techniques » ou « directives ministérielles » ont précisé des points flous à l'origine. Cette complexité et cette obsolescence ont conduit à avoir un personnel qualifié pléthorique et des programmes informatiques de plus en plus sophistiqués. Même si harmonisation ne veut pas dire uniformisation, les pays européens poussent, de

[117] Edité par la Direction générale des Collectivités locales, en décembre 2016.
[118] Editions Locales de France, 1995.

plus en plus, leur réflexion de simplification à partir du modèle allemand : le Gewerbesteuer, l'équivalent de la taxe professionnelle outre-rhin, qui, selon les spécialistes, semble mieux répartie et plus adaptée aux capacités contributives de l'entreprise.

LE GEWERBESTEUER, MODELE ALLEMAND DE TAXE PROFESSIONNELLE

Le Gewerbesteuer, en Allemagne, est une Taxe sur les entreprises (ou plus communément Taxe Professionnelle). Elle constitue la principale source de revenus des communes allemande. Créée en 1936, elle a été réformée en 2008.

Calcul du Gewerbesteuer :

Bénéfice d'exploitation
+ Suppléments
− Déductions

= Bénéfice d'exploitation avant réduction pour pertes
− Pertes des exercices précédents

= Bénéfice d'exploitation
− Franchise de 24.500 € (Pour sociétés de personnes ou auto-entrepreneurs)

= Bénéfice d'exploitation × facteur (depuis 2008 : 3,5%)

= Base d'imposition × taux de la commune

= impôt à payer

En attendant Godot..., ou l'Arlésienne..., trois des quatre vieilles sont encore en vigueur et l'octroi de mer pose toujours problème. Quand on analyse les budgets communaux, on constate que les différents agrégats sont déséquilibrés au profit de l'octroi de mer.

Il a été question des IE (impôts économiques), il n'est pas inintéressant d'en analyser leur évolution pour les cinq départements entre 2014 et 2015 :

Impositions forfaitaires sur les entreprises de réseaux des régions en 2014 et 2015

	Montants (en millions d'€)						Evolution (en %)		
	2014			2015					
	IFER MR (1)	IFER RP (2)	Total IFER	IFER MR (1)	IFER RP (2)	Total IFER	IFER MR (1)	IFER RP (2)	Total IFER
France métropolitaine	256,4	388,3	644,7	257,1	289,4	646,6	0,3%	0,3%	0,3%
Guadeloupe	0,0	2,6	2,6	0,0	2,6	2,6		0,3%	0,3%
Guyane	0,0	0,9	0,9	0,0	0,9	0,9		0,3%	0,3%
Martinique	0,0	2,6	2,6	0,0	2,6	2,6		0,3%	0,3%
Mayotte	0,0	0,3	0,3	0,0	0,3	0,3		0,3%	0,3%
Réunion	0,0	3,6	3,6	0,0	3,6	3,6		0,3%	0,3%
Régions d' outre-mer	0,0	10,0	10,0	0,0	10,0	10,0		0,3%	0,3%

	Montants (en millions d'€)						Evolution (en %)		
	2014			2015					
	IFER MR (1)	IFER RP (2)	Total IFER	IFER MR (1)	IFER RP (2)	Total IFER	IFER MR (1)	IFER RP (2)	Total IFER
France métropolitaine	4,0	6,0	10,0	4,0	6,0	10,0	-0,2%	-0,2%	-0,2%
Guadeloupe	0,0	6,3	6,3	0,0	6,3	6,3		0,6%	0,6%
Guyane	0,0	3,7	3,7	0,0	3,6	3,6		-0,6%	-0,6%
Martinique	0,0	6,6	6,6	0,0	6,7	6,7		1,3%	1,3%
Mayotte	0,0	1,5	1,5	0,0	1,5	1,5		0,3%	0,3%
Réunion	0,0	4,2	4,2	0,0	4,2	4,2		-0,4%	-0,4%
Régions d' outre-mer	0,0	4,7	4,7	0,0	4,7	4,7		0,2%	0,2%

(1) IFER sur le matériel roulant ferroviaire ; (2) IFER sur les répartiteurs principaux. Source : DGFiP, REI ; calc

ENSEMBLE DES IMPOTS ECONOMIQUES DES REGIONS : IFER ET CVAE EN 2014 ET 2015

MONTANT PAR HABITANT

	Montants (en millions d'€)						Evolution (en %)		
	2014			2015					
	IFER	CVAE	Total	IFER	CVAE	Total	IFER	CVAE	Total
France métropolitaine	644,7	3 933,6	4 578,3	646,6	4 108,1	4 754,6	0,3%	4,4%	3,9%
Guadeloupe	2,6	9,8	12,4	2,6	10,4	13,0	0,3%	6,1%	4,9%
Guyane	0,9	4,5	5,4	0,9	4,6	5,5	0,3%	1,4%	1,3%
Martinique	2,6	10,0	12,6	2,6	10,7	13,3	0,3%	6,7%	5,4%
Mayotte	0,3	0,2	0,5	0,3	0,9	1,2	30,0%	453,0%	154,6%
Réunion	3,6	21,3	24,8	3,6	22,3	25,9	0,3%	4,8%	4,2%
Régions d' outre-mer	10,0	45,8	55,7	10,0	48,9	58,9	0,3%	6,8%	5,6%

Source : DGFiP, REI ; calculs DGCL

MONTANTS GLOBAUX

	Montants (en €/hab)						Evolution (en %)		
	2014			2015					
	IFER	CVAE	Total	IFER	CVAE	Total	IFER	CVAE	Total
France métropolitaine	10,0	61,0	71,0	10,0	63,4	73,4	-0,2%	3,9%	3,3%
Guadeloupe	3,3	23,9	30,1	6,3	25,4	31,7	0,6%	6,4%	5,2%
Guyane	3,7	18,8	22,5	3,6	18,9	22,6	-0,6%	0,6%	0,4%
Martinique	6,6	25,1	31,7	6,7	27,1	33,7	1,3%	7,8%	6,4%
Mayotte	1,5	0,8	2,2	1,5	4,2	5,4	0,3%	453,0%	154,6%
Réunion	4,2	25,4	29,6	4,2	26,4	30,7	-0,4%	4,1%	3,4%
Régions d' outre-mer	4,7	21,7	26,5	4,7	23,2	27,9	0,2%	6,6%	5,5%

3.1.4.2. LE FONDS DE COMPENSATION DE LA TVA (FCTVA)

Le code général des impôts et le code général des collectivités locales[120] sont applicables à toutes les communes. Cependant, celles d'outre-mer

[120] On retrouve dans le Code général des collectivités territoriales (CGCT) toutes les dispositions législatives et réglementaires relatives au droit des collectivités territoriales. Si la partie législative a été promulguée en 19961, c'est en l'an 2000 que la partie réglementaire en 2000 le fut. Il a été adopté à droit constant à sa promulgation, c'est-à-dire sans nouvelle règle de droit par rapport aux textes en vigueur.

bénéficient d'une dérogation exorbitante du droit commun. En effet, en vertu de l'article 299-2 du traité de l'Union Européenne, des mesures spécifiques, notamment en matière fiscale, peuvent être arrêtées pour ces départements en raison de leur situation économique et sociale, avec l'accord du Conseil de l'Union Européenne statuant à la majorité qualifiée sur proposition de la Commission Européenne.

C'est ainsi qu'au terme de l'article 294 du code général des impôts, certains aménagements ont été possibles. Il en est de la non-application « provisoire » de la TVA en Guyane[121]. Les taux qui y sont appliqués sont de 8,5 % et 2,1 %. Cependant, les collectivités peuvent récupérer la TVA sur leurs investissements au même taux qu'en métropole (fixé à 15, 482 % selon l'article L 1615-6 du CGCT[122].

Il y a toujours eu de grands débats sur ce FCTVA. Pour l'Etat, il s'agit d'une subvention d'investissement. Pour les collectivités locales, il s'agit d'un simple mécanisme de récupération. La polémique perdure puisque les collectivités de la France métropolitaine ne récupèrent pas l'intégralité de leurs versements. Par contre, celles des DROM-COM en sont bénéficiaires au même titre que celles dites « continentales », sauf la Guyane et Mayotte, on l'a signalé, qui sont exonérés de TVA, et dans ce cas, la qualification de subvention peut donc être intégralement retenue. La cour des comptes a dénoncé ce mécanisme de cette « compensation » qui n'en est pas une. Elle estime qu'il serait plus conforme à la réalité des opérations financières de ne compenser que la TVA réellement versée et d'associer un dispositif complémentaire de subventionnement des investissements effectifs, prenant en compte des spécificités locales qui ne peuvent être contestées (croissance démographique, éloignement géographique, influence climatique sur la détérioration des constructions, fiscalité spécifique...). Dans son rapport, la Cour des comptes conclut que « un tel dispositif clarifierait la situation, répondrait aux revendications des élus et éviterait toute interprétation erronée. » Plus récemment, le FCTVA a été utilisé suite aux intempéries qui ont ravagé les Antilles avec les cyclones José, Irma et Maria[123].

---

121 Voir le chapitre 1.2.2 Analyse comparative des DROM-COM.

122 Code Général des Collectivités Territoriales.

123 Le décret n° 2017-1759 du 26 décembre 2017 « fixant la liste des intempéries exceptionnelles ouvrant droit aux attributions du fonds de compensation pour la TVA l'année de la dépense » a eu pour objet de permettre aux collectivités de la Guadeloupe, de la Martinique et de Saint-Martin de percevoir le FCTVA l'année même de la dépense pour celles engagées afin de réparer les dégâts causés par les intempéries exceptionnelles alors qu'il ne peut être attribué que deux ans (ou un an si le bénéficiaire du fonds bénéficie du mécanisme de versement anticipé du FCTVA) après que la dépense ait été réalisée. Ce délai peut être réduit à titre dérogatoire lorsque les dépenses sont engagées afin de réparer les dégâts causés par des intempéries exceptionnelles. Dans ce cas, le FCTVA peut être versé l'année même de la dépense. Entre le 18 et le 19 septembre 2017, les collectivités de Guadeloupe, de Martinique et de Saint-Martin ont été affectées par de telles intempéries. La collectivité de

MONTANT DE FCTVA VERSE

	2008	2009
Guadeloupe	16 600 698	26 559 116
Guyane	5 490 550	9 452 684
Martinique	12 467 275	21 784 986
Réunion	37 050 085	66 653 769
Total	71 608 608	124 450 555

Convertis-en € Source : Direction générale des finances publiques

La Cour des comptes recommande : « Concernant l'octroi de mer :

1. Concevoir un outil d'analyse de l'effet économique produit par le dispositif mis en place par chaque région permettant de mesurer les performances réalisées et d'apprécier l'efficacité de la stratégie de développement économique suivie par chacune d'elles ;
2. Consacrer une part plus importante du produit de l'octroi de mer au développement des communes et des établissements publics de coopération intercommunale à fiscalité propre des DOM, et donc à l'investissement, par un abondement supplémentaire au FRDE[124] ;

Concernant la fiscalité directe

3. Améliorer significativement l'identification de la base taxable dans les DOM en dotant les services fiscaux de moyens et de méthodes adaptés à cet objectif ;
4. Mettre en place ou actualiser le cadastre dans les zones où il est inexistant ou lacunaire ;
5. Remédier aux défaillances constatées dans la gestion des bases cadastrales (absence d'actualisation des locaux de référence, absence d'actualisation des listes de contribuables, pratique des valeurs locatives d'attente) ;
6. Mieux identifier le partage des compétences entre l'Etat et les collectivités locales ;

Concernant le fonds de compensation de la TVA

Saint-Barthélemy, également touchée, n'est plus éligible au bénéfice du FCTVA depuis le 1er janvier 2016, en application de la loi n° 2015-1785 du 29 décembre 2015 de finances pour 2016. Le présent décret précise la liste des événements ayant présenté le caractère d'intempéries exceptionnelles en Guadeloupe, en Martinique et à Saint-Martin les 18 et 19 septembre 2017 : Inondations par choc mécanique des vagues, inondations et coulées de boues, vents cycloniques.

[124] Dans un rapport en date du 14 juin 2004, le Sénat constatera que « Force a été de constater, que le FRDE n'a que très imparfaitement rempli son rôle, en raison à la fois d'un cadre législatif trop étroit et de la faible taille des communes, qui les a empêchées de soumettre des projets éligibles. »

7. Abonder la dotation globale d'équipement (DGE) des communes des DOM d'un montant correspondant à la part de la compensation excédent le strict remboursement de la TVA ;

8. Verser cette subvention en fonction des investissements réalisés, selon des critères prenant en compte des spécificités locales. »

3.1.4.3. EVOLUTION DE LA PART D'OCTROI DE MER DANS LES BUDGETS DE FONCTIONNEMENT

Les ressources des communes métropolitaines et domiennes sont comparables, bien que le revenu par habitant de ces dernières y soit équivalent à 36% de la moyenne nationale. Le revenu par foyer, du fait de la forte natalité des îles est équivalent à 70% de la moyenne nationale. L'octroi de mer qui n'existe pas en métropole rend cependant la comparaison possible. Il est patent que la répartition de l'octroi de mer étant basée essentiellement sur la population des communes, les plus petites municipalités en touchent moins mais ces petites sommes sont proportionnellement plus importantes que dans les grandes agglomérations. En 1985, en Guadeloupe, la part d'octroi de mer dans les budgets de fonctionnement des petites communes (exemple : Terre de Bas) atteignait 68% alors que celle des grosses mairies (comme Basse-Terre et Pointe à Pitre) représentait respectivement 16 et 21%.

Rares sont ceux qui remettent en cause la fonction financière de l'octroi de mer. En effet, ce sont surtout les petites communes qui en profitent puisqu'elles percevaient, en 1990, à la Réunion 1 299 F par habitant au titre de l'octroi de mer (soit 49,3 % des produits de fonctionnement contre 7,6 % pour la fiscalité directe locale), 1 143 F en Guadeloupe et 1 344 F à la Martinique. Pour cette dernière, la fiscalité directe locale par habitant est de 327,14F (quatre fois moins !). La faiblesse apparente de ces moyennes ne doit pas tromper. S'il est vrai que bon nombre de maires sont peu enclins à revoir à la hausse les taux communaux des impôts directs locaux, il y a des exceptions qui pourraient figurer dans le livre des records. Les habitants de Morne à l'Eau en Guadeloupe ou de Macouba en Martinique ont payé pour le savoir !

Doit-on poser la problématique de la faiblesse des ressources indépendamment de celle de l'hypertrophie de leurs charges ?

Pour certains, il faut analyser avant tout le retard de développement des DROM-COM et l'apport économique de « l'entreprise communale ». Pour les travaux qu'elle entreprend, elle sollicite des prêts aux organismes bancaires locaux. Elle achète des matériaux de construction ou autres fournitures chez des négociants locaux. Mais surtout, c'est sa fonction sociale qui est mise en avant par les élus, bien sûr, mais aussi par les statisticiens. Dans des régions ou, en moyenne, 50 % de la population a moins de 20 ans et près de 30% des actifs n'ont pas de travail, les communes des DROM-COM, par les crèches, écoles, centres culturels et autres qu'ils créent, œuvrent pour occuper et attirer les plus jeunes (électeurs potentiels) vers les structures municipales. En ce domaine, les besoins sont donc sans cesse croissants. Nombreux sont les édiles qui se sont laissés emporter par des préoccupations électoralistes et qui se sont retrouvés... sous le contrôle de la Cour Régionale des Comptes.

RECETTES DES COMMUNES COMPTABILISEES DE 1983 à 1988

* GUADELOUPE

	1983	1984	1985	1986	1987
Fonctionnement dont:	822,9	921,7	1.071,7	1.127,1	
- Impôts locaux	77,1	95,5	134,5	178,4	
- D G F	245,9	282	345,6	326	
- Octroi de mer	328,2	341	376,7	387	
- Subvent°, particip°					

* REUNION

	1983	1984	1985	1986	1987
Fonctionnement dont:	2.324	2.381	2.602	3.263	
- Impôts locaux	235,2	338,8	388,3	445,5	464
- D G F	355,2	373,7	446	510,8	516
- Octroi de mer	474,8	551,2	581,1	587,5	679
- Subvent□, partic□	193,7	227,7	232,5	274,6	251

Source : INSEE pour Guadeloupe et Réunion En francs

Georges Boucard, Directeur de cabinet de la Ville des Abymes (Guadeloupe), Attaché Parlementaire du Député Eric Jalton, déclarait en 2015[125] : « Concernant les apports pour le budget de la ville des Abymes, l'octroi de mer intervient dans trois domaines différents : tout d'abord, une dotation principale de 24 millions d'euros qui représente 29% de notre

[125] A lire sur le site officiel de la Douane : http://www.douane.gouv.fr/Portals/0/fichiers/information/publication-douane/connaitre-douane/cahiers-administration-douane-guadeloupe.pdf

budget. Pour les autres communes du territoire, cette part oscille entre 30 et 40%. Une deuxième part, versée en fin d'année, qui dépend de l'activité économique, est destinée au développement économique et représentait jusqu'en 2014 entre 1,5 million et 1,7 million d'euros. En raison notamment de la crise, cette somme ne représentera cette année que 850 000 euros et nos prévisions sont encore plus basses pour 2016. Le Fonds régional de développement économique représente une aide importante pour nos programmes d'investissements. La dernière part est une subvention de fonctionnement versée en fin d'exercice par la Région qui correspond à 4% de l'octroi de mer. »

Pour sa part, Alain Grunewald, DGS de la ville de Sainte Rose, indiquait[126] que sur le budget total de la Ville de Ste Rose pour 2016, les recettes totales sont de 26,5 Millions d'euros dont 14, 8 M€ d'impôts et taxes qui se décomposent ainsi :

- Foncier et habitat 4,2 M€
- Octroi de mer 8,2 M€
- Taxe sur les carburants 1,1 M€
- Dotations de l'Etat 7,7 M€ (DGF, DSU, DNP, fonds de compensation…).

LES MAJORATIONS SALARIALES PROPRES A L'OUTRE-MER

Un complément de rémunération a été institué au bénéfice des fonctionnaires civils de l'Etat en fonctions dans les départements d'outre-mer, par la loi du 3 avril 1950. Après divers aménagements, il consiste en une majoration du traitement brut de 40 % pour les agents résidant dans les départements des Antilles et de la Guyane et de 53 % à la Réunion.

Ce régime a été étendu aux agents titulaires de la fonction publique territoriale. Cependant, certaines collectivités des départements d'Outre-mer ont appliqué ce complément de rémunération également aux agents contractuels en l'absence de toute obligation légale.

Selon les évaluations des chambres régionales des comptes des Antilles et de la Guyane, l'impact de ces majorations sur la masse salariale globale est de 20 % dans les communes, telle Cayenne, qui l'appliquent à l'ensemble des personnels, titulaire et non titulaire. Elle se situe à 15,8 % de la masse salariale à Schoelcher (Martinique) qui ne sert pas cette majoration dite de vie chère aux agents non titulaires (16 %) ainsi qu'aux emplois aidés (16 %).

Pour celles de la Réunion, le faible nombre des agents titulaires (18 %) crée une situation plus favorable mais porteuse de risques financiers.

126 Lors d'une interview qu'il nous a accordée le 9 mars 2017, en l'hôtel de ville de Sainte-Rose, en Guadeloupe. Pour info, la ville de Sainte Rose a une population de 19 587 habitants, une superficie de 119 Km², soit une densité de 165 hab/Km².

Il précisait par ailleurs : « Pour la fiscalité indirecte, c'est 538 K€. C'est insuffisant. Ce sont les recettes venant de la cantine, de l'occupation du domaine public, des taxes diverses (EDF et France télécom pour le sous-sol...). Pour une commune "normale", en France métropolitaine, elles représentent 10 à 15% (on est ici, en Guadeloupe, à environ 5%). Pour Ste Rose, tous les taux et taxes ont été réévalués en fin 2016. La dernière révision datait de 2004. Le ratio de Ste rose représente un déficit de 100 € par habitant (comparé à une commune de 23 000 habitants). Il est regrettable que les produits du domaine soient considérés comme subsidiaires. La base fiscale n'est pas à jour. Par exemple, en Lorraine, pour la même population, il y a trois fois plus de taxes perçues. Dans la mentalité des gestionnaires municipaux guadeloupéens, les produits des domaines sont considérés comme subsidiaires. »

On comprend que les gestionnaires municipaux des DROM-COM, tous partis politiques et toutes tailles de population confondus, ne rechignent pas devant près de 45% des recettes en moyenne. Les maires sont même prêts à trouver des « techniques administratives internes » pour pérenniser l'octroi de mer et en avoir toujours plus.

La Cour des comptes a d'ailleurs « épinglé » les 40%[127] en juillet 2011.

3.1.4.4. REPARTITION DE L'OCTROI DE MER ENTRE LES COMMUNES

Comme cela a été stipulé plus haut, les modes de répartition de l'octroi de mer varient d'un DOM à l'autre. Il faut rappeler que la répartition se fait sur la collecte nette. C'est à dire le montant total collecté auquel est déduit les différents prélèvements pour frais d'assiette, pour les services des douanes, pour les douaniers, ou même pour le T.P.G.

Pour la Martinique :

La répartition se faisait, en vertu de la délibération du Conseil régional en date du 29 novembre 1993, au prorata de la population, selon le procédé suivant :

- 90 % au prorata de la population (selon le dernier recensement INSEE) ;
- 5 % à part égale entre toutes les communes ;

[127] Dans son rapport public thématique intitulé « La situation financière des communes des départements d'outre-mer », Chapitre 3, « Des politiques communales difficilement soutenables », page 57.

- 5 % réparti en fonction du potentiel fiscal entre les communes « pauvres », définies comme celles ayant un produit fiscal par habitant inférieur au potentiel fiscal moyen régional de l'exercice précédent.

Aux dires mêmes des responsables de l'hôtel de la CTM, à Cluny, « l'esprit qui avait animé l'adoption de ce mode de répartition était le suivant : les communes à forte population devaient bénéficier de financements plus importants (95%). Mais il fallait néanmoins définir un seuil (5% à part égale), et enfin les communes "pauvres", ou petites communes devaient être aidées supplémentairement (5%). »

Entre 1984 et 1987, le mode de répartition a permis l'apparition d'une anomalie qu'il convenait de corriger : « 7 communes dont le produit fiscal par habitant était demeuré inférieur à 100 F ont pu accroître leurs recettes dans des proportions supérieures à la moyenne, au détriment de celles dont les populations avaient consenti un effort fiscal important. En quelque sorte, ce mode de répartition a permis l'apparition d'une certaine paresse fiscale. Ceci peut s'expliquer par le non ajustement du seuil de définition des communes pauvres, (dont le produit fiscal par habitant était inférieur à 100 F)[128]. »

Cette méthode de répartition de l'octroi de mer entre les communes de la Martinique ne résolvait pas les incohérences du régime. On lui reprochait justement d'être ponctuelle car il fallait que la Commission des Affaires Economiques et Finances révise régulièrement les seuils de potentiel fiscal. De plus cette clé de répartition favorisait encore la paresse fiscale. Les grosses municipalités s'inquiétaient de cet encouragement au laxisme. Témoin cette correspondance du Maire de Fort de France au Président du Conseil régional de la Martinique en date du 13 juillet 1989 sur ce sujet. Les arguments étaient les suivants : La notion de potentiel fiscal se vide d'une bonne partie de son sens parce que non ramenée au nombre d'habitants de

---

[128] C'est ainsi que la répartition datant de 1973 avait été modifiée par le Conseil régional de la Martinique, par sa délibération du 30 mai 1989, se prononçant ainsi pour une autre répartition.
- 90 % entre toutes les communes au prorata de leur population ;
- 5 % entre toutes les communes à part égale ;
- 2,5 % pour les communes dont le potentiel fiscal global est inférieur ou égal à 1.000.000 F, au prorata de leur population ;
- 1,5 % pour les communes dont le potentiel fiscal global est compris entre 1.000.000 F et 2.000.000 F, au prorata de leur population ;
- 1 % pour les communes dont le potentiel fiscal global est compris entre 2.000.000 F et 2.500.000 F, au prorata de leur population.

Les élus régionaux martiniquais reconnaissaient alors que cette répartition diffère de la précédente sur deux points :
1) la définition du critère discriminant des communes pauvres ou petites communes n'est plus le produit fiscal par habitant, mais le potentiel fiscal global qui mesure la richesse globale de la commune et qui ne dépend pas de la politique fiscale de la municipalité ;
2) Les 5% avaient été répartis en 3 tranches (2,5, 1,5 et 1%). Ainsi une progressivité a été introduite pour favoriser les communes dont la richesse potentielle est la plus faible.

chaque commune. Les comparaisons doivent être relativisées en se référant aux strates de la population. Il n'est pas tenu compte de l'effort fiscal des communes (rapport du produit des impôts locaux domestiques sur le potentiel fiscal ramenés tous deux au nombre d'habitants).

Le Maire de Fort de France concluait ainsi : « Pourtant la volonté affirmée par le Conseil régional est bien de ne pas encourager les communes à la paresse fiscale et de favoriser par conséquent l'optimisation de l'une des seules ressources véritablement maitrisables par les collectivités locales. Dans cet esprit, l'objectif à atteindre entre autres choses serait de permettre en priorité aux communes responsables fiscalement d'autofinancer au maximum leurs opérations d'investissement grâce à un meilleur rendement de leurs impôts locaux et en leur octroyant de ce fait une sorte de prime d'octroi de mer. Par ailleurs, s'inspirant des clés de répartition de la Dotation Globale de Fonctionnement certaines fractions de l'octroi de mer pourraient être fonction à la fois du potentiel fiscal par habitant de l'effort fiscal et tenir compte des situations particulières telles les villes-centres d'agglomération qui supportent des charges autrement plus lourdes que les communes voisines (traitement des ordures ménagères- circulation et stationnement-entretien de la voirie etc.). »

En outre, il semblerait que cette mesure n'ait pas été prise en concertation avec les autres Conseils régionaux des DOM. Alors qu'en janvier de la même année, il y avait un « front du refus » contre le POSEIDOM, et que les Présidents des Conseils régionaux des DFA juraient qu'ils travailleraient en étroite collaboration pour sauvegarder l'octroi de mer, on pourrait être surpris de constater que seule la Martinique a adressé au gouvernement de la République Française un projet de décret pour la validité de cette répartition.

Serait-il vrai le vieux proverbe qui dit : « en mai fait ce qu'il te plait » ? Plus d'un an après la délibération du Conseil régional, le décret n'était toujours pas promulgué !

Pour Mayotte :

Conformément à la délibération n° 2016-00062 relative à la modification des annexes 1, 2 et 3 de la délibération n° 2016-00038 portant sur l'octroi de mer applicable dans le Département de Mayotte, la répartition se présente un peu comme l'ancienne répartition utilisée en Guyane :

- 65 % pour les communes au prorata de la population ;
- 35 % au profit du Conseil général de Mayotte pour des actions de développement. Cette somme est plafonnée à 24 588 075 euros (montant atteint en fin d'exercice 2014).

Pour certains élus, et notamment le député Ibrahim Aboubacar, « cet amendement n'exclut pas la nécessité d'ajuster définitivement les dispositions de l'ordonnance du 19 septembre 2013 au vu notamment des conclusions du rapport de la cour des comptes sur la "départementalisation de Mayotte" et d'un bilan de la mise en place de la fiscalité locale dans ce département[129] ».

Pour la Guadeloupe :

Le principe de l'ancienne répartition était 100 % au prorata de la population. Il y avait cependant deux particularités :

- Toutes les communes étaient comptabilisées avec une population d'au moins 3 000 personnes (une commune qui avait 1 125 habitants était comptabilisée pour 3 000) ;
- Il y avait une majoration pour les communes insulaires des dépendances, sauf pour Marie-Galante. Ceci permettait de compenser les charges des usines de dessalement d'eau qui s'y trouvent :

	Population réelle	Population fictive
Désirade	1 602	4 220
Les Saintes	2 903	4 616
Saint Barthélémy	3 059	6 344
Saint Martin	23 759	34 757

(Sur la base du recensement de 1982)

Cette majoration ne saurait excéder 3% du montant total de l'octroi de mer. La modification du régime a donné ceci :

- 96 % en fonction de la population ;
- 4 % après délibération du Conseil régional (liée notamment aux critères d'insularité).

Le Conseil régional a été amené ainsi à se prononcer chaque année sur cette somme résiduelle de 4%.

[129] Publié sur www.mayottehebdo.com le 4/12/15.

Répartition d'octroi de mer entre les communes de Guadeloupe

	10 octobre 2006	21 mai 2007	Janvier 2017
Les Abymes	150 000	100 000	500 000
Anse-Bertrand	300 000	100 000	300 000
Baie-Mahault	200 000	100 000	500 000
Baillif	100 000	100 000	300 000
Basse-Terre		200.000	500 000
Bouillante	100 000	100 000	360 000
Capesterre de M-Gte	150 000	75.000	300 000
Capesterre Belle-Eau	150 000	100 000	300 000
Deshaies	75 000	50.000	260 000
La Désirade	70 000	50.000	300 000
Le Gosier	150 000	100 000	500 000
Gourbeyre	100 000	100 000	300 000
Goyave	100 000	100 000	300 000
Grand-Bourg	275 000	100 000	300 000
Lamentin	250 000	100 000	300 000
Morne-à-l'eau	500 000	150.000	300 000
Moule	200 000	100 000	400 000
Petit-Bourg	150 000	100 000	500 000
Petit-Canal	150 000	100 000	200 000
Pointe-à-Pitre	450 000	200.000	500 000
Pointe-Noire	150 000	100 000	260 000
Port-Louis	200 000	100 000	360 000
Saint Barthélémy	100 000	50.000	Non concerné
Saint-Claude	100 000	100 000	200 000
Saint-François	200 000	100 000	270 000
Saint-Louis	100 000	67.303	300 000
Saint Martin	100 000	100 000	Non concerné
Sainte-Anne	100 000	100 000	400 000
Sainte-Rose	200 000	100 000	350 000
Terre-de-Bas	79 826	75.000	300 000
Terre-de-Haut	70 000	50.000	320 000
Trois-Rivières	300 000	100 000	260 000
Vieux-Fort	70 000	75.000	200 000
Vieux-Habitants	450 000	100 000	260 000

Pour la Réunion :

Depuis 1993, elle se distingue des deux précédentes en ce sens qu'elle prend en compte l'activité des communes [130]. L'octroi de mer net se répartissait donc comme suit :

---

[130] La répartition prévue par décret du 20 mars 1978 était la suivante :
- 10 % réparti forfaitairement entre les communes ;
- 36 % au prorata de la population ;
- 54 % au prorata des dépenses de l'antépénultième année (l'année n-2).

- 17 % réparti forfaitairement entre les 24 communes ;
- 36 % au prorata de la population ;
- 47 % au prorata des dépenses de l'antépénultième année (l'année n-2).

La particularité réunionnaise est donc la prise en considération des dépenses réelles de fonctionnement et d'investissement (il n'y a que 50 % des dépenses d'investissement qui sont prises en compte) au cours de l'antépénultième année (c'est à dire l'année avant l'année précédente).

Il sera évoqué plus loin cette pratique qui incite les élus communaux réunionnais à anticiper sur les sommes qu'ils recevront… peut-être. Les perdants dans cette affaire sont les nombreuses petites entreprises qui vendent des biens ou des services aux mairies et ne reçoivent que des promesses ... qui ne sont pas escomptables ni à la banque, ni à la Caisse des marchés de l'Etat.

Dans son rapport sur l'octroi de mer, Serge PAYET précise que : « Pour peu que les dépenses des communes - 2,866 Milliards de francs en 1986- accroissent elles-mêmes les importations, c'est le mouvement perpétuel qui est trouvé pour une partie de l'octroi de mer. » Il ajoute que « L'INSEE a démontré qu'il existe une relation mécanique entre la part de consommation et celle des importations dans le PIB. De 1975 à 1980, il existe une relation linéaire sous la forme :

Part des importations = 0,91 X part de consommation - 0,61

Le coefficient de corrélation = 0,97

(Extrait de Comptes Economiques 1970-85 Réunion Août 1987 INSEE). »

Evolution des budgets communaux de la Réunion

	1980	1981	1982	1983	1984	1985	1986
Dépens. de fonct^t	652	794	977	1163	1326	1495	1598
Dépenses d'invest^t	365	516	698	740	640	799	1017
TOTAL	**1017**	**1310**	**1675**	**1903**	**1996**	**2294**	**2615**
% recettes d'OM	26,4 %	24,5 %	24,4 %	25,4 %	28,0 %	25,3 %	22,5 %

Unité : Millions de F Source : Trésorerie Générale de la Réunion

Pour la Guyane :

Comme pour les autres DOM, l'octroi de mer net était réparti au prorata de la population également avec, bien entendu, une particularité :

- 65 % au profit des communes au prorata de la population ;
- 35 % au profit du Conseil général (qui sera remplacé par la Collectivité Territoriale de Guyane) pour des actions de développement. Cette somme était plafonnée à 27 millions d'euros.

On peut noter pour l'Histoire de l'octroi de mer que la Guadeloupe a failli avoir une répartition un peu similaire. Le Conseil général de la Guadeloupe, sous la présidence de Madame Lucette Michaux-Chevry, avait pris une délibération en ce sens le 3 Aout 1982. Le projet de nouvelle répartition proposait 90 % au prorata de la population (avec toutefois les particularités pour les communes de moins de 3 000 habitants et celles ayant une usine de dessalement), et 10 % « au titre du Fonds d'investissement, pour le développement économique de la Guadeloupe ». La gestion devant être assurée par le Conseil général de la Guadeloupe uniquement au profit des communes sous forme d'attributions incitatrices, pour des projets d'entreprises industrielles ou artisanales créateurs d'emplois. Cette décision fit grand bruit ... car elle fut cassée par le tribunal administratif de Basse Terre le 24 juin 1983. Le préfet de la Guadeloupe a obtenu l'annulation pour incompétence de l'auteur de l'acte. La loi du 2 Mars 1982 donnait certes compétence aux Conseils généraux à favoriser le développement économique et à accorder des aides directes ou indirectes dans ce but, mais elle n'annulait pas pour autant la loi du 1er janvier 1948 qui ne précisait pas que la répartition de l'octroi de mer faisait partie des compétences de l'assemblée départementale. La loi du 2 août 1984 vint interrompre cette joute juridique en attribuant compétence au Conseil régional, y compris la répartition et la possibilité de prélever un droit additionnel à l'octroi de mer.

Mais la Guyane a toujours gardé sa « spécificité ». Ce qui faisait les maires ruer dans les brancards jusqu'en juillet 2016 où ils décidèrent d'ester devant les tribunaux administratifs. Au cours de la procédure, le juge suprême avait été saisi alors par le Conseil d'État d'une question prioritaire de constitutionnalité (QPC) émanant de Me Patrick Lingibe pour l'Association des maires de Guyane et plusieurs communes de Guyane. C'est ainsi que le Conseil constitutionnel a jugé, le vendredi 21 octobre 2016, que la répartition de l'octroi de mer entre la CTG et les communes de Guyane était bien conforme à la Constitution. Dans son argumentation, « l'attribution d'une partie du produit de l'octroi de mer à la Collectivité est contraire au principe de libre administration des communes garanti par la Constitution » et restreint les ressources propres des communes. La demanderesse estimait encore que cette répartition les place « sous la tutelle financière de la Collectivité Territoriale de Guyane ». Et puisque les communes de Guyane ne peuvent agir ni sur le taux ni sur l'assiette de l'octroi de mer, elles estimaient que « le produit de l'octroi de mer ne constitue pas pour elles une ressource propre ». L'Association des maires arguait encore que cette répartition spécifique à la Guyane institue « une différence de traitement injustifiée entre les communes de Guyane et celles des autres territoires sur lesquels est perçu l'octroi de mer ». Dans les territoires de la Guadeloupe, la Martinique et la Réunion, la Dotation Globale Garantie est répartie uniquement entre les communes. En Guyane, il y aurait donc une « remise en cause du principe d'égalité devant la loi ». Dans son arrêt, Le Conseil constitutionnel a jugé que « le principe d'égalité ne s'oppose ni à ce que le législateur règle de façon différente des situations différentes, ni à ce qu'il déroge à l'égalité pour des raisons d'intérêt général ». Il a ajouté que « le législateur a entendu tenir compte de la situation particulière de la Guyane et des charges spécifiques auxquelles la collectivité territoriale de Guyane doit faire face en raison des contraintes liées à l'aménagement et au développement de ce territoire et à son contexte économique et social », en conséquence, la répartition de l'octroi de mer entre la Collectivité et les communes de Guyane a été déclarée conforme à la Constitution[131].

3.2. L'OCTROI DE TERRE DU POSEIDOM

Il ne faudrait pas confondre P.O.S.E.I.DOM avec Poséidon.

Encore que cette homonymie ne soit pas si fortuite qu'elle semble le paraître. Si le premier est le sigle du Programme d'Options Spécifique à l'Eloignement et à l'Insularité des Départements français d'Outre-Mer, le second n'est autre que le célèbre dieu grec de la mer, (Neptune chez les romains). Poséidon était, comme tout un chacun le sait, un dieu très puissant dans l'antiquité. Son pouvoir de déchaîner les flots pour punir des navigateurs téméraires ou au contraire de rendre la Méditerranée paisible avec des courants porteurs pour permettre la communication maritime est connu de tous. L'allusion avec les innombrables petites îles grecques ne laisse pas indifférent.

De nombreux hommes politiques ont, incidemment, réagi à cette dénomination du projet. Pour Serge Pierre-Justin, Vice-Président du Conseil régional de la Guadeloupe à l'époque : « ce calembour est destiné à dorer la pilule, à la fois et à faire diversion, s'agissant des pays d'outre-mer ». Le Président du Conseil régional de la Guadeloupe d'alors, Félix Proto trouvera que « l'appellation, avec un peu d'humour, évoque le dieu grec Poséidon, époux d'une terre mère qu'il possède dans les séismes dont il est la cause et dieu de la mer ».

POSEIDOM fut-il, à l'instar du dieu grec, celui qui aurait tout pouvoir sur, non pas la mer, mais sur... l'octroi de mer ?

[131] Voir : http://www.fxgpariscaraibe.com/2016/10/qpc-et-octroi-de-mer-en-guyane.html

Bien que l'on parle essentiellement du POSEI en 2017[132], il est bon de revenir sur sa création.

3.2.1. La mythologie est-elle une réalité ?

Si l'antiquité est bien loin, il n'en demeure pas moins qu'en ce début de troisième millénaire (après J-C), le vieux continent s'est donné un nouveau dieu qu'il craint et qu'il vénère à la fois. Il ne s'agit pas d'Europa (celle que l'on voit sur les nouveaux billets émis par la Banque Centrale Européenne). Il s'appelle Europe.

Les oracles de Bruxelles nous ont octroyé (le mot est lâché !) une nouvelle discipline. Pour le passage à l'an 2000, les particularismes des DOM devaient disparaître et les domiens seraient enfin (selon les Commissaires européens) sur le même plan d'égalité que les autres européens.

En fait, ce programme n'était pas une surprise puisque sa préparation avait déjà été annoncée par Jacques Delors, le Président de la Commission des Communautés européennes en juin 1987, lors des fameuses rencontres de l'Europe et des DOM, à Bruxelles. Il est regrettable que ce document, d'une si grande importance, ait eu une diffusion confidentielle. Certes, il s'agissait de propositions de décisions adressées aux représentants des pouvoirs centraux de la République française mais aussi des autorités locales. Les destinataires, se sentant privilégiés, eurent souvent des réticences à en faire une large diffusion. Résultat : beaucoup de monde parlait de POSEIDOM, tout comme de l'Acte Unique, mais sans l'avoir lu. Ce qui explique les contre-vérités colportées ici et là, en son temps, au gré des arrière-pensées.

Si les fonctionnaires de Bruxelles avaient insisté sur le fait qu'il s'agissait d'une « version provisoire », de « projet » et de « proposition », c'était bien pour montrer leur souci de ne pas imposer un « diktat », de recueillir toutes les propositions d'amendements éventuels avant juillet 89. Il est dommage que les décideurs locaux ne l'aient pas compris de la sorte et que certains

[132] Une récente intervention de l'ODEADOM (Office de Développement de l'Economie Agricole D'Outre-Mer) dans le cadre du POSEI fut lors du salon International de l'agriculture à Paris (comme depuis 20 ans), le 1er mars 2017, où s'est tenu un colloque sur le thème « Mieux valoriser les produits agricoles et transformés ultra-marins par l'identification de l'origine et de la qualité ». De nombreux acteurs (représentants des consommateurs, de la distribution, des producteurs et des transformateurs, ...) ont fait part de leurs analyses et propositions lors des deux tables rondes très animées.

élus soient restés dans leur univers stérile de revendications utopistes. Certains se sont trompés de débat.

Jusqu'à modification constitutionnelle, les Départements français d'Outre-mer (DOM) font partie intégrante du territoire national français. Non continental, peut-être, mais français malgré tout. Ceux qui optèrent pour le statut de PTOM ou d'Etat ACP durent se déclarer ouvertement et sans ambigüité. Le parti communiste a pour sa part eu le courage, ou le mérite (c'est selon), de préciser clairement et sans ambiguïté sa position face à l'Europe et à la France. Il a rédigé une proposition de loi relative à un nouveau statut de la Guadeloupe qui deviendrait ainsi une nouvelle collectivité territoriale. Son initiative a été suivie peu après par l'UPLG (Union Populaire pour la Libération de la Guadeloupe). On le verra plus loin, POSEIDOM a posé fondamentalement la question du mode de développement des DOM. Toutefois, on ne pourra longtemps s'interroger sur le type de développement des anciennes colonies françaises sans soulever inéluctablement celui du statut des DOM.

LES QUATRE AXES POSSIBLES

1) Dans la France et dans l'Europe : articles 72 et 73 voire 74 de la constitution de 1958 rénovée. Hormis les pouvoirs régaliens de l'Etat, Il y a divers niveaux de compétences déléguées.

2) Dans la France et hors l'Europe : situation improbable en 2018, sauf s'il y a un « Frexit » qui amènera la France à sortir de l'Union européenne.

3) Hors la France et dans l'Europe : le nouvel Etat devient membre de la Communauté Européenne alors que géographiquement il ne s'y trouve pas. Il peut relever des PTOM.

4) Hors la France et hors l'Europe : le nouvel Etat, totalement indépendant, peut avoir un statut d'ACP.

La « Communauté » européenne ne peut se résumer à la superposition de particularismes et de dérogations. Elle sera harmonisation ou ne sera pas ! Ce leitmotiv est ressassé sans cesse depuis 1948, lors de la création de l'OECE (l'ancêtre de l'OCDE). La lente et inéluctable formation de la « Fédération des Etats-Unis d'Europe » se fera avec ou sans les anciennes colonies ou autres possessions extra continentales.

Les Etats-membres devront choisir entre faire taire les particularismes locaux (Bretagne en France, Pays basque et Catalogne en Espagne,

Mezzogiorno en Italie...) ou le refus total de l'entrée dans le grand marché intérieur (hésitations sporadiques de la Grande Bretagne et sa prochaine sortie avec le Brexit).

Quoiqu'il en soit, les DOM étaient encore, en 1990, européens quand il leur a été offert par ce programme d'options spécifiques de prévoir des dispositions transitoires pour les dix années à venir. La question était de savoir si ces options prenaient en compte les spécificités relatives à l'éloignement et à l'insularité des DOM. Parmi ces spécificités, il y en a une qui a retenu tout particulièrement l'attention des commissaires européens, il s'agit de l'octroi de mer qui a fait l'objet d'une proposition de décision du Conseil. Il eut été souhaitable que chaque individu se fasse une opinion personnelle à la lecture, sans passion et sans a priori, de ces textes et qu'après il lise les commentaires et autres avis qui ont été formulés. Hélas !

Avant de présenter le POSEIDOM proprement-dit, il ne serait peut-être pas superfétatoire de retracer les grandes lignes du projet de 1988 et de décrire l'émoi qu'il a causé aux Antilles-Guyane.

A) Le projet de décision commune instituant POSEIDOM

Ainsi donc, il s'agit du fruit de la cogitation du groupe inter services « DOM, PTOM, Canaries, Ceuta, Melilla, Açores et Madère ». De nombreuses moutures ont été élaborées et la version provisoire présentée a été adoptée par la Commission le 30 novembre 1988. Ce document entrait dans la perspective de l'application « réaliste » de l'Acte Unique Européen dans les DOM. Sur le plan juridique, ce fut une « formule novatrice » puisque des domaines d'intervention concernant tantôt le Conseil et tantôt la Commission ont été regroupés en un document unique. Ce qui donne un poids plus important au texte. La Commission justifiait POSEIDOM du fait de l'éloignement des DOM et des contraintes particulières qu'ils subissent. Un double objectif et trois principes ont guidé la réflexion des commissaires européens :

- le double objectif : L'harmonisation du grand marché et le rattrapage économique des régions défavorisées, d'une part ; La prise en compte de la réalité régionale, d'autre part ;
- les trois principes : La complémentarité : l'action de la Communauté sera complémentaire de celle du gouvernement français, des autorités régionales et départementales ; Le partenariat : par une concertation systématique avec ces autres autorités ; Et la programmation : les interventions communautaires devront s'intégrer dans les plans de développement des DOM.

Ce document comporte 19 considérants (qui résument les 86 paragraphes de l'exposé des motifs). Les 13 articles prévoient, bien entendu, des actions pour compenser la « spécificité » des DOM (ce mot est cité 35 fois en 40 pages), diminuer leurs handicaps et « protéger » les DOM de leurs concurrents économiques directs : les PTOM et les Etats ACP. Dans le même temps, le POSEIDOM vante les bienfaits de la réalité régionale. POSEIDOM affirme que les DOM sont européens, tout en ayant des spécificités, qui les différencient des Etats ACP, avec qui ils devraient coopérer. En quelque sorte, la quadrature du cercle. Ce qui pourrait apparaître comme une lapalissade n'en est pas une, loin de là. Pourquoi a-t-il fallu un programme d'options spécifiques pour que le traité de Rome soit appliqué ? L'arrêt Hansen n'avait-il pas affirmé notre pleine et entière appartenance à l'Europe? Conformément aux articles 226 du traité et 15 de l'Acte Unique Européen, il pouvait être pris un certain nombre de mesures sans proclamer haut et fort que la Commission prend en considération les problèmes de l'Outre-Mer.

Il faut se rappeler le fameux mémorandum d'avril 1987 dans lequel le gouvernement français insistait sur la « spécificité » des DOM qui se caractérise par « l'éloignement et l'insularité ». Il souhaitait que le groupe de travail interservices demeure en place bien après la « rencontre de la France et de la Communauté Européenne pour l'Outre-Mer français ». Serait-ce une coïncidence que le mémorandum insiste lourdement sur la réalité régionale et que POSEIDOM s'attarde sur le « tout- région » ? La tentation cartiériste serait-elle inassouvie ?

En fait d'options spécifiques, on y trouve un inventaire de vœux pieux, de vagues intentions et, plus grave, un récapitulatif des « avantages fiscaux et financiers » des DOM. Fallait-il craindre qu'après l'octroi de mer, les commissaires européens s'en prennent à la défiscalisation ou autre régime fiscal de la TVA ?

Il est pour le moins curieux que les rédacteurs de ce projet n'aient pas pris en considération une des « contraintes permanentes et spécifiques aux DOM » qui est notre mentalité. Cette dure réalité n'est certes pas flatteuse pour nous mais il convient de reconnaître, en toute objectivité, quels sont nos points forts et nos défauts : parmi ceux-ci, la faible propension au dynamisme et notamment au dynamisme industriel. Il faut admettre que les DOM n'ont pas de tradition industrielle. Bien au contraire, les différentes mesures « d'assimilation » depuis 1946 auraient fait beaucoup de mal dans l'esprit des gens, en faisant des assistés et non en valorisant les bienfaits du travail[133]. Bien que le dénigrement du travail manuel se fasse de moins en moins sentir, beaucoup de domiens pensent que le modèle d'activité idéal est celui occupé par un fonctionnaire derrière un bureau. Ce handicap décrit par de nombreux sociologues est une entrave certaine au développement des DOM. Les mesures sociales, aussi louables qu'elles puissent être dans certaines situations, risquent de ralentir le développement économique de ces régions déjà cruellement défavorisées par la nature. L'application du Revenu Minimum d'Insertion (RMI) puis du RSA (Revenu de Solidarité active) a altéré encore plus la mentalité de certains individus peu enclins au travail. L'Europe a voulu parler des spécificités des DOM, elle n'a pas tout dit, (peut-être par pudeur pour nous, merci !). Nos freins au développement sont ce qu'ils sont et il faut le dire. La tradition industrielle n'existe pas. La diversification agricole est encore récente. Ces deux derniers éléments ne sont pas traduits dans les chiffres comparatifs produits par la Commission. Et pourtant !

B) La proposition de décision sur l'octroi de mer

Joint au projet de décision instituant POSEIDOM, il y avait un second texte relatif au régime de l'octroi de mer. C'est en fait la première des actions concrètes qu'entendait prendre la Commission en faveur (?) des DOM. Si dans les considérants et dans l'exposé des motifs il est reprécisé les spécificités de ces régions particulières de l'Europe, il est surtout montré que l'octroi de mer est exorbitant du droit communautaire. Le sort de l'octroi de mer est réglé en cinq articles dont le deuxième qui décrit le nouveau régime proposé :

Alinéa 1 : Cette taxe concernera les produits importés comme au paravent mais aussi « les produits obtenus dans les DOM » ;

Alinéa 2 : La finalité de cette taxe sera de « favoriser le plus efficacement le développement économique et social de chaque DOM ». Le gouvernement français devra rendre compte des mesures prises ;

Alinéa 3 : Il y aura un taux d'imposition de base qui pourra toutefois être modulé notamment pour les produits de première nécessité ;

Alinéa 4 : L'exonération de cette taxe pourra être accordée pour certaines productions locales (pour 10 ans maximum), sous réserve de l'accord des autorités européennes ;

---

133 Citons la devise du journal « Le Progressiste », organe du PPM (Parti Progressiste Martiniquais) qui rappelle depuis des décennies la petite phrase de Pierre Aliker, compagnon de route d'Aimé Césaire : « La chance des martiniquais, c'est le travail des martiniquais. »

Alinéa 5 : La nouvelle taxe et la TVA des DOM devront ensemble diminuer jusqu'au niveau de TVA européen (dans le cadre de la suppression des barrières fiscales).

Bien entendu, la Commission devait être en charge, en vertu de l'article 3, de quantifier l'impact de ces exonérations un an avant leurs échéances et de mettre fin, dans certains cas, aux mesures accordées. L'article 4, qui a été ressenti par les élus régionaux comme un crime de lèse-majesté, stipule que le régime actuel est gardé « à condition que toute extension de la liste des produits soumis à l'octroi de mer et toute augmentation de ses taux soient subordonnées à l'autorisation de la Commission ». Ce document a déclenché un tollé quasi général.

Mais au-delà de cet aspect événementiel, voire même anecdotique, il y a lieu de disséquer ces textes du point de vue du droit français, du droit communautaire mais aussi des autres plans économique, fiscaux, sociaux, etc.

Ainsi donc, la Commission s'est fixé un programme d'objectifs généraux (sinon généreux). Mais tout n'était pas encore joué puisqu'il s'agissait d'une « version provisoire » qui devrait être mise en œuvre dès le 1er juillet 1989. Et surtout, il convient de signaler que les commissaires européens n'ont pas véritablement approfondi la situation future des DOM puisqu'ils se proposaient de mettre en application « des mesures (...) à arrêter sur la base de critères objectifs à définir dans le cadre d'une analyse à effectuer produit par produit par la Commission ». La balle était renvoyée dans le camp des domiens. Il suffisait que les décideurs locaux et socioprofessionnels des DOM se mettent à pied d'œuvre pour faire des propositions, ou pour tout le moins, qu'ils soient vigilants sur celles qui seront formulées par la Commission.

Dès son annonce, POSEIDOM a fait beaucoup de remous, il ne serait pas inintéressant de s'en remémorer la venue.

3.2.2. SOUBRESAUTS ET FAUSSES ALERTES

C'est peut-être le *Journal de l'île de la Réunion* qui, le premier, aurait annoncé, le 31 mars 1988, l'existence de ce document confidentiel. Cet organe signalait que ce document proposait « une solution réaliste qui tienne compte à la fois des caractéristiques régionales de ces départements et de leur appartenance à la communauté ». Ce qui a inspiré un chroniqueur de

France-Antilles, édition Martinique, Pascal Marguerite, qui titrait le 7 avril 1988 : « POSEIDOM fait des vagues ». Se référant à ses « sources bien informées », il présentait le projet comme intégrant les DOM à l'Europe en écartant toute dérogation. Le journal communiste de la Martinique, Justice, sollicitera la vigilance de ses lecteurs, dans son numéro du 21 avril 1988, « pour que POSEIDOM ne coule pas sous le raz-de-marée européen de 1992 ». L'annonce officielle de la suppression de l'octroi de mer a fait l'effet d'une déferlante. La nouvelle tombait le mercredi 30 novembre 1988, tôt le matin, sur les téléscripteurs des salles de presse. Les radios allaient immédiatement reprendre la dépêche de l'AFP (l'Agence France Presse). Comme une traînée de poudre, la suppression de l'octroi de mer était sur toutes les lèvres. Aussitôt, le gouvernement français réagira par la voix de Gabrielle Bertrand, conseiller du Ministre des DOM-TOM pour les affaires européennes qui déclarait : « Nos propositions de réforme de l'octroi de mer ont été approuvées par Bruxelles dans leurs grandes lignes. L'agence France Presse a transmis une information erronée quand elle indique que la Commission des Communautés européenne entend supprimer l'octroi de mer le premier juillet 1989. Faux, archi-faux. Le texte de Bruxelles prévoit comme le souhaitait le gouvernement le remplacement de l'octroi de mer le 1er janvier 1993 (...) Par ailleurs Bruxelles abonde dans le sens du gouvernement qui souhaitait l'établissement d'un code de bonne conduite pour la gestion de cette taxe par les collectivités locales[134]. »

Cette information considérée comme une « gourde » par les Etats-majors parisiens a été suspectée au plan local comme une tentative habile des fonctionnaires européens de tester les réactions et la capacité de mobilisation des élus et décideurs locaux. Ce démenti du ministère des DOM n'a pas apaisé les inquiétudes, bien au contraire. Le député communiste de la Guadeloupe Ernest Moutoussamy montera tout de suite au créneau. « Je constate qu'il y a actuellement une certaine confusion s'agissant du sort réservé à l'octroi de mer par la Commission européenne (...) La Communauté européenne a toujours manifesté sa volonté de briser l'octroi de mer. La France s'est toujours opposée, par principe, aux dérogations. Elle s'est opposée aux dérogations que réclamaient la Grèce et l'Espagne, parce qu'elle est pour l'unification du Marché européen. Quand elle prétend aujourd'hui défendre les spécificités de l'Outre-Mer, la Communauté lui rappelle sans cesse ses positions de jadis. (...) L'octroi de mer est un acquis historique de la Guadeloupe (...) Je suis formellement et radicalement opposé à ce que l'on touche à l'octroi de mer » devait-il déclarer sur les ondes de RCI (Radio Caraïbes International) le 30 novembre. Le lendemain, ce fut au tour du RPR (Rassemblement Pour la République) de réagir. Au Ministère des DOM-

---

[134] On peut noter au passage la volonté des fonctionnaires européens de « moraliser » l'octroi de mer. Mais on y reviendra.

TOM, l'effet de surprise passé, les déclarations seront plus nuancées. En effet il est dit que « l'on prend acte avec satisfaction de la proposition de la Commission européenne qui, au travers du programme POSEIDOM, a pour objectif de répondre aux craintes que fait naître dans les DOM l'application du marché intérieur. »

Devant l'émoi causé par cette dépêche la Commission européenne fera un communiqué dans lequel elle indiquera qu'il s'agit d'un « malheureux quiproquo ». Dans sa mise au point elle dira qu'elle a « proposé que l'octroi de mer soit transformé pour respecter les principes essentiels du traité de Rome et notamment les discriminations fiscales ». Elle propose « de fonder l'octroi de mer sur des bases incontestables afin d'éliminer le caractère douteux de l'octroi de mer traditionnel qui pourrait donner lieu à des contestations devant la cour européenne de justice de Hambourg ». L'on assista alors véritablement à une levée de boucliers contre la dépêche de l'AFP. Les plus virulents à réagir contre le POSEIDOM furent, bien entendu, les destinataires de ce programme. Une fois qu'ils le reçurent, ils le lirent attentivement et réagirent vivement. La première réaction de « choc » fut celle de Camille Darsières, Président du Conseil régional de la Martinique qui, dans une lettre de quatre pages adressées le 2 janvier 1989 au Premier Ministre Michel Rocard, ne ménagea pas ses propos. Copie de cette lettre a été adressée au Président de la Commission européenne, Jacques Delors. Deux jours après, l'auteur de ce courrier tenait (le 4 janvier 1989) une conférence de presse au cours de laquelle le bureau du Conseil régional de la Martinique se prononça d'un ton ferme pour « obtenir des dérogations temporaires, jusqu'à ce que nous soyons au niveau de l'Europe ». Si les élus de l'immeuble Clitandre[135] ont mis en place « une stratégie de la survie, une sorte de front commun des Européens de la périphérie », ils mettent à l'index le député Guy Lordinot, ainsi que Michel Renard, qui ont eu, selon eux, l'impudence d'envisager la suppression ou même la modification de l'octroi de mer.

Pour leur part, les industriels, en l'occurrence les MPI de la Martinique, de la Guadeloupe et de la Guyane se sont réunis la semaine suivante pour prendre position non pas contre le POSEIDOM, mais contre la suppression de l'octroi de mer. Ils déclarèrent d'une seule voix que « le maintien d'une forme d'octroi de mer comme moyen de régulation de l'économie locale est indispensable au développement harmonieux de nos entreprises ». Pour Bernard Petitjean-Roget et Bernard Aubery, respectivement présidents des MPI de Guadeloupe et de Martinique : « le nouveau système, s'il était appliqué, conduirait à l'asphyxie des entreprises industrielles de nos départements. (...) Les conséquences conduiraient à l'accentuation du

[135] Ancien siège du Conseil régional de la Martinique.

fractionnement en trois morceaux jalousement insularisés du marché interrégional formé de la Martinique, de la Guadeloupe et de la Guyane, pour lesquels les MPI ne cessent de se battre. (...) Les entreprises qui se sont développées le plus ces dernières années sont celles qui sont parvenues à écouler leur production sur ces trois départements. Nous voulons un marché interrégional protégé. » En second lieu les MPI ont comparé leur situation face à celle des entreprises des pays ACP. Pour les concurrencer, la solution ne serait-elle pas de produire dans les pays de la Caraïbe. Début 89, seules quatre entreprises antillo-guyanaises avaient réussi cet exploit. Enfin, les responsables des MPI concédaient que la politique communautaire pouvait, elle-même, aider à l'industrialisation des DOM par la réforme des fonds structurels européens et par le projet POSEIDOM dans certains de ses aspects. Faisant une analyse politique de la situation, ils se sont étonnés de « la position du gouvernement français (qui) a fait siennes les conclusions du rapport toujours secret sur l'octroi de mer - le rapport Toulouse - et qu'il ne croit plus à l'industrie dans les DOM ». Le ton était on ne peut plus ferme : « Le droit européen est un droit négocié donc jamais la commission européenne n'aurait pris une telle décision si à Bruxelles, on n'avait pas l'aval du gouvernement français » déclarait le Président des MPI Martinique alors que celui de la Guadeloupe ajoutait : « Lorsque Monsieur Darsières dit qu'il y a trahison, nous ne pouvons que souscrire ».

Lors de son passage en Guadeloupe le 17 janvier 1989, le Ministre des DOM-TOM affirmera que le principe de la réforme est inévitable mais que le délai de 1993 devrait permettre une mise au point des modalités de changement de ce texte avec les Conseils régionaux.

Les socioprofessionnels, de leur côté, se sont regroupés pour examiner les propositions contenues dans POSEIDOM. Dès la mi-janvier 89, ils communiquèrent leur résolution sur POSEIDOM. Sur le plan juridique et institutionnel, ils estimaient que les DOM font partie de la Communauté au titre de l'article 227 et non de l'article 227, paragraphe 2. En conséquence, ils demandaient que le paragraphe 5 de l'exposé des motifs du POSEIDOM soit rectifié pour le préciser. Sur le fond, ils considérèrent que la démarche européenne visait d'une part à adapter le Traité de Rome pour le rendre conforme aux dispositions de l'Acte Unique lorsque cela s'avère nécessaire pour favoriser le développement économique et social et que ces régions atteignent le niveau moyen européen, et d'autre part, à les intégrer dans un cadre régional, national et communautaire. Cela était déjà prévu par le traité lui-même, leur mise en œuvre était rendue impérative du fait de l'achèvement du marché intérieur. En conclusion, ils déclaraient ceci : « Considérant que dès la signature du Traité, la fiscalité des DOM incluant cette disposition, était considérée comme devant faire l'objet de conditions d'application, ce qui n'a pas été fait.

Vu que ce dispositif fiscal constitue l'un des moyens de développement économique et social des départements français d'Amérique.

Vu que des amendements apparaissent indispensables au document, notamment dans le domaine :

- des dispositions d'ordre national d'aide et de soutien au développement
- des dispositions fiscales dans leur ensemble (octroi de mer, TVA...)
- des dispositions relatives à la coopération régionale
- du règlement du statut communautaire des productions tropicales, etc. et que n'y sont pas suffisamment pris en compte les aspects de marché pour les produits des DOM compte tenu :
  . D'une part de l'étroitesse du marché local et de l'environnement défavorable
  . D'autre part, de la nécessité de bénéficier de la préférence communautaire.

Dans ces conditions, et tenant compte du fait que l'urgence dans l'action est indispensable, les représentants des milieux socio-économiques de la Martinique soussignés :

Constatent que le Document POSEIDOM est un document de travail comportant des propositions positives et constructives tenant compte des démarches formulées par le gouvernement français et les milieux responsables eux-mêmes des départements en cause, qu'il convient d'utiliser en vue de favoriser le développement économique et social des DOM pour leur permettre d'accéder au niveau moyen de développement européen ;

- Décident de procéder à une étude plus approfondie des propositions communautaires qui y sont contenues ;
- Sollicitent, avec insistance, du pouvoir central, que soit organisée, dans des délais raisonnables, et avant intervention de la sanction du Conseil européen, la concertation indispensable entre les représentants qualifiés des milieux socio- économiques des quatre départements d'Outre-mer concernés avec, d'une part, des représentants des ministères de la République intéressés et, d'autre part, avec ceux de la Communauté européenne à Bruxelles. »

Les derniers décideurs martiniquais à se prononcer sur le POSEIDOM étaient les membres du Comité Economique et Social (CESR). Ce fut fait le 20 janvier 1989 en ces termes : « L'affirmation maintes fois renouvelée des spécificités, contraintes et particularismes de l'économie des DOM est de première importance. L'intervention coordonnée, concentrée et complémentaire des instruments financiers des communautés dans les DOM, comme il est indiqué dans le projet, apparait de bon augure, si elle se fonde réellement sur des projets initiés, planifiés et suivis par les régions elles-mêmes et non en fonction des impératifs propres aux communautés. » S'agissant de l'octroi de mer proprement dit, dans son avis, le Comité Economique et Social de la Martinique condamne « l'instauration d'une tutelle pesante de la Commission sur les décisions d'exonération prises par les instances locales et prévoit la lourdeur de ses mécanismes ». Il craint que « la proposition d'un régime fiscal applicable à l'ensemble des produits commercialisés dans les DOM n'entraîne, malgré les possibilités reconnues d'exonération, un renchérissement du coût de la consommation et une pénalisation accrue pour nos productions ». Le CES de la Martinique se félicite « de ce que les communautés européennes reconnaissent le bien-fondé politique, économique et financier de l'octroi de mer et n'envisagent pas à court terme sa brutale suppression qui mettrait en cause de fragiles équilibres économiques et sociaux et supprimerait une certaine autonomie des autorités locales » reconnue nécessaire et valorisante par la Commission de Bruxelles.

On le constate, la Martinique était en ébullition. La situation, même si elle paraissait moins tendue en Guadeloupe et en Guyane préoccupait tout autant les décideurs de ces deux autres départements. Ils en voulaient plus ou moins ouvertement à la France d'avoir « lâché les DOM ». Il fallait « monter à Bruxelles et régler ce problème d'hommes à hommes », comme nous le confiait un parlementaire.

3.2.3. Le rejet de la procédure d'urgence

Encore une fois, les Présidents des Conseils régionaux de la Martinique, Camille Darsières, de la Guadeloupe, Félix Proto, et de la Guyane, Georges Othily, se sont rendus à Bruxelles les 30 et 31 janvier 1989. Ils n'y sont pas allés seuls, mais en compagnie... du Ministre français des Départements d'Outre-mer, Louis Le Pensec. Cette rencontre avait pour but de clarifier les positions des uns et des autres. Comme le disait le ministre, « cette rencontre à Bruxelles aura été une très utile contribution à une meilleure connaissance réciproque ». La délégation a bien sûr rencontré le français Jacques Delors, Président de la Commission des Communautés européennes qui n'a pas omis de rappeler la volonté de la CEE exprimée lors du dernier sommet de Rhodes, de s'occuper des régions éloignées de la Communauté. Le point fort a bien été celui où les technocrates de la Communauté européenne ont rencontré les élus domiens et ont bien voulu envisager de trouver des solutions techniques à ce problème complexe qu'est l'octroi de mer. En un mot, de réviser leur copie. De leur côté, les Présidents de régions s'étaient promis de faire des amendements aux textes qui leur avaient été proposés, dans un souci partagé « d'apporter une base légale à un octroi de mer rénové ».

Ces amendements ont été encore possibles puisque le POSEIDOM et la proposition relative au régime de l'octroi de mer devaient être présentés pour avis au Parlement européen et au Comité économique et social des Communautés européennes avant d'être votées à l'unanimité par le Conseil des Ministres, (dans le cadre des Affaires générales). Ces amendements étant possibles, il devrait y avoir un travail politique intensif mené tant au niveau des assemblées qu'à celui du Conseil des ministres.

Puisque l'on est en pleine mythologie avec le POSEIDOM, on pourrait reprendre le célèbre jeu de mots qui fut le thème d'un carnaval : « Et c'est là que les grecs se graissèrent, que les athéniens s'atteignirent, que les Perses se percèrent ... » et que les Domiens furent « sodomm.... » par le POSEIDOM !

S'il est vrai que les Présidents des Conseils régionaux des DOM et les élus européens originaires des DOM partageaient avec le Gouvernement français l'idée de protéger l'octroi de mer ou pour tout le moins, d'améliorer son régime actuel, ils avaient chacun une tactique différente. Le gouvernement français préféra que cette question soit débattue le plus rapidement possible dans une assemblée qui est censée connaître déjà la situation des DOM. Au contraire, les domiens préféraient plus de temps pour négocier de nouveaux amendements et bien informer tous les parlementaires européens ainsi que les ministres concernés. Le gouvernement français demanda l'application de la procédure d'urgence pour que cette question soit définitivement réglée au cours de cette mandature (le renouvellement de l'hémicycle devant avoir lieu le 18 juin 1989). Cette annonce déclencha chez les élus des tollés de protestation à l'encontre du gouvernement français. En fait, ce n'est qu'après coup qu'ils ont su que des négociations et des pressions auraient été faites et reçues (vis à vis de la CEE, mais aussi au sein même, parait-il du gouvernement).

Il aura donc fallu toute l'énergie du député martiniquais Jean Crusol et du député réunionnais Paul Vergès pour convaincre leurs collègues de Strasbourg pour que ces textes ne soient pas discutés entre le 22 et le 28 mai 1989. Voyant que la dernière session du Parlement avant les élections tirait à sa fin, le gouvernement français, dans sa grande mansuétude, a accepté le principe du report de la discussion du texte sur l'octroi de mer à la prochaine rentrée parlementaire, à l'automne 89. Le Conseil des Ministres a donc demandé au Parlement européen que la procédure d'urgence soit appliquée le 23 mai 1989. Il a demandé de maintenir l'inscription à l'ordre du jour du POSEIDOM. Cette astuce, pour subtile qu'elle soit, conduisait au même résultat puisque le texte du POSEIDOM faisait déjà allusion à la réforme de l'actuel octroi de mer. Jean Crusol justifiait sa position en ces termes :

« Nous souhaitons que le POSEIDOM, amendé en partie par nos soins, soit voté, mais que le texte sur l'octroi de mer soit renvoyé pour examen ultérieur. Non que nous rejetions le principe de cette réforme, mais parce que nous considérons que les amendements que nous avons pu apporter restent insuffisants, eu égard aux trois fonctions de l'octroi de mer que nous voulions préserver : le pouvoir décentralisé des régions, la garantie de financement des communes, le rôle d'instrument de développement et de protection des activités économiques locales. »

Le Parlement a rejeté, à la quasi-unanimité, la procédure d'urgence. Commentant cette réussite, Paul Vergès dira, reprenant à son compte le mot de Yasser Arafat, que ces deux textes sont devenus "caducs". Pour sa part, Nicole Péry, Vice-Présidente du Parlement, qui présidait la séance du 23 mai déclarera peu après : "Nous avons obtenu que les Conseils généraux et régionaux restent maîtres de cette ressource même si elle est étendue à tous les produits. Je suis persuadée que la vivacité de vos réactions tient à ce que vous avez été trop tenus à l'écart. Nous avons été solidaires des élus des DOM pour demander le retrait. (...) Le dossier est à reprendre et à murir. Le POSEIDOM est très intéressant mais pas à vendre à n'importe quel prix".

3.3. L'OCTROI DE NE PLUS FAIRE

Six mois après le non-vote du POSEIDOM au Parlement européen, le débat sur l'octroi de mer revenait à la une de l'actualité. La commission de la politique régionale et de l'aménagement du territoire de l'assemblée de Strasbourg travaillait sans relâche sur les propositions de la Commission. Ses propositions furent accueillies dans l'ensemble fraîchement par la Commission. Le POSEIDOM, dans sa nouvelle mouture fut entériné par le Conseil des ministres européens le 22 décembre 1989. Ainsi donc le POSEIDOM est en vigueur à partir du 1er janvier 1990 et par conséquent, la modification, à compter du 1er janvier 1993, de l'octroi de mer était inéluctable. Ceci s'est fait dans la discrétion la plus totale. Où sont donc les clameurs de décembre 1988 ? Pourquoi ce silence ? Pourquoi les élus et décideurs ne se sont pas prononcés sur le POSEIDOM et la réforme de l'octroi de mer ? Officiellement, certains prétendaient n'avoir pas lu le texte final ! Les délais de publication des textes officiels dans le Journal Officiel des Communautés européennes sont en général assez longs pourtant. En fait, les ROM ont mis à profit ce délai pour mettre en place une « stratégie » vis à vis de l'Europe.

Le texte final du POSEIDOM abordait des points nouveaux par rapport à la proposition de la Commission. La décision relative au régime de l'octroi de mer, elle aussi, comportait des différences par rapport au document provisoire. Leur présentation donne l'occasion de les examiner plus attentivement du point de vue du droit communautaire.

3.3.1. LE VOTE SANS SURPRISE DU POSEIDOM

Ainsi donc, le Parlement européen, au cours des fameuses journées des 22 et 23 mai 1989, avait retiré de l'ordre du jour la discussion sur le POSEIDOM et rejeté la procédure d'urgence demandée par la France. En sa séance du 27 juillet 1989, le Parlement européen avait renvoyé ses projets de décision pour examen au fond à la commission de la politique régionale et de l'aménagement du territoire et, pour avis, à la commission de l'agriculture, de la pêche et du développement rural. En sa réunion du 22 septembre 1989, la commission de la politique régionale et de l'aménagement du territoire, présidée par l'écologiste français Antoine Waechter, a alors nommé Fernando Manuel Santos Gomes rapporteur. Avant de conclure, cette commission a tenu à recevoir les présidents des Conseils régionaux des DOM. Celui de la Martinique, Camille Darsières, déclara le 7 novembre 1989 que « cette audience confirme le fossé entre les parlementaires et une certaine technocratie européenne ». Avocat de profession, il conclut « Nous ne demandons que l'application des textes, d'une pratique de la Cour de Justice et des Communautés... Il y a possibilité pour les instances européennes de faire droit à notre demande de rattrapage économique avant toute contrainte d'harmonisation... Il faut appliquer le plan de développement régional pour l'économie et l'arrêt de la Cour de Justice pour le juridique. » Les négociations ROM-CEE furent alors très diversement rapportées par la presse. C'est par 17 voix contre 2 abstentions que la Commission de la politique régionale adopta, en l'amendant, la proposition de la Commission. Les principaux amendements tendaient à créer un programme en cinq volets interdépendants :

1) Un volet économique comportant un soutien aux productions agro-alimentaires traditionnelles ;
2) Un volet formation professionnelle ;
3) Un volet social comportant la création de logements adaptés aux conditions climatiques locales ;
4) Un volet communication intégrant les transports maritimes et aériens ainsi que les télécommunications ;
5) Un volet patrimonial et environnemental.

C'est en sa séance du 22 décembre 1989 que le Conseil Affaires Générales a arrêté la décision concernant le Programme d'Options Spécifiques à l'Eloignement et à l'Insularité des Départements d'Outre-Mer (POSEIDOM). Cette date est significative car elle sous-entend deux autres événements :

- Le président de la république française, François Mitterrand, assurait la Présidence du Conseil jusqu'au 31 décembre 1989. Il était, semble-t-il, important que ce document en faveur des départements d'outre-mer soit signé sous sa présidence ;
- Les 66 Etats ACP (qui seraient à partir de 1990 au nombre de 69 avec l'admission de Haïti, la République Dominicaine et la Namibie) ont signé le 15 décembre 1989 à Lomé leur 4ème convention avec les 12 pays européens. Bien que les négociations aient été très difficiles, le montant de l'enveloppe allouée par la Communauté européenne était de douze milliards d'Ecus, soit environ 8,5 milliards de francs français. Les domiens, bien entendu, attendaient avec impatience la sortie du POSEIDOM pour savoir si le fameux doublement des fonds structurels proposé en décembre 1988 était toujours d'actualité. Le POSEIDOM a été enfin adopté. Ce nouveau texte ne satisfaisait qu'en partie car si sur la forme il semble moins ardu, sur le fond il n'en restait pas moins imprécis.

A) UNE FORME CERTAINE...

La nouvelle rédaction du POSEIDOM a été partiellement réécrite en fonction des nombreux amendements formulés au cours du premier semestre de 1989. Les 13 articles de la version provisoire ne sont plus que 3. L'essentiel du programme a été consigné dans un document annexe. Il n'y a pas que les sigles qui ont été supprimés, beaucoup de dates également, rendant par là-même le texte plus digeste. Les formules utilisées en disent long sur la nouvelle approche des européens vis à vis des DOM. Par exemple, il n'était plus question « d'intégration », mais « d'insertion ». Dans une certaine mesure, cette nouvelle rédaction serait plus réaliste puisqu'elle précise que certaines productions ne faisaient pas l'objet de mesures communes alors que le texte précédent stipulait qu'elles ne l'étaient pas « encore ».

B) ...POUR UN FOND INCERTAIN

Sur le fond, la première nouveauté était la référence à l'article 235 du traité de Rome qui donnait tous pouvoirs à la Commission. Cette démarche nouvelle permettait d'éviter d'épiloguer sur le fondement de l'article 226 concernant les mesures de sauvegarde prises par les Etats-membres (dans leur continuité territoriale), et de l'article 227, paragraphe 2, nommant expressément les DOM.

Sur certains aspects, on sent la volonté des nouveaux rédacteurs d'accentuer l'aspect social de ce programme en insistant sur le chômage des jeunes ou sur le cas des producteurs de banane par exemple.

Par rapport au document initial, celui-ci présentait les modifications suivantes :

- le délai dans lequel devraient être arrêtées les réglementations d'application a été raccourci à six mois au lieu d'un an. La Commission devant soumettre au Conseil dans les plus brefs délais des propositions en vue de la bonne réalisation de ce programme ;
- la pluralité des compagnies aériennes, notamment locales, permettrait de desservir les DOM dans l'intérêt de leur développement ;
- de nombreux amendements concernant la banane, le rhum, la canne et le sucre ainsi que les autres productions locales donnaient à ce texte un caractère engageant à bref délai.

Aussi bien rédigé soit-il, ce texte laisse le lecteur perplexe. Pourquoi la mise en œuvre du POSEIDOM est-elle réalisée « en principe » du 1er janvier 1990 au 31 décembre 1992 ? Est-ce à entendre que cette période risquerait d'être raccourcie ? Qu'est-ce qui différencie « l'intégration réaliste » d'une « insertion réaliste » des DOM dans la Communauté ?

Les îles françaises de la Caraïbe ont été découvertes par les européens il y a plus de cinq siècles, colonisées depuis 373 ans, département français depuis 78 ans, ce programme prétendait-t-il assurer une égalité de niveau de vie avec la métropole et les pays industrialisés de l'Europe en 36 mois ? Le débat sur la parité globale avait à peine été mis en veilleuse qu'il refaisait surface avec le POSEIDOM et le fameux rapport Ripert. La coopération régionale y est longuement abordée. On relève toutefois que les DOM, de par leur faible PIB sont classés implicitement dans les régions en retard de développement. Conformément à la décision du Conseil des 12 et 13 février 1988, reprise dans le POSEIDOM, les DOM bénéficieraient du doublement des fonds structurels en termes réels de 1987 à 1992. Le paragraphe 10.1 stipule que les mesures nationales qui ont des effets spécifiques en faveur des DOM seraient systématiquement inventoriées en vue de leur maintien, de leur aménagement ou de leur abolition. A l'époque, les observateurs craignaient que la Commission invoquât ce paragraphe pour revoir en profondeur les spécificités fiscales des DOM : - réduction de l'impôt sur le revenu des personnes physiques ; - exonération de l'impôt sur les sociétés ; - défiscalisation des investissements outre-mer ; - absence de TVA en Guyane ; - exonération de la taxe professionnelle ; - octroi de mer.

Ainsi donc, on le voit, l'octroi de mer était la première victime expiatoire sacrifiée sur l'autel du Dieu POSEIDOM.

3.3.2 LE « NOUVEL OCTROI DE MER » DE 1989

Bien que le débat au parlement européen ait, à un moment, porté sur la distinction entre le POSEIDOM et le régime de l'octroi de mer, la version finale du programme permit de préciser en son paragraphe 11 : « Le système de taxe appliqué dans les départements d'outre-mer sous le nom d'octroi de mer sera aménagé selon les dispositions de la décision 89/688/CEE. » Le sort du POSEIDOM et de l'octroi de mer étaient donc définitivement liés le 22 décembre 1989.

Ce qui a poussé Félix PROTO, le président du Conseil régional de la Guadeloupe à écrire : « L'obstination à vouloir traiter en même temps POSEIDOM et le changement de l'octroi de mer est incompréhensible et va à l'encontre de la reconnaissance de la spécificité. » La lecture des considérants permet de constater que tout comme pour le POSEIDOM lui-même, le texte sur l'octroi de mer fait l'impasse du débat sur l'ardente obligation qu'avait la Communauté de déterminer l'application de certaines dispositions du Traité dans les deux ans suivant sa signature. Les pleins pouvoirs dont bénéficie le Conseil, conformément à l'article 235 du traité, ont été utilisés pour réparer ce manquement. Le nouvel octroi de mer proposé par le Conseil présentait deux caractéristiques fondamentales et novatrices : premièrement, il concerne tous les produits introduits et obtenus dans les DOM, deuxièmement, il veut favoriser le développement économique et social de ces régions. De plus il crée de nouveaux problèmes.

A) IL CONCERNE TOUS LES PRODUITS

La grande nouveauté de cette réforme c'est que cette taxe redevenait un droit de consommation et non plus un droit d'importation, comme au XIXème siècle L'affirmation de l'article 38 de la loi du 2 août 1984 était contredite dans les faits. Ce qui est à l'origine de la lente agonie de l'octroi de mer. Les praticiens de Bruxelles lui ont administré une cure de jouvence. Hélas, le moribond devra expirer dix ans après la mise en application de ce nouveau régime.

A.1. - Il touche tous les produits importés, sans distinction

S'il est vrai que cette « nouvelle » taxe concernait tous les produits importés (ce qui n'est pas nouveau), on est surpris de constater que la proposition de la Commission d'établir un taux réduit pour les produits de base n'a pas été retenue. Devrait-on encore voir le riz, la farine, les jeans, ou tout autre article de première nécessité faire l'objet de taux plus élevés que le taux normal ? Conformément à l'article 95 du Traité, tous les produits, nationaux ou d'un autre Etat-membre seraient soumis à la même réglementation. Il ne serait pas inutile de préciser que la décision de la Commission concerne également les matières premières entrant dans la composition de productions locales. L'imposition de ces intrants risquait d'aggraver encore plus la non-compétitivité des fabrications locales.

Part de la métropole dans les importations et les exportations

	Importations	Exportations
Guadeloupe	59,2 %	56,3 %
Guyane	56 %	63,3 %
Martinique	64,8 %	83 %
Réunion	62,9 %	60,3 %

(Pourcentages en valeur, année 2000)
Source : direction générale des douanes et des droits indirects

A.2. Il frappe désormais les produits obtenus localement.

Bien que la production locale soit relativement marginale par rapport aux produits importés, bien que la production locale ne concerne que des produits de grande consommation, pour la plupart à faible plus-value, bien que les produits exportés fassent l'objet d'une vive concurrence de la part des pays ACP, bien que les produits obtenus localement (et notamment les produits agricoles) ne fassent pas l'objet de la préférence communautaire, le Conseil a souverainement décidé de rendre le régime de l'octroi de mer applicable indistinctement aux produits introduits et à ceux obtenus dans ces régions. Toutefois, des exonérations partielles ou totales seront accordées. Il ne faut pas se tromper : les exonérations ne seraient pas accordées pour toutes les productions locales. La Commission ne retombera pas dans la faille laissée entr'ouverte par la loi de 1984 en généralisant les exonérations. Au surplus, ces exonérations devaient porter sur une durée maximale de dix ans.

L'autorité compétente pour accorder ces exonérations serait le Conseil régional. La Commission, une fois informée aurait deux mois pour se prononcer contre la décision locale. Cette sanction de la légalité d'une décision est une pratique courante depuis la mise en application de la décentralisation. C'est à vrai dire une arme à double tranchant : d'un côté, ne pas accorder d'exonération fera des industriels locaux déçus voire fortement contrariés, de l'autre, accorder en trop grand nombre des exonérations risque d'irriter la Commission. L'annulation des exonérations produira alors un effet défavorable sur les élus régionaux. Cette procédure est différente de la démarche prévue initialement : la Commission était alors sollicitée pour donner son avis sur les exonérations envisagées.

Il est pour le moins surprenant que la décision autorisât des exonérations car cela induisait des discriminations au sein de l'espace communautaire. (Il sera montré plus loin quelles conséquences en tirer).

B) IL FAVORISE LE DEVELOPPEMENT ECONOMIQUE ET SOCIAL

L'accent était mis sur le fait que l'octroi de mer ne devra plus concerner que le développement communal uniquement. La finalité de l'octroi de mer sera d'être un complément à l'ensemble du dispositif conçu par la Commission en vue d'assurer une meilleure insertion des DOM dans le contexte européen conformément aux buts de la Communauté exprimés dans l'article 2 du Traité. Les autorités locales devaient dans les meilleurs délais informer la Commission des dispositions qu'elles auraient prises en vue de favoriser « le plus efficacement possible » le développement économique et social. L'octroi de mer devrait favoriser donc « les activités ». Ce terme volontairement très large peut se comprendre par la reprise de la production industrielle, mais aussi par la création ou le maintien de certaines entreprises y afférent.

Les assujettis étaient-ils fondés à interpréter la décision du Conseil comme autorisant les exonérations à des collectivités publiques ou services de l'Etat ? Dans la mesure où certains d'entre eux sont exonérés de TVA et que comptablement, il n'est pas prévu d'assujettissement à l'octroi de mer, de même que ces personnes morales accomplissent une mission de service public, l'exonération de l'octroi de mer pourrait leur être accordée. Assez curieusement, l'article 3 de cette décision prévoit la possibilité pour la Commission de proposer au Conseil, un an avant la fin du délai d'exonération (les dix premières années suivant son introduction), de maintenir les exonérations au-delà de dix ans. Alors que dans le paragraphe suivant il est stipulé que « des mesures de soutien visant les mêmes objectifs peuvent être prises dans le cadre des aides régionales ». Ce qui était à craindre c'est que la Commission privilégie cette dernière forme d'intervention. Ceux qui croyaient que le nouveau régime proposé par la décision du 22 décembre 1989 serait éternel ont perdu leurs illusions. Depuis le fameux mémorandum signé par la France et remis à Bruxelles au printemps 1987, les élus locaux n'ont cessé de répéter aux instances européennes que l'octroi de mer était un « élément essentiel d'autonomie et de démocratie » des Départements d'Outre-Mer. A force de se l'entendre dire, les rédacteurs de la décision ont bien voulu l'admettre dans les considérants. Mais, dans les articles de la décision, il est bien dit que le Conseil confie à la Commission la tâche de se prononcer sur les exonérations accordées par les autorités locales. Qui a parlé d'autonomie ?

De toute façon, la Commission restait vigilante sur toute modification du nouveau régime de l'octroi de mer. Elle a même examiné les modifications intervenues depuis 1980. Et l'on verra des régularisations de certaines situations pour le moins curieuses. Heureusement que le droit français n'autorise pas la rétroactivité de la loi !

C) LES NOUVEAUX PROBLEMES

Le nouveau régime de l'octroi de mer institué en 1989 a créé assurément de nouvelles interrogations :

C.1. Quid du recouvrement des droits sur les produits locaux ?

Par produits locaux, une interprétation restrictive pourrait bien laisser croire qu'il s'agit de biens manufacturés. Au contraire, il s'agit de tous les biens consommables et donc par conséquent des produits agricoles également. S'il n'y a pas de difficulté pour évaluer, et imposer, les marchandises qui sont exportées vers un autre DOM ou un autre pays, il est par contre plus délicat de cerner la production intérieure consommée localement.

C.2. Quid de la stratégie de développement ?

Pour que les exonérations contribuent à la promotion ou au maintien d'une activité économique dans les Départements d'Outre-Mer, la Commission estime qu'elles doivent s'insérer dans la stratégie globale de développement de chaque DOM. Mais, ils n'en n'ont pas. Les documents rédigés par les Conseils régionaux (PDR, SAR...) sont encore tenus trop secrets pour que l'on puisse dire que le grand public y adhère.

C.3. Quid des modifications en cours ?

Alors que les présidents des Conseils régionaux prônent officiellement l'unité, certains essaient de tirer profit d'une situation confuse. Il en est ainsi du Conseil régional de la Martinique qui, par sa délibération du 20 mai 1989 avait proposé une nouvelle répartition au profit des communes. Ce même Conseil régional avait, lors du vote du budget régional 1990, porté le taux du droit additionnel à l'octroi de mer de 0,75 à 1 %. Ces décisions risquaient de ne pas être approuvées par la Commission.

C.4. Quid des régimes dérogatoires ?

La nouvelle application de l'octroi de mer en 1989 comprenait deux autres régimes dont il n'est pas fait état dans la décision du Conseil. A savoir, d'une part, le régime d'exception (concernant les produits de première nécessité, les matériaux de construction et la non-application de l'octroi de mer à Saint Martin et Saint Barthélémy), et, d'autre part, le régime de remboursement qui est en vigueur lors de la vente de marchandises « Duty free » à des touristes de croisière. La Commission avait à charge de statuer sur ces particularismes.

Ces quelques questions montrent que tout n'était pas encore réglé et 1990 était bien « l'année POSEIDOM » car il y a un pas important qui devait être franchi entre la théorie et la pratique. C'est donc en se référant à la décision du Conseil du 22 décembre 1989, reconnue conforme aux traités par la Cour de justice des Communautés européennes, que des dérogations ont été accordées aux RUP de l'Europe (Acores, Madère, Canaries, etc.) et aux DOM si elles sont compatibles avec le traité et seulement si elles sont « nécessaires, proportionnelles et précisément déterminées ». La décision de 1989 a donc limité ces dérogations à une période de dix années, qui s'achevait fin 2002.

Entre temps, il fallait trouver comment remplacer ou réformer l'octroi de mer. La présentation par la France d'une demande de renouvellement du régime d'octroi de mer n'ayant pu être faite à temps en raison du contexte électoral, le texte E 2094 proposait de proroger le régime d'alors jusqu'au 31 décembre 2003. Ce délai d'un an devrait pouvoir permettre à la France de présenter un dossier complet pour une nouvelle dérogation.

Le retard pris lors de la préparation du dossier de renouvellement de l'octroi de mer a conduit la France à demander une nouvelle prorogation et à reporter à plus tard la discussion du nouveau régime. Les premiers contacts avec la Commission montrèrent que celle-ci ne se plaçait pas dans une logique de reconduction du système existant, mais plutôt de présentation d'un nouveau système, après avoir fait la démonstration au Conseil, sur la base d'éléments économiques et statistiques, que le régime de l'octroi de mer a eu un impact positif et que sa poursuite était nécessaire.

3.3.3. DE LA THÉORIE À LA PRATIQUE

Bien qu'il soit toujours tabou de parler de supranationalité, depuis la décision du Conseil de 89, la République française a dû « prendre les mesures nécessaires » pour que le régime de l'octroi de mer soit applicable à tous les produits importés ou aux productions locales. Ce qui amène à faire une approche juridique et une approche plus pragmatique.

A) L'APPROCHE JURIDIQUE

La rédaction nouvelle de cette décision était assez subtile car elle permettait d'écarter les grands débats sur la taxe d'effet équivalent à un droit de douane, la question des taux et celui de la TVA.

A.1. La Taxe d'Effet Equivalent à un Droit de Douane

La Commission avait toujours considéré l'octroi de mer comme une taxe d'effet équivalent à un droit de douane, et il était difficile pour elle d'admettre une exception aux principes énoncés par l'article 9 du traité en se fondant sur les stipulations de l'article 227-2. En conséquence, même si officiellement il n'y a pas déclassement de l'octroi de mer, celui-ci se retrouve parmi les impositions intérieures évoquées à l'article 95 du traité. De ce fait, les dérogations et exonérations temporaires seront autorisées. Il est bien clair cependant que tant qu'il y aura des exonérations, le régime ne sera pas en conformité avec les principes mêmes du grand marché intérieur.

A.2. Les taux

Selon l'article 2.2 de la décision : « les autorités compétentes de chaque département d'Outre-Mer fixent un taux d'imposition de base. Ce taux peut être modulé selon les catégories de produits. Cette modulation ne doit en aucun cas être de nature à maintenir ou à introduire des discriminations à l'encontre des produits en provenance de la Communauté ». S'agit-il d'un taux ou de plusieurs taux ?

Tel que rédigé, chaque « autorité compétente » s'arrogera le droit de définir le nombre de taux qu'elle veut. Si l'octroi de mer était réputé compliqué, pourquoi le Conseil laissa-t-il la porte aussi grande ouverte à toutes sortes de divergences entre les DOM ? De plus, qui va définir les catégories ? Sera-ce le tarif des douanes françaises ou une nouvelle classification des produits en fonction de leur usage ou de leur valeur ? Le seul critère qui ne sera pas respecté c'est la distinction entre les produits importés dans les DOM et ceux obtenus localement.

Quoiqu'il en soit, la multiplicité des taux peut, dans certains cas, permettre de « cibler » certains produits alors qu'au contraire un très faible nombre de taux peut accroitre les effets inégalitaires d'une taxe. Il est certes aisé de raisonner dans l'absolu, mais il est peut- être moins évident de gérer la réalité.

B) L'APPROCHE PRAGMATIQUE

Il est précisé dans la décision du Conseil que la France devra prendre toutes les « mesures nécessaires ». Mais elle n'indique pas quel régime fiscal intérieur devra être appliqué alors que la proposition de décision en date du 30 novembre 1988 évoquait la possible compatibilité avec les règles régissant la TVA. Cette différence avec le texte initial montre combien il était difficile de trouver un nouveau régime à l'octroi de mer tout en sachant que celui existant doit être supprimé.

Lors de la première séance du Conseil régional de la Guadeloupe, en séance plénière, le lundi 23 janvier 1989, il avait été présenté un rapport sur « l'avenir de l'octroi de mer » dont on peut retenir les éléments suivants :

« Des informations relatives aux travaux préparatoires (non publiés) du programme d'options spécifiques à l'éloignement et à l'insularité des départements d'outre-mer (POSEIDOM), il ressort en tout cas que les experts de Bruxelles ont souhaité écarter la solution d'une taxe sur le chiffre d'affaires de type cumulatif atteignant les produits à tous les stades du circuit de production et de commercialisation, sans que les phénomènes de cumul de taxes soient neutralisés par un mécanisme de déduction. Les taxes cumulatives, de fait, présentent des inconvénients bien connus : effets inflationnistes, pénalisation de la division des opérations économiques par rapport aux circuits intégrés, incertitude quant à la charge finale grevant le produit et, par voie de conséquence, difficulté à mettre en œuvre une exacte détaxation des exportations, ainsi qu'une juste re-taxation des importations.

Par nature, les taxes cumulatives favorisent l'apparition de phénomènes discriminatoires dont le droit communautaire poursuit précisément, en vue d'une égalisation des conditions de la concurrence à l'intérieur du marché européen, la complète élimination.

Deux directions restaient alors offertes, pour la mise en place d'une taxe sur le chiffre d'affaires destinée à remplacer l'octroi de mer :

- celle de l'institution d'une taxe unique, atteignant les produits à un seul stade du circuit de production et de commercialisation ;
- celle de l'institution d'une taxe intervenant à tous les stades du circuit, mais dont la charge globale est répartie entre ces différents stades grâce au mécanisme des déductions, c'est à dire d'une taxe sur la valeur ajoutée.

Ces deux directions ont été officiellement explorées, les modalités techniques envisagées pour l'imposition destinée à succéder à l'octroi de mer étant celles d'une taxe sur la valeur ajoutée additionnelle à la TVA d'Etat, et celle, qui aurait semble-t-il la préférence des experts européens, d'une taxe unique sur les ventes au détail, atteignant le produit au dernier stade du circuit économique, lors de son acquisition par le consommateur. »

Dans l'une ou l'autre des hypothèses retenues, la substitution n'est pas aisée.

1) La taxe à la consommation

Il devrait s'agir d'une taxe qui affecterait les produits au dernier niveau, celui de la vente. Donc, les investissements et les biens intermédiaires des entreprises en seraient exclus. La perception ne se faisant plus à l'introduction dans le département mais lors de la vente finale au consommateur, il s'en suivra, pour la période de mise en application de cette formule, un manque de trésorerie pour les collectivités bénéficiaires. Le recouvrement sera assuré non pas par le service des douanes comme pour l'actuel octroi de mer, mais par les services fiscaux. Au niveau du détaillant, et surtout, pour celui qui ne vend que des produits locaux, il y aura une modification des pratiques commerciales. Le négociant deviendra collecteur d'impôts, avec toutes les formalités supplémentaires que cela lui occasionnera sans avantage concomitant. La taxe devrait normalement être *ad valorem*, mais il n'est pas évident d'infliger à un marin- pêcheur, par exemple, de collecter une taxe fiscale et de la reverser par la suite à l'administration gestionnaire. Le contrôle rigoureux de l'application de telles dispositions nécessitera un effectif de fonctionnaires très important. La solution d'assujettir certains détaillants au forfait, tout comme pour la TVA, risque de fausser les chiffres et par la même entraîner l'augmentation des taux initialement prévus et par conséquent le coût de la vie. En tout état de cause on pouvait déjà déduire que les produits locaux et les services subiraient une augmentation (qui sera fonction du taux prévu par les autorités locales) alors que les produits importés subiraient une baisse sensible. Certains ont dit que les DOM étaient vraiment devenus les territoires d'exportation de l'Europe et que le POSEIDOM a anéanti les volontés d'industrialisation locale. Tout dépendrait du comportement des agents économiques.

L'autre hypothèse retenue par la Commission était celle d'une taxe se rapprochant de la « TVA-bis ».

2) La taxe additionnelle à la TVA

Bien que certains DOM soient exclus du champ d'application de la TVA, cette possibilité n'était pas à écarter. La grande particularité de cette formule, c'est qu'elle adopte le même mécanisme que la taxe à la valeur ajoutée bien connue. En plus, elle en élargit l'assiette en incluant également les services. Bien entendu, cette taxe additionnelle aurait un taux propre (ou plusieurs selon les orientations prises par les autorités locales), une déclaration distincte et des mécanismes de déduction séparés. Le cas de la Guyane pourra être évoqué à ce propos avec intérêt. Les effets de cette taxe se traduiraient par une imposition de la production locale et une légère baisse des produits importés (par rapport à la situation antérieure avec l'ancien octroi de mer). Les services subiraient un renchérissement dont les conséquences devraient être bénéfiques pour les assujettis qui pourront récupérer cette taxe.

Cette deuxième solution se rapproche, par certains aspects, à la Taxe de Soutien au Développement (TSD) formulée, il y a trois décennies, par le député Guy Lordinot et le groupe de Sainte Marie, à la Martinique. Pour reprendre la conclusion d'un spécialiste : « Globalement, le remplacement de l'octroi de mer par une TVA additionnelle devrait donc contribuer à ouvrir davantage l'économie des DOM aux importations des biens d'origine extérieure, dans une mesure un peu moindre que dans l'hypothèse de création d'une taxe unique sur les ventes au détail. »

3.3.4. LES TURBULENCES CRÉÉES PAR LA LOI DU 17 JUILLET 1992

On l'a vu plus faut, la décision du conseil en date du 22 décembre 1989 a fait beaucoup de bruit. Début mai 1991, le gouvernement français avait fait parvenir aux Conseils régionaux le texte d'un projet de loi. Il a fait l'objet d'une analyse par les partenaires socio-économiques. Pour leur part, le CES (Conseil économique et social) et les MPI ont fait des contre-propositions[136]. *In fine*, il ne s'avèrera ne pas satisfaire à leurs attentes. Ce texte, s'il procure certaines avancées est décevant tant sur la forme que sur le fond (sans jeu de mots, le pluriel serait bien singulier). Il est donc intéressant de l'examiner ci-après :

---

[136] Rapportées au chapitre 4.1.3.1 La proposition du Comité Economique et Social de la Réunion.

1) LA FORME

Ce projet de loi a été rédigé suite aux diverses propositions prises par les rapporteurs Toulouse et Thill sur l'octroi de mer. Mais l'on sentait également l'influence des thèses avancées par Jean Ripert dans son fameux rapport sur l'égalité sociale et le développement économique. Ce document avait donc une rédaction en forme de texte législatif. C'est bien. Cependant le rédacteur a péché par excès de précisions dans certaines parties et par trop peu à d'autres. Ce qui le rendait inexploitable. Il était en fait à mi-chemin entre un décret d'application et une loi.

L'appellation octroi de mer n'est citée que trois fois. Elle est volontiers remplacée par celle plus anonyme de « taxe régionale ». Il est d'abord fait allusion à l'imposition intérieure puis à celle touchant les produits importés. Certains commentateurs trouvèrent cette présentation malheureuse car la décision CEE du 22 décembre 1989 préconisait l'extension de la taxation des produits importés à la production locale, non l'inverse. L'articulation de ce texte est apparemment simple. Le mécanisme de la phase collecte a été présenté dans sa première partie, alors que la seconde était consacrée à la répartition.

2) LE FOND

Ce projet de loi se caractérisait par quatre nouveautés par rapport au régime de l'octroi de mer alors en vigueur. Elles touchaient à l'assiette, à l'exonération, aux personnes assujetties et à la répartition.

a) L'assiette : La réforme de l'octroi de mer envisagée à cette époque devait concerner les productions locales et les produits importés. Concernant la production locale : seraient alors soumises à la nouvelle taxe régionale proposée des activités économiques et non plus seulement des produits nommément désignés. Seraient donc concernées les activités de fabrication, de transformation ou de rénovation de biens meubles corporels, y compris les opérations agricoles et extractives. Concernant les produits importés : la nouvelle taxe s'appliquerait comme auparavant, à toutes les marchandises introduites dans une région d'Outre-Mer.

b) Les personnes assujetties : Il s'agirait en tout état de cause de celles qui effectueraient des activités de production. Toutefois, les producteurs dont le chiffre d'affaires (production) serait inférieur à 3 MF en seraient exclus[137]. Cependant, les intermédiaires ou importateurs pour des assujettis pourraient

---

[137] On voit la différence avec la loi du 29 juin 2015 qui n'exonèrera que les entreprises en dessous de 300 000 € de chiffre d'affaires.

eux aussi opter pour le régime d'assujetti si leur chiffre d'affaires pour cette activité est supérieur à 1,5 MF. Il était à craindre que certains « petits » producteurs n'osent s'épanouir et limitent volontairement leur chiffre d'affaires. Les plus grosses industries locales allaient-elles déclarer faillite pour recréer de nouvelles en fragmentant leur production pour ne pas atteindre la limite imposable ?

c) La base d'imposition : Elle serait constituée soit de la valeur en douane au lieu d'introduction, soit du prix hors taxe des produits locaux. Faut-il rappeler que l'Acte Unique Européen prônait l'abolition des frontières intérieures ?

d) Les taux : Ils étaient volontairement limités au nombre de quatre. Le plus important ne devant pas dépasser 26 %. (L'avant-projet de loi prévoyait un taux maximum de 30 %). Un droit additionnel au taux maximum de 1 % devait être institué par le Conseil régional. C'était en soi une bonne chose que le projet de loi précise la limite maximum des taux à appliquer puisqu'on l'a vu plus haut, les taux très élevés représentent un très faible pourcentage de la collecte. Il est cependant regrettable que les différents taux ne fussent pas fixés. Ce qui était à craindre, c'est que les Conseils régionaux ne choisissent pas les mêmes taux. Ce fut encore une fois une occasion perdue de faire l'unité des ROM !

e) Les réfactions : Un système de réfaction des taux était prévu pour les activités de production imposables mais aussi pour les exportations hors des Régions d'Outre-Mer ainsi que les livraisons de produits fabriqués dans une Région d'Outre-Mer et expédiées en Guyane. Ces réfactions pouvaient être partielles ou totales. Il n'était nulle part interdit d'appliquer le taux « zéro ». Par contre il ne pouvait être institué qu'une réfaction partielle par région. Là où le bât blesse, c'est que le texte insistait sur la notion de « catégorie de produits ». Cette notion qui n'a aucune signification en terme douanier pouvait-elle s'interpréter au regard de la règlementation fiscale ? Les juristes avaient enfin matière à discussion...

f) Le remboursement de la taxe : Il ne pouvait être opéré que lorsque le crédit d'impôt provenait d'un bien d'investissement ou lors d'exportation en dehors des DOM ou à destination de la Guyane.

g) La répartition : La répartition se ferait d'abord au profit des collectivités bénéficiaires dans le régime en vigueur à l'époque. La dotation globale qui leur serait affectée évoluerait « en fonction d'un indice égal à la somme du taux d'évolution de la moyenne annuelle du prix de la consommation des ménages et des 2/3 du taux d'évolution du PIB total en volume ». Si le produit à répartir était inférieur à celui de l'année précédente, il serait réduit à due concurrence.

On voit donc que, tout comme pour la DGF (Dotation Globale de Fonctionnement), le gouvernement serrait la vis. Il n'y aurait plus d'augmentation des recettes des collectivités locales venant de l'Etat basées sur l'augmentation de la TVA. La mise en place de calculs complexes, à terme, devrait se traduire par une baisse des recettes « en francs constants » pour les municipalités. L'excédent serait ensuite affecté à un Fonds Régional pour les Entreprises et l'Emploi (FREE). Ce fonds serait sensé compléter les moyens des régions pour leurs interventions économiques, avec notamment des aides aux entreprises. Un comité d'orientation du fonds, structure paritaire d'élus et de socio professionnels, veillerait à la bonne marche de ce fonds.

L'idée de création d'un fonds était excellente, mais si le système n'était pas bien verrouillé, il y aurait quelques risques de « dérapages ». Les expressions « contributions que les régions apportent aux organisations interprofessionnelles gérant des filières de produits » ou encore « contributions à la prospection de marchés externes » étaient à prendre avec circonspection quand on voit la gabegie de certaines collectivités depuis la décentralisation... Il est donc regrettable de constater que le projet de loi gouvernemental n'ait pas, tant soit peu, essayé d'atténuer les effets pervers de la répartition d'alors[138].

D'ailleurs, le projet allait même jusqu'à abroger la loi du 2 août 1984 alors que la décision CEE du 22 décembre 1989 demandait simplement que « d'ici le 31 décembre 1992 au plus tard, les autorités françaises prennent les mesures nécessaires pour que le régime de l'octroi de mer actuellement en vigueur dans les départements d'outre-mer soit applicable indistinctement, selon les principes et modalités énoncés aux articles 2 et 3, aux produits introduits et aux produits obtenus dans ces régions. » Nous en étions loin !

Il y aurait encore tant de choses à dire sur ce projet de loi... Le temps pressait. Il fallait absolument faire voter une loi française répondant aux exigences du Conseil.

Heureusement, ce projet de loi, n'est pas passé tel quel. Il aura fallu de très nombreux amendements, au risque de se voir abrogé par la Cour européenne de justice. Mais, pour que les amendements soient cohérents, il aurait été souhaitable que les domiens concernés qu'ils soient élus, socio-professionnels, chercheurs, contribuables ou consommateurs se mettent à réfléchir ensemble à l'occasion d'une grande conférence sur l'octroi de mer.

---

[138] Cf le chapitre 4.1.3. Analyse de différentes propositions.

SYNTHESE DE LA LOI DU 17 JUILLET 1992

La loi promulguée le 17 juillet 1992 reprenait les principales articulations énoncées plus haut, mais avec de sensibles modifications :

Article 1 : Les introductions de marchandises et les livraisons résultant de productions locales sont soumises à l'octroi de mer.
Article 2-2 : Certains équipements et matières premières importées peuvent être exonérées par les Conseils régionaux.
Article 3 : Les entreprises ayant un chiffre d'affaires inférieur à 3,5 millions de francs ne sont pas assujetties à l'octroi de mer.
Article 4 : C'est la valeur en douane qui est prise comme base d'imposition pour les importations. Alors que c'est le prix HT diminué de 15% (au titre des frais de commercialisation) qui est retenu pour les produits locaux.
Article 6 : L'octroi de mer qui a grevé les éléments du prix d'une opération imposable est déductible de l'octroi de mer applicable à cette opération.
Article 10 §1 : Les taux, au nombre de 8 maximum, sont fixés par les Conseils régionaux et ne peuvent dépasser 30%, sauf pour les alcools et tabacs (50%).
Article 10 §2 : Les exonérations (partielles ou totales) de la production locale sont possibles. Elles peuvent être présentées sous forme de taux réduit ou de taux zéro.
Article 13 : Les Conseils régionaux peuvent instituer un Droit Additionnel à l'octroi de mer au taux maximum de 1%.
Article 14 : L'Etat perçoit sur le produit de l'octroi de mer un prélèvement pour frais d'assiette et de recouvrement égal à 2,5% du montant dudit produit.
Article 16 : Le produit de l'octroi de mer est affecté à une Dotation Globale Garantie (DGG) réparti entre les communes, et en Guyane entre les communes et le département. Le solde est affecté au Fonds Régional pour le Développement de l'Emploi (FRDE) défini à l'article 18.

Cette loi sera complétée par une autre loi (n° 94-638 du 25 juillet 1994) qui créera un marché unique entre Guadeloupe, Martinique et Guyane pour mise en application au 1er janvier 1996. Ce dispositif permettait de payer l'octroi de mer dans le département d'origine et ne plus l'acquitter dans le département d'arrivée. Le fait que les productions locales soient également taxées en faisaient un droit de consommation.

Mais cette question reviendra en discussion une dizaine d'années plus tard avec les débats sur le projet de loi 2004.

3.3.5 La dérogation arrachée aux forceps avec la décision du 10 février 2004

Il faut reconnaitre que depuis le 25 novembre 1988, lors de la déclaration de Funchal (à Madère), les sept présidents des régions Canaries, Açores, Madère et des quatre DOM ont sensibilisé la Communauté européenne sur la notion de Régions ultrapériphériques des Communautés européennes, appelées depuis RUP. Les autorités françaises, espagnoles et portugaises ont alors régulièrement défendus ces territoires face à Bruxelles pour que soient pris en compte les handicaps économiques structurels liés à leur éloignement, leur insularité, la faible superficie, le relief et le climat. Ce qui sera admis à travers le POSEIDOM[139] puis dans l'article 299-2 du Traité d'Amsterdam (se substituant alors au 227-2) « sans nuire à l'intégrité et à la cohérence de l'ordre juridique communautaire, y compris le marché intérieur et les politiques communes » comme le précise le dernier alinéa.

Après les belles déclarations, venait la dure réalité. La décision du Conseil de 89 précisait, dans son article 3, que la Commission devait fournir au Conseil un rapport sur l'application du régime de l'octroi de mer, au plus tard un an avant la fin de la période de report de 10 ans (soit le 31 décembre 2001), « afin de vérifier l'incidence des mesures prises sur l'économie des départements d'outre-mer et leur contribution à la promotion ou au maintien des activités économiques locales ». En outre, il devait y avoir un rapport intermédiaire à fournir dans les 5 ans sur l'application du régime d'exonération. Dans le rapport « à 5 ans », la Commission constate, le 24 novembre 1999, que les départements d'outre-mer sont encore dans une situation économique et sociale beaucoup plus fragile que les autres régions de la communauté. Dans le rapport du 14 mars 2000, la Commission mentionne que les mesures devant être mises en œuvre conformément à l'article 299-2 doivent l'être avec les Etats-membres concernés sur la base des demandes circonstanciées formulées par ceux-ci. La Commission a demandé alors à la France de fournir au Conseil un rapport avant la fin de l'année 2001 sur la base d'une « demande circonstanciée » comprenant des éléments micro et macro-économiques mesurant les handicaps de l'ultrapériphéricité.

La France adressera à la Commission une première demande le 12 mars 2002. Comme indiqué plus haut, cette demande a été rejetée par la Commission qui a considéré que « cette demande ne précisait pas quels

139 Programme d'Options Spécifiques à l'Eloignement et à l'Insularité des Départements d'Outre-Mer, pour les territoires français, devenus plus récemment POSEI. Voir chapitre 3.2.1. La mythologie est-elle une réalité ?

biens il est envisagé d'exonérer dans le régime futur, ni les différentiels de taux qui s'appliqueront entre les produits locaux et les produits ne provenant pas du territoire et n'indiquait pas les justifications de ces exonérations et des différentiels de taux par rapport aux handicaps que supportent les DOM. »

L'IMPOT AIEM DES ILES CANARIES

Situées dans l'océan Atlantique, au large des côtes du Maroc, les îles Canaries font partie de la Macaronésie regroupant les archipels des Canaries (le plus peuplé), des Açores, de Madère et des îles du Cap vert. L'archipel forme une des 17 communautés autonomes d'Espagne. Sa capitale, ou plus précisément ses deux provinces sont Santa Cruz de Tenerife et Las Palmas de Gran Canaria. Etant des îles volcaniques au milieu de l'océan, leurs habitants les qualifient de « Réserve de la biosphère ». On y comptait un peu plus de 2 millions de canariens en 2012, avec une densité de 298 habitants au Km^2.

La loi espagnole du 6 juillet 1994 a apporté de substantielles modifications au régime fiscal de ces RUP afin de corriger les effets de l'éloignement et l'insularité avec notamment la création de ZEC (Zona Especial Canaria) pour l'implantation des entreprises locales, lesquelles bénéficient d'un régime économique et fiscal spécifique (imposition à 4%), d'une réduction jusqu'à 90% des bénéfices nets non distribués sur la base imposable (RIC), déductions pour investissements dans les secteurs stratégiques les plus avantageux par rapport au reste de l'Espagne, entre autres.

Il n'existe pas de TVA, mais un impôt local sur la consommation, l'IGIC, (Impesto General Indirecto de Canarias) comportant plusieurs taux. L'autre dispositif fiscal est l'AIEM (Arbitrio sobre Importaciones y Entregas de Mercancias en las islas Canarias). Il est conforme à l'article 349 du TFUE (Traité de Fonctionnement de l'Union Européenne) et s'applique aussi bien aux produits importés qu'aux productions locales. Ces dernières peuvent faire l'objet d'exonérations de taux ou subir une taxation de 5%, 10%, 15% ou 25%. Ce dernier étant réservé au tabac.

A noter que l'Espagne devait soumettre, au plus tard le 30 septembre 2017, à la Commission européenne, un rapport indiquant l'impact de l'AIEM et sa contribution aux activités économiques locales.

Le délai avant la fin de l'année 2002 étant trop court pour revoir sa copie, la France sollicita de la Commission une prorogation du régime en cours afin d'éviter un vide juridique. Ce report fut accordé par la décision du Conseil du 10 décembre 2002 qui reconnait la nécessité de maintenir des exonérations dans son neuvième considérant : « Les exonérations de la taxe octroi de mer participent aux mesures de soutien à la production locale. Il convient d'en assurer la continuité ».

C'est le 14 avril 2003 que la France adressera à la Commission sa deuxième demande. Elle devait mettre l'accent, chiffres à l'appui, sur les bienfaits de l'octroi de mer. C'est-à-dire son impact sur les recettes des collectivités mais aussi les secteurs exonérés et même les productions locales exonérées.

Entre temps, le Conseil de l'Union européenne a validé le régime de l'Arbitrio especial des îles Canaries. Ce qui permit d'avoir une base de travail pour la rédaction du nouveau régime d'octroi de mer.

L'octroi de mer ressemblant fort à l'AIEM, ce dernier ayant été validé par les instances européennes le 20 juin 2002 (après 2 ans de négociations), le ministère de l'économie et des finances, celui de l'outre-mer, les quatre Conseils régionaux et les acteurs économiques dont les MPI, se sont mis à la tâche. Il fallait présenter une proposition similaire à celle des Canaries.

Dans son recueil[140], Richard Crestor, alors Secrétaire général des MPI de la Martinique, pose la question : « Comment démontrer que les exonérations sont "nécessaires, proportionnelles et précisément déterminées" par rapport à ces handicaps ? L'écueil rencontré par la première demande française, qui visait à maintenir purement et simplement le régime de l'octroi de mer en cours, incita assez vite les différents partenaires participant à l'élaboration de la deuxième demande française à réfléchir à un nouveau modèle qui préserverait le plus possible certains avantages de souplesse du régime en cours que ne reprenait pas le modèle canarien, mais qui s'inspirerait néanmoins de ce modèle qui avait le mérite d'avoir été, peu de temps avant, validé par le Conseil de l'Union. En particulier, il apparut que la méthode à retenir ne devait pas consister à justifier les différentiels de taxation entre produits importés et produits locaux par une "position concurrentielle" c'est-à-dire par l'intensité de la concurrence plus ou moins importante qu'il pouvait y avoir entre tel et tel produit local et tel produit importé équivalent. (…) On reviendrait en effet dans ce cas à une logique purement "protectionniste" de l'octroi de mer visant à "protéger" le produit local de la concurrence du produit importé équivalent, ce qui de toute évidence, n'aurait pas été accepté par Bruxelles. » Les artisans de la seconde proposition durent réaliser un minutieux travail d'étude micro-économique en faisant l'inventaire exhaustif de la production locale (identifiée par code douanier), en mesurant les handicaps de ces productions liées à l'ultra périphérie tout en évaluant les surcoûts, et en répartissant les produits inventoriés en groupe homogènes selon l'importance de ces surcoûts.

[140] « Octroi de mer, 2004-2014, de la protection à la compensation », juin 2005.

La deuxième demande a été présentée à la Commission le 14 avril 2003. Les négociations ont mené bon train pendant huit mois. C'est le 17 décembre 2003 que la Commission a formulé une proposition de décision. Elle était finalement assez proche de l'argumentation française.

3.3.5.1 LES TERMES DE LA DECISION DU 10 FEVRIER 2004

A son tour, le Conseil a publié sa décision le 10 février 2004[141]. A en lire les considérants, elle ne s'écarte pas des préconisations de la Commission :

Dans les considérants 1 à 5, il est précisé le contexte amenant cette décision :

(1) Le Conseil précise que c'est bien en vertu de l'article 299 §2 du traité que ces dispositions sont établies pour répondre à la situation économique et sociale des RUP aggravée par l'éloignement, l'insularité, leur faible superficie et leur dépendance économique. Elle est conforme à sa précédente décision de décembre 1989 instituant le POSEIDOM.

(2) Les mesures dérogatoires prévues pour 10 ans sont expirées au 31 décembre 2002.

(3) La Commission devait soumettre au Conseil un rapport sur l'application du régime afin d'apprécier l'incidence des mesures et de la proroger ou pas. Les RUP étant dans une situation économique et sociale fragile, l'octroi de mer est important pour elles.

(4) Les mesures à mettre en place doivent l'être en partenariat avec les Etat-membres concernés sur la base de demandes circonstanciées.

(5) Cette demande a été faite par la France, une première fois, le 12 mars 2002, mais sans préciser les biens à exonérer ni les différentiels de taux.

Dans le considérant 6, la demande est exposée :

(6) Dans sa deuxième demande, datant du 14 avril 2003, la France répondait aux exigences de la Commission en demandant toutefois une taxation différenciée sur 15 ans et une révision tous les trois ans. Le différentiel serait de 10 points pour les produits de base et pour ceux pour lesquels un relatif équilibre a été trouvé entre la production locale et la production extérieure. Le différentiel de 20 points concernerait les produits nécessitant des investissements lourds influant sur les prix de revient des produits fabriqués localement. Le différentiel de 30 points s'appliquerait pour les entreprises de grande taille et aux produits d'une très grande vulnérabilité par rapport aux importations des pays voisins des DOM. Le taux de 50 points serait appliqué en Guyane et à la Réunion aux alcools et au rhum en particulier. Cette demande portait également sur une demande d'exonération pour les entreprises ayant moins de 500 000 € de chiffre

---

[141] Décision 2004/162/CE parue au Journal Officiel de l'Union européenne du 21 février 2004, pages L52/64 à L52/69.

d'affaires. La possibilité d'appliquer une réfaction de 15% sur la base imposable à l'octroi de mer des produits fabriqués localement ainsi que la possibilité pour les autorités locales de prendre des mesures d'urgence pour l'adaptation des listes étaient sollicitées.

Dans les considérants 7 à 13, le Conseil reconnait l'expression des besoins :

(7) Le Conseil mentionne les handicaps (éloignement, insularité, faible superficie, relief et climat difficiles, dépendance vis-à-vis d'un petit nombre de produits) déjà mentionnés dans l'article 299.

(8) La dépendance aux transports aérien et maritime est évoquée.

(9) La dépendance à l'égard des matières premières et de l'énergie est signalée.

(10) L'accent est mis sur la faible dimension du marché entrainant des lignes de production diversifiées mais limitées en volume pour répondre aux besoins du marché, ce qui entraîne des surstockages.

(11) La nécessité d'équipes spécialisées de maintenance et l'absence de sous-traitance sont évoquées comme étant des facteurs d'augmentation des charges et influant sur la compétitivité.

(12) Ces handicaps se traduisent par une augmentation du prix de revient, or il faut que les produits locaux soient compétitifs pour maintenir l'emploi.

(13) Les produits agricoles ont des prix de revient européens et ne sont pas compétitifs vis-à-vis de ceux des pays voisins.

Dans les considérants 14 à 16, la justification de la décision est avancée :

(14) Le principe de la proportionnalité a été retenu pour l'examen de la demande de la France.

(15) La proposition de la Commission est résumée.

(16) La conformité avec l'article 299-2 et l'article 90 du Traité est rappelée. La taxation ne doit pas devenir une arme protectionniste.

Dans les considérants 17 à 20, le détail du dispositif est précisé :

(17) Le différentiel de taxation ne concernera pas les produits alimentaires et agricoles qui bénéficient déjà d'aides.

(18) Trois taux de différentiel sont retenus affichant 10, 20 et 30 points.

(19) L'exonération sera accordée aux entreprises ayant moins de 500 000 € de chiffre d'affaires annuel.

(20) Pour ces dernières, selon ou non que ces produits soient locaux ou non, le différentiel ne devrait pas excéder 5 points.

Dans le considérant 21, l'affectation des recettes est rappelée :
(21) Elles servent au développement économique et social.

Dans le considérant 22, il est stipulé pour l'avenir :
(22) Les listes pourront être actualisées en fonction de l'apparition de nouvelles activités de production notamment.

Dans les considérants 23 à 25, le Conseil rappelle les consignes à respecter :
(23) La France devra informer la Commission de la mise en place du régime.
(24) Il sera d'une durée de 10 ans avec un rapport à la Commission au plus tard le 31 juillet 2008.
(25) la mise en application se fera au 1er janvier 2004 avec effet au 1er août 2004 afin que les autorités françaises aient le temps de mettre en œuvre une loi nationale.

De ces préalables, la décision du Conseil se décline en 7 articles et une annexe. Pour que cette décision ait force de loi, il a fallu la soumettre au vote des assemblées, après déclaration d'urgence, le 4 juin 2004 à l'Assemblée nationale et le 21 juin 2004 au Sénat.

3.3.5.2 LA LOI N°2004-639 DU 2 JUILLET 2004

Elle a été publiée au Journal Officiel du 3 juillet 2004. Elle formalisait ainsi les principales dispositions appliquées actuellement et modifiées peu ou prou par la loi de juin 2015[142] puis par la loi du 17 février 2017[143]. On peut en analyser son économie ci-après.

Cette loi abroge celle du 17 juillet 1992. Il y a deux sujets traités dans ce texte : d'une part, on décrit le régime d'exonération de la production locale des DOM et d'autre part, on définit un nouveau régime pour l'octroi de mer. Dotée de 54 articles, elle comprend trois parties :
_ Titre 1 : Assiette, taux et modalités de recouvrement de l'octroi de mer (articles 1 à 46)
_ Titre 2 : Affectation du produit de l'octroi de mer (articles 47 à 50)
_ Titre 3 : Dispositions finales (articles 51 à 54)

On peut noter quelques articles importants :

---

[142] Décrite au chapitre 1.1.3.4.
[143] Loi n°2017-256 du 28 février 2017 de programmation relative à l'égalité réelle outre-mer et portant autres dispositions en matière sociale et économique.

Article 5 : L'exonération est accordée aux entreprises faisant moins de 550 000 € de chiffre d'affaires. Cet article sera modifié par la loi du 29 juin 2015, dans son article 6.

Article 6 : Le Conseil régional est habilité à décider des exonérations des marchandises importées. Cet article sera modifié comme le précédent.

Article 7 : Les Conseils régionaux peuvent exonérer la production locale avec un taux zéro ou un taux réduit. Pour tenir compte des évolutions institutionnelles des DROM-COM, l'article 19 de la loi du 29 juin 2015 modifiera cet article en précisant que sont concernés les Conseil régionaux de Guadeloupe et de La Réunion, les assemblées de Guyane et de Martinique ainsi que le Conseil départemental de Mayotte.

Article 9 : La base d'imposition est la valeur en douane pour les importations, le prix hors TVA pour les productions locales et le prix payé ou à payer pour les exportations temporaires.

Article 10 : A l'instar de celui de la TVA, un régime de suspension est créé pour les marchandises en importation temporaire ou « sous douane ». La taxe étant liquidée à la mise en circulation des marchandises.

Article 14 et suivants : Les droits à déduction y sont définis. On peut noter (à l'article 24) que l'octroi de mer dont l'imputation n'a pu être opérée ne peut pas faire l'objet d'un remboursement, sauf dans le cas des taxes ayant grevé l'acquisition de biens d'investissement qui ont supporté l'octroi de mer ou les éléments du prix des produits fabriqués localement dont la livraison est exonérée. Cet article 24 a fait couler beaucoup d'encre puisque certains spécialistes y ont trouvé un « paradoxe fiscalo-comptable » dans la mesure où l'opérateur bénéficie d'un crédit d'octroi de mer qu'il ne peut se faire rembourser. Cet article sera complété par la loi de 2015 qui rajoutera certaines positions tarifaires (rhums, liqueurs et autres, peintures et vernis, papier hygiénique, essuie-mains, articles à usage chirurgical, médical ou hygiénique, non conditionné pour la vente au détail, barres de fer ou en acier).

Article 28 : Pour répondre à la décision du conseil du 10 février 2004, les autorités françaises instituent un nouveau dispositif dans la loi française avec un différentiel entre les produits importés et ceux livrés localement qui ne peut excéder 10, 20 ou 30 points, selon qu'ils fassent partie de la liste A, B ou C jointe en annexe. La loi du 29 juillet, en son article 20, simplifiera ce texte.

Article 29 : Comme prescrit dans les 3e et 4e alinéas de la décision du 10 février 2004, les biens produits localement doivent avoir un différentiel maximum de 15, 25 ou 35 points de pourcentage pour les produits mentionnés respectivement dans les parties A, B ou C de l'annexe, et 5 points pour tous les autres. Cet article sera abrogé par la loi de 2015.

Article 30 : Dorénavant, le Conseil régional devra adresser une fois par an et en début d'année, sauf cas d'urgence, au représentant de l'Etat une demande circonstanciée expliquant les différences de taux. Cet article sera actualisé dans la loi de 2015 pour être conforme à l'évolution institutionnelle.

Article 31 : Le Conseil régional devra adresser chaque année au représentant de l'Etat un rapport sur la mise en œuvre des exonérations décidées l'année précédente. Initialement, la décision du Conseil du 10 février 2004 sollicitait un rapport des autorités françaises qui devait être fourni à la Commission le 31 juillet 2008. Apparemment, la loi est allée beaucoup plus loin en exigeant un rapport annuel. La loi de 2015 mettra cet article en conformité avec les modifications institutionnelles.

Article 32 : Les produits agricoles importés doivent bénéficier du même régime que les produits locaux correspondants.

Article 37 : L'octroi de mer régional ne peut excéder 2,5%. Cet OMR est à prendre en compte dans le calcul du différentiel de points précisé à l'article 28. Le présent article sera modifié par la loi du 28 février 2017 (en son article 139) en autorisant la Guyane à avoir un taux d'OMR de 5%. Cette même modification autorisera un taux supplémentaire n'excédant pas 2,5% pour les assemblées de Guadeloupe, Guyane, Martinique, Mayotte et la Réunion qui auront signé le plan de convergence signé à l'article de ladite loi intitulée Loi de programmation relative à l'égalité réelle outre-mer et portant autres dispositions en matière sociale et économique.

Article 42 : L'administration des douanes a en charge la perception, le contrôle et le recouvrement de l'octroi de mer pour les importations, mais aussi pour les livraisons (bien que pour ces dernières, c'est le chiffre d'affaires des entreprises concernées qui est pris en compte).

Article 44 : Le prélèvement pour frais de recouvrement et d'assiette au profit de l'Etat est de 2,5%.

Article 47 : Le produit de l'octroi de mer, après le prélèvement pour frais d'assiette et de recouvrement, est affecté à une dotation annuelle garantie aux communes (et également au département, dans le cas de la Guyane). Le détail du mécanisme est précisé, avec notamment la possibilité d'affecter les excédents au fonds régional pour le développement et l'emploi (FRDE). Cet article sera modifié par l'ordonnance n° 2013-837 du 19 septembre 2013 et la loi du 29 juin 2015.

Article 49 : Un fonds régional pour le développement et l'emploi est créé et alimenté comme indiqué à l'article 47 par l'excédent de la dotation globale garantie. Une répartition spécifique est prévue pour les îles du sud de la Guadeloupe. A noter que la répartition se fait sur la base de la population. Pour les communes chefs-lieux de département, elles sont majorées de 20% et de 15% pour les communes chefs-lieux d'arrondissement. La part régionale est constituée de 20% des ressources de ce fonds.

Sur la base du projet de loi du 2 juillet 2004, les collectivités ont revu la grille des taux d'octroi de mer et d'octroi de mer régional.

_ Guadeloupe : délibération CR/04-1126 du 23 juillet 2004

_ Guyane : délibération AP/04-61-3 du 13 juillet 2004

_ Martinique : délibération 04-1340 du 12 juillet 2004 modifiée par la délibération 04-1915 du 26 octobre 2004

_ Réunion : délibération DAE/20040017 du 29 juin 2004.

Ce qui donne le tableau récapitulatif suivant :

Taxation par les Conseils régionaux en 2004

		Produits importés	Product° locale (*)	OMR
Gpe	Nombre de taux	10	1	1
	Taux normal		0%	1,50%
	Différents taux	0%, 2%, 5%, 7%, 10%, 15%, 20%, 25%, 30%, 50%		
	Taux maxi	50%		
Guyane	Nombre de taux	15	1	1
	Taux normal		0,25%	0,25%
	Différents taux	0%, 2%, 2,5%, 4,5%, 7,5%, 12,5%, 14%, 17,5%, 20,5%, 22,5%, 27,5%, 28%, 32,5%, 47,5%, 57,5%		
	Taux maxi	50%		
Martinique	Nombre de taux	11	1	2
	Taux normal		0%	1,50%
	Différents taux	0%, 2%, 5%, 7%, 10%, 15%, 20%, 25%, 30%, 40%, 50%		1,5%, 2,5 %
	Taux maxi	50%		
Réunion	Nombre de taux	8	1	1
	Taux normal		0%	0%
	Différents taux	0%, 3%, 4,5%, 11%, 16%, 21%, 26%, 49%		
	Taux maxi	49%		

Source : Octroi de mer 2004-2014, de la protection à la compensation

(*) Taxation de la production locale pour les produits répertoriés aux annexes de la décision du Conseil.

L'analyse de ce tableau donne les indications suivantes :

- Les Conseils régionaux ne se sont pas concertés pour les taux d'octroi de mer. La Réunion en a 8 alors que la Guyane en comptabilise 15. A part le taux de 40%, on constate qu'il y a concordance entre la Guadeloupe et la Martinique. Une telle profusion de taux complexifie le dispositif. Les assujettis et les douaniers ne s'y retrouvent plus. De fait, certaines lignes ont un faible montant et ne sont donc pas significatives de l'encouragement (pour ne pas utiliser le mot « protection ») des productions locales ;
- Pour rendre plus équitable les importations de produits dans une île au profit d'une autre, le système de compensation de recettes qui

existait dans le régime précédent a été repris pour éviter qu'un importateur avisé ne fasse l'introduction de la marchandise dans un DOM où le taux est plus bas et le réexpédie sur un autre afin de payer moins de taxes, pénalisant ainsi les recettes de cette deuxième collectivité. Toutefois, cette compensation ne se fait qu'à partir du taux en vigueur du DOM ayant enregistré l'introduction de la marchandise. Ce qui explique que, pour avoir des taux similaires à ceux de la Guadeloupe, le Conseil régional de la Martinique dût reprendre une délibération le 26 octobre 2004 pour corriger les écarts importants et les mettre à 5% au plus.

- Le taux nul a été choisi pour les produits fabriqués localement, sauf en Guyane où ce taux est à 0,25%. Un taux d'octroi de mer bas génère moins de recettes fiscales pour les collectivités. Les produits classifiés dans les listes des annexes de la décision du Conseil sont alors taxés au taux idoine ;
- Pour l'OMR, à part la Réunion qui est à 2%, les autres régions monodépartementales ont opté pour un taux de 2,5 %. On verra plus loin qu'elles se rattraperont sur ce point avec la loi de février 2017.

Par la décision n°2004/162/CE du 10 février 2004, le Conseil prorogeait la décision de 1989 avec maintien de l'octroi de mer jusqu'au 31 juillet 2014 à condition que la France fournisse à la Commission européenne un rapport d'étape au plus tard le 31 juillet 2008 pour permettre à celle-ci de juger de l'impact du dispositif et de proposer, en tant que de besoin, au Conseil des adaptations. Dans le rapport d'étape, transmis le 31 juillet 2008 à la Commission, et dont la mission d'information a pu avoir connaissance, les autorités françaises ont dressé un bilan positif du régime d'octroi de mer en soulignant :

- « l'impact économique direct du dispositif qui, en permettant une meilleure compétitivité des productions locales vis-à-vis des importations, permet le développement endogène des RUP sans entraver les importations ;
- l'impact économique indirect positif du dispositif, principale ressource propre des collectivités territoriales, utilisée au bénéfice du développement régional. »

Elles insistent néanmoins sur :

« - le besoin de simplification des obligations déclaratives en particulier pour les micro-entreprises qui disposent de compétences administratives et fiscales limitées ;

- le besoin d'adaptation des procédures relatives à l'adaptation des listes en cours de mise en œuvre, la précédente demande d'adaptation ayant nécessité plus de 40 mois d'instruction ;

- la nécessité de réviser les annexes de la décision pour introduire, en faveur de la Guyane, 77 nouveaux produits. Pour les autorités françaises, ces nouvelles inscriptions sont justifiées soit par des projets de productions nouvelles, soit pour compenser les surcoûts de fabrication locale de certaines productions, liés à l'étroitesse structurelle du marché guyanais. En outre deux autres facteurs jouent négativement sur la compétitivité des productions guyanaises locales : les échanges entre les départements des Antilles sont taxés au taux applicable à la production locale dans le département d'origine. La décision de 2004 modifiée autorise le dégrèvement partiel d'octroi de mer pour 180 produits de Guadeloupe et de Martinique, mais seulement 23 produits de Guyane ;

- la Guyane est la seule RUP ayant des frontières terrestres avec un pays du Cariforum ayant signé un accord de partenariat économique avec l'UE, le Surinam et un pays du Mercosur, le Brésil, aux coûts de production nettement inférieurs. Les produits agricoles et agroalimentaires (riz, jus de fruits) ainsi que les matériaux de construction (bois, ciment) devraient bénéficier de cette intensification des échanges selon la France. »

Mais ce nouveau dispositif avait une novation : les exonérations et réductions devaient s'insérer dans la stratégie de développement économique et social des DOM, et ne pouvaient désormais concerner qu'une liste détaillée de produits définis par référence à la nomenclature douanière et devaient respecter des différentiels maximums de taxation fixés pour chaque DOM en parties A (10%), B (20%) et C (30%) de l'annexe de la décision. L'actualisation de ces listes devant être adoptée par le Conseil, statuant à la majorité qualifiée sur proposition de la Commission européenne. De plus, seules les entreprises ayant un chiffre d'affaires supérieur à 550 000 € seraient imposées.

Comme cela a été indiqué aux membres de la mission commune d'information lors de leur déplacement à Bruxelles, le 15 avril 2009, par les responsables de ce dossier, la Commission européenne estimait que le rapport d'étape sur le régime de l'octroi de mer transmis par les autorités françaises n'était pas assez étayé sur le plan de l'impact économique et social de l'octroi de mer. Dans une lettre en date du 15 avril 2009, la Commission européenne trouvait que les justifications adressées par la France, dans le cadre du rapport à mi-parcours prévu par l'article 4 de la décision du Conseil du 10 février 2004 « sont insuffisantes pour apprécier les effets réels des différentiels de taxation à l'octroi de mer appliqués aux produits fabriqués localement sur l'activité économique dans le DOM concerné».

Toujours selon le rapporteur du Sénat : « La Commission considère, en particulier, que les autorités françaises n'ont pas démontré dans ce rapport l'impact réel de l'octroi de mer sur l'économie locale, notamment en termes de nombre d'entreprises et de nombre d'emplois créés grâce à ce dispositif. La Commission européenne devrait donc demander aux autorités françaises des informations supplémentaires. La Commission européenne souhaitait également demander des informations complémentaires quant aux 77 positions nouvelles sollicitées par la Guyane. La mission commune d'information propose donc que le Gouvernement rédige un rapport étayé sur l'impact économique et social de l'octroi de mer, de manière à satisfaire les demandes de la Commission européenne, et que ce rapport soit transmis au Parlement. De manière plus générale, la Commission européenne semble continuer à considérer que le régime de l'octroi de mer, même modifié, revient à introduire une taxe d'effet équivalent à un droit de douane et est donc contraire aux règles du traité. A cet égard, comme cela a été indiqué aux membres de la mission, la question de l'importance de cette taxe pour les recettes des collectivités locales ou encore celle de son impact sur les prix sont indifférentes aux yeux de la Commission européenne, qui ne déterminera sa position définitive sur le maintien ou non de ce régime dérogatoire qu'au regard des règles du traité et du principe de non-discrimination. La Commission européenne, ou du moins ses services, risque donc d'être assez réticente à l'idée d'une prorogation de ce régime au-delà de 2014. »

Une loi n'est applicable que s'il y a un décret d'application. La sortie de ce texte était très attendue. Il se devait d'être exempt de tout défaut. Hélas ! Le gouvernement dû s'y prendre par deux fois. D'abord en juillet, puis en décembre, pour corriger le tir.

3.3.5.3 LE PREMIER DECRET D'APPLICATION N°2004-784 DU 29 JUILLET 2004

Comme pour toute loi, celle du 2 juillet 2004 a eu son décret d'application n°2004-784 en date du 29 juillet 2004. Il est édifiant d'y lire les précisions suivantes :

Article 1 : Le décret précise ce que l'on doit entendre par biens meubles corporels. En l'occurrence, il s'agit de l'électricité, du gaz, de la chaleur, du froid et des biens similaires. Ce qui veut dire que les factures d'EDF seront dès lors majorées des taxes d'octroi de mer.

Article 2 : Les conditions de remboursement sont précisées pour les cas cités aux 1° à 3° de l'article 4 de la loi de 2004.

Article 3 : Les assujettis qui atteignent ou dépassent le seuil de 550 K€ ne pourront plus bénéficier d'exonération l'année suivante. Inversement, les entreprises de production qui passeront en dessous de ce seuil pourront bénéficier des exonérations.

Article 4 : Les biens doivent être utilisés pour l'activité économique déclarée, conservés pendant trois ans minimum. La location, le prêt ou la cession sont possibles si le bénéficiaire répond aux mêmes qualités que l'assujetti et qu'il utilise ce bien pour les activités hôtelières et touristiques.

Article 5 : Les matières premières doivent être des produits qui s'incorporent dans un processus de fabrication d'un produit fini ou semi-fini et/ou qui font l'objet d'une transformation substantielle. Cet article écarte les biens destinés à être montés, assemblés ou conditionnés.

Article 6 : Les déclarations doivent être trimestrielles.

Article 7 : Des précisions sont données en cas de disparition des marchandises ou si l'opération n'est pas effectivement soumise à la taxe.

Article 8 : Des précisions sont fournies sur les demandes de remboursement citées à l'article 24 de la loi de 2004.

Article 9 : Les Conseils régionaux ne peuvent changer de taux en raison d'une entreprise crée en cours d'année.

Article 10 : Pour répondre aux stipulations de l'article 31 de la loi de 2004, les Conseils régionaux doivent envoyer au représentant de l'Etat annuellement, avant la fin du premier trimestre, un rapport sur les écarts de taxation par produit de la nomenclature tarifaire combinée et par secteur d'activités afin de montrer qu'elles sont à la fois nécessaires et proportionnelles au regard des handicaps structurels permanents subis par les entreprises de production des DOM.

Article 11 : Les modalités d'identification des assujettis auprès de la Douane sont définies ici.

Article 12 : Des précisions sont données sur les circulations de marchandises au sein du marché unique antillais.

Article 13 : La déclaration périodique précisée à l'article 38 de la loi de 2004 devra être mensuelle.

Article 14 : L'article 39 de la loi de 2004 indique qu'un versement est opéré sur les taxes perçues sur les marchandises introduites dans un des deux départements du marché unique antillais et transférées dans l'autre. Les modalités du versement sont précisées dans cet article.

Article 15 : L'entrée en vigueur est fixée au 31 août 2004.

Article 16 : Les ministres concernés sont indiqués pour l'exécution de ce décret.

Aussi précis qu'il se voulût, ce décret dût être revu par le Gouvernement qui en publia un autre cinq mois après. Les assujettis firent grise mine mais durent se plier à cette nouvelle réglementation. C'est donc le décret 2004-1550 qui fera force de loi.

3.3.5.4 LE DEUXIEME DECRET D'APPLICATION N°2004-1550 DU 30 DECEMBRE 2004

Dans le Journal officiel du 1er janvier 2005 est paru le décret n° 2004-1550 du 30 décembre 2004. Il modifie le précédent texte sur les articles suivants :

Articles 1 et 2 inchangés. L'article 3 du décret du 29 juillet 2004 est supprimé.

Article 3 : Cet article a été rajouté par rapport à la rédaction du 29 juillet 2004. Il concerne l'exonération des biens importés en Guyane et dont la livraison et les taxes ont été faites dans le marché unique antillais. Le précédent décret pouvait être interprété comme obligeant une taxation des productions antillaises entrant en Guyane alors qu'elles étaient exonérées sur le marché unique antillais, et inversement.

Article 4 : Cet article correspond à l'article 3 du décret du 29 juillet 2004.

Article 5 : Correspond à l'article 4 du décret du 29 juillet 2004.

Article 6 : Correspond à l'article 5 du décret du 29 juillet 2004.

Article 7 : Correspond à l'article 6 du décret du 29 juillet 2004.

Article 8 : Correspond à l'article 7 du décret du 29 juillet 2004.

Article 9 : Correspond à l'article 8 du décret du 29 juillet 2004 avec une légère modification de la rédaction, mais n'en altérant pas le sens général.

Article 10 : Correspond à l'article 9 du décret du 29 juillet 2004. Il est fait référence à l'article 12 du présent décret. Le délai d'adoption des délibérations relatives à la révision des écarts doit se faire au plus tard le 15 février et non le 1er mars comme dans le décret du 29 juillet 2004.

Article 11 : Correspond à l'article 10 du décret du 29 juillet 2004. La phrase « A cette fin, les administrations financières transmettent aux Conseils régionaux les informations statistiques et non nominatives » est déplacée en fin d'article.

Article 12 : Correspond à l'article 11 du décret du 29 juillet 2004. Toutefois, le délai d'information la recette des douanes est reporté du 31 décembre au 31 janvier.

Article 13 : Correspond à l'article 12 du décret du 29 juillet 2004.

Article 14 : Correspond à l'article 13 du décret du 29/07.

Article 15 : Correspond à l'article 14 du même décret du 29 juillet 2004.

Article 16 : Il abroge le décret n°2004-784 du 29 juillet 2004 à compter de l'entrée en vigueur de celui-ci.

Article 17 : Correspond à l'article 16 du même décret du 29 juillet 2004.

Ce décret ne modifie pas grand-chose hormis l'introduction de produits venant du marché unique antillais et quelques modalités sur les dates.

Mais cette loi du 2 juillet 2004 imposait des contraintes, notamment celle de faire un rapport au représentant de l'Etat français. Le groupe lobbyiste EURODOM ne baissa pas les bras, il faut le reconnaître. Un rapport à mi-parcours de la précédente période budgétaire a été remis le 31 juillet 2008 par les autorités françaises à Bruxelles. Ce rapport a été rédigé par le sénateur DOLIGE et était intitulé « Les DOM, défi pour la République, chance pour la France, 100 propositions pour fonder l'avenir »[144].

En voici un extrait : « Le rapport transmis le 31 juillet 2008 à la Commission dans lequel les autorités françaises estiment que l'octroi de mer a eu un bilan positif en soulignant l'impact économique du dispositif permettant une meilleure compétitivité des productions locales et vis-à-vis des importations ainsi que le développement endogène des RUP sans entraver les importations. L'impact économique direct du dispositif est positif, l'octroi de mer est la principale ressource propre des collectivités territoriales, utilisée au bénéfice du développement régional. Il a néanmoins été nécessaire de réviser les annexes de la décision pour réintroduire en faveur de la Guyane 77 nouveaux produits. Comme cela a été indiqué aux membres de la commission sénatoriale commune d'information lors de leur déplacement à Bruxelles le 15 avril dernier par les responsables de ce dossier, la Commission européenne estime que le rapport d'étape sur le régime de l'octroi de mer transmis par les autorités françaises n'est pas assez étayé sur le plan de l'impact économique et social de l'Outre-Mer. La commission considère en particulier que les autorités françaises n'ont pas démontré dans ce rapport l'impact réel de l'octroi de mer sur l'économie locale en termes de nombre d'entreprises et de nombre d'emplois créés grâce au dispositif. La Commission européenne devrait donc demander aux autorités françaises des informations supplémentaires. De manière générale, la Commission européenne semble continuer à considérer que le régime de l'octroi de mer même modifié revient à introduire une taxe d'effet équivalent à un droit de douane et est donc contraire aux règles du traité. Les menaces pesant sur ce régime ne sont donc pas nouvelles même si elles semblent plus fortes aujourd'hui. Le régime de l'octroi de mer a fortement évolué passant d'une mesure équivalente à un droit de douane à un instrument fiscal de soutien au développement économique et constituant une ressource essentielle des collectivités locales. Le maintien de ce régime par l'Union Européenne dépend avant tout de la volonté de la France de se défendre. » Qu'en termes châtiés, EURODOM disait que le gouvernement français a voulu badiner la Commission européenne. Pourtant, les MPI de Martinique avaient travaillé sur ce dossier comme l'indique Richard Crestor[145] : « Le temps de "l'octroi de mer protection" de la production des DOM est ainsi définitivement révolu. Voilà instituée et confortée par Bruxelles la nouvelle logique de "l'octroi de mer compensation" des surcoûts de production des DOM. »

---

[144] Sur le site d'EURODOM, on peut lire que ce rapport est daté de juillet 2009, c'est-à-dire un an après la transmission du rapport à mi-parcours. Pourquoi ?

[145] Dans son ouvrage « Octroi de mer 2004-2014, De la protection à la compensation ».

3.3.6 LA CRISE CONTRE LA « PWOFITASYON »

En Guadeloupe, en 2009, suite au mouvement social[146], la collectivité avait pris la décision de baisser les taux d'octroi de mer sur plus d'une centaine de familles de produits, dits de première nécessité. Certains se sont vus affecter un taux « Zéro » (couches pour bébés, petits pots pour bébés, lait pour nourrissons…). Bien que les élus guadeloupéens se soient dits solidaires du mouvement social qui a duré 44 jours, ils ont quand même maintenu le taux de l'octroi de mer régional à 2,5%[147].

---

146 Beaucoup de réactions de la population sur les réseaux sociaux et notamment sur le blog des Etats généraux de l'outre-mer dont on peut citer un extrait du post de Sylvère Farraudière : *«D*ans les DOM, le cœur des revendications populaires de ce début 2009 ne porte pas sur les questions statutaires, privilégiées jusqu'à maintenant par les élus, mais sur deux points essentiels, entre autres problématiques : Aller vers plus de justice sociale et améliorer le pouvoir d'achat. La lutte est donc engagée contre les *pwofiteurs* qui s'accommodent d'une société à deux vitesses, celle des nantis et des « 40% de vie chère » et celle des « gagne petit », des minima sociaux, des chômeurs, parmi lesquels on trouve, hélas, la majorité de notre jeunesse désœuvrée. (…) Par ailleurs, l'analyse montre la part non négligeable de l'octroi de mer dans la hausse des prix. Or, cet impôt créé sous le Second Empire et prélevé sur les produits importés ou exportés dans les seuls DOM, est payé par tous les domiens, pauvres ou riches. Impôt indirect, plus que centenaire, par sa nature même il n'intéresse pas nos compatriotes de l'Hexagone. Ceux-ci ne paient pas l'octroi de mer. Pour adapter les prélèvements aux réalités de chaque DOM, les Conseillers régionaux modulent son taux en fonction de la nature des produits taxés. Ce taux est quasiment nul sur les produits de consommation de première nécessité. Mais on se rend bien compte que cela est insuffisant pour créer de la marge en faveur du pouvoir d'achat, sans ruiner les communes, vers qui vont l'essentiel de ses revenus. Voilà donc deux sources de rentrée d'argent dans l'économie des DOM (le sursalaire des fonctionnaires d'Etat et assimilés et l'octroi de mer) qui, paradoxalement, créent plus d'inconvénients que d'avantages dans ces DOM. Pour cette seule raison, nous devrions être tous d'accord pour les supprimer. Or, ce n'est pas ce qui se passe. Pourquoi ? Parce que la majorité des gens qui souffrent de cette situation, n'est pas consciente de l'origine de leurs souffrances. Il y a aussi la force de l'habitude et la peur du changement. Mais l'histoire nous apprend que la prime de "40% de vie chère" de même que "l'octroi de mer", sont deux institutions fossiles de la période coloniale, sur lesquelles les sociétés ultramarines se sont imprudemment développées. Aujourd'hui, ces sociétés ont à faire le choix douloureux entre deux options : se fossiliser comme leurs supports ou se dégager de ces fossiles pour se reconstruire, plus librement, avec un souci plus marqué vers l'égalité, la fraternité et le développement durable. Et, c'est là que la notion de "continuité territoriale" peut avoir sa pleine efficience comme solution globale. Pour cela, il faut considérer que le territoire national français, demain le territoire européen, forme un ensemble indivisible comme la République elle-même. Ce territoire pris dans sa globalité se présenterait d'abord comme une réalité d'ordre géographique. Il est évident que la Martinique, indépendante, ne se situerait plus dans ce scénario. Mais, ici et maintenant, on ne peut pas résoudre les problèmes posés dans les DOM, en ce début 2009, autrement qu'en liant les trois problématiques "continuité territoriale", "prime de vie chère" et "octroi de mer", sauf à vouloir continuer de traîner une situation pseudo-coloniale. *»*

147 Sans commentaire !

COMPARAISON OCTROI DE MER/TVA SUR QUELQUES PRODUITS DE PREMIERE NECESSITE A LA REUNION EN 2009

Produits de première nécessité	Octroi de mer	TVA
Lait	0 %	2,1%
Pain	0 %	2,1%
Aliments pour bébé	0 %	2,1%
Café	0 %	2,1%

Commencée en décembre 2008 à la Guyane, la crise s'est propagée comme un feu de broussailles aux Antilles puis à la Réunion. C'est d'ailleurs à l'île Bourbon que Sanjiv Dinama a réagi dans le journal Témoignages (le journal créé en 1944 par le Dr Raymond Vergès), en ces termes alarmistes : « Les recettes de l'octroi de mer sont en chute de près de 18% au cours du premier semestre 2009, ce qui représente 25 millions d'euros de moins par rapport à 2008 à la même époque. Rappelons qu'avec la mise en conformité de l'Union Européenne avec les règles de l'Organisation Mondiale du Commerce, la menace de supprimer l'octroi de mer est réelle. Or, l'octroi de mer constitue un élément déterminant de l'économie. En effet, selon les statistiques douanières, la baisse des recettes a atteint 11% au premier trimestre et 25% au second trimestre. Cette baisse de l'octroi de mer représente un manque à gagner important pour les communes pour qui l'octroi de mer représente jusqu'à 60% des recettes. Cette baisse de 25 millions d'euros des recettes de l'octroi de mer est une très mauvaise nouvelle pour les communes surtout dans un contexte budgétaire très tendu marqué par la crise. (…)

Or, l'octroi de mer constitue un élément déterminant de l'économie. Si l'octroi de mer est effectivement supprimé, les communes verront leur budget amputé de près de 250 millions d'euros. Les conséquences seront également dramatiques, d'une part, pour les producteurs locaux qui sont aujourd'hui protégés par l'octroi de mer et, d'autre part, pour les contribuables qui verront les impôts locaux inévitablement d'augmenter. A cela s'ajoute une fiscalité plus importante sur les biens et services pour le consommateur du fait de l'application du droit commun de la TVA. »

Et Sanjiv Dinama de conclure : « A partir de là, une suppression de l'octroi de mer et une application du droit commun de la TVA vont pénaliser le consommateur réunionnais. En effet, le taux d'octroi de mer moyen est de 6,5% et le taux de TVA "normal" est de 8,5% à La Réunion. Donc, TVA + octroi de mer représente en moyenne 15% (8,5% + 6,5% = 15%) à La Réunion, soit inférieur au taux du droit commun de TVA appliqué en France à 19,5%. Actuellement, avec la baisse de l'octroi de mer, les communes vont se retrouver en difficulté. Mais si l'octroi de mer venait à être supprimé, cela aurait des conséquences graves pour l'économie. Les communes seraient pénalisées, les producteurs locaux mis en difficulté, mais aussi le consommateur final par une augmentation de la fiscalité sur les biens et services si l'on applique le droit commun de la TVA. »

COMPARAISON REUNION / FRANCE CONTINENTALE

Réunion			France
TVA normale	OM (taux moyen)	Total	TVA
8,5 %	6,5 %	15 %	19,5 %

En pleine crise des « 44 jours », chacun y est allé de son information et même de sa désinformation.

Quelques mois après la crise, les chiffres tombent[148] : « Cette baisse de 26 millions d'euros des recettes de l'octroi de mer constitue aujourd'hui la plus grande menace qui pèse sur les budgets des communes surtout dans un contexte budgétaire très tendu marqué par la crise. Rappelons que notre île traverse actuellement une grave crise dont les conséquences sont une augmentation du nombre de demandeurs d'emploi. (...) Or la baisse de l'octroi de mer qui est dans sa plus grande partie reversé aux communes aura un impact sur les investissements. Rappelons que dans tout investissement la commune apporte sa quote-part. Or un investissement ne peut être réalisé si le plan de financement n'est pas bouclé. De même les acquisitions foncières deviendront impossibles notamment pour la construction des logements si les recettes communales diminuent comme cela est le cas actuellement. »

Recettes de fonctionnement des communes de moins de 10 000 habitants

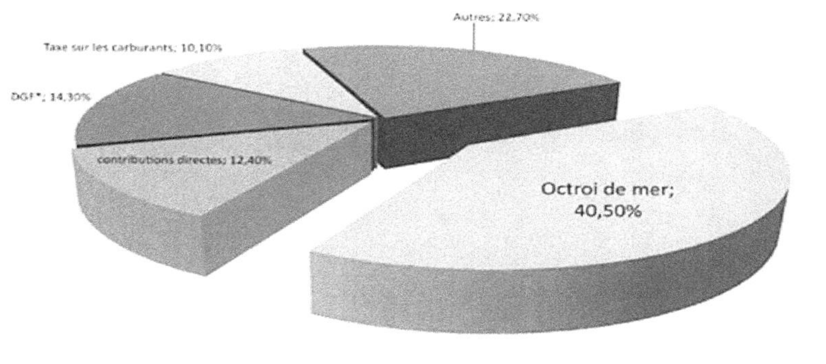

* Dotation globale de fonctionnement

[148] Ils sont rapportés par Sanjiv Dinama, le 22 septembre 2009 dans le journal *Témoignages*.

« Si dans les communes de moins de 10.000 habitants la part de l'octroi de mer représente une part importante des recettes, [par contre,] les communes de plus de 10.000 habitants restent les plus gros bénéficiaires de cette taxe. Quatre communes sur 25 perçoivent plus de 45% des recettes de l'octroi de mer (Saint Denis, Saint Paul, Saint Pierre et Tampon). » Et de conclure : « La baisse des recettes de l'octroi de mer est une mauvaise nouvelle dans un contexte économique aggravé par la crise. »

Taux de répartition de l'octroi de mer en 2009

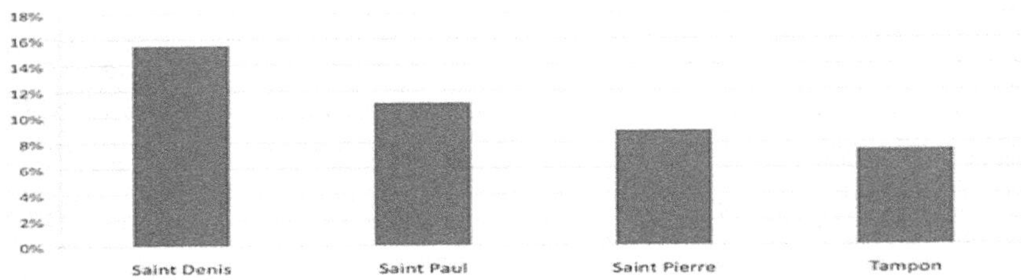

Ce n'est pas pour autant que les francophones de l'océan indien baissent les bras. En fait, depuis le 7 février 2004, à Maurice, il y a eu un accord de partenariat économique entre Madagascar, Maurice, les Seychelles, le Zimbabwe et l'Europe. Fin août 2009, une étape qualifiée d'« historique » a été franchie. Cet « accord intermédiaire » leur ouvre la totalité du marché de La Réunion sans quota, ni droit de douane, à l'exception du riz et du sucre.

Comparaison des recettes de l'octroi de mer sur les sept premiers mois de l'année 2008 et 2009 en millions d'euros

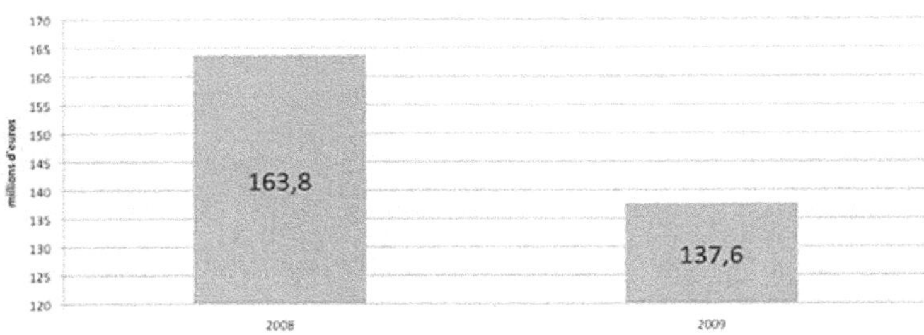

Si les Comores et la Zambie n'ont pas encore signé en même temps que les autres, en tant que PMA, ils avaient déjà droit à un accès sans quota, ni droit de douane au marché de l'Union européenne, et donc de La Réunion, dans le cadre de l'initiative unilatérale européenne « Tout sauf les armes ». « Il s'agit ici d'un accord commercial réciproque qui marque une étape cruciale par rapport à l'ancien système de Cotonou dont les préférences n'étaient ni compatibles avec les règles de l'Organisation mondiale de commerce, ni n'ont porté leurs fruits en termes de développement vers un partenariat moderne et durable », faisait ressortir l'Union européenne citée par *l'Express*. Le journal mauricien ajoutait : « grâce à cet accord intérimaire, Maurice bénéficie d'un accès hors taxe et hors quota au marché européen, et ce, avec des règles d'origine plus flexibles. Ainsi, Maurice peut, grâce à ces nouvelles règles d'origine, exporter des produits transformés fabriqués à base de matières premières importées ».

On est donc loin de la Convention de Lomé et des accords de Cotonou qui liaient les anciennes puissances coloniales et les 79 pays ACP (Afrique-Caraïbe-Pacifique)[149]. L'Europe est désormais en relation avec des pays qui n'ont pas eu d'empire colonial. Toutes les barrières à un libre-échange mondial doivent tomber. C'est le leitmotiv de l'OMC (Organisation Mondiale du Commerce). En un mot, faire baisser et disparaître toutes les restrictions à la création d'un marché unique mondial. Tous les droits de douane et les accords préférentiels sont visés. Voilà comment Manuel Marchal présente cette nouvelle donne[150] : « Sous peine de sanctions, l'Union européenne doit donc remettre en cause le système acté à Lomé, et qui, par ricochet, permettait par exemple aux Mauriciens d'avoir jusqu'à l'an dernier un quota et un prix garantis pour vendre leur sucre sur le marché européen. Cette époque est finie. Pour se conformer aux règles de l'OMC, l'Europe propose deux possibilités. C'est tout d'abord l'initiative unilatérale "Tout sauf les armes" (EBA). Elle permet aux pays qui sont considérés comme ayant de très graves retards de développement de bénéficier des facilités qui ne sont pas réciproques. Ainsi, l'Europe a ouvert la totalité de son marché sauf les armes sans que les PMA sont obligés de faire de même, ce qui lui permet de garder des relations commerciales avec des pays à qui les États-Unis proposent l'AGOA. EBA est compatible avec les règles de l'OMC car il entre dans le système des préférences généralisées. Dans notre région, des pays comme le Mozambique, Madagascar ou les Comores font partie des PMA. Mais les ACP ne sont pas tous des PMA, et appliquer un système de préférence généralisé signifierait intégrer non seulement les ACP, mais aussi tous les pays émergents ayant des niveaux de vie comparables aux ACP.

---

149 Voir Chapitre 2.1.4 ACP, C.B.I., CARIBCAN

150 Voir http://www.temoignages.re/economie/ape-changement-historique-dans-les- relations-entre-la-reunion-et-ses-voisins,38563

Dernière protection : l'octroi de mer. Alors pour que les relations commerciales continuent, les ACP et l'UE ont donc décidé d'aller au bout du système de Cotonou : ce sont les APE. Les Accords de partenariat économique sont conformes aux règles de l'OMC dans le sens où ce sont des accords qui permettent la "concurrence libre et non faussée" sur l'essentiel du commerce, ce qui, dans les faits, correspond à un minimum de 90% des échanges. Pour arriver à ces 90%, l'Europe décide d'ouvrir 100% de son marché immédiatement, et les ACP s'engagent à ouvrir d'ici une vingtaine d'années entre 80 et 95% de leur marché, tout en préservant de la concurrence européenne des secteurs stratégiques. En tant que région de l'Union européenne, La Réunion voit donc depuis samedi[151] les règles de l'APE intermédiaire s'appliquer. Ce sont celles de la mondialisation ultra-libérale puisqu'à part le riz et le sucre, tous les produits fabriqués dans la région vont pouvoir entrer sans quota, ni droit de douane à La Réunion. La seule protection qui reste pour notre production est donc l'octroi de mer, que l'Europe a dit considérer comme une taxe intérieure et qui n'a donc pas été sur la table des négociations, malgré l'insistance de plusieurs pays ACP. Et bien que deux pays de la région n'aient pas encore signé, depuis samedi[152], l'APE intermédiaire a une portée juridique. Quatre État et l'Union européenne l'ont signé, quant aux Comores et à la Zambie, l'initiative "Tout sauf les armes" leur ouvre de toute façon les portes du marché européen, et donc de La Réunion. C'est donc un changement historique qui s'accomplit : les règles de la mondialisation ultra-libérale s'appliquent à La Réunion. »

On doit cependant reconnaître que certains maires sont conscients de la situation. Ainsi, lors du congrès des maires de 2010 à l'Hôtel de Ville de Paris, Jean-Claude Lombion, maire de Morne-à-l'Eau et secrétaire général de l'Association des maires de Guadeloupe s'exprimait ainsi devant ses pairs lors de la Journée Outre-Mer de ce congrès : « D'ailleurs, l'an dernier, se sont tenus les Etats Généraux de l'Outre-mer, à la demande du Président Sarkozy, suite à la crise qui avait agité nos pays lointains, orchestrée en Guadeloupe par le *Lyannaj Kont* Pwofitasyon (LKP). Qu'en est-il ressorti ? Une déclaration d'intention du Chef de l'Etat, puis rien… La montagne a accouché d'une souris… Pour trouver des solutions nous permettant d'accéder à une certaine autonomie financière pour nos communes, nous devons donc d'abord compter sur nous-mêmes, sur notre intelligence, sur les aptitudes des nouvelles générations, sur notre niveau de formation et d'expertise, dans la coopération solidaire avec toutes les communes de France et surtout, de l'Outre-Mer français. C'est ensemble que nous parviendrons à imposer à ceux qui nous gouvernent les solutions qu'attendent nos communes et nos populations.

---

[151] Le samedi 29 août 2009.

[152] La baronne Catherine Ashton, Commissaire européenne au Commerce et négociatrice en chef du côté de la CE, reconnaissait la signature de cet accord intérimaire comme étant « un succès », bien qu'elle considérât que beaucoup restait à faire pour que soit aussi signé l'accord final.

Poursuivons donc la réflexion collective et le combat pour atteindre, pas à pas, l'autonomie financière de nos communes. »

Ainsi donc, les évènements de février 2009 ont permis un réveil des populations sur les prix pratiqués. Le bon sens populaire a toujours du mal à comprendre l'esprit retors de certains politiciens et responsables du monde économique qui manient la langue de bois ou ne veulent pas parler franchement du mécanisme des prix. Le plus bel exemple est celui des carburants.

3.3.6.1 LE SCANDALE DU PRIX DES CARBURANTS

Devant la levée de boucliers des automobilistes, les autorités restaient sourdes[153]. Dans tous les DROM-COM, il y a eu des mouvements de grève répétés des gérants de stations-service. Une des revendications de ces chefs d'entreprise était la lourdeur de l'imposition affectant les produits pétroliers. Pour comprendre, il faut savoir que la fiscalité des carburants dans les DOM est différente de celle appliquée en France métropolitaine.

La fiscalité des produits pétroliers dans les DROM-COM repose sur une loi du 31 décembre 1951 qui autorisait l'Etat à prendre par décret « toutes mesures jugées utiles pour alléger les charges de l'économie des départements d'outre-mer ». C'est ainsi que la taxe spéciale sur l'essence et sur le gazole a été instituée par un décret du 13 février 1952. Au départ, les recettes de cette taxe alimentaient un fonds géré au niveau national, le « Fonds d'investissement pour le Développement Economique et Social des Territoires d'Outre-Mer ». Les prélèvements devaient être affectées au réseau routier. Le Conseil général a donc géré la Taxe Intérieure sur les Produits Pétroliers (la fameuse TIPP, remplacée plus récemment par la Taxe Intérieure de Consommation, TIC). Avec la loi du 2 août 1984 instituant la région, cette compétence a été transférée au Conseil régional. Les critères de répartition qui incombent à ce dernier ont été modifiés par la loi du 13 décembre 2000 et codifiés à l'article L 4434-3 du CGCT. Le taux de la TSC (Taxe Spéciale de Consommation sur les carburants) ne peut excéder celui de la taxe intérieure de consommation applicable en France métropolitaine.

La taxe spéciale de consommation sur les carburants (TSC) qui est destinée à alimenter :

- le budget du Conseil régional (51%)
- le budget du Conseil général (27%)
- le budget des communes (22%)

---

[153] Lors des Etats Généraux de l'Outre-mer de 2009, une des contributions demandait « La fin de la gestion du prix des carburants par la préfecture, principe datant de l'époque coloniale. »

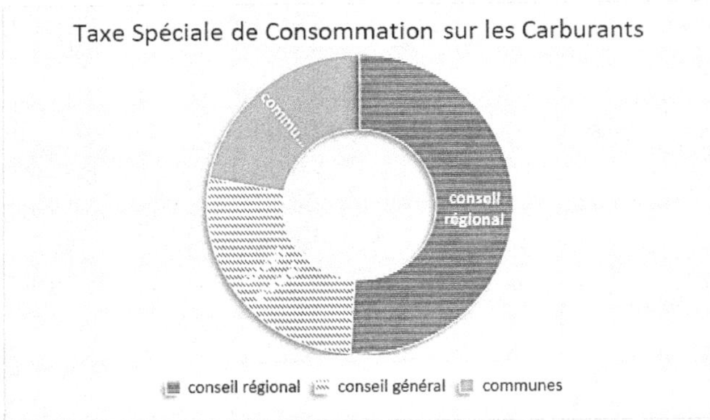

Taxe spéciale de consommation sur les carburants perçue par les communes

	2007	2008	2009	2010
Guadeloupe	*25 577*	*24 558*	*23 070*	*24 430*
Guyane	*13 043*	*13 762*	*14 270*	*13 219*
Martinique	*15 443*	*15 005*	*14 219*	*14 439*
Mayotte				
Réunion	45 909	46 377	47 456	

*E*n milliers € Source : Direction régionale des Douanes, in Cour des comptes

Sur ce sujet assez complexe, il faut aller à l'essentiel[154], en détaillant le prix des carburants ou plus exactement les marges sur l'essence :

Sur la base d'un litre de supercarburant sans-plomb vendu à la pompe dans une station-service de la Guadeloupe à 1,50€, on obtient :

0,12 €	Pour les gérants et propriétaires de stations (qui doivent encore déduire 0,08 € au litre au titre des salaires à verser, soit une marge réelle au détail de 0,04 € par litre vendu)
0,05 €	Pour les compagnies pétrolières au titre de la marge de gros (qui inclut les coûts de fonctionnement)
0,55 €	En taxes diverses pour les collectivités
0,76 €	Pour la Sara (il s'agit du maximum de facturation par la raffinerie hors déduction des opérations d'achat, de transports, de stockage et éventuellement de raffinage)
1,48 €	Total à la pompe. Les chiffres présentés ont été arrondis. Calculés normalement sur la base d'hectolitres et non de litre, ces derniers disposent normalement d'une série de 5 chiffres après la virgule permettant d'arriver au fameux 1,50 €.

Source : France Antilles, édition Guadeloupe du 1er et 2 février 2014.

[154] Bien que des informations sur la TICPE (Taxe Intérieure sur la Consommation de Produits Energétiques) ou sur la TIPP flottante (instituée par le gouvernement Jospin entre 2000 et 2002) permettraient de mieux comprendre cette nébuleuse.

Au surplus, on peut signaler la situation monopolistique du secteur. Aux Antilles et en Guyane, la SARA (Société Anonyme de la Raffinerie des Antilles) a pour actionnaires les compagnies Total (50%), Rubis (24%) et Esso (14,5%), Texaco-Chevron (11,5%). Pour la Réunion, il s'agit de la SRPP (Société Réunion Produits Pétroliers) qui a pour actionnaire Total et Shell. A Mayotte, Total assure toute la filière.

CONSOMMATION DES CARBURANTS DANS LES DOM

	Martinique	Guadeloupe	Guyane	Ensemble des DFA	Réunion	Ensemble DOM
Population	402 000	405 500	221 500	1 029 000	802 000	1 831 000
Super carburant	141 032	135 441	31 516	307 989	151 745	459 734
Gazole routier	154 302	178 738	67 359	400 399	326 495	726 894
Carburants routiers	295 334	314 179	98 875	708 388	478 240	1 186 628

En M^3 Année 2008

Concernant l'octroi de mer sur les produits pétroliers, on peut signaler que le rapport Boliet[155], en mars 2009, au plus fort de la crise sociale, signalait que « le calcul du montant de l'octroi de mer n'est pas conforme au code des douanes ». Le PNI (Prix Normal d'Importation) était différent de la valeur en douane. Ce qui avait pour conséquences la minoration des recettes des collectivités locales entre 10 et 15%, au bénéfice des consommateurs. (Exemple : sur la base du mois d'octobre 2008, manque à gagner sur un an en Martinique : 1,3 M€, et pour la Guadeloupe : 1,8 M€). Le rapporteur concluait ainsi : « la modification de l'assiette entraînera une hausse des prix (moins de 1 centime par litre), sauf si les collectivités locales ajustent leurs taux. »[156]

Montant des taxes dans le prix des carburants au 1er décembre 2008 (avant la crise de 2009)

	Gne	Gpe	Mque	Réu	Métropole
% des taxes dans le prix de vente au détail du gazole	37,6 %	28 %	21,8 %	35,8 %	59,7 %
% des taxes dans le prix de vente au détail des supercarburants	47,4 %	40,5 %	40,9 %	50,8 %	72 %

Source : Rapport de l'Assemblée nationale 1885 du 29 juillet 2009.

Le rapport d'information fait à l'Assemblée nationale[157] en juillet 2009 donne alors la structure des prix des produits pétroliers :

[155] Anne Boliet était alors inspectrice générale des finances.

[156] Lire dans France Antilles, édition de Martinique du 17 février 2014, le dossier « Prix des carburants : une baisse, un leurre ? »

[157] Rapport n° 1885 du 29 juillet 2009, présenté par Jacques Le Guen et Jérôme Cahuzac.

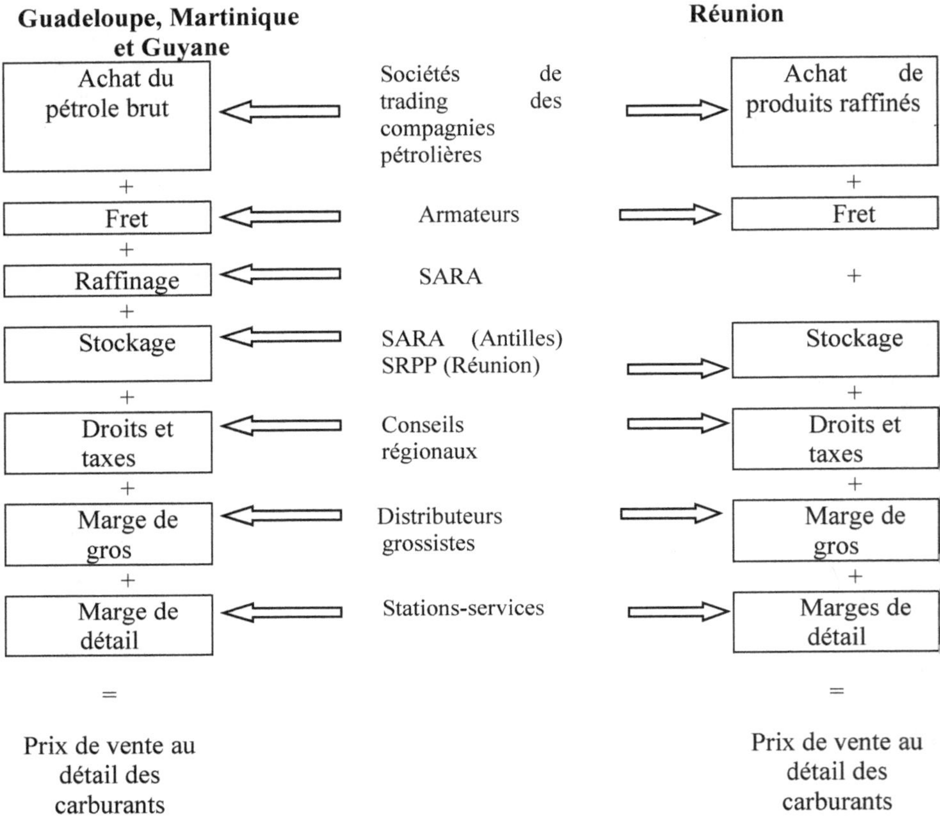

Ce rapport faisait un constat : les préfets en charge de la fixation des prix n'avaient pas tous les éléments nécessaires pour le faire. En effet, de nombreux éléments leur échappaient. Ainsi, les prix des carburants et pétroles bruts étaient fixés par le marché. Les nombreuses taxes des Chambres de commerce et d'industrie, la TSC et l'octroi de mer pouvaient impacter le prix. Les préfets se contentaient de fixer le prix de sortie raffinerie (pour la SARA), les droits de passage et la marge de distribution sans réellement piloter les deux premiers ni la répartition entre marge de gros et marge de détail de la seconde. Ce rapport reconnait que « l'existence d'une fiscalité représentant entre 40 et 50% du prix des carburants et, relevant de la seule compétence des collectivités territoriales et autres organismes publics, limite donc considérablement les marges de manœuvre du préfet ».

Il préconisait toutefois quelques axes dont notamment la création d'un comité de suivi, l'affichage dans les stations-services des prix administrés avec la précision du prix maximum, le recensement des cuves privées, la transmission des contrats par les compagnies pétrolières aux DRCCRF, le maintien de l'administration des prix du carburant dans les DOM par le préfet, et le retour au prix « réel » des carburants.

	Octroi de mer				Octroi de mer régional			
	2008	2017	2008	2017	2008	2017	2008	2017
	Supercarburan t		Gazole		Supercarburant		Gazole	
Guadeloupe	5%	7%	5%	7%	2,50%	2,50%	2,50%	2,50%
Guyane	4,50%	4,50%	4,50%	4,50%	2,50%	2,50%	2,50%	2,50%
Martinique	7%	7%	0	0%	2,50%	2,50%	1,50%	1,50%
Réunion	21%	20,5%	3%	2,5%	2%	2%	2%	2,5%

Sources : rapport Assemblée nationale et Douanes

Pour tenter d'être plus clair sur la question, il faudrait lire les cinq rapports rédigés entre 2009 et 2010. Les comptes-rendus de missions venues aux Antilles et à la Réunion depuis ont été gardés sous le sceau « confidentiel ». Le rapport Penchard (alors Ministre des Outremers) n'avait pas non plus été communiqué. Ce qui a fait dire à Victorin Lurel, le 30 mars 2011 que « le gouvernement cautionne un système opaque et injuste ». Quand il a été ministre à son tour, il a beaucoup communiqué sur « la méthode »[158], mais peu sur le fond.

Sociologiquement la voiture, et tout ce qui y touche, est un sujet sensible pour les domiens. Il en est pour preuve les interminables files d'attente (voire les scènes d'émeutes) devant les pompes à chaque annonce d'une grève des gérants de stations-services. Mais il y a aussi des mobilisations de la population quand il s'agit de la hausse des prix des produits de première consommation.

Quelle est véritablement la part de l'octroi de mer dans les taxes qui affectent le prix de l'essence ? Le tableau ci-dessous permet de se faire une idée :

---

[158] Les « Décret LUREL » du 27 décembre 2013 (Décrets n°2013-1314 pour les Antilles et la Guyane, n° 2013-1315 pour la Réunion et 2013-1316 pour Mayotte, JORF du 31/12/13) sont assortis2013 d'un arrêté de méthodes (qui diffère selon les régions) signé le 5 février 2014. Le décret Penchard fixait la rémunération des pétroliers sur les capitaux mis en œuvre pour le raffinage (8%) et le stockage (12%). Pour le décret LUREL, la rémunération est fixée à 9% mais c'est surtout l'assiette qui change et qui concerne les capitaux propres. Ce qui a donné, théoriquement, une baisse de 1,6 centime d'euro.

DIESEL OU ESSENCE SANS PLOMB ?

Encore une autre bizarrerie dans ce domaine : pourquoi pendant des années, on nous a incité à acheter des véhicules diésel (D, TD, DCI, TCE... et autres appellations généralement usitées par les constructeurs) et aujourd'hui, nos gouvernants veulent à tout prix que l'on achète des véhicules à l'essence sans plomb ? La réponse est simple.

Prenons deux véhicules du même modèle et du même constructeur, équivalent en puissance, parcourant chacun 15 000 Km par an. Le premier est au « Sans plomb » et consomme 8,5 l aux 100 Km. Le second au Diésel consomme 5,8 l aux 100 Km.

Le calcul est simple :

- Dans le 1er cas : consommation annuelle : 1 275 litres, taxés à 0,86 EUR = 1096,50 EUR.
- Dans le 2ème cas : consommation annuelle : 870 litres, taxés à 0,66 EUR = 574,20 EUR.

Soit 522,30 EUR de différence.

Si l'on tient compte du parc automobile français de 38 millions de véhicules, il est facile de calculer que la disparition programmée du diesel (représentant environ 60 % des motorisations actuelles) permettrait à terme une entrée fiscale supplémentaire de plus de 11 milliards d'euros par an.

En outre, selon une étude faite par Hyperassur.com en mai 2016, il ressort d'un sondage que 51% des conducteurs affirment qu'il n'y a pas de différence entre l'essence et le diesel. Les experts sont affirmatifs : l'essence produit plus de CO^2 que le diesel. Par contre les Oxydes d'Azote (NOx) sont extrêmement néfastes et le diesel en rejette bien plus que l'essence.

CQFD.

3.3.6.2 LE BOUCLIER DES PRIX

Pour beaucoup, en 2009, les décisions gouvernementales prises lors de la crise des « 44 jours » n'étaient que des inventions techniques pour faire de la communication gouvernementale. Les prix ont été gelés sur le moment, mais l'inflation a repris de plus belle une fois les grévistes apaisés.

LOI « CONTRE LA VIE CHERE » ET BOUCLIER DES PRIX

Pour calmer les plus virulents, le gouvernement a fait voter le 20 novembre 2012, soit près de trois ans après les soubresauts des anciennes colonies contre la « Profitation », la loi relative à la régulation économique outre-mer. Plus connue sous le nom de loi « contre la vie chère », elle a été publiée au Journal Officiel le 21 novembre 2012, sous le n° 2012-1270.

Le texte :

- Permet au gouvernement de prendre par décret des mesures de régulation des marchés de gros et de la chaîne logistique, y compris le fret, pour créer les conditions d'une véritable concurrence sur les marchés de détail ;
- Crée, pour les Outre-mer une nouvelle infraction de concurrence destinée à réprimer les accords exclusifs d'importation, sauf lorsque l'opérateur pourra démontrer que cet accord est le seul moyen de faire bénéficier les consommateurs d'une économie de coût effective et véritable ;
- Permet aux collectivités territoriales de saisir l'autorité de la concurrence pour lutter contre les pratiques anticoncurrentielles dans leurs territoires respectifs ;
- Abaisse le seuil pour le contrôle des concentrations dans le commerce de détail, ce qui permettra de contrôler la plupart des opérations portant sur des surfaces de vente supérieures à 600 m² ;
- Dote l'Autorité de la concurrence du pouvoir d'adresser des « injonctions structurelles » aux opérateurs de la grande distribution Outre-mer.

La loi prévoit par ailleurs un dispositif d'accords de modération de prix, pour le panier-type avec les organisations professionnelles du secteur. Voir le décret 2012-1459 du 26 décembre 2012.

3.3.6.3. L'HARMONISATION DES TARIFS D'OCTROI DE MER

Les Conseils régionaux de Martinique et de Guadeloupe ont enfin compris que le MUA (Marché Unique Antillais) ne deviendra réalité que si chaque île y met du sien. Un des facteurs d'une véritable coopération régionale passe par l'harmonisation des taux d'octroi de mer, mais aussi des autres dispositifs permettant l'investissement outre-mer. Il en est ainsi de la défiscalisation des investissements outre-mer, qui est issue des dispositions de la loi de finances rectificative du 11 juillet 1986, plus connues sous le nom de « loi Pons ». Elle a subi beaucoup d'évolutions. Les sempiternels débats entre les supporters et les opposants de ce dispositif ont alimenté la chronique[159]. Pour juger de son bien-fondé et statuer sur sa prorogation ou

[159] Lire à ce propos l'article rédigé par Fred Le Breton, en 1990 dans la revue Parabole, de la Jeune Chambre Economique de Pointe-à-Pitre et sa Région, intitulé « Défiscalisation, piège à cons ! »

non, l'Assemblée nationale a envoyé sur place, début 2013, une délégation qui a préconisé dans un rapport le maintien des dispositifs de défiscalisation des investissements outre-mer. La mission menée par les députés Jean-Claude Fruteau (PS, La Réunion) et Patrick Ollier (UMP, Hauts-de-Seine) propose cependant certains aménagements relatifs aux avantages accordées aux entreprises (le « Girardin industriel ») pour améliorer leur efficacité mais qui ne concernent pas directement l'octroi de mer. Cette remarque n'est pas si sibylline qu'elle y parait. En effet, il est régulièrement reproché aux anciennes colonies d'être « les danseuses de la France »[160]. Cependant, elles permettent à « la mère patrie » d'être une grande puissance mondiale. Les DROM-COM et autres territoires ayant plus de 560 000 Km^2 de terres émergées, une zone économique exclusive (ZEE) de plus de 11 millions de Km^2 (soit 8% des ZEE pour 0,45% des terres émergées), une population supplémentaire de près de 2,5 millions d'habitants, une influence géopolitique reconnue qui s'étend sur toutes les latitudes et sur tous les continents et océans. Elles offrent ainsi la diffusion de la culture française à travers le monde, mais aussi sont un vivier d'artistes et de sportifs en tous genres. Entre les intérêts stratégiques (base spatiale idéalement installée à Kourou en Guyane) et les intérêts scientifiques (les zones tropicales sont des viviers d'une richesse exceptionnelle pour l'écologie), elles se distinguent par un intérêt économique non négligeable.

Or, régulièrement, les Antilles, la Guyane et la Réunion sont mis à l'index pour les avantages qu'ils obtiennent de leur appartenance à la France et à l'Europe. Régulièrement, les médias font allusion aux avantages des fonctionnaires travaillant dans les DOM, aux niches fiscales ou aux régimes dérogatoires dont ils bénéficient.

L'octroi de mer survivra t'il à toutes les attaques dont il fait l'objet ? Il y a eu tant d'affaires louches qui ont troublé l'esprit de ses plus ardents défenseurs.

---

[160] L'édification du lecteur sera à son comble quand il lira ou relira « Les danseuses de la France » écrit par Philippe de Baleine, en 1979, chez Plon.

4. L'OCTROI DEMEURE ?

4.1. DE PROFONDIS

L'octroi demeure ?

Mais pour combien de temps encore ?

Après avoir vu ses caractéristiques générales, puis le contexte particulier de l'Acte unique européen, et ensuite ses évolutions erratiques, après sa remise en cause par le POSEIDOM et enfin depuis la promulgation des dernières lois françaises qui traduisent dans notre législation les exigences de Bruxelles, il est bon de s'interroger sur l'avenir de l'octroi de mer.

Son avenir sera donc fonction des évolutions jurisprudentielles, elles-mêmes inspirées des rapports de spécialistes qui font des propositions de modification du régime. La théorie s'inclinera-t-elle devant la réalité ? L'alternative actuelle ne sera-t-elle pas de laisser mourir l'octroi de mer empêtré dans des dédalles de complexités administratives ou au contraire de lui substituer une taxe plus adaptée aux finalités de l'octroi de mer ?

Les lois de 1989 et de 1992 se voulaient exemplaires. Hélas, il s'en est trouvé quelques plaignants qui ont esté en justice afin de contester l'octroi de mer dont ils étaient assujettis. Celles de 2004 et de 2015 ont mis en vigueur de nouveau principes qui sont là encore contestés. L'examen des litiges sera édifiant quant aux « astuces » qui furent trouvées par les différentes juridictions pour ne pas statuer sur le fond, donnant en cela raison à ceux qui préconisaient sa suppression. Heureusement que des chercheurs ont osé faire des propositions de substitutions. Elles seront d'ailleurs analysées ci-après.

4.1.1. PAS D'OM POUR LEGROS

Parmi les affaires dont on a beaucoup parlé, il y en a une qui a dépassé le simple stade de l'anecdote. Il s'agit du litige opposant un importateur réunionnais de véhicules automobiles allemands à l'administration des douanes. Vu l'importance de cette affaire qui a fait jurisprudence, il serait bon de l'examiner.

Il s'agit donc d'une demande de décision préjudicielle, présentée au tribunal d'instance de Saint Denis (la Réunion), jugement rendu le 17 avril 1989, dans l'affaire Léopold Legros contre la Direction régionale des douanes de la Réunion. La Cour de justice des Communautés européennes a été saisie le 18 juillet 1989.

Le tribunal d'instance demande à la Cour de justice de statuer sur les questions suivantes :

1) Dans la mesure où la région monodépartementale de la Réunion est incluse dans le territoire douanier de la Communauté [par application de l'article 227 paragraphe 2 du traité CEE et de l'article 1er du règlement (CEE) n° 1496/68 du Conseil, dans la mesure où l'acte d'introduction du véhicule du demandeur s'apparente à un véritable échange commercial entre un Etat membre et un Etat tiers, faut-il considérer l'octroi de mer comme une taxe d'effet équivalant à un droit de douane au sens de l'article 9 paragraphe 1 du traité CEE, qui créerait une frontière fictive dans le territoire douanier communautaire entre la Réunion et un pays tiers de la Communauté, qui méconnaitrait également l'exigence prévue à l'article 9 paragraphe 1 du traité CEE d'une protection tarifaire uniforme dans les relations des Etats membres avec les Etats tiers, peu important que cette taxe soit perçue également sur les marchandises françaises, qu'elle soit qualifiée par la loi française de droit de consommation et non de droit d'importation, qu'elle soit levée par les collectivités locales (région, département et communes), que sa finalité soit financière pour les ressources des communes de la Réunion, que certains produits en soient exonérés, ou enfin qu'elle soit justifiée par des handicaps économiques et sociaux ou des retards spécifiques à la Réunion ?

2) Ou, différemment, faut-il considérer l'octroi de mer comme une imposition intérieure au sens de l'article 95 du traité CEE, à savoir une charge pécuniaire relevant d'un régime général de redevances intérieures et appréhendant systématiquement, suivant des critères comparables, en l'espèce une catégorie entière de produits français et de produits importés (voitures de tourisme et autres véhicules pour le transport des personnes) tous placés dans une situation comparable, quel que soit leur origine, alors même que cette imposition intérieure présenterait la particularité de n'être exigée que dans les régions de l'outre-mer français et non sur l'ensemble du territoire national, alors même que certains produits introduits ou importés à la Réunion (tels par exemple les châssis, pièces et accessoires pour autocars et autobus, destinés à l'industrie locale de montage de véhicules de transport en commun de personnes) sont exonérés de l'octroi de mer, ce qui reviendrait à protéger indirectement une production intérieure, alors même qu'aucune production locale n'est frappée par l'octroi de mer, ce qui tendrait à établir que tous les produits et producteurs des départements d'outre-mer (dans le cas d'espèce de l'industrie automobile) constituent une catégorie qui peut bénéficier d'avantages fiscaux pour des motifs économiques et sociaux propres à la Réunion ?

Cette question préjudicielle relative à l'octroi de mer était en fait la première en date.

Les faits : il y a eu importation à la Réunion de véhicules allemands achetés en métropole.

Les thèses en présence : L'Etat français qui représente les services des douanes invoque l'acte de commerce interne, ne soulevant aucune question de compatibilité avec le traité de Rome. Le demandeur, le Sieur Léopold Legros, invoque la notion d'acte de commerce international.

L'élément juridique : c'est la contestation de la légalité de l'octroi de mer.

La procédure : il y a eu jugement rendu par le tribunal d'instance de Saint Denis de la Réunion le 17 avril 1989 conduisant à saisir la Cour de Justice des Communautés Européennes (CJCE).

On pouvait penser qu'elle n'aurait qu'une alternative : la « condamnation » pure et simple de l'octroi de mer ou au contraire son autorisation au titre des mesures dérogatoires prévues dans le traité de Rome. L'astuce consisterait-t-elle à ne donner un avis que sur le seul secteur de l'automobile ?

Dans son arrêt rendu le 16 juillet 1992[161], la Cour a dit pour droit qu'une taxe proportionnelle à la valeur en douane des biens perçue par un État membre sur les marchandises importées d'un autre État membre en raison de leur introduction dans une région du territoire du premier État membre constitue une taxe d'effet équivalant à un droit de douane à l'importation, en dépit du fait que la taxe frappe également les marchandises introduites dans cette région en provenance d'une autre partie de ce même État. La Cour a toutefois limité les effets dans le temps de cet arrêt.

La jurisprudence de l'affaire Legros e.a. fait autorité bien que les faits soient antérieurs à la date d'entrée en vigueur des décisions POSEIDOM et octroi de mer. La Cour ne s'est dès lors prononcée ni sur leur interprétation ni sur leur validité. Elle le fera notamment le 9 août 1994 dans l'arrêt Lancry et autres demandeurs[162]. Ainsi, la CJCE arrête que les entreprises qui ont, entre le 16 juillet et le 31 décembre 1992, introduit des marchandises dans les départements d'outre-mer sont en droit de demander le remboursement de l'octroi de mer versé au titre des collectivités locales. Cet arrêt venait donc en complément de l'arrêt Legros en limitant la période d'assujettissement aux seules demandes introduites avant la date de l'arrêt. La cour ne s'était en effet prononcée que sur les droits perçus avant l'entrée

---

[161] Arrêt Legros et autres (arrêt du 16 juillet 1992, C-163/90, Rec. p. I-4625).

[162] CJCE, n° C-363/93, EU ;C ;1994 :315.

en vigueur de la décision du Conseil des ministres de la Communauté européenne du 22 décembre 1989 qui, tenant compte des difficultés des DOM, avait précisément autorisé la France à maintenir l'octroi de mer jusqu'au 31 décembre 1992.

Faut-il rappeler que les intérêts du gouvernement de la République Française (dont le chef de l'Etat était également jusqu'au 31 décembre 1989, le Président du Conseil de la CEE) ne sont pas forcément ceux des Départements d'Outre-Mer ?

Dans l'arrêt CADI du 7 novembre 1996[163], la cour admet que l'octroi de mer ne peut être considéré comme une taxe d'effet équivalent à un droit de douane. La perception de la taxe est donc fondée. Toutefois, la cour a reconnu la validité de la décision du Conseil de 1989 et partant, le bien-fondé de la taxe d'octroi de mer, entendue comme différenciation entre des produits importés et obtenus localement. Cette jurisprudence de portée générale vaut pour ce type de taxe dont le DAOM n'est qu'une modalité d'une taxe de même nature[164]. C'est ainsi que le Sénat a proposé que la nouvelle appellation du DAOM devienne OMR (Octroi de Mer Régional).

Toujours dans la jurisprudence qui retient l'attention, on peut citer l'arrêt COMATEB[165] du 16 janvier 1997 qui dit pour droit que le remboursement aux plaignants des montants de taxes payées au titre de l'ancien octroi de mer invalidé, ne pourrait se faire qu'à condition de démontrer que la charge n'avait pas été répercutée aux clients ultérieurs.

Toujours dans les affaires, on peut citer l'arrêt Albert, du 30 avril 1998, relatif à une demande d'invalidation de la loi française et l'arrêt Chevassus-Marche, du 19 février 1998, suite à la requête en invalidation de la décision du Conseil du 22 décembre 1989. Cette dernière jurisprudence est

---

163 Arrêt de la CJCE (5ème chambre) du 7 novembre 1996, Société CADI Surgelés, Société SOFRIGU, Société SOFROI et société SOFRIBER contre Ministère des finances et directeur général des douanes. Affaire C-126-94.

164 Commentaire fait « à partir d'une note fournie à votre rapporteur par les services du ministère de l'outre-mer ». Cf le site Internet : www.senat.fr/rap/l03-357/l03-35728.html

165 La société COMATEB n'était pas seule. On peut citer les autres demanderesses : Société PANIGUA, Société Édouard et fils, Société de distribution de vins et liqueurs (SDVL), Etablissements André Haan, Société Diffusion Générale de Quincaillerie, Société Diffusion Générale, Société CAMA Renault, SCP Ovide & Dorville, Société Ducros Guadeloupe, Société Comptoir Commercial Caraïbes, Société Giafa, Société LVS, Société Catherine et Jean-Claude Tabar Nouval, Société L'Heure et L'Or, Société Général bazar Bricolage, Société Grain d'or, Société Cash Service, Etablissements Efira, Société Farandole, Société Carat, Société Rio, Société Guadeloupéenne de Distribution Moderne (SGDM), Martinique automobiles SA, SOCOVI SARL, Etablissements Gabriel Vangout et Cie SARL, SIMAT Guadeloupe SARL, ayant toutes pour conseil Me John Sylvanus Dagnon, avocat au barreau de la Guadeloupe.

importante puisqu'elle confirme, dans son point 26, le régime institué par cette décision, même si l'octroi de mer est une mesure dérogatoire à l'article 95 du Traité et en précise même les modalités d'exonération des productions locales.

On ne peut passer sous silence l'arrêt du 12 décembre 2006[166], émit par la Cour de cassation, chambre commerciale. La société Boiron Caraïbes avait attaqué la douane en vue de la restitution de l'octroi de mer et du DAOM acquittés en 1998 et 1999 lors de l'importation de diverses marchandises. La contestation de la demanderesse fut retenue au motif que la contestation avait été formulée dans les temps.

La jurisprudence en matière d'octroi de mer est abondante[167]. Elle a chaque fois le mérite de préciser un point de la réglementation... passée puisque le temps d'arriver à la cour de cassation, et à la cour européenne de justice, une nouvelle loi avait déjà été promulguée. Les ministres partagent-ils tous le même avis sur la question des DOM et plus singulièrement de l'octroi de mer ? L'édification de l'Europe se fera à coups de négociations. L'octroi de mer pèsera t'il lourd dans les discussions même si certains rapports (secrets) concluent sur sa suppression inévitable ?

4.1.2. Le rapport Toulouse classé confidentiel

S'agissant de l'octroi de mer, il y a parfois des études qui sont faites et dont on ne voit jamais les conclusions. Ces éléments sont encore plus confidentiels quand ils vont à l'encontre des idées reçues et qu'ils remettent en cause le fondement même de cette « institution ». Jusqu'à une date pas si éloignée, il était mal vu que l'objectivité d'un fonctionnaire l'amène à critiquer l'octroi de mer. Et pourtant !...

C'est en juin 1986 que Jean Toulouse inspecteur des finances, remit le rapport de l'enquête sur les effets protecteurs de l'octroi de mer qui lui a été demandée par le ministère des DOM-TOM. Il osa dire qu'il s'agissait d'un impôt dépassé, facteur d'inflation et que sa réforme était souhaitable en dehors de toute référence aux discussions en cours avec Bruxelles. Mais à la mi 86, les esprits étaient encore échauffés avec la fameuse affaire des

[166] Cour de renvoi : Cour d'appel de Fort-de-France, 22 octobre 2010, ch civ.

[167] Voir également l'arrêt 02-18342 du 27 septembre 2005, C Cass, ch comm, opposant Emile Gaddarkhan au receveur principal des douanes. Consulter aussi l'arrêt de la cour d'appel de Basse Terre du 20 novembre 2006, opposant la Société ECOMAX à la douane.

farines[168]. Il devenait hasardeux, aux yeux de certains, de publier ce rapport explosif. Le monde politique antillais et guyanais qui avait reçu les enquêteurs était-il prêt à admettre l'éventualité d'une réforme de l'octroi de mer ? La question reste posée.

Ce rapport a le mérite d'exister et d'être un document d'une grande valeur dans la connaissance de l'octroi de mer, même si l'étude porte sur la Réunion, la Martinique et la Guadeloupe.

Qui aurait osé écrire auparavant que l'octroi de mer est un « instrument de protection médiocre pour les productions locales » ? Le rapport va jusqu'à envisager une possible substitution de l'actuel régime de l'octroi de mer par une taxe locale sur la valeur ajoutée dont l'assiette reposerait sur les biens et services produits ou importés dans les DOM. Le seul point discutable de cette proposition est son application à la Guyane où il n'y a pas de TVA

Le rapport Toulouse est particulièrement volumineux et comprend une centaine de pages plus de nombreuses annexes. Il reprend en détail les différents effets pervers du mécanisme de l'octroi de mer. Le lecteur lira avec intérêt sur Internet le rapport Toulouse en entier, ainsi que la note de présentation établie par Jean Thill.

SYNTHESE DU RAPPORT TOULOUSE

- l'octroi de mer a très largement échoué dans son objectif de protection ;
- au contraire, l'octroi de mer entretient la sous-compétitivité des PME ;
- en revanche, la suppression brutale de l'octroi, en plaçant sans transition des entreprises affaiblies face à des concurrents métropolitains ou européens dont la compétitivité s'est améliorée, met en danger une fraction de ce tissu ;
- c'est pourquoi, si une évolution est souhaitable et nécessaire, il importe qu'elle puisse s'étendre sur une période longue, afin de donner aux DOM les délais d'adaptation indispensables. Techniquement aucune solution n'est possible sans de tels délais.
- on ne peut séparer le problème de l'octroi de mer de celui du fret, ni du contexte fiscal en vigueur pour les particuliers et les entreprises.

Parmi les nombreuses facettes qui sont mises en lumière par Jean Toulouse, il y a celui de l'incidence de l'octroi de mer sur les prix. Nous reproduirons ci-dessous un extrait de cet important passage concernant la Réunion (le phénomène est analogue dans les autres DOM).

[168] Voir Chapitre 2.2.3. La guerre des farines.

« En 1985, les recettes d'octroi de mer se sont élevées à 639.001.000 F, non comprises les taxes additionnelles aux droits assimilés à l'octroi (taxe sur le rhum), pour un total importé de 7.350 MF (CAF). Le taux moyen d'octroi sur les biens importés est donc de 9,5 % (le taux normal est de 6,5 % y compris la taxe additionnelle régionale de 1 %). En 1984, ce même taux était de 9,2 % contre 7,2 % en 1980. La progression du taux moyen est constante, du fait de la multiplication des taux élevés frappant certains produits et de l'évolution de la structure des importations. Ce sont les ménages qui, en dernier ressort supportent l'octroi de mer, puisque celui-ci leur est refacturé par les entreprises. Rapporté à la consommation finale, l'incidence n'est plus que de 4,3 % (données 1984), et de 6,4 % pour la seule consommation de biens, à l'exclusion des services (les services représentent 32 % de la consommation finale). L'incidence apparente de l'octroi sur les prix est donc relativement modeste. Cependant, du fait des règles de calcul de la TVA et des marges intermédiaires, sur la base du prix CAF, c'est à dire octroi de mer inclus, l'octroi se trouve répercuté dans les prix de détail au-delà de son montant brut. Ainsi la seule taxation TVA sur l'octroi représenterait-elle 32 MF en 1984 à la Réunion soit un supplément de prix sur la consommation finale de 0,3 % environ. Compte tenu de la part réduite de la valeur ajoutée des secteurs primaire et secondaire (33 %) dans le PIB de l'île, et de ce que ces deux secteurs incorporent eux-mêmes une forte proportion de biens importés pour leur consommation intermédiaire, l'impact de l'octroi sur les prix des biens est donc nettement supérieur et peut être évalué à 7,6 % en 1984. En réalité, dans la mesure où les prix de la production locale ont très largement tendance à s'aligner sur ceux des produits importés équivalents, l'incidence finale de l'octroi de mer est très vraisemblablement encore supérieure à ce chiffre et se situe entre ce dernier et le taux d'octroi supporté par les importations. »

INCIDENCE REELLE DE L'OCTROI DE MER SUR LES PRIX DE DETAIL DES PRODUITS IMPORTES

	OM/Prix CAF	**OM/Prix de revient**	**OM/Prix de détail**
Bière	28 %	21 %	15,6 %
Huile tournesol	18 %	14,7 %	9,1 %
Papier WC	13 %	11,5 %	6,1 %
Biscuits	18 %	15 %	9,3 %
Champagne	63 %	37,7 %	25,2 %
Légumes en conserve	4,6 %	3,7 %	3 %
Vin importé	51 %	32,4 %	13,8 %
Réfrigérateurs	19 %	17,5 %	8,0 %

Compte tenu de la nécessité de disposer de produits comparables pour les produits locaux et importés, ce sont essentiellement des produits alimentaires qui ont ici été retenus.

Après tant d'insistance de la part de fonctionnaires de l'Etat français pour modifier le régime actuel de l'octroi de mer, il peut être intéressant d'analyser quelques solutions de substitution.

4.1.3. Analyse de quelques propositions de substitution

La plupart des gens qui prennent position pour le maintien de l'octroi de mer, parce qu'ils en bénéficient (on l'a vu plus haut) à un titre ou à un autre, trouvent des arguments fallacieux comme ceux-ci :

- Facteur de développement de la production locale : faux !

Il a été prouvé que l'octroi de mer étant basé principalement sur les importations, il ne fait rien pour limiter ces dernières voire les supprimer. Au contraire on peut dire que du fait du calcul généralement utilisé par les commerçants aux Antilles (prix CAF et non FOB [169]), cette taxe est incorporée au prix de revient des produits stockés. Quand on connaît le volume et le montant important des stocks dans les entreprises locales qui par-là veulent se prémunir contre l'éloignement et avoir aussi des prix dégressifs au niveau du fret, on comprend que ceux qui n'écoulent pas rapidement leur stock ont des reproches à formuler à l'endroit de l'octroi de mer[170] ;

- Aide à la création d'entreprise industrielle : archi-faux !

Il y a des concours spécifiques qui sont prévus à ce titre. Que ce soient les incitations financières locales, départementales (subventions destinées à l'acquisition de terrains industriels, primes complémentaires à la prime régionale à la création d'entreprise (PRCE), avances remboursables), régionales (PRCE et prime régionale à l'emploi (PRE)), nationales (primes d'équipement, prime d'orientation agricole, prime d'emploi et d'allègement de charges sociales, défiscalisation des investissements dans les DOM), européennes (FEDER, FSE dans certains cas, et FEOGA) ;

---

[169] Voir le détail du mécanisme au chapitre 3.1.3.2. Les croisades des MPI.
[170] Cf le chapitre 3.1.3.4. L'exaspération des commerçants.

➢ Création d'un cadre harmonieux favorable à la création d'entreprise industrielle : mensonge !

Si un individu veut se lancer dans la production industrielle, il ne doit pas poser comme condition *sine qua non* qu'il obtienne des aides à la création de son unité et des protections en surtaxant les produits concurrentiels importés. Où est la libre entreprise ? Certes, il y a des « spécificités naturelles » qui existent et qui sont largement exposées dans le POSEIDOM, mais c'est en toute connaissance de cause que l'industriel se lance dans cette bagarre. *Mutatis mutantis*, un vendeur de chaussures qui voudrait s'installer à la rue Frébault, à Pointe à Pitre, exige-t'il de l'administration que tous les autres commerces ayant la même activité que lui soient plus fiscalisés ?

➢ Facteur de développement : non !

Sujet tarte à la crème qu'utilisent les politiques en mal d'inspiration. Il faut d'abord définir le type de développement qui est souhaité par la majorité des populations de chaque DOM. Depuis plus de deux siècles que l'octroi de mer existe, y a t'il eu développement économique ? S'il y en a eu un, il est insuffisant, et donc il faut modifier l'actuel mécanisme de l'octroi de mer. S'il n'y a pas eu de développement économique, il y a eu certainement un certain nombre d'obstacles et donc en l'occurrence, l'actuel octroi de mer ne parait pas assez combatif pour assurer ce développement. En conséquence, il faut l'améliorer. Tant que nos décideurs seront toujours empêtrés dans les atermoiements de la politique politicienne, de bas niveau, il est à craindre que les Régions d'outre-mer ne puissent se mettre d'accord pour un véritable plan de développement. En l'espèce, la position des guyanais n'est pas du tout celle des antillais. Mais, là, on entre dans la politique.

➢ Protection des productions locales : hélas !

L'absence de rigueur dans le contrôle des exonérations et des majorations concomitantes des produits concurrentiels importés a laissé la porte ouverte à tous les excès et abus (l'exemple de la FRAMI[171] est, à tort ou à raison, le plus souvent avancé). Souvent les produits locaux, malgré toutes les aides accordées, sont bien plus chers que les produits importés. Combien de fois les Présidents des Conseils Généraux, puis des Conseils régionaux mais aussi les Préfets ont été alertés sur le fait que des entreprises locales bénéficiaient d'exonération de l'octroi de mer sur des produits qu'elles importaient alors que la matière première se trouvait (partiellement) sur place ! Faut-il nommer SOCREMA, COFRIGO et Jus de Fruits Caraïbes (JFC) ? Ces trois entreprises, parmi d'autres, importent du lait de coco de Porto-Rico, du jus d'ananas des USA ou encore des concentrés de jus

[171] Lire le chapitre 2.2.2.2. L'octroi Denim

(« locaux ») d'Afrique centrale et d'Amérique centrale. En la matière, il importait beaucoup plus d'agir sur la mentalité du consommateur pour obtenir des achats de produits locaux et non de majorer les importations, notamment de produits de grande consommation (et pas uniquement les produits de première nécessité).

- Outil d'égalité entre les productions locales et les produits équivalents importés : quelle gourde !

Les importateurs sont en général très vigilants à toute modification du tarif d'octroi de mer et peuvent modifier plus facilement leurs importations (par des produits similaires peu ou pas taxés) que les Conseils régionaux ne le font pour leurs tarifs. Ce qui amène les industriels domiens à se plaindre car les commerçants peuvent plus facilement changer de produit que le fabricant local ne modifierait sa production. De toute façon, le commerçant est toujours à la recherche de fournisseurs qui lui assureraient une plus grande quantité à un meilleur coût. Les hypermarchés qui s'ouvrent ici ou là proposent des produits de moins en moins chers. Le principe de ces grandes surfaces n'est-il pas de faire le moins de bénéfice sur la plus grande quantité de produits ?

- Facteur de stabilité fiscale : duperie !

La majoration des taxes affectant les produits importés renchérit le coût de la vie et grève en final de compte le budget des familles[172]. Donc, l'octroi de mer est générateur d'inflation. L'assiette même de l'octroi de mer repose sur la valeur du produit au stade CAF. C'est à dire que la marchandise a déjà subi une augmentation de son prix pour le transport et pour l'assurance du transport. Il eut mieux valu que la base « ad valorem » soit assise sur le prix FOB (Free On Bord), c'est à dire livré sur le bateau, sans les fameux et mystérieux « frais d'approche » (Voilà un autre mot savant que les commerçants ne dédaignent pas d'utiliser pour expliquer la différence de prix au détail entre la France et les DOM.

- Répartition équitable de l'octroi de mer en fonction de la population : supercherie !

La répartition de l'octroi de mer se fait en fonction de la population telle que comptabilisée lors du dernier recensement. Toutefois certaines exceptions rendent ce système perfectible : les cas de Saint Martin et de Saint Barthélémy étaient des exemples criants. Les produits importés en

[172] Le rapport Toulouse, (voir notre chapitre 4.1.2.), disait déjà en substance, en 1986, que « l'octroi de mer est apparu comme un impôt dépassé sur le plan technique, facteur d'inflation par certains de ses effets et d'une efficacité économique médiocre. »)

Guadeloupe pour ces deux îles n'étaient pas assujettis à l'octroi de mer alors que ces dernières en profitaient largement. Pour citer un autre exemple de distorsion du mécanisme on peut prendre celui de Pointe à Pitre, considérée comme une « ville-centre » qui se voyait attribuer une somme fonction de la population recensée (environ 28 000 habitants lors des premières estimations de 1990, et 15 830 après le recensement de 2013) alors que dans la réalité, il s'agit d'une agglomération qui supporte l'essentiel de l'activité économique de la Guadeloupe et doit fonctionner comme une commune de 100 000 habitants. Pour pallier cet inconvénient, plusieurs solutions de substitution à l'octroi de mer prévoyaient des systèmes de péréquation lors de la répartition. Vous avez dit « équitable » ?

- Pluralité des taux pour une imposition judicieuse des produits assujettis : Ineptie !

Les 10 taux différents de la Guadeloupe, les 15 de la Guyane, les 11 de la Martinique et les 8 de la Réunion se révélèrent inutiles. Ils compliquèrent la tâche des douaniers et rendirent perplexes les déclarants. Nombre de ces taux étaient sans rendement puisque le taux moyen était de 7,5 %. Par exemple les taux de 70 % et 5 % avaient rapporté respectivement 4,12 et 0,09 % des recettes d'octroi de mer en Guyane en 1989. Le taux de 70 % se voulait dissuasif car il touchait les tabacs. Hélas, les fumeurs n'ont pas arrêté de fumer pour autant ! Le taux de 5% concernait les huiles de pétrole ou de minéraux bitumeux. La spécificité des huiles de moteur et dérivés ne se trouve pas si déterminante dans une économie pour justifier d'un taux spécifique. A moins qu'il faille chercher qui en importe le plus. Mais là, secret absolu sur les importateurs. La simplification en l'espèce s'impose.

- Unique ressource des collectivités : le gag !

L'examen attentif des budgets de fonctionnement des municipalités montre que ce sont surtout les petites communes qui sont très dépendantes de l'octroi de mer. Pour les plus grandes, assez curieusement communistes ou dans la mouvance de gauche (Parti Progressiste Martiniquais [PPM], Parti Progressiste Démocratique Guadeloupéen [PPDG] et Parti Socialiste [PS] notamment), au risque de se rendre impopulaires elles ont créé de nouvelles ressources fiscales municipales. Pourquoi les petites communes n'useraient-elles pas de tout l'arsenal que leur offre la réglementation fiscale actuelle ?[173]

---

173 Voir chapitre 3.1.4.1. Les quatre vieilles.

➢ Sa suppression mettrait au chômage du personnel hautement qualifié : contre-vérité !

Si l'octroi de mer est supprimé dans sa forme actuelle, les fonctionnaires des services des douanes pourront (enfin !) se consacrer à d'autres tâches moins paperassières de contrôle sur le terrain[174]. Les commissionnaires et autres transitaires en douane, avec la suppression des barrières douanières au sein de la Communauté, pourront conseiller les entreprises pour développer les exportations. Quant aux agents des contributions indirectes qui perçoivent un sursalaire en fonction de l'octroi de mer réparti, on comprendra leur désapprobation de ne plus toucher de prime pour un travail qu'ils n'accomplissaient pas.

➢ Permet le salaire du personnel communal : le scandale !

Combien de maires tiennent en haleine du personnel non titulaire qu'ils rémunèrent uniquement sur cette recette de fonctionnement ? L'octroi de mer est devenu une composante essentielle du budget municipal. Cette ressource électoraliste permet d'employer (de manière parfois non indispensable) des électeurs potentiels. Bien que cette remarque soit formulée, il faut reconnaitre comme indiqué dans le chapitre sur l'octroi des maires, que très souvent la municipalité est souvent le premier employeur de la commune. Il ne faut pas négliger l'aspect social de l'octroi de mer qui rend, à plus d'un, délicate la solution de substitution.

➢ Garantit les dépenses communales : la fourberie !

A la Réunion, la répartition de l'octroi de mer se fait en fonction des dépenses engagées au cours de l'antépénultième année. Comment un nouvel élu, aussi probe soit-il, peut-il résister à cette tentation d'engager des dépenses de plus en plus nombreuses en sachant que sa part augmentera lors de la répartition d'octroi de mer deux ans après ?

➢ Complément indispensable à l'action du Conseil régional : un leurre !

L'article 38 de la loi du 2 août 84 autorisait les Conseils régionaux à fixer un droit additionnel ne pouvant pas excéder 1%. Il est regrettable que les élus de la Guadeloupe aient cru devoir choisir le taux maximum alors que peu de temps après ils voyaient leur budget refusé par le Comité

---

174 La lutte contre les narcotrafiquants et le blanchiment d'argent sale requiert beaucoup de ressources. Les brigades mobiles ou maritimes des douanes arrivent à peine à intercepter les migrants (de plus en plus nombreux sur Mayotte). La contrefaçon devient un fléau mondial. On voit donc que les douaniers, même s'il n'y a plus de barrières entre les différents Etats de l'Europe, ont beaucoup de travail à faire.

Economique et social et que la Cour des Comptes dénonce des absences d'orthodoxie financière. La loi de 2004 a uniformisé l'octroi de mer régional à 2,5 %. Sans les traiter de « *morfales* » ou de « *Agoulou gwa fal* »[175], force est de reconnaître que les hommes politiques ont des appétits gargantuesques. A ce propos, l'Association des Régions de France a édité une plaquette en mars 2017 intitulée *« 6 propositions pour redonner des capacités financières aux régions et collectivités régionales d'outre-mer ».* On peut y lire avec intérêt la deuxième proposition intitulée : « Doubler le plafond de l'octroi de mer régional de 2,5% à 5%. ». Ce qui rapporterait, bon an – mal an, entre 200 et 250 M€[176]. Qui a dit que nos élus voulaient lutter contre la vie chère ?

➢ Pouvoir de décision des élus : *Non decet* !

Sans vouloir décevoir les élus régionaux ou territoriaux (et départementaux pour Mayotte), il faut reconnaître que cet argument est futile. Contester ce pouvoir n'est pas commettre un crime de lèse-majesté mais reconnaître que si l'octroi de mer est notre seule trouvaille en deux siècles pour affirmer l'autorité de notre pouvoir local, nous n'avons pas à être fiers de notre capacité créatrice.

Après ce tableau bien sombre, et pour ne pas rester sur une note pessimiste, il serait de bon ton de présenter ci-dessous quelques-unes des différentes propositions qui ont été avancées pour modifier l'octroi de mer, voire pour le remplacer. Il est important de rappeler que, outre les bénéficiaires (directs ou indirects), peu de gens se disent favorables au maintien de l'octroi de mer. Indifférence ou méconnaissance du sujet ? Ils sont encore plus rares ceux qui osent avancer une solution de remplacement[177].

Pour être crédible, il faut que la solution soit évaluée du point de vue quantitatif, mais aussi qualitatif. Le nouveau dispositif devrait avoir des caractéristiques simples, compatibles avec les réglementations régionales, nationales et communautaires, assurer l'essor de la production locale tout en étant une recette municipale. La quadrature du cercle !

---

[175] L'auteur est respectueux des institutions, il ne se permettrait pas de reprendre à son compte des qualificatifs ou sobriquets donnés aux élus par le peuple.

[176] Voir le chapitre 6.2. Le rendez-vous (presque) manqué de 2020.

[177] On peut citer les réserves exprimées par les experts qui prônent un changement mais ne se hasardent pas à en formaliser. On peut citer encore le rapport Toulouse qui signalait en 1986 : « Son remplacement par un système plus moderne et mieux adapté aux besoins financiers et économiques des DOM est possible et souhaitable, même en ne tenant pas compte des pressions exercées par la Commission de Bruxelles ».

Ces propositions peuvent être classées en deux catégories, celles prévoyant un simple aménagement de l'octroi de mer sur une période relativement courte (échéance de 2020 oblige), et celles qui prévoient une réforme plus ou moins radicale de l'actuel octroi pour une période plus longue.

4.1.3.1. AVANT QU'IL NE SOIT TROP TARD !

Depuis 1986, les gouvernements successifs de la République Française ont toujours défendu l'octroi de mer. Jusqu'à présent, la France n'a pas jamais donné son accord à la Commission pour une suppression de l'octroi de mer[178]. Toutefois, rappelons-le, l'octroi de mer n'est pas à l'abri d'une attaque isolée d'un pays de la communauté qui se sentirait frustré[179], ou même d'un particulier qui pourrait saisir la cour de justice européenne. La stratégie française est de négocier un aménagement avant qu'il ne soit trop tard. Trop tard, ce sera quand ? 2020 ? Si une décision de la cour interdit expressément l'octroi de mer, il sera difficile sinon impossible de le conserver. Et l'octroi de mer sombrera définitivement dans les eaux sombres de POSEIDOM. Encore lui !

Pourtant le bon sens populaire donne parfois des solutions simples que les technocrates de Bruxelles jugent trop simplistes. Prenons pour exemple quelques réactions qui ont été formulées au lendemain de la crise de 2009 dans l'outre-mer. Sur le blog des Etats généraux de l'outre-mer, les internautes se sont lâchés. Voyons quelques commentaires[180] :

1er commentaire : Thème : Comment faire baisser les prix ? baisse de prix de 15%. Idée : Supprimer l'octroi de mer et les taxes additionnelles. « Il suffirait de supprimer octroi de mer et TVA pour les remplacer par une taxe unique différenciée selon les produits (favoriser le local). Cette taxe revenant en totalité aux collectivités locales. Exemple, aujourd'hui un produit arrivant à 100 € subit un octroi de mer de 10 %, une taxe douanière de 5 %, soit un prix de 115€ sur lequel le commerçant appliquera son coefficient et rajoutera la TVA. Dans l'option proposée, le tarif de 100 € se verrait appliquer le coefficient multiplicateur du détaillant qui rajoutera la taxe locale. Par un simple effet mécanique les prix baisseraient de 15% sans pénaliser pour autant les finances des collectivités locales récupérant cette taxe ». (Sic)

[178] Jacques Chirac, Président de le République française avait annoncé en 2002 la prochaine disparition de l'octroi de mer. Promesse non tenue.

[179] Voir à ce sujet la situation des autres îles dans le même contexte Canaries, Baléares, Açores, etc… avec l'impôt AIEM ou l'Arbitrio Especial, au Chapitre 2.1.5 Les RUP de l'Europe.

[180] Ils ont été récupérés tels quels sur le site suivant : http://archives.etatsgenerauxdeloutremer.fr/ . A noter que cet ouvrage ayant été écrit juste avant l'ouverture des Assises des Outre-mer, les réactions de 2018 ne sont pas mentionnées. Gageons qu'elles seraient peu différentes.

2ème commentaire : S'approvisionner dans la région Océan Indien au lieu de tout importer d'Europe, c'est faire baisser les coûts d'approche. « Il faut supprimer l'octroi de mer et appliquer une TVA identique à la métropole, c'est faciliter les comparaisons de prix et donc cibler les secteurs à améliorer. C'est aussi faire baisser les coûts en supprimant l'impact du passage en douane, les frais administratifs. Instaurer un contrôle des marges des distributeurs, anormalement élevées dans les DOM : pourquoi le prix d'un produit ne baisse-t-il jamais à la caisse lorsque le taux de l'octroi de mer baisse ? C'est que la marge du distributeur après taxation augmente ! Pourquoi une paire de chaussures coûte 30 € en Australie et 110 € à la Réunion ? La valeur d'achat en gros reste la même ». (Sic)

3ème commentaire : « Beaucoup de produits sont importés, cela est un fait. Donc faire baisser les coûts d'exploitation (fonctionnement) issus du port, de l'aéroport. Exemple de coût exorbitant : pour un conteneur de bouteilles d'eau dont la valeur marchande est 1 800 € arrivant de Martinique, le coût conteneur Martinique-Guyane = 3 500 € et retour Guyane-Martinique = 3 500 € à vide. Pourquoi ne pas faciliter l'exportation de la production locale de nos agriculteurs, d'artisans de nos jus, de nos confitures et leur permettre, après contrôle des services sanitaires compétents ? Voilà pourquoi nos prix sont prohibitifs. Autre moyen de faire baisser les prix, le contrôle des taxes douanières appliquées à toutes marchandises entrant sous contrôle des douanes. Il y a différentes pistes qui pourraient être exploitées ; il faudrait AGIR ! N'oublions pas que nous sommes dans un débat démocratique où tout citoyen peut donner son opinion ! » (Sic)

4ème commentaire : de l'UFC Que Choisir de la Réunion, « Les enquêtes que nous avons pu mener dans l'alimentaire montrent que les prix peuvent atteindre ici un niveau qui va de 50 à 70 % plus cher qu'en métropole, dans tous les secteurs de la consommation ou de la vie courante. 1°) Il faut une réelle transparence dans la formation des prix : l'observatoire des prix n'a pas pu se rendre efficace car n'ayant aucun pouvoir d'investigation. Les consommateurs ont tendance à s'en prendre au dernier maillon de la chaine, la grande surface, la boutique, mais le prix final, celui effectivement appréhendé est la somme de plus-values ajoutées les unes aux autres. Or un brouillard épais est maintenu sur les cheminements du produit depuis la production jusqu'au panier de la ménagère. C'est pour cela qu'il parait nécessaire de prendre des mesures visant à connaitre les différents points de passage d'un produit ainsi que l'augmentation de son coût au fur et à mesure. 2°) Une baisse des taxes : si on y regarde de plus près, on s'aperçoit vite qu'il y a un acteur qui se sert copieusement : le fisc ! La taxation constitue le plus haut niveau de marge sur un produit. On se dédouane facilement en expliquant que la taxation est pour le bien de tous ! Seulement on ne peut pas demander aux uns de gérer au plus près, de revoir les marges, de faire baisser les prix d'achat et d'un autre coté ne rien faire pour réduire les dépenses et économiser l'argent public (exemple maison des civilisations, projets démesurés, emplois dans les mairies de gens à qui, on ne sait pas donner du travail alors que parallèlement des projets n'avancent pas...). La taxation par l'octroi de mer des produits sur le prix arrivé sur l'île (produit + transport + débarquement) accroit aussi dangereusement le prix final. Il faut taxer sur le prix HT de l'objet au départ. 3°) Une réelle mise en concurrence : Il faut mettre un terme aux situations monopolistiques que l'on trouve dans tous les domaines, comme la gestion des intrants agricoles, le stockage du pétrole, les grossistes en tous genres, chaque fois que cela est possible. 4°) Baisser les coûts du transport air et mer : Encore une fois le prix des « taxes » sur les billets d'avion est tel que bientôt il va atteindre un niveau équivalent à celui du billet. 5°) Réduire les coûts des infrastructures portuaires et aéroportuaires : Alors que les compagnies aériennes refusent de payer une nouvelle augmentation des charges aéroportuaires, elles n'hésitent pas à solliciter l'administration, donc le contribuable, pour que des dépenses énormes soient engagées pour agrandir la piste au seul motif qu'elles ont décidé d'acheter un très gros porteur ! Quel sera le retour sur investissement pour le contribuable ? 6°) Mettre fin à l'effet cliquet : Quand une hausse des matières premières intervient les prix montent, mais si, ensuite, une baisse intervient le prix final reste inchangé. Cet effet cliquet est bien entendu constaté également sur les taxes ! 7°) Au lieu de réduire les services de la DDCCRF, il faut au contraire, accroitre leur pouvoir de contrôle et d'intervention : Les prix sont libres, mais pour que cette liberté joue pleinement son rôle, il faut impérativement des organismes de contrôle et de régulation avec pouvoir de sanctionner si les sociétés ne jouent pas le jeu. 8°) Donner aux associations de consommateurs agréées les moyens de pouvoir fonctionner afin qu'elles constituent un réel moyen de pression : Elles ont un rôle de formation et d'information à assumer. 9°) Permettre l'action de groupe auprès de la justice. 10°) Remplacer l'imposition sur les bénéfices par une imposition sur la marge : Une société qui aura un coefficient de marge faible sera imposée faiblement, à l'inverse une grosse marge entrainera une imposition conséquente. 11°) Vente à distance : Discrimination envers les clients de l'île de La Réunion, car un article acheté TTC en métropole est surtaxé à l'arrivée. »

5ème commentaire : « La modification de la taxation des produits entrants (faire en sorte que la Guadeloupe ne soit plus une terre d'exportation pour la métropole. Par exemple l'État pourrait ne percevoir aucune taxe ou très réduite sur les produits achetés pour l'exportation aux Antilles à la fois par les particuliers et les entreprises. L'argent obtenu est-il utilisé correctement et en totalité ? » (Sic)

6ème commentaire : « L'octroi de mer représente une injustice envers la population et les autres collectivités nationales. Cette taxe quasi illégale ne devra plus être reconduite afin de faire baisser les prix des produits importés. De plus depuis le 1er avril, le Conseil régional a décidé de porter à 36% la taxe sur les véhicules de plus de 2.5L. De quel droit ? Il y a rupture d'égalité avec la métropole. Vous achetez un véhicule à la Réunion de plus de 2.5L : Il faut ajouter les taxes douanières (de France à France), 9.6 de TVA, 36% d'OM, cela représente un véhicule 50% plus cher qu'en métropole... L'Etat devrait instaurer un contrôle sur ces collectivités pour éviter ces disparités entre la métropole et la Réunion qui ne font que creuser les inégalités et incitent à une certaine forme de haine envers nos décideurs locaux. L'octroi de mer est un vaste sujet, mais on ne peut pas le limiter à OUI je suis POUR (l'argent est utile aux communes pour infrastructures...) ou NON je suis CONTRE (produits trop chers) ; selon moi la nuance s'impose : garder l'octroi de mer pour certains produits (le luxe, l'import de pays qui ne respectent pas les droits de l'homme ou de l'enfant, la liste n'est pas exhaustive...). Bref, pour le développement durable à la Réunion, pour le respect de notre ile, l'octroi de mer doit disparaitre sur TOUS les produits propres y compris les véhicules non polluants, les matériaux de construction... ». (Sic)

7ème commentaire : « Il est édifiant que depuis 2007, année de création de l'observatoire des prix à Mayotte, les opérateurs économiques et l'Etat à Mayotte ne sont pas encore arrivés à partager le constat selon lequel les niveaux de prix à Mayotte sont trop élevés pour une population de 186 000 habitants avec un taux de chômage des jeunes de 30 à 40% et un Smig à 900 euros. Et, par voie de conséquence, les efforts pour baisser les prix doivent être mutuels entre les opérateurs économiques, l'Etat et les collectivités locales.» (Sic)

8ème commentaire : « Supprimer l'octroi de mer qui est un impôt archaïque et assurer le financement des communes par les impôts locaux ceci serait possible en réduisant les effectifs pléthoriques des employés municipaux et en élargissant le nombre des assujettis à l'impôt foncier et à la taxe d'habitation. En Guadeloupe 30 % des constructions sont réalisées clandestinement mais disposent néanmoins du raccordement aux réseaux d'eau et d'électricité quels sont les responsables d'une telle situation ??? » (Sic)

9ème commentaire : « Au titre du chapitre institutionnel, je propose la constitution d'une grande Région Française des Amériques (RFA) qui aurait pour vocation de regrouper les 3 Départements actuels de la Martinique, de la Guyane et de la Guadeloupe, anticipant sur la proposition Balladur qui préconise la disparition des Départements (simplification administrative). Je préconise la mise en place d'une Assemblée Unique accompagnée d'une extension de la continuité territoriale à l'intérieur de cette Région et avec la Métropole, la mise en place de l'harmonisation de l'Octroi de mer (taxation uniformisée) et la suppression de la TVA (qui n'existe pas en Guyane actuellement).» (Sic)

10ème commentaire : « L'octroi de mer, entièrement reversé au Conseil régional pour ces projets pharaoniques, devrait être aboli. La TVA normale, française, avec une spécificité de répartition entre l'état et la région mise en place. Ceci permettra de ne pas taxer les taxes (on paye la TVA locale sur l'octroi de mer) et d'uniformiser la taxation avec la taxation des français 'normaux' (ceux de Métropole). Pour éviter des écarts de prix énormes entre la Métropole et les DOM, pourquoi ne pas exonérer le transport de taxes ? Actuellement nous payons : Achat, Fret, Octroi de mer sur achat et fret, TVA sur octroi de mer total. Notre proposition : Achat, Fret, TVA sur achat au taux métropolitain. Vous verrez, ça fera baisser les prix.

Ensuite, libérez cela permettra d'acheter librement en métropole sans complications d'explication qu'il convient d'avoir des factures "export" donc sans TVA, incompréhensible pour toute société normale en Métropole ou dans les autres pays européens. Suppression de la CN22/23 pour les marchandises venant de la métropole. » (Sic)

Ces quelques extraits de réactions sur le site des Etats généraux de l'Outremer, pris avec les fautes d'orthographe, grammaticales ou de syntaxe, les erreurs, anomalies ou contre-sens de leurs auteurs, et sans commentaire, laissent rêveurs. Nos édiles ne les ont certainement pas lus. Le peuple (ou pour tout le moins, ceux qui ont osé écrire sur ce blog et/ou participer aux Etats généraux de l'outre-mer), se pose des questions. Ces solutions, même si elles ne sont pas chiffrées, vérifiées et calibrées, ont le mérite d'interpeler. Il faut dire que pendant la crise de 2009, les esprits étaient échauffés et les domiens ont eu le temps de réfléchir à leur situation. Prix de l'essence, 40% de vie chère, octroi de mer, taxes diverses, dépenses somptuaires des Conseils régionaux… tous les maux des domiens se sont traduits par des mots très durs. Le bon sens populaire s'est exprimé. En a-t-on tenu compte ?

Plusieurs internautes ont formulé le vœu de supprimer l'octroi de mer, ou, pour tout le moins, de le modifier. Il faut donc analyser quelles sont les propositions qui ont été formalisées et qui tiennent la route.

4.1.3.2 ET L'OCTROI DEMEURE...

Voici donc quelques propositions de substitution au régime de l'octroi de mer qui ont le mérite d'avoir été conçues. Aux décideurs d'en faire bon usage. Il s'agit de :

- La TVA-bis
- La Pseudo-TVA
- La TVA régionale
- La T.S.D.
- La position du C.E.S. de la Réunion
- La T.I.D.E.
- La T.R.C.R.
- La T.A.I.L.L.E.

Cet inventaire n'est certainement pas exhaustif, loin s'en faut, mais force est de constater que notre peuple a une civilisation de l'oral. Nous parlons beaucoup, mais rares sont ceux qui osent formuler par écrit leurs propositions, aussi judicieuses soient-elles.

1) La TVA-bis

S'il est une proposition qui a souvent été avancée c'est bien celle de créer une « TVA-bis ». En fait, il s'agit d'aligner dans les DOM le taux de la TVA sur celui de la métropole. Le différentiel étant quasiment de moitié[181], il en résulterait grosso modo un doublement des recettes de la taxe d'octroi de mer dans les DROM-COM. Cette différence serait octroyée, ou plutôt reversée par l'Etat à l'assemblée locale qui la répartirait aux différentes communes en fonction de leur population. Cette solution, offre la facilité d'emploi au niveau des douaniers et des importateurs, doublée d'une totale compatibilité avec les règles communautaires. Par contre, elle pêche par l'absence de mécanisme de levier pour les entreprises industrielles. L'OMR, en conséquence n'existerait plus et devrait trouver une autre base juridique.

La seule inquiétude que l'on pourrait formuler vis à vis de cette TVA (au taux de métropole) était la suivante : la TVA est une recette qui va au budget de l'Etat, les Conseils régionaux n'en auraient certes pas la maîtrise, mais l'on pourrait craindre que d'autres collectivités de la métropole attaquent ce « détournement de recette fiscale nationale au profit d'une région ». Bien que cette solution ait retenu notre attention, on peut craindre que la volonté européenne d'aligner vers le bas les taux de TVA réduirait d'autant notre marge dans le cas d'un alignement sur le taux de la métropole.

---

[181] La recette serait double si l'on tient compte des services.

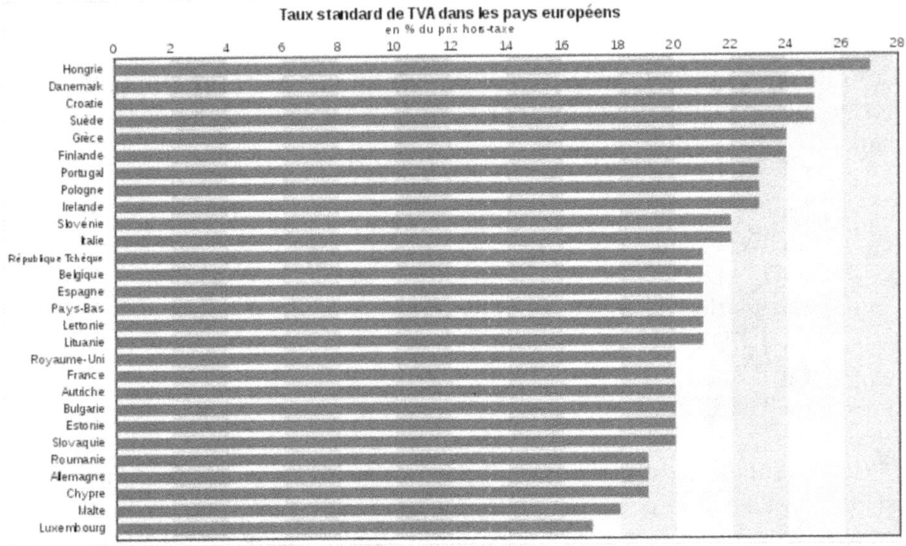

Taux standard de TVA dans l'Union européenne en 2017

LES TAUX DE TVA ACTUELLEMENT EN VIGUEUR EN FRANCE

Depuis le 1er janvier 2014, article 68 de la loi n°2012-1510 du 29 décembre 2012, les taux de TVA sont les suivants :

- le taux normal est passé de 19,6 % à 20 % (art. 278 du code général des impôts), pour la majorité des ventes de biens et des prestations de services : il s'applique à tous les produits ou services pour lesquels aucun autre taux n'est expressément prévu ;

- le taux intermédiaire a subi une augmentation de 7 % à de 10 % (art. 278 bis et suivants du CGI). Il est notamment applicable aux produits agricoles non transformés, pour des travaux visant à transformer et entretenir les habitations, mais également pour les produits et services suivants (services d'aide à la personne, prestations d'hébergement et de transport, médicaments non remboursés par la Sécurité Sociale, travaux et réparations de logements ayant plus de deux ans, bois de chauffage, transports de voyageurs, restauration, droits d'entrée dans les musées, les zoos, etc. Il concerne également les biens et prestations de services qui relevaient du taux de 5,5 % avant le 1er janvier 2012 à l'exception de certains biens et services limitativement énumérés par l'article 278-0 bis du CGI ;

- le taux réduit de 5,5 % (art. 278-0 bis et suivants du CGI) concerne les produits alimentaires, équipements et services pour handicapés, abonnements gaz et électricité, fourniture de repas dans les cantines scolaires, fourniture de chaleur produite à partir d'énergies renouvelables, livres sur tout support, billetterie de spectacle vivant, logements sociaux et travaux d'amélioration de la qualité énergétique des logements, livraisons d'œuvres d'art effectuées par leur auteur ou ses ayants droit.

- le taux particulier de 2,1 % (art. 281 quater et suivants du CGI) est réservé aux médicaments remboursables par la Sécurité Sociale, aux ventes d'animaux vivants de boucherie et de charcuterie à des non assujettis, à la redevance télévision, aux billetteries de certains spectacles et aux publications de presse inscrites à la Commission paritaire des publications et agences de presse précisées par le titre 5, BOI-TVA-LIQ-50.

Les dispositions relatives aux divers taux de TVA sont commentées par la division TVA - Liquidation - Taux de la base fiscale BOFIP – Impôts. Le site Service public fait le point sur l'application des différents taux de TVA en vigueur.

Source : site Internet du CEDEF (Centre de Documentation Economie-Finances).

Conformément aux articles 294 et suivant du Code Général des Impôts (CGI), le taux normal de la TVA en Guadeloupe, en Martinique, à la Réunion est de 8,5 %, (alors que le niveau moyen européen est de 9%). Le taux réduit y est de 2,10 % pour les opérations visées aux articles 278-0 bis à279-0 bis et à l'article 298 octies du CGI. Il y a un taux de 1,75 % pour les opérations visées à l'article 281 sexies du CGI (vente d'animaux vivants de boucherie). Le dernier taux est à 1,05 % pour les premières théâtrales comme décrit dans l'article 281 ter du CGI.

Les singularités des DOM-COM sont nombreuses. On a déjà signalé qu'il n'y a pas de TVA à Mayotte[182] et en Guyane[183]. Dans les Collectivité

---

[182] S'agissant de Mayotte, conformément à l'article 11 de la loi du 7 décembre 2010, l'île a conservé son autonomie douanière et fiscale jusqu'au 31 décembre 2013. Depuis le 1er janvier 2014, elle est soumise au Code général des impôts et au Code des douanes.

[183] A noter également que sont exonérés de TVA :
- les transports maritimes de personnes et de marchandises effectués dans les limites de chacun des départements de Guadeloupe, de Martinique et de Réunion (article 262 du CGI) ;
-> les ventes et importations de riz dans le département de la Réunion (article 295 du CGI) ;
-> les ventes résultant de l'application des articles L181-5 à L181-8 du Code rural et de la pêche maritime relatifs à la mise en valeur agricole des terres incultes, des terres laissées à l'abandon et des terres insuffisamment exploitées de la Guadeloupe, de la Martinique, de la Réunion et de la Guyane ;
- dans les départements de la Guadeloupe, de la Martinique, de la Réunion et de la Guyane, les opérations immobilières effectuées, en vue de l'accession à la propriété rurale, par les SAFER et les SICA, qui ont bénéficié d'un agrément préalable avant le 28 décembre 1969 ;
- dans les départements de la Guadeloupe, de la Martinique et de la Réunion :
- les importations de matières premières et produits (liste fixée par arrêté) et livraison en l'état de ces biens importés ;

de Saint Martin et de Saint Barthélémy, il n'y a pas de TVA. Il n'y a pas de TVA non plus dans les territoires suivants : Saint Pierre et Miquelon, Wallis et Futuna, et la Nouvelle Calédonie puisqu'elles disposent de leur autonomie douanière et fiscale.

Concernant la proposition de « TVA-bis », le manque à gagner sera évident. On doit préciser cependant qu'il y a un deuxième taux.
Conséquence juridique inéluctable, les départements d'outre-mer ne seraient plus à considérer comme des territoires d'exportation, il n'y aurait donc plus de formalités douanières avec la France métropolitaine. Cette idée de « TVA-bis » est donc à écarter.

On retiendra pour mémoire que le député de la Martinique, Michel Renard, préconisait cette solution « à condition qu'une part de la taxe soit reversée aux communes, en proportion de l'octroi de mer qu'elles recevaient et même plus, pour qu'elles puissent faire face à leurs obligations croissantes ».

PARTICULARITES DE LA TVA AUX ANTILLES ET A LA REUNION

Aux remarques ci-dessus, on peut ajouter que *« les DOM sont considérés comme des territoires tiers pour l'Union européenne : ils ne font pas partie du territoire communautaire en matière de TVA (article 3 de la sixième directive TVA). Les livraisons de biens de l'Hexagone vers les DOM sont considérées comme des exportations, la TVA étant payée à la douane par l'acheteur (idem dans l'autre sens). La loi de finances 2010 a permis une modification des règles relatives à la territorialité en matière de TVA des prestations de services*[184]*. Ainsi, la règle générale devient l'imposition à la TVA de la prestation au lieu d'établissement du prestataire.* [185] *»*

TVA non perçue récupérable

Les entreprises basées en Guadeloupe, en Martinique et à La Réunion bénéficient d'un régime dérogatoire de la TVA, appelé TVA non perçue récupérable (TVA/NPR), qui permet de récupérer de la TVA sur certains intrants exonérés de TVA (environ 8 000 références). Sa raison d'être est de donner un plein effet économique aux exonérations de TVA prévues pour l'importation de certains

- les ventes et les livraisons à soi-même des produits de fabrication locale analogues à ceux dont l'importation est exemptée ;
- les importations et ventes de produits énergétiques repris au tableau B de l'article 265 du Code des douanes.

[184] Réforme des dispositions relatives à la territorialité des prestations de service en matière de TVA (article 102 LF n°20091673 pour 2010).

[185] Source : IEDOM, rapport annuel

produits ou équipements dans les DOM, mais également de répercuter sur les prix de vente au consommateur cet avantage fiscal.

Historiquement, c'est une décision ministérielle (alors que tout ce qui relève de la TVA doit émaner du législatif) du 2 novembre 1953 qui a créé ce régime fiscal. Il fut complété dans l'instruction fiscale du 30 juin 1954 puis confirmé par l'instruction n°3 G 242 de juillet 1998. La Commission européenne a validé le dispositif au titre de l'article 88 TCE relatif aux aides d'Etat. Il fut reconduit par la Commission pour la période 2007-2013 par la décision C (2007) 5115 du 23 octobre 2007. Il se trouve ensuite dans l'article 295-1-5° CGI ainsi qu'aux articles 50 *undecies* et *duodecies* de l'annexe IV du même code.

L'article 30 de la LODEOM a légalisé ce régime spécifique en créant un article 295 A du CGI. Il n'était jusqu'alors que l'application d'une instruction ministérielle de 1953 et l'a recentré sur les seuls biens d'investissements productifs neufs acquis ou importés et sur certains types d'intrants comme les matériaux de construction. Sa disparition concernant les achats de matières premières et de produits par les entreprises est compensée par une aide au fret.

On peut également citer la réflexion de Denys Payet, ex-candidat aux élections législatives de 2012 à la Réunion sous la bannière de l'Union démocrate. Il préconisait : « la suppression de l'octroi de mer en faveur d'une TVA à deux vitesses, récupérable par l'Etat et redistribuée par lui, comme l'une des mesures phares : à taux plein sur les importations de biens et services que nos entreprises peuvent produire localement et à taux réduit sur les importations de biens et services que nos entreprises, pour des raisons financières et/ou techniques, ne peuvent produire sur place. »

LES TAUX PARTICULIERS DE LA TVA DANS LES DOM

Ils sont les suivants :

1. Premières représentations de certains spectacles : Aux termes du a de l'article 296 bis du CGI, la TVA est perçue, dans les départements de la Guadeloupe, de la Martinique et de la Réunion, au taux de 1,05 % pour les opérations visées à l'article 281 quater du CGI.

Il ressort des dispositions des articles 281 quater du CGI et 89 ter de l'annexe III au CGI que le taux de 1,05 % s'applique aux recettes réalisées aux entrées des 140 premières représentations théâtrales d'œuvres dramatiques, lyriques, musicales ou chorégraphiques nouvellement créées ou d'œuvres classiques faisant l'objet d'une nouvelle mise en scène, de spectacles de cirque comportant exclusivement des créations originales conçues et produites par l'entreprise et faisant appel aux services réguliers d'un groupe de musiciens, de spectacles donnés par un artiste de variétés ou un groupe musical (l'artiste peut présenter des œuvres appartenant déjà à son répertoire dès lors qu'elles font l'objet d'un nouvel arrangement musical ou, le cas échéant, scénique) ainsi que de spectacles donnés dans des théâtres de chansonniers (si le spectacle présenté ne comporte que des œuvres nouvelles et est conçu autour d'un thème central).

Le régime des premières représentations en cause, et en particulier l'ensemble des conditions à satisfaire pour qu'il trouve à s'appliquer est exposé au BOI-TVA-LIQ-40.

2. Ventes d'animaux vivants de boucherie et de charcuterie à des non assujettis :

Aux termes du b de l'article 296 bis du CGI, la TVA est perçue, dans les départements de la Guadeloupe, de la Martinique et de la Réunion, au taux de 1,75 % pour les opérations visées à l'article 281 sexies du CGI, à savoir les ventes d'animaux vivants de boucherie et de charcuterie faites à des personnes non assujetties à la TVA.

3. Publications de presse : Le régime des publications françaises en provenance ou à destination des départements de la Guadeloupe, de la Martinique et de la Réunion est exposé au BOI-TVA-LIQ-40, auquel il convient de se reporter.

Il est cependant précisé que le taux de la TVA applicable aux opérations portant sur les publications qui remplissent les conditions prévues par les articles 72 ou 73 de l'annexe III au CGI ainsi qu'aux services de presse en ligne qui remplissent les conditions prévues par l'article 1 du décret n° 2009-1340 du 29 octobre 2009 pris pour l'application de l'article 1er de la loi n° 86-897 du 1er août 1986, est fixé à 1,05 % dans les départements de la Guadeloupe, de la Martinique et de la Réunion (CGI, art. 298 septies).

2) La Pseudo-TVA

En fait, il s'agirait d'une taxe qui aurait l'assiette de la TVA, les taux de la TVA et son recouvrement identique à la TVA. Le choix de cet impôt moderne offre l'avantage des possibilités de perception et de récupération. Toutefois, sa base juridique ne peut être qualifiée de Taxe à la Valeur Ajoutée, car elle serait alors incompatible avec le droit communautaire qui n'accepte qu'une seule TVA. C'est ce que Yanis Payet, de l'Union démocrate de la Réunion appelle de ses vœux.

Sa justification peut être obtenue dans le cadre des mesures dérogatoires préconisées par le Traité de Rome (article 95) et de l'AUE (article 15).

Cependant, on se doit d'observer que les sommes collectées au titre de la TVA et de l'octroi de mer ne progressent pas dans les mêmes proportions : par exemple en Guadeloupe on a les chiffres suivants :

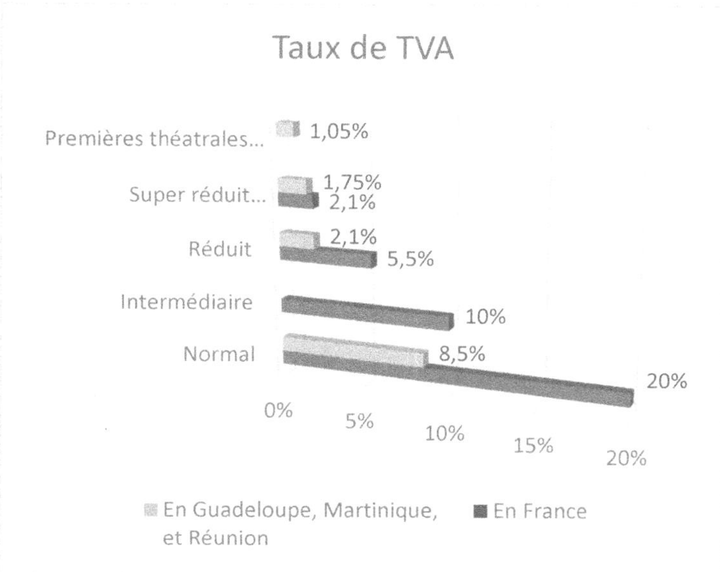

Si cette hypothèse est retenue, les communes devraient se montrer moins gourmandes et ne pas avoir de déficit budgétaire. Il a été démontré plus haut que les maires gagneraient à appliquer avec plus de rigueur tout l'arsenal fiscal à leur disposition. Cela a été souligné par le rapport Toulouse. Dans cette hypothèse, une limitation de l'accroissement de l'octroi de mer réparti peut être envisagée avec sérieux.

Cette proposition semble plausible, encore que le principe de l'égalité devant la loi semble être remis en cause par cette taxe extracontinentale. Conformément à l'annexe 4 du code général des impôts (CGI), un certain nombre de dispositions transitoires pourraient être prises.

Bien entendu, cette Pseudo-TVA devra avoir un tarif. Il se calquerait sur le tarif en vigueur établi par l'Administration des Douanes. Par contre, au niveau des taux, il ne faudrait pas retomber dans les errements de l'octroi de mer actuel. On ne devrait y trouver très peu de taux (3 ou 4, y compris le taux zéro). La fourchette sera courte car si cette nouvelle taxe entend combler le différentiel qui existe entre la TVA métropole et celle des DOM, elle devra tenir compte de la lente mais régulière baisse des TVA européennes. La TVA dans les DOM plus la Pseudo-TVA ne devra pas être supérieure à la TVA métropolitaine. Le taux moyen sera bas car on peut très bien imaginer que cette taxe touchera non seulement les produits, mais aussi les services. Ce qui élargit l'assiette et permet de compenser les taux zéro et réduit.

À compter du	Taux de TVA
1966	17,6 %
1er avril 1982	18,6 %
1er août 1995	20,6 %
1er avril 2000	19,6 %
1er janvier 2014	20,0 %

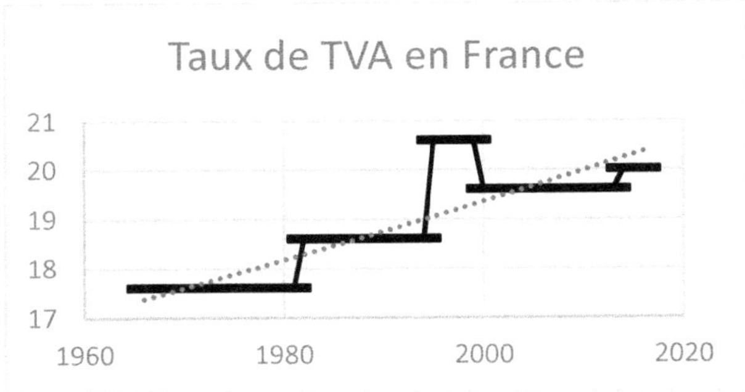

Une autre question se pose quant à l'application d'une telle taxe sur les productions locales ou non. Si l'Europe admet le principe de dérogations ou d'exonérations, serait-t-elle d'accord si les Conseils régionaux en arrivent à exonérer systématiquement les industries locales? Va-t-on retomber dans le même débat que pour l'actuel octroi de mer qui, d'après l'article 38 de la loi du 2 juillet 2004 et son décret d'application n° 2004-1550 du 30 décembre 2004, le qualifie de « droit de consommation » ? S'il y a des exonérations systématiques, même si ce n'est pas formalisé par un texte, les juristes forceront le raisonnement en arguant que dans les faits, il s'agira d'un nouveau droit d'importation, donc incompatible avec les principes communautaires. Retour à la case départ.

Ces exonérations ne devront donc pas être systématiques. Il serait souhaitable qu'elles soient accordées avec le plus de parcimonie possible. La motivation des Conseils régionaux devrait se baser sur des principes généraux, (certes, mais pas trop généreux). En l'espèce, il s'agirait de privilégier soit des secteurs qui sont véritablement en développement, soit des produits de première nécessité produits localement. Ces dérogations ne sauraient en aucun cas être accordées *vitam aeternam*.

Dans le même registre, on peut citer Johnny Arnachellum, tête de liste « Egalité totale » à la Réunion, qui développait un programme construit autour de la suppression du coût de transport maritime de marchandises, et ce pour relancer l'activité économique. La continuité territoriale, mesure transversale du projet de société d'Egalité totale, « mettra également fin à plusieurs abus ». Il préconisait la suppression de l'octroi de mer et l'instauration de la TVA à 19,6 %. Selon nos projections, cette TVA rapportera 800 millions d'euros chaque année. 300 millions iront à l'Etat comme c'est le cas actuellement. 350 millions seront distribués aux collectivités locales, comme ça se fait aujourd'hui. Nous demandons à l'Etat de financer le transport maritime des marchandises avec les 150 millions restants. Ainsi, les entreprises n'auront plus à intégrer le coût du transport dans leurs prix, ce qui fera baisser en moyenne les prix à la consommation de 7 à 11 %. C'est une première étape. Car, la suppression de l'octroi de mer va également révéler des rentes de situation, c'est-à-dire quelles sont les marges abusives appliquées par le secteur marchand sur les produits importés. L'Observatoire des prix dira l'ampleur des abus de certains secteurs d'activité, et l'Etat pourra sanctionner les profiteurs. Si à ce stade, rien ne change, la Région Réunion doit envisager la possibilité de créer sa propre centrale d'achat à destination des petits commerçants. Le Conseil régional aura alors un droit de regard sur les prix appliqués dans les petits commerces qui travailleront avec une sorte de SEM de la collectivité locale". C'est une idée qui a du bon. Mais, au vu des résultats de Johnny Arnachellum aux élections, elle n'a pas, semble-t-il, séduit beaucoup de réunionnais.

3) La TVA REGIONALE

Une autre proposition d'évolution de l'octroi de mer qui s'inspire du mécanisme de déductibilité de la TVA, est celle formulée par Richard Crestor dans son ouvrage « Octroi de mer 2004-2014, de la protection à la compensation », il s'agit de la TVA régionale[186]. Pour la présenter, le Secrétaire des MPI de la Martinique avait d'abord comparé les assiettes des deux octrois de mer selon le mécanisme défini par la loi du 2 juillet 2004. L'octroi de mer est perçu une seule fois sur le montant CIF (ou CAF) du produit importé. Par contre, il peut l'être deux fois pour une production locale. Une première fois sur la matière première importée si elle n'est pas exonérée ou à un taux nul, et une deuxième fois sur le prix de vente HT du produit livré au consommateur final. Par contre, la TVA est perçue sur la « valeur ajoutée » à chaque stade successif de la production puis de la commercialisation. L'auteur de cette proposition indique que « le régime de TVA équivaut à une taxation en aval du cycle de commercialisation du produit tandis que le régime de l'octroi de mer constitue, lui, une taxation en amont du cycle. » Ce qui l'amène à en déduire qu'à taux de taxation égal, la recette fiscale (mais aussi l'impact sur le prix à la consommation) est plus importante dans le régime de la TVA que dans le régime de l'octroi de mer. Inversement, à recette fiscale égale, le taux de TVA sera plus faible que celui de l'octroi de mer. Pour démontrer l'intérêt de cette proposition, son auteur fait une analyse fiscale en montrant que l'octroi de mer acquitté par l'importateur n'est pas une créance fiscale, contrairement à la TVA, mais un élément de charge d'exploitation, et en final un élément du prix de revient. Il évoque alors une « incohérence fiscalo-comptable » qui fait que l'on peut payer plus d'octroi de mer que nécessaire dans le cas de non-exonération de certaines matières premières alors que le produit fini serait totalement exonéré. Fort de ces postulats, l'auteur de cette proposition de TVA

[186] Cette proposition avait d'ailleurs été évoquée dans le rapport d'enquête de l'IGA et IGF de septembre 2002.

régionale affirme que le droit communautaire ne l'interdit pas dès lors que les différentiels de taxation sont respectés. Pour obtenir la même collecte, le taux de TVA sera mécaniquement plus bas. Ce qui satisfera les autorités de l'Union européenne, dès lors que l'Etat français aura mis en place cette réforme.

La TVA régionale répond aux principes suivants :

1) Les importateurs tout comme les producteurs locaux seront soumis à la TVA régionale ;
2) Comme la TVA (classique), la taxation se fera à tous les stades de la commercialisation :
   a. Une taxation à tous les stades de la commercialisation pour les produits importés ;
   b. Une taxation de la matière première (importée ou non) et une taxation du produit fabriqué à tous les stades de vente jusqu'au consommateur final ;
3) Le taux du produit local sera moins élevé que celui du produit importé ;
4) Le principe de la TVA s'appliquera à chaque niveau : l'octroi de mer acquitté en amont sera déductible de l'octroi de mer collecté en aval ;
5) Les crédits d'octroi de mer seront remboursables dans tous les cas.

Les avantages et les inconvénients de la TVA régionale seraient les suivants :

Le principal avantage de ce régime serait de faire perdre à l'octroi de mer son caractère de charge d'exploitation pour les entreprises. L'importateur acquitterait l'octroi de mer à l'importation et le déduirait comme pour la TVA. Le mécanisme serait similaire pour les producteurs locaux. Les montants d'octroi de mer non imputables devraient pouvoir être remboursés, à l'instar de la TVA. Ce régime d'octroi de mer ne pourra être contesté par l'Europe puisqu'il serait essentiellement un droit de consommation et ne pourrait donner le flanc à une contestation.

L'inconvénient de l'inégalité d'assiette entre le produit importé et le produit local serait supprimé, seul le taux serait différent. Par contre, l'inconvénient majeur serait celui de la difficulté de faire un distinguo entre produits importés et produits locaux. Ce qui sous-entend que chaque détaillant devra s'équiper de lecteur de code-barres avec le logiciel de facturation et de comptabilité adapté. Celui-ci identifiera le code douanier et l'origine du produit. Ensuite, il calculera la tarification correspondante.

L'auteur de cette proposition de TVA régionale suggère qu'il n'y ait que trois taux de TVA (taux normal, taux minoré et taux majoré). Pour aller plus loin, il propose que la taxation de l'octroi de mer et de l'octroi de mer régional soient fusionnés en un taux unique. Le calcul chiffré de ce dispositif fait apparaitre une sensible augmentation du prix au détail final du produit pour le consommateur et une obligation pour tous les opérateurs économiques (supermarchés, lolos, vendeuses sur le marché, artisans, etc...) de s'équiper avec un matériel informatique pouvant gérer les codes-barres et traitant la comptabilité selon la nouvelle norme instituée. Il y aura un gros travail de communication à faire en ce sens. Ce n'est pas gagné !

4) LA T.S.D.

Parmi ceux qui ont réfléchi à la possibilité de résoudre les incohérences de l'octroi de mer, on peut citer le « groupe de Sainte Marie » avec à sa tête le député martiniquais Guy Lordinot. Mais c'est surtout grâce à la forte personnalité de Félix-Hilaire Fortuné, et à ses connaissances éclectiques, que le groupe a pu élaborer une taxe locale de substitution de l'octroi de mer intitulée « la Taxe de Soutien au Développement ».

La position des rédacteurs de cette proposition est ferme et résolue : « la suppression de l'octroi de mer doit être complète et définitive ». Le mécanisme proposé s'articule autour de 7 points :

1. - Le dispositif de substitution fera d'abord passer d'une taxe directe perçue sur les seules « marchandises introduites », à une taxe indirecte à la consommation sur l'ensemble importation, production, distribution, indépendamment de la provenance, c'est à dire de l'origine, interne ou externe du produit.
2. - Il s'agira donc de passer de l'assiette restreinte de l'importation à une assiette élargie à la totalité des agents économiques opérant à l'entrée ou à l'intérieur des DOM.
3. - Il s'agira ensuite de passer d'une taxe à taux moyen relativement élevé sur le prix CAF des marchandises importées à une taxe réduite sur la valeur ajoutée, réduction que permet, à ressources égales, l'élargissement de l'assiette pratiquement triple de celle des importations.
4. - Il s'agira aussi de substituer à une taxation parfois arbitraire et ponctuelle, selon la conjoncture, un système cohérent de taux et d'assiette stable pendant une certaine durée, préfix.
5. - Il s'agira encore de sortir d'un échafaudage à taux multiples, au profit d'un système simplifié à quatre taux, ordonnançant les éléments d'assiette de la nomenclature, en fonction de critères principalement économiques répondant aux besoins de développement.
6. - Il s'agira enfin de supprimer toute référence à la destination du produit comme à la nature publique ou privée de l'utilisateur.
7. - La TSD, si elle fait référence par mesure d'ordre et de clarté au mécanisme bien connu de la TVA qui a fait ses preuves, et si elle s'appuie comme la TVA sur la valeur ajoutée, n'est ni une augmentation

de l'actuelle TVA des DOM, ni une taxe d'Etat dont le surplus serait reversé aux collectivités intéressées des DOM.

Pour les auteurs de cette proposition, la TSD a une double mission d'être un complément d'appoint aux ressources normales des communes tout autant que de constituer un soutien constant au développement, par son injection directe dans les rouages de l'économie. Même si la création de cette nouvelle taxe serait le fait d'une loi, la TSD serait mise en application avec un certain échelonnement (trois ans minimum). Cette approche est, à dire vrai intéressante. Toutefois, la lourdeur du mécanisme avec notamment la phase transitoire, risque de rendre perplexe plus d'un chef d'entreprise. Les comptables, pour leur part, auront matière à réflexion. Les hommes politiques ayant travaillé sur cette proposition ont réservé au pouvoir local (sans préciser quelle assemblée) le soin de régler l'harmonisation du tarif de l'octroi de mer (avec celui de la Douane), la réduction et la détermination des nouveaux taux, la durée de la phase transitoire et surtout la clé de répartition entre les communes.

Au surplus, on ne relève pas de coordination avec les autres Départements d'Outre-mer. Ferait-on fi de la coopération interrégionale ?

De surcroit, il n'y aura pas qu'un collecteur mais deux : les services des Douanes et des Impôts. Sans être pessimiste, on connait déjà les difficultés qu'ont parfois les politiques avec une administration ! A fortiori quand il s'agit de deux pour la même affaire ...

Il est à craindre que la TSD ne connaisse, à la longue, les mêmes travers que l'octroi de mer quand on voit que le pouvoir local répartira des quotas supplémentaires à certaines communes, et que par ailleurs il y aura des majorations ou minorations. Hélas, la TSD n'est pas convaincante car les mécanismes, fort judicieusement, inspirés de la TVA risquent de ne pas avoir de véritable impact sur le développement d'une entreprise, et encore bien moins du développement de la Martinique puisqu'en l'occurrence leurs auteurs sont martiniquais. Les taux de TSD prévus devant être bien inférieurs à ceux de la TVA, il y a fort à parier que les récupérations, exonérations ou autres crédits de TSD n'aient qu'un effet marginal dans la comptabilité des entreprises concernées.

5) LA PROPOSITION DU COMITE ECONOMIQUE ET SOCIAL DE LA REUNION

Le 25 juin 1986, le Comité Economique et Social de la Réunion a adopté un rapport sur l'octroi de mer. L'importance et le nombre de modifications apportées au régime actuel méritent d'être signalés. Il a mené ses réflexions à partir des trois finalités (fiscale, économique et sociale) de la taxe. Bien que reconnaissant que la finalité fiscale est celle qui a motivé, en 1850, l'octroi de mer à la Réunion, le CESR propose pour que les communes soient moins prises en « otage », de « leur garantir un minimum et un maximum de perception ».

Constatant que l'octroi de mer augmente plus vite que le Produit Intérieur Brut (PIB), il suggère de fixer sa progression. De même, les recettes augmentant plus vite que la Dotation Globale de Fonctionnement (DGF), une nouvelle répartition est proposée, en fixant à l'avance les progressions des recettes d'octroi de mer et celles des communes, on devrait pouvoir envisager à terme, suivant un échéancier à établir :

* d'affecter 50% du produit de l'octroi de mer au secteur productif (aides aux produits par le biais de la création d'une Caisse d'Aide et de Garantie) ;
* d'affecter 50% du produit de l'octroi de mer aux communes, avec un pourcentage à définir, affecté obligatoirement à la Section Investissement du Budget.

Il est également nécessaire de réviser la question de la répartition du produit brut de l'octroi de mer, en supprimant purement et simplement les primes versées aux agents des Douanes et du Trésor. Le CES de la Réunion confirme que l'octroi de mer « doit cependant être revu et corrigé » pour accomplir sa finalité économique. :

- L'ensemble des taux devraient être réétudiés en allant dans le sens de solutions plus harmonieuses, notamment en ramenant leur nombre de 19 à 10, et en réexaminant ceux frappant les produits de même nature que ceux qui ne sont plus fabriqués localement ou produits en quantité insignifiante.
- Dans la même optique, une réduction des taux exorbitants particulièrement protectionnistes est à envisager.
- L'octroi de mer ne doit pas être un accélérateur d'inflation (Par l'indexation du dollar).
- Le système de protection accordé aux entreprises locales doit faire l'objet de sérieux aménagements. Actuellement en effet, pour protéger une entreprise par le biais de l'octroi de mer, il suffit :
    * de relever les taux sur les produits importés
    * d'accorder une exonération sur les matières premières.

Comme le demande la Chambre de Commerce et d'Industrie de la Réunion, des critères « fluctuants » pourraient être mis en place. :

1) S'assurer de la qualité du produit
2) Dégager une valeur ajoutée
3) Instituer des prix comparables
4) Transformer les matières premières
5) Satisfaire une part appréciable du marché.

Il s'agit cependant de quantifier les critères, à l'exception du premier, afin de tenir compte de l'intérêt du consommateur et de favoriser la création d'emplois. Ainsi :

* Là où les entreprises doivent satisfaire au moins 70% du marché, une progression pourrait être prévue. Si ce seuil n'est pas atteint, l'aide au produit par le biais de la Caisse d'Aide et de Garantie devra intervenir afin de lui permettre de rester concurrentiel.

* L'entreprise doit dégager une marge brute supérieure à 20% du chiffre d'affaires.

* L'entreprise doit être transformatrice de matières premières. Si l'on veut encourager le développement économique et éviter le « dumping », il faut :

> exonérer de façon permanente les matières premières et les produits semi-ouvrés ou d'équipement concourant à la fabrication

> frapper d'un taux significatif les produits importés et qui concurrencent les produits fabriqués localement, sous réserve des conditions déjà exposées

> créer une Caisse d'Aide et de Garantie à l'exportation financée notamment par le 1% de la taxe additionnelle prélevé par la Région et par le reliquat des sommes non versées aux communes. Cette Caisse serait destinée principalement à soutenir les producteurs locaux (industrie, bâtiment, artisanat, agriculture, pêche) et plus précisément le produit lui-même.

Il serait particulièrement intéressant d'envisager la possibilité d'asseoir l'octroi de mer sur la valeur FOB, c'est à dire sur le prix du pays expéditeur sans tenir compte des frais d'approche. Sur la finalité sociale, le CES de la Réunion constate entre autres que l'octroi de mer augmente la valeur des importations et engendre de ce fait une inflation importée et le plus souvent au détriment des consommateurs les plus défavorisés. De même, la généralisation de la TVA est à exclure car elle augmenterait sensiblement le coût de la vie.

Cette proposition, pour intéressante qu'elle soit, ne résiste pas à l'analyse.

6) LA T.I.D.E.

Cette proposition que nous formulons pourrait être considérée comme un nouvel élément pour faire avancer la réflexion. Ce sigle veut dire « Taxation sur les Intrants, Dérogation sur les Exportations ».

Le mécanisme pourrait en être simple : taxation comme ci-dessus sur tous les produits sur la base de taux s'inspirant de la TVA toutefois, une dérogation serait accordée sur les productions exportées. Pour que les entreprises industrielles qui diffusent leur production sur le marché local soient compétitives, il faudrait trouver un système d'exonération de charges patronales. Ce point est d'ailleurs une constante dans les revendications des industriels locaux. Tout comme pour les collectivités locales pour lesquelles il a été prouvé que des recettes existent mais qu'elles sont peu ou prou mises en recouvrement, on s'aperçoit qu'il y a de nombreuses aides à l'investissement et aides fiscales spécifiques au secteur productif. Le tableau joint permet de constater qu'à l'exception de certaines petites particularités, les mécanismes d'incitation à la création d'entreprise sont très proches d'un DOM à l'autre. Il est patent de constater que les entreprises peuvent bénéficier d'aides à divers niveaux :

- Aides de l'Etat
- Aides régionales
- Aides locales

Parmi ces dernières on peut prendre pour exemple la Communauté d'Agglomérations du Centre de la Martinique (CACEM) qui a déployé un arsenal d'aides pour accompagner les entreprises. Elle a d'abord défini des Quartiers Prioritaires de la Politique de la Ville (QPPV), conformément à la loi de programmation pour la ville et la cohésion urbaine du 21 février 2014. La liste des QPPV a été fixée par décret n° 2015-1138 du 14 septembre 2015. Ainsi pour soutenir l'attractivité et le développement économique des quartiers urbains en difficulté, des exonérations ont été créées dans la loi de finances rectificative pour 2014. Elles sont au nombre de deux :

1. L'exonération de la cotisation foncière des entreprises (CFE)
2. L'exonération de la taxe foncière sur les propriétés bâties (TFPB).

L'autre exonération est destinée aux Zones Franches Urbaines – Territoire Entrepreneur (ZFU-TE). Il s'agit d'une exonération d'impôt sur les bénéfices. A côté de cela, on peut ajouter les Contrats de Redynamisation des Sites de Défense (CRSD)

Cette proposition de TIDE n'est pas développée pour l'instant car, la dérogation systématique des productions locales doit être un point de négociation avec la Commission des Communautés Européennes. On retombe sur la dichotomie : droit d'importation / droit de consommation.

7) LA T.R.C.R. (Taxe Régionale Collectée Récupérable)

La communication du projet gouvernemental en mai 91 avait fait vivement réagir les industriels. Les membres de l'association des MPI (Moyennes et Petites Industries) de la Martinique ont alors essayé toutes sortes d'amendements possibles pour sauvegarder le projet gouvernemental.

Ils se sont résignés à rejoindre la position des MPI de la Guadeloupe qui avaient également adopté cette même démarche mais qui finalement se sont résolus à faire une proposition de Taxe Régionale Collectée Récupérable.

Cette TRCR est basée sur le principe de la TVA. Donc sur un mécanisme bien connu des entrepreneurs qui peuvent la récupérer. Elle touche aussi bien les matières premières importées ou achetées sur place que les produits importés. Les entreprises de production locale pourront, pendant 10 ans, bénéficier d'une subvention égale au montant de la taxe facturée sur leur chiffre d'affaires HT-Production. De par sa nature, il s'agit d'une taxe régionale déclarative sur le chiffre d'affaires, avec déduction de la taxe en amont sur les achats. Ce principe s'apparente à celui de la taxe d'apprentissage collectée par des organismes privés de formation. Cette taxe, une fois collectée se transforme de facto en subvention d'exploitation.

Les entreprises de production devraient normalement se trouver en situation créditrice de TRCR, correspondant à la taxe payée en amont sur leurs matières premières. Pour les importateurs, la TRCR serait assise sur la valeur CAF des produits importés. Il est donc à craindre ici une hausse du coût de la vie.Pour les MPI Guadeloupe et Martinique, tout comme dans le projet gouvernemental, il serait créé un fonds régional pour les entreprises et l'emploi qui devrait, au cours des 10 ans après sa mise en place, s'attacher à résoudre les faiblesses structurelles des entreprises.

On le voit, le lobby de la petite industrie se mobilise régulièrement pour faire passer ses idées…Mais sont-elles viables ?

8) LA T.A.I.L.L.E.

Il s'agit d'une proposition de réflexion que nous formulons [187] dans l'optique d'une réforme de l'octroi de mer. Il ne faut pas oublier pas que l'octroi de mer est en sursis jusqu'en 2020. Si l'on part du principe que l'octroi de mer sert, qu'on le veuille ou non, à alimenter les budgets des communes, il faut bien rechercher des recettes de substitution compatibles avec cette finalité. C'est ainsi que pourrait être mise en place une « Taxe Assimilable à un Impôt Local pour la Logistique et les Effectifs » (TAILLE).

Le recouvrement de cette taxe se ferait comme les autres impôts locaux, mais avec des critères d'harmonisation au niveau régional pour qu'il n'y ait pas de trop grandes distorsions dans les modes de calcul d'une commune à une autre.

---

[187] L'auteur ne se contente pas de faire des critiques sur l'octroi de mer et de formuler des remarques sur les alternatives proposées ici et là. Il ose faire une proposition, et de taille !

Cette proposition de substitution sera développée dans le chapitre 4.2.1. QUELLE ALTERNATIVE ? On ne peut lister les différentes propositions de substitution sans évoquer les turbulences créées par le Gouvernement ces dernières années en matière de réforme de l'octroi de mer.

4.2 EX-VOTO

Les socio-professionnels de l'île Bourbon se sont fâchés, le 23 septembre 2012, par la voix de Jean-Hugues, Président de l'Association des Réunionnais Contre la Pauvreté (ARCP) exprimait sa colère[188]. « Nous estimons que la loi Lurel[189], actuellement en préparation, ne résoudra pas le problème de la vie chère à court terme. Cette loi pose uniquement le problème de la concurrence mais ne va pas aboutir à une limitation des prix. Pour nous, cette loi est une déception. Pendant ce temps-là, les revenus stagnent et la Réunion prend le chemin de "l'obésité de la pauvreté". (...) Il faut instaurer une égalité économique à la Réunion. S'attaquer à la sur-rémunération, d'une part. Il faut abroger l'octroi de mer à la Réunion. (...) Aujourd'hui, c'est même un élément structurel d'augmentation du coût de la vie. Les recettes de cet octroi de mer, censées être utilisées par les communes pour leur bon fonctionnement servent en réalité à payer les avantages des élus, leurs voyages en métropole pendant le congrès des maires et servent à financer la prime de vie chère d'une catégorie des employés communaux. (...) Si on supprime l'octroi de mer et que l'on maintient la TVA à taux réduit, cela instaurera un début d'égalité avec la métropole. L'argent que les consommateurs dépensaient avec l'octroi de mer restera dans l'économie réunionnaise. Cette suppression est nécessaire afin de compenser notre éloignement. Aujourd'hui, la Réunion a 20 ans de retard par rapport à la métropole sur le plan de la santé, à cause de la pauvreté. La population réunionnaise vieillit mal, le chômage ne cesse d'augmenter. On ne peut pas continuer comme ça ! Et si les communes estiment que la suppression de cette taxe est un manque à gagner pour les collectivités, elles devront se retourner vers l'Etat, au nom de l'égalité avec la métropole. A l'ARCP, nous demandons une nouvelle gouvernance économique. Et nous demandons aux maires de revoir le mode de gestion de leurs communes. »

---

[188] Consulter le site : http://www.zinfos974.com/Ratenon-Il-faut-abroger-l-octroi-de-mer_a47562.html

[189] Victorin Lurel, député et ancien Président du Conseil régional a été ministre des Outremers du16/05/12 au 31/03/14 dans le gouvernement Ayrault. La loi n° 2013-453 du 3/06/13, et son arrêté en date du 9/05/16, qui porte son nom réglemente essentiellement la teneur en sucre de certains produits alimentaires fabriqués ou distribués dans l'outre-mer.

Ainsi donc, toujours dans le cadre institutionnel actuel[190], les DROM-COM ont des statuts différents : région monodépartementale avec deux assemblées pour la Guadeloupe et la Réunion, Collectivité territoriale pour la Martinique et la Guyane[191], Département pour Mayotte depuis le 1er janvier 2014[192], on peut envisager une modification radicale de l'octroi de mer. La remise en question du statut, si elle n'a porté que sur le nombre d'assemblées locales, ne gêne pas l'application de la proposition formulée ci-après. Il y a lieu d'en examiner les principales dispositions, puis d'en vérifier la justification.

4.2.1. Quelle alternative ?

Dans son rapport au COLIER sur l'octroi de Mer, Serge Payet, avait sous-titré son document : « Réformer ou périr ». Il s'agit bien de cela. La non modification de l'actuel régime de l'octroi de mer l'entrainera irrémédiablement à sa perte.

Il avait été évoqué au chapitre 4.1.3.2 les différentes propositions de substitution à l'actuel régime de l'octroi de mer. Parmi elles, il y en a une que nous avions formulée, il s'agit donc maintenant de la développer. Il s'agit de la T.A.I.L.L.E. (Taxe Assimilable à un Impôt Local pour la Logistique et pour les Effectifs).

La difficulté pour toute proposition que l'on formule, c'est qu'il faut satisfaire le maximum de personnes et en mécontenter le moins possible. Bien que le poète dît que l'on ne peut satisfaire à la fois Dieu et son père, nous sommes prêts à relever le défi. Cette proposition sera bien entendu peaufinée ultérieurement par les fiscalistes et juristes spécialistes du droit européen.

Elle s'articule autour de cinq principes :

1°) Il faut que ce soit les antillais (et non les européens) qui fassent des propositions d'amélioration de l'octroi de mer. Les fonctionnaires de

---

[190] Les projets de 6ème république proposés par les candidats aux élections présidentielles d'avril et mai 2017 n'ont pas été précis sur l'avenir des DROM-COM et la suite qui serait donnée aux revendications « séparatistes » des Guyanais.

[191] Aux termes de la loi organique n° 2011-883 du 27 juillet 2011 et de la loi n°2011-884 du même jour, ils deviennent collectivités uniques exerçant les compétences dévolues au Départements d'Outre-Mer et aux Régions d'Outre-Mer à compter de leur première assemblée suivant leur élection en mars 2014.

[192] Le 101ème département français est appelé « Département de Mayotte », mais son assemblée exerce les compétences dévolues aux départements d'Outre-Mer et aux régions d'Outre-Mer.

Bruxelles, quelque soient leurs compétences, n'ont pas forcément la même approche des réalités des DROM-COM que les indigènes[193] ;

2°) Il est vrai que certains maires ont abusivement utilisé les fonds provenant de l'octroi de mer. Si certaines communes se retrouvent sous la double tutelle de la Cour régionale des comptes et de la Préfecture pour avoir des déficits se calculant en millions d'euros, il n'en est pas moins vrai qu'une partie de ces sommes a été réinjectée dans l'économie locale, soit par l'acquisition de biens à des entreprises locales soit en embauchant du personnel communal. Quelle que soit son opinion vis à vis de l'octroi de mer, on ne peut passer sous silence le rôle économique et social qu'il joue. Il est souvent fait allusion à la fonction « facteur de développement » de l'octroi de mer. Si l'on considère une mairie comme le premier employeur de la commune, on peut dire, sans trop forcer le raisonnement que grâce à l'octroi de mer, les communes accomplissent une mission de développement. Ceci dit, il ne faut pas laisser les collectivités bénéficier de fonds sans cesse croissants. Les nouveaux élus, qui se veulent des gestionnaires avisés, comprennent bien que l'octroi de mer tel qu'il est encore appliqué est fortement basé sur les importations et accessoirement sur les livraisons dans le département. Il est certainement agréable pour un élu de percevoir des sommes sans effort, mais il serait plus flatteur pour lui de fournir des emplois à ses administrés en favorisant la production locale. On ne peut vouloir une chose et son contraire.

3°) La complexité et l'archaïsme du régime de l'octroi de mer justifient que l'on propose une autre solution. Il faut donc innover. Il faut proposer une vraie taxe de substitution. Mais il ne faut surtout pas entrer dans les errements de nos élus qui ont réglementé l'octroi de mer au coup par coup en ayant bien souvent une vue fragmentaire du problème.

4°) La difficulté supplémentaire est de trouver une substitution qui soit valable pour les cinq DROM-COM. Il est difficile de croire à la volonté des élus de faire un « front uni contre les attaques extérieures » quand ils proposent des aménagements de l'octroi de mer uniquement pour leur département. Bien qu'éloignés, les DFA sont dans la même situation (constitutionnelle et administrative) que la Réunion et Mayotte.

5°) La quadrature du cercle serait la compatibilité avec les impératifs communautaires. Ne pas créer ce qui est déjà créé tout en trouvant une formule ayant déjà donné des résultats serait la panacée. La réticence des contribuables devant l'impôt direct a souvent amené les dirigeants à opter pour la fiscalité indirecte qui parfois, comme c'est le cas pour l'octroi de mer, est parfaitement inégalitaire.

---

[193] Certains esprits chagrins préfèrent utiliser le mot « autochtones », d'autres pourquoi pas, le vocable « aborigènes ». Il n'empêche, ce qualificatif correspond bien à la distinction qu'il y a lieu de faire entre ceux qui sont du cru et les autres populations, voire peuples.

Pour toutes ces raisons, nous osons proposer : la T . A . I . L . L . E . Elle pourrait regrouper les caractéristiques suivantes :

A. Le champ d'application : Seront concernés par cette taxe tous les cinq DROM-COM de la République Française. Les dépendances du nord de la Guadeloupe, Saint Martin et Saint Barthélémy ainsi que toute zone franche à venir en seront exclus.
B. Le service chargé de la perception : Les services extérieurs du Trésor Public seront chargés, du recouvrement de cette taxe.
C. La nature du droit : Il s'agira d'une taxe fiscale qui sera recouvrée dans les mêmes conditions que les impôts locaux. Cependant, une fois acquitté, ce droit sera déduit du résultat imposable. Au cas où l'exercice serait déficitaire, il n'y aura pas lieu à remboursement.
D. Le fait générateur : Le fait générateur sera la déclaration du contribuable. Comme en matière d'impôts locaux, en cas de non-déclaration ou de fausse déclaration, la procédure contentieuse en vigueur sera appliquée.
E. Le redevable : Ce sera le déclarant, soit la personne physique ayant une activité artisanale, industrielle, commerciale ou de prestation de services, soit la personne morale soumise à l'impôt sur les sociétés. Les entreprises de production industrielle pourront bénéficier de l'application des dispositions prévues par les articles 295 et 50 undecies et duodecies du code Général des Impôts relatives à la TVA fictive.
F. La valeur d'assiette : Contrairement à l'actuel octroi de mer qui repose essentiellement sur la valeur des marchandises importées (et faiblement sur les livraisons locales), cette taxe assimilable à un impôt local taxera le chiffre d'affaires.
G. La répartition : Les sommes collectées au titre de cette taxe seront réparties de la façon suivante :

- 90 % au profit des communes en fonction de leur population légale constatée par les recensements généraux de l'INSEE. Ces bases seront revues si, à la suite d'un recensement complémentaire de l'INSEE, il apparaît que la population sédentaire a augmenté de plus de 15%. Cette première tranche sera ainsi utilisée : 50% dans la section investissement afin de financer les équipements structurants, d'une part, et 50% dans la section fonctionnement pour assurer les charges de gestion courante (notamment les charges de personnel), d'autre part.

- 10 % au profit du Conseil régional. Ces sommes seront affectées au financement d'équipements structurants pour 50 % et au développement économique par l'attribution d'aides financières à la création et au développement d'entreprises de production pour 50 %. Dans ce dernier cas, elles pourront constituer la quote-part obligatoire de l'assemblée régionale lors de demandes de concours financiers européens. Mayotte n'ayant pas de Conseil régional, c'est le Conseil départemental de Mayotte qui sera attributaire.

Les communes de Saint Martin et de Saint Barthélémy étant exclues du champ d'application de cette taxe, elles seront également exclues lors de la répartition.

Les sommes réparties ne devront pas dépasser lors de la première année de l'application de cette nouvelle taxe (2021) plus de 5% du montant d'octroi de mer réparti l'année précédente (2020). Les autres années, l'augmentation maximum autorisée sera celle de la hausse des prix dans la région concernée, constatée au Journal Officiel de la République Française. L'assiette de cette taxe devra être révisée à la baisse s'il s'avère que l'augmentation de la collecte est nettement supérieure à la hausse des prix. Les élus régionaux (ou départementaux pour Mayotte), en concertation avec les services fiscaux, devront prendre de nouvelles délibérations pour réajuster le taux de l'assiette de cette taxe.

Les montants versés au Conseil régional et aux communes seront versés mensuellement, sur la base de l'exercice précédent, majoré d'une somme proportionnellement au coût de la vie. Pour les premiers mois, avant la publication officielle de cet indice, les sommes réparties seront identiques à l'année précédente. La régularisation intervenant généralement à partir du second trimestre de l'exercice écoulé.

Dans le cas où il y aurait une soulte, (excédent des sommes collectées sur les sommes distribuées), le Conseil régional devra gérer ces sommes qui pourront être reversées aux entreprises ayant une activité de production ou, dans certains cas, aux entreprises en difficulté.

G. Modalités de mise en place : L'actuel octroi de mer pourra être remplacé dans les cinq DROM-COM simultanément le 1er janvier 2021. En conséquence, il sera établi, dès 2020, un constat des prix généralement pratiqués sur les biens et les services. Pour ce faire, des équipes seront constituées des différentes administrations ou services suivants :

- de la Direction départementale de la concurrence, de la consommation et de la répression des fraudes ;
- de la Direction régionale des douanes ;
- de la Direction départementale des impôts ;
- du Service régional de l'INSEE ;
- du Service des Statistiques agricoles.

L'établissement de ce constat permettra de vérifier, le 1er janvier 2022, la baisse des prix publics généralement pratiqués antérieurement. Ce constat permettra également de suivre l'évolution des tarifs des services afin que les chefs d'entreprise de ce secteur ne répercutent pas de hausse sur ceux en vigueur avant la mise en place de la réforme. Cette vérification préalable sera répétée, d'une manière moins systématique les années suivantes afin qu'il n'y ait pas de dérapage de prix les années suivantes. Toute augmentation ne devra pas être supérieure à l'indice officiel de la hausse des prix du précédent exercice. Tout contrevenant sera verbalisé.

H._Régime dérogatoire : A titre exceptionnel, et jusqu'à délibération expresse de la Collectivité concernée, les redevables d'une région ayant subi une catastrophe naturelle pourront être dispensés de l'imposition au titre de la T.A.I.L.L.E.

I. Contentieux et règlement amiable des litiges : Les voies de recours sont celles édictées par le droit administratif. Toutefois, le règlement amiable des litiges sera conduit par le Directeur des Services Fiscaux de la région concernée. Il devra être saisi par lettre recommandée avec avis de réception dans un délai d'un mois suivant la mise en demeure. En cas de non accord, une commission des litiges statuera en second ressort. Cette commission sera composée du Directeur départemental des impôts, du Directeur départemental de la concurrence, de la consommation et de la répression des fraudes ainsi que du Directeur régional des douanes.

4.2.2. DES ARGUMENTS DE TAILLE

Cette proposition est maintenant dévoilée. Au cours des derniers mois, une enquête auprès de divers responsables, décideurs, fiscalistes et fonctionnaires a permis de refouler les propositions qui ont été avancées dans le chapitre 4.1.3.

Un impôt local avait-il plus de chance d'être viable qu'une taxe indirecte ? Oui, parce que sa modulation est plus aisée. On peut presque le personnaliser par le mécanisme de la TVA fictive. Taxer les entreprises et non l'ensemble des consommateurs pourrait étonner certains.

La justification en est simple :

1°) Le souci de trouver une ressource compatible avec les prescriptions communautaires est le leitmotiv de cette proposition. On ne peut indéfiniment demander des dérogations à l'Europe. Il faut savoir si l'on est IN ou OUT. On l'a déjà dit, la Communauté ne peut accepter des particularismes et des spécificités de tous poils. Il y a une règlementation, tous les Etats membres doivent l'appliquer. Par contre, si l'on est un Etat associé ou totalement indépendant, c'est différent[194].

---

[194] Il faut se rappeler les caractéristiques des articles 72, 73 et 74.

2°) La non taxation des produits de grande consommation aura pour conséquence une baisse du coût de la vie dans les DROM-COM ou pour tout le moins une non augmentation des prix de détail. Le gros reproche qui est fait en la matière à l'octroi de mer, c'est qu'il y a des majorations de tout un secteur de produits (parfois de première nécessité : le riz, la farine, les produits laitiers...) pour protéger une production locale marginale voire qui n'existe plus[195].

3°) La nécessité d'uniformiser les règles générales de ce nouvel impôt et d'harmoniser et même de supprimer les éventuelles dérogations.

4°) La possibilité de permettre un soutien au développement de l'économie. Non pas par défaut comme pour l'octroi de mer, mais par des actions clairement définies et quantifiables. Le mécanisme de la déductibilité fiscale ou de la TVA fictive peuvent être appréciés comme contribuant à subventionner indirectement les entreprises productrices.

5°) La technique fiscale de la déductibilité d'un impôt déjà payé devrait recevoir l'aval des socioprofessionnels. En effet, s'il n'est pas souhaitable de taxer le consommateur directement, on le fait indirectement par les entreprises. Cette taxation au second degré aura l'avantage sur l'octroi de mer d'être payée mensuellement en fonction du chiffre d'affaires de l'exercice précédent. Au contraire, dans la formule de l'octroi de mer, les droits de douane et d'octroi de mer étaient acquittés, avant même la mise à la consommation (ou le processus de fabrication), sur la totalité de la marchandise introduite, pénalisant en cela la trésorerie du commerçant ou de l'industriel.

6°) Si l'on considère que le taux moyen d'octroi de mer est de 7,5 % du prix CAF, le prix d'une marchandise sera égal au prix CAF, plus l'octroi de mer, plus la marge des intermédiaires. Si cette dernière est de 30 %, on obtient :

- Prix CAF	100
- Octroi de mer	7,5
- Marge bénéficiaire	32,25
- Prix au détail	139,75

Si au contraire, on admet que le taux marginal d'imposition de la nouvelle taxe pour un secteur d'activité donné est de 2 %, on obtiendrait normalement en chiffre d'affaires une somme correspondant au prix d'achat (CAF) des marchandises, majorée de la nouvelle taxe et de la marge bénéficiaire. Ramenée au prix unitaire, cette taxe donnerait le calcul suivant :

[195]Voir dans le chapitre 2.2.2 Les affaires et autres scandales, le cas des entreprises qui ont, en leur temps bénéficié d'exonération avec majoration du taux du produit concurrentiel importé.

- Prix CAF	100
- Taxe	2
- Marge bénéficiaire	30,6
. Prix au détail	132,6

Donc, théoriquement une baisse des prix à la consommation.

Du fait de la déductibilité de la taxe du bénéfice imposable, le commerçant aura en réalité une imposition moins forte que dans l'hypothèse classique. Exemple : Si dans les deux cas le bénéfice imposable est de 10, son impôt sera de 4,2 dans le premier cas. Pour le second cas de figure la taxe (2) sera déduite du bénéfice imposable (10), ce qui donne 10-2*42%=3,36.

En résumé, le consommateur et le commerçant gagnent avec ce système.

Qu'en est-il par contre des prestataires de services assujettis actuellement à la TVA et non concernés par l'octroi de mer ? Il va sans dire que cette catégorie de professionnels risque de manifester leur désapprobation de se voir une fois de plus taxés. Mais le principe de la déductibilité de l'impôt acquitté devrait les rassurer quant au bien-fondé de cette nouvelle taxe. Les élus régionaux ayant en charge la répartition de cette nouvelle taxe devront fixer les meilleures conditions pour cette catégorie de contribuables.

7°) Les prix de détails seront moins élevés, on l'a vu, ce qui aura d'une manière concomitante une hausse du pouvoir d'achat de la ménagère. De plus, à l'heure où de nombreux consommateurs achètent par Internet pratiquement au même prix des produits que l'on peut trouver dans les boutiques locales, il y aura un regain de l'activité commerciale de proximité. Souvent les achat VPC (Vente Par Correspondance) ne sont pas si avantageux que cela : Produits achetés sans être essayés ou mesurés, appareil défectueux ou commandé à partir de « photo non contractuelle », parfois pas de SAV (Service Après-Vente), etc, etc…

Bien entendu, l'actuel Octroi de Mer Régional sera supprimé.

4.2.3. Les avantages de la taille

1) Un impôt simple touchant non plus des produits mais des secteurs d'activité ;

2) Une incidence favorable sur les prix (qui devraient baisser) ;

3) Une compatibilité totale avec le droit français et les prescriptions communautaires ;

4) Un avantage certain pour les entreprises qui paieront moins d'impôts ;

5) Un pouvoir de modulation des taux, comme pour les impôts locaux, à l'initiative des élus locaux ;

6) Un véritable instrument de développement économique géré par les Collectivités majeures ;

7) Une ressource conservée pour les communes ;

8) Une simplicité de fonctionnement, et la suppression de toutes les complexités administratives ;

9) L'OMR (ou DAOM de 2,5 %) n'aura plus lieu d'être. Sa suppression, si elle ne fera pas chuter vertigineusement les prix, aura pour but de clarifier les recettes de la Région et de simplifier les déclarations pour les marchandises importées.

10) Les fonctionnaires des services des douanes seront ainsi libérés de tâches fastidieuses et pourront pleinement se consacrer à leur métier de base surveiller les frontières et lutter contre les trafics les plus divers[196].

11) Le prélèvement de 2,5 % effectué par les services des Douanes n'aura plus lieu d'être. En effet, selon un responsable de la Douane[197], l'octroi de mer ne représente pas moins de 46% des recettes fiscales collectées par cette administration. La suppression de la complexité à outrance du dispositif actuel sera certainement vue d'un bon œil par plus d'un fonctionnaire.

Pour être honnête, cette proposition de TAILLE ne risque-t-elle pas de chagriner quelque détracteur ? Leur argument essentiel pourrait être qu'il s'agit d'une taxe cumulative[198]. En effet, comme indiqué plus haut, les taxes cumulatives, de fait, présentent des inconvénients bien connus :

- effets inflationnistes,
- pénalisation de la division des opérations économiques par rapport aux circuits intégrés,
- incertitude quant à la charge finale grevant le produit et, par voie de conséquence, difficulté à mettre en œuvre une exacte détaxation des exportations,
- ainsi qu'une juste re taxation des importations.

---

[196] On peut se rappeler que le rapport Toulouse préconisait déjà que l'octroi de mer permette aux Assemblées Locales la maîtrise des taux de la répartition et procure aux collectivités locales des ressources équivalentes à l'Octroi de Mer tout en étant moins inflationniste et plus modérateur de la dépense publique et qu'il soit en conformité avec le Traité de Rome tout en permettant une protection suffisante des industries locales soit d'une gestion plus simple. La TAILLE y répond en tous points).

[197] Bruno Buttier, Chef du pôle comptable de la direction régionale des douanes de Guadeloupe.

[198] Voir le chapitre 3.3.3 De la théorie à la pratique, l'approche pragmatique.

Force est de constater aussi que par nature, les taxes cumulatives favorisent l'apparition de phénomènes discriminatoires dont le droit communautaire poursuit précisément, en vue d'une égalisation des conditions de la concurrence à l'intérieur du marché européen, la complète élimination.

Mais ces remarques, importantes certes, ne pèsent pas face aux nombreux avantages de la déductibilité et de la récupération qui ont été exposés précédemment.

5. L'OCTROI SE MEURT ?

5.1 LES ESPOIRS DEÇUS PAR LA LOI DE 2015

Après une bonne décennie de calme apparent, l'octroi de mer revient sur le devant de la scène médiatique avec de nouveaux soubresauts. Le *motus vivendi* obtenu en 2004 ne satisfait pas tout le monde. L'Europe va remettre le couvert. Comme il a été expliqué plus haut, les fonctionnaires européens ne veulent pas de barrières douanières alors que les politiques domiens en font un objet d'indépendance financière, politique et économique[199].

5.1.1 LA DÉSILLUSION DE 2015

La loi n° 2004-639 du 2 juillet 2004 relative à l'octroi de mer a fait l'objet de plusieurs modifications. L'Europe, faut-il le rappeler, autorisait des exonérations à condition qu'elles soient « nécessaires, proportionnelles et précisément déterminées ». Le régime de soutien aux productions agricoles a d'ailleurs été inséré dans le volet « stratégie de développement économique » prévoyant des objectifs d'amélioration en termes de compensation des handicaps et des mécanismes de mesure des performances réalisées.

Encore une fois, la France a été mal notée par l'Europe. Au lieu de démontrer que l'octroi de mer n'était pas un droit de douane et qu'il touchait tous les produits (ceux fabriqués dans les DOM comme ceux importés), les membres de la délégation avaient mis l'accent sur la ressource indispensable pour les collectivités. Faut-il le rappeler, les technocrates de Bruxelles prônent la libre-circulation des marchandises et ne veulent aucun droit de douane ou même de taxe d'effet équivalent à un droit de douane. Il était évident que le cabinet de la Commissaire européenne, Danuta Hübner, retoque la copie de la France.

---

[199] On peut citer en exemple la définition qu'en faisait Christian Bonnaire, Directeur - Direction de la Prospective économique et fiscale à la Collectivité Territoriale de la Martinique, le 28 septembre 2017 lors de la conférence sur « L'octroi de mer : impacts de la réforme de 2015 sur l'import/export des entreprises en Martinique ». Dans sa définition de l'octroi de mer, il disait que ce dernier répondait à trois enjeux. Le premier, financier, puisque c'est la principale ressource des communes. Le second est politique du fait que la collectivité majeure fixe les taux d'octroi de mer, ce qui est un élément d'autonomie fiscale. Le troisième est économique : par le jeu des différentiels, on limite les surcoûts. Or justement, l'Europe conteste cette approche. Les produits importés ne doivent pas être fortement taxés alors que les productions locales le sont faiblement voire pas du tout, sachant qu'il y a des gains de productivité à faire en matière de fiscalité communale. Le pouvoir de décision local n'est pas « la tasse de thé » des fonctionnaires européens, cela a déjà été dit plus haut.

Mais le nouveau dispositif préconisé par la loi de 2004 demandait un plus grand investissement du Conseil régional. Comme l'indiquait Fritz Jalet, chef du service de la fiscalité du Conseil régional de la Guadeloupe, « le service de la fiscalité participe à la préparation de la répartition de la réserve des 4 % de l'octroi de mer versé aux communes, par le biais du suivi de la mise en œuvre des chartes de développement communal. (...) La douane reste un partenaire majeur dans la mesure où elle est omniprésente dans la quasi-totalité des décisions mises en œuvre par le Conseil régional dans le domaine de la fiscalité indirecte. Elle a notamment en charge la collecte et la répartition de l'ensemble des taxes composant la fiscalité indirecte émise par la collectivité régionale. Elle assure par ailleurs le contrôle de la bonne application des différentes décisions prises par le Conseil régional en matière fiscale, et ce au travers des délibérations. La coopération avec la douane s'établit donc à plusieurs niveaux : d'une part, certaines dispositions de la loi n° 2004-639 du 2 juillet 2004 relative à l'octroi de mer prévoient un certain nombre de modalités de coopération entre le Conseil régional et la Douane.

D'autre part, des conventions peuvent être établies, notamment pour la fourniture de statistiques. Il faut également souligner que la Douane est membre de la ''commission *ad hoc* octroi de mer'' mise en place par le Conseil régional, qui a pour rôle de donner un avis sur les demandes d'exonération d'octroi de mer déposées par les entreprises, et ce, avant examen et décision de la commission permanente. Enfin, il arrive que le Conseil régional et la Douane se rencontrent assez régulièrement pour échanger sur des problématiques d'ordre institutionnel, organisationnel, réglementaire ou fiscal. Il s'agit de renforcer cette coopération. Cela passe par une meilleure structuration de nos échanges, mais surtout, par la mise en place par la Douane d'outils informatiques destinés à fournir des statistiques fiables relatives à l'octroi de mer. »

En tant que Régions ultrapériphériques de l'Union européenne, les DROM-COM devaient s'imposer dans ce contexte de crise économique en Europe, et par l'élargissement de la Communauté à un total de 28 pays. Au parlement européen, les députés domiens s'activaient. Ils saisissaient toutes les occasions qui leur étaient données. Ainsi, Elie Hoarau, le mardi 5 juillet 2011, a présenté, à Strasbourg en session plénière, un rapport qui a été adopté par 652 voix pour, 15 voix contre et 4 abstentions. Un réel succès pour la reconnaissance tant de la spécificité que des difficultés particulières des RUP. Le député européen soulignait dans son rapport « l'existence de handicaps permanents tels que l'insularité, l'éloignement des grands marchés, la faible superficie, le relief et le climat, la dépendance économique vis-à-vis d'un petit nombre de produits, contraignent le développement des RUP et justifient pleinement la mise en œuvre de mesures adaptées telles que les exonérations de l'octroi de mer pour un ensemble de produits locaux.»

Ce rapport autorisait la France, à prévoir pour les quatre départements français d'Outre-mer, jusqu'au 1er juillet 2014, des exonérations de la taxe octroi de mer pour certains produits fabriqués dans les DOM. La proposition validait également l'ajout de près de deux cents produits pour la Guyane sur la liste des produits qui pourraient bénéficier d'une exonération de la taxe de l'octroi de mer. La Guyane étant alors le DOM ayant le moins de produits inscrits sur cette liste. Dans le rapport le député appelait la Commission à réfléchir aux moyens de pérenniser définitivement ces exonérations dès 2014, afin que les DOM ne se retrouvent pas placés tous les dix ans dans une situation d'insécurité économique. Mais, faire voter un rapport en Commission Développement régional puis au Parlement n'était pas tout, il fallait ensuite l'approbation de la Commission Européenne et du Conseil Européen composé des chefs d'États et de gouvernements pour qu'ils appliquent la décision du Parlement européen.

Pendant toute cette période, nombreux furent les séminaires et colloques pour trouver des solutions. Citons le 21ème congrès de l'ACCD'OM qui a été organisé à la Réunion du 11 au 16 novembre 2012. « C'est Roland Robert, maire de La Possession et vice-président de l'ACCD'OM, qui a présidé la séance sur les fonds européens et l'octroi de mer. En tant que président de l'Association des maires de La Réunion (AMDR), il a exposé les préoccupations des maires concernant la fin en 2014 de l'octroi de mer. Tous militent pour un maintien ou une modification de cet octroi de mer qui représente une part importante des budgets des collectivités et participent à la dynamisation des industries. » nous rapporte Témoignages du 17 novembre 2012. Après maintes et maintes études, déplacements, visites de terrain, négociations, il y a eu enfin l'inscription de l'octroi de mer à l'ordre du jour du Parlement européen qui a voté, le mercredi 16 avril 2014, en faveur d'une prolongation du régime de l'octroi de mer jusqu'au 31 décembre 2014 [200] pour La Réunion, la Guyane, la Martinique et la Guadeloupe. Une cinquantaine de députés seulement s'est prononcée contre la reconduction du dispositif. Ces derniers ont considéré l'octroi de mer comme une mesure protectionniste. Le député Younous Omarjee a défendu la reconduction du dispositif jusqu'à la fin 2014. Le Réunionnais, seul Français de l'équipe de négociation du Parlement européen, a soutenu avec fermeté et détermination l'octroi de mer en espérant toutefois un texte reconduisant l'octroi de mer jusqu'en 2020 ou 2024.

La décision du Conseil de l'Union européenne n°940/2014/UE du 17 décembre 2014 a donc officiellement reconduit l'octroi de mer jusqu'au 31

[200] Soit à peine huit mois, si l'on compte bien ! On est passé bien près de sa suppression pure et simple.

décembre 2020 pour cinq ans[201]. La loi du 29 juin 2015, qui transpose cette décision dans le droit français, est parue au Journal officiel le 30 juin 2015. Selon cette loi, la taxe touche désormais les opérateurs dont le chiffre d'affaires de production est égal ou supérieur à 300 000 euros par an (contre 550 000 euros auparavant). Les nouveaux redevables profitent d'une période transitoire de six mois et n'ont donc été, pour les premiers, assujettis à l'octroi de mer qu'à partir du 1er janvier 2016. On peut signaler une petite disposition qui est passée inaperçue mais qui a facilité le quotidien de bien des petites et moyennes entreprises. Une nouveauté est introduite à cette occasion : jusqu'à présent, toutes les entreprises devaient effectuer leur déclaration d'octroi de mer dès le premier euro de chiffre d'affaires. Désormais les entreprises dont le chiffre d'affaires se situe en dessous de 300.000 euros seront exemptées de déclaration. Ceci pour légaliser à posteriori la situation d'un grand nombre d'entre-elles qui, ignorant qu'elles étaient dans l'illégalité, ne déclaraient rien[202].

Le champ d'application et la territorialité de certaines opérations sont désormais clarifiés et les dénominations des collectivités sont mises à jour.

Parmi les nouvelles mesures, on peut également citer la création d'un mécanisme de taxation rétablissant le droit commun (exonération au départ et taxation à l'entrée dans le DOM de destination) pour une liste limitative de biens provenant de productions locales échangées entre le marché unique antillais (MUA) et la Guyane.

De plus, une commission interrégionale d'élus régionaux du MUA et de la Guyane a été chargée de réaliser une analyse des flux entre ces territoires afin de faire des propositions pour faire évoluer la liste des produits ou des mécanismes de taxation.

Le système d'exonération décidé par les Conseils régionaux est clarifié et étendu suite à la réforme. Ils conservent « la possibilité, par délibération, d'exonérer de la taxe d'octroi de mer l'importation d'une liste de

---

201 Brûlant la politesse aux autorités de Bruxelles, Victorin Lurel, ancien ministre des Outremers et à nouveau président de la Région Guadeloupe s'est empressé de déclarer le mercredi 14 août 2014, au quotidien France-Antilles, édition Guadeloupe, que la prorogation était acquise. Il rajoutait même que « Ce dossier revêt un caractère important pour le soutien aux secteurs productifs locaux, compte tenu des handicaps structurels qui pénalisent parfois le tissu économique local. »

202 Ce qui fait dire à Louis-Joseph Manscour, l'eurodéputé de la Martinique, rapporteur au Parlement européen groupe Socialistes et Démocrates, dans un communiqué que « cette reconduction de l'octroi de mer "amélioré" est une très bonne nouvelle. Cet outil politique est indispensable aux collectivités ultramarines : il permet de les doter d'une ressource fiscale dynamique. L'octroi de mer version 2015-2020 est donc un instrument très puissant permettant "l'éclosion" de productions naissantes à l'abri d'une barrière douanière locale érigée par la Région ».

marchandises. Cette liste est désormais fixée par secteur d'activité économique et peut concerner toutes les marchandises figurant dans le tarif douanier commun. » Les centres de santé, les services sociaux et médicosociaux, les organismes à caractère philanthropique, scientifique, éducatif, social, sportif, humanitaire, culturel et artistique pourront être éligibles. Les Conseils régionaux peuvent également décider d'exonérer des biens au titre de l'avitaillement, de même que certains carburants à usage professionnel.

Les opérateurs ont la possibilité de déduire l'octroi de mer supporté par les biens d'investissements acquis pendant l'année précédant le début de son assujettissement. La limite des taux de taxation est fixée à 60% et, pour les produits alcooliques et les tabacs manufacturés, à 90% (ces taux sont majorés de moitié concernant Mayotte).

La réforme de la réglementation fiscale concernant l'octroi de mer entrée en vigueur le 1er juillet 2015 a finalement reconduit la taxe que jusqu'au 31 décembre 2020.

Vous avez dit « épée de Damoclès » ?

N'en déplaisent les déclarations triomphales de certains[203], la pérennité annoncée le mardi 16 décembre 2014 par l'Europe « par un vote à une large majorité » en procédure d'urgence ne l'était que pour cinq ans et six mois. Victoire, vous avez dit ? La ministre des Outre-mer, George Pau-Langevin avait fait part de sa satisfaction : « Il a fallu défendre l'intérêt de ce régime bien adapté aux spécificités des régions ultrapériphériques et démontrer qu'il n'est en aucune façon une distorsion à la concurrence. »

Dans tout l'outre-mer, les voix des sans-voix s'élèvent. Ainsi David Nouai[204], fustige l'octroi de mer : « L'octroi de mer n'est pas une béquille qui soutient l'économie réunionnaise c'est plutôt un corset nous empêchant de respirer. Au fil des années, cet impôt est devenu davantage le tiroir-caisse des collectivités territoriales au lieu d'être l'impôt sauvegardant l'économie réunionnaise. Ceux qui veulent nous affirmer le contraire doivent alors m'expliquer la taxe folle de 48,5% sur les champagnes et autres vins mousseux ; les taxes à 25,5% sur les perles, pierres semi-précieuses et précieuses, sur les voitures de plus de 2 000 cm^3, sur les motos de plus de 800 cm^3, sur les parfums ; les taxes de 20,5% sur les produits de beauté, les

[203] Le député européen communiste de la Réunion, Younousse Omarjee, se réjouissait de sa pérennisation. Par contre, Elie Hoarau, lors de la séance plénière du Conseil régional de la Réunion du 30 juin 2015, avait vivement alerté sur la nécessité de tirer les enseignements de la dérogation, habituellement d'une durée de 10 ans et qui ne l'était cette fois que pour 5 ans.
[204] Voir http://www.lecitron.re/2015/02/loctroi-de-mer-ma-tuer/

tapis et les moquettes, les taxes de 15,5% sur les papiers hygiéniques, les cravates, les boites et caisses en papier, sur les pâtes alimentaires, sur le couscous, sur les volets, les stores, etc. Toutes ces taxes cumulées avec la TVA font que tous ces produits sont plus lourdement taxés qu'en métropole (TVA à 20,6%), alors qu'ils ne sont en aucun cas en concurrence avec une quelconque production locale (car à ce que je sache nous nous ne produisons pas de champagne, de voitures, de pierres précieuses, de produits de beauté, de pâtes alimentaires). Nous nous taxons plus qu'en métropole ce qui évite bien sûr de rencontrer un succès dans notre zone économique immédiate. Dans l'océan indien nous sommes hors compétition tant nos taxes sont dissuasives. Du coup, on importe des matières premières hors de prix, ce qui explose nos coûts de production. Au lieu d'être une porte d'entrée des produits français dans la zone nous sommes au contraire la porte condamnée et verrouillée à triple tour. Si bien que vous pouvez trouver du champagne français bien moins cher à Maurice ou aux Seychelles qui eux même sont devenus des plaques tournantes des produits luxe dans toute la zone, et nous pauvres couillons, on se préserve avec notre octroi de mer. On se préserve surtout de vendre, à mon avis. Idem pour les voitures, on est tellement bon que ce sont les mauriciens qui rachètent nos cartes des concessionnaires et qui nous vendent les voitures (avec le produit des ventes des voitures qu'ils importent meilleur marché et qu'ils arrivent à écouler sur notre île et sur zone économique !). Quand je vous dis qu'on est con ! Les voitures sont plus chères chez nous, que partout ailleurs dans la zone euro, pour quelle raison ? Vous pensez que c'est pour privilégier les transports en commun ? Perdu, la taxe est à 15,5% soit avec la TVA à 24,1%. Ce qui est incroyable, c'est que nous avons à quelques centaines de kilomètres des coûts de production incroyablement bas qui pourraient être un atout pour notre production car nous aurions des matières premières moins chères et donc une attractivité supplémentaire. Mais non, nous préférons faire plus cher et être non compétitif et s'acheter à nous même des productions hors de prix grevant le pouvoir d'achat des réunionnais. On est bon, je vous le dis, on est bon ! Donc pour résumer l'octroi de mer c'est une économie non ouverte sur sa zone d'influence, des coûts de production les plus élevés de toute la zone euro, des prix de vente 30% plus cher qu'en métropole … et en contrepartie nous gagnons quoi ? 30% de chômage et 50% chez les moins de 25 ans. Il est beau le bilan de l'octroi de mer ! »

Les lobbyistes d'EURODOM ne désarment pas. Dans leur blog[205], après avoir fait un rapide retour historique, ils interpellent sur la situation : « Le dossier de l'octroi de mer est exactement dans la même situation qu'en 2008. Nous nous approchons maintenant de la date à laquelle il faudra transmettre le rapport à mi-parcours. Nous sortons à peine de la mise en œuvre de la décision

[205] Voir http://www.eurodomblog.org/intervention-odm .

adoptée par le Conseil de 2014. Lorsque le sénateur DOLIGE avait écrit ces lignes en 2009, nous avions, avec Gérard[206], travaillé près de trois ans déjà sur le dossier ; la Guyane, les DOM, et les MPI s'en souviennent. Dans un rapport de la Commission, celle-ci indiquait que les éléments économiques transmis par la France ne lui permettaient pas d'assurer de son point de vue la proportionnalité du régime. Il y avait donc en 2011 dans le rapport de la Commission au Conseil lors du rapport à mi-parcours, une analyse de la Commission qui disait que nous ne lui avions pas fourni suffisamment d'éléments pour qu'elle analyse la proportionnalité. C'était donc une menace directe sur le dispositif de l'octroi de mer en 2014. Nous avons poursuivi nos travaux de 2011 à 2014 pour nourrir de manière très substantielle et arrêtée, avec la DG COMP, une méthode qui a été validée à l'époque par la DG TAXUD et son cabinet.

Cette méthode nous a permis progressivement, en deux ans de travail, d'arriver à la décision actuelle dans laquelle tous les codes qui ont été demandés par les MPI ont été approuvés. Il a fallu encore une année supplémentaire pour la mise en œuvre en droit national de cette décision du Conseil, avec des difficultés importantes que nous avons surmontées pour ce qui concerne le marché Antilles-Guyane, et l'application de cette décision sur les codes RSA ».

Pour se mettre en conformité avec la préconisation européenne, la loi du 29 juin 2015 et le décret du 26 août 2015 laissent un goût amer à l'observateur attentif. Le seuil d'imposition a été baissé à 300 K€ et non plus 550 K€ comme précédemment. Ce qui ne facilitera pas le quotidien de ces petites structures. Par exemple, il y a des petites exploitations agricoles qui devront payer l'octroi de mer intérieur alors que leurs produits agricoles ne sont pas soumis à l'impôt. Elles ajouteront une charge supplémentaire à leur bilan.

Pour le CIPPA, dont le président est Alain Plaisir[207] : « la nouvelle loi augmente le nombre de producteurs Guadeloupéens qui paieront l'octroi de mer interne. Ce nouvel impôt affectera, un peu plus, la compétitivité des entreprises et surtout alimentera la cherté de la vie. L'octroi de mer est une dérogation au droit communautaire, et la démonstration est faite, une fois de plus, que le développement de la Guadeloupe ne peut pas se faire sur une base dérogatoire, mais sur le droit. C'est pour cette raison que le CIPPA milite pour un statut de PTOM qui permettra à la Guadeloupe d'avoir une compétence fiscale et douanière et ainsi d'éviter les contraintes du marché intérieur européen. »[208]

---

[206] Il s'agit de Gérard BALLY, Délégué général et fondateur d'EURODOM.

[207] Auteur, entre autres, de l'ouvrage « L'octroi de mer, de la colonisation française à l'intégration européenne », paru en 2007.

[208] Consulter http://cippa.gp/le-nouveau-tarif-doctroi-de-mer-le-piege-se-referme/

Dans une autre communication, en date du 9 février 2015, toujours sur son site, le président du CIPPA écrivait : « Concrètement cela veut dire que les entreprises de production : agricole, extractive et industrielle de la Guadeloupe ayant un chiffre d'affaires de 300 000 euros (25 000 euros par mois) vont payer un impôt nouveau, l'octroi de mer interne. Plusieurs centaines de moyennes entreprises seront touchées et pénalisées par la nouvelle loi. Faire payer un impôt supplémentaire aux entreprises, c'est les rendre moins compétitives, et c'est aussi pénaliser les consommateurs qui paieront plus chers les produits fabriqués en Guadeloupe. C'est particulièrement choquant d'entendre Victorin Lurel[209], dans la même conférence, parler de financer le développement économique et de lutter contre le chômage, alors qu'il vient de donner sa bénédiction à une nouvelle loi qui aura des conséquences néfastes sur l'emploi. A travers cet exemple, on se rend compte des contradictions insurmontables d'un système départemental basé sur les dérogations au droit communautaire européen. Envisager un développement économique dans ces conditions parait peu réaliste. La Guadeloupe doit avoir, comme le préconise le CIPPA, une compétence fiscale et douanière, dans le cadre d'un statut de PTOM, pour faire émerger une économie de production. »

Certes, il y a une exemption de déclaration, mais est-ce une réelle victoire ? C'est vrai qu'il y a quelques possibilités d'exonération pour certaines activités économiques comme la recherche, l'enseignement ou le tourisme. Mais combien sont concernés, et quel montant cela représente-t'il ? Par contre, les révisions des listes devront être annuelles. Le motif : pour faciliter leur adaptation aux évolutions des réalités productives. Est-ce un avantage ? L'avenir nous le dira.

Le CIPPA n'en restera pas là. Il lancera une pétition pour contester l'OMR sur l'eau facturée par la Générale des eaux Guadeloupe. Cette organisation politique affirme que l'eau est taxée à 1% dans certaines communes et à 1,5% dans d'autres. Ce qui est, selon le CIPPA, illégal. De plus, la contestation porte sur le fait que l'eau distribuée en Guadeloupe par les robinets n'est pas une activité de fabrication, de transformation, de rénovation de biens meubles corporels, d'activités agricoles ou extractives et donc ne rentre pas dans le cadre de l'article 2 de la loi n°2004-639 du 2 juillet 2004. Par comparaison avec le précédent régime, ce sont près de 20% de produits en plus qui bénéficieront d'un différentiel de taxation.

Gabriel Gallion, dans le France-Antilles, édition Martinique, formulera, en termes enveloppés sa déception. « Toutes les marchandises importées sur le territoire martiniquais sont assujetties à l'octroi de mer. Que ce soit le

---

209 L'ancien ministre des outremers, alors présent à la clôture de la 20ème conférence des RUP (régions ultrapériphériques) en tant que Président de la Région Guadeloupe.

shampoing, un slip, des produits alimentaires... rien n'échappe à cette taxe. La production locale est également assujettie. Que ce soit le rhum, le café, le pain, tout est soumis à cette taxe. Le consommateur paie l'octroi de mer, quel que soit ce qu'il achète. C'est le Conseil régional qui fixe les taux d'octroi de mer sur les produits importés, ainsi que sur les produits locaux. Si aucun texte ne fixe de plafond sur un type de produit, la fixation des taux est néanmoins soumise à une règle tangible que l'exécutif régional ne peut ignorer : l'équilibre entre les produits importés et la production locale. Autrement dit, le principe de libre circulation des marchandises qui régit la réglementation européenne ne peut être bafoué délibérément. C'est donc à un juste équilibre entre ce principe et le droit de compenser les disparités de production entre l'import et le local, qui s'impose. Ce que la Commission européenne reconnaît, mais surveille avec vigilance, laissant souvent l'impression de pencher plus vers le droit à la libre circulation. Le dialogue devient souvent difficile entre l'administration européenne et les élus de la Martinique, voire ceux des autres régions d'Outre-mer. Pour la nouvelle mouture de cette taxe, la validation des listes de produits assujettis à des différences de taux réglementés n'a nullement satisfait les Martiniquais. Une trentaine de classifications de produits aux taux différenciés a été rejetée par la Commission européenne. Pour autant, sur les 220 produits à l'examen de la Commission, plus de 160 ont été validés. L'octroi de mer est donc soumis à une durée dans le temps. La décision du Conseil européen de 2004 l'avait fixée à 10 ans. Elle sera ramenée à 7 ans dès l'année prochaine. Ce qui ne convient pas aux élus martiniquais, pas plus qu'à ceux des autres régions. La bataille politique sur ce point n'a cessé d'être engagée, d'autant qu'il s'agit de faire admettre que, l'éloignement et les handicaps structurels, caractéristiques des régions ultrapériphériques, leur donnent le droit de déroger durablement à la stricte application du droit communautaire. »

L'AMPI[210] au nom des industriels martiniquais, regrette que la durée de validité du nouveau régime d'octroi de mer ait été ramenée à 5 ans et 6 mois au lieu de 10 ans précédemment et que les possibilités d'actualisation des listes de produits ne soient pas clairement exprimées. A peine le texte promulgué, Hervé Toussay, président de L'AMPI et les différents responsables économiques travaillent déjà sur la préparation de l'évaluation du dispositif prévue à mi-parcours en 2017. C'est dire que leurs sourires de façade devant la presse masquaient mal leurs profondes angoisses sur l'avenir du système. Dans une déclaration liminaire, il disait : « On ne peut pas dire que c'est un désespoir puisque des produits ont été sauvés sur la liste des taux préférentiels. Ce qui nous importe, aujourd'hui, c'est de continuer la bataille pour qu'il n'y ait pas plus de déclassement. C'est-à-dire, que l'écart de taux entre le produit importé et le produit local ne soit pas pénalisant. Des produits qui étaient sur

[210] Association Martiniquaise des Moyennes et Petites Industries.

un écart de taux de 30% se retrouveront sur un écart de 20%, voire moins. Ce qui veut dire que nous perdons cette différence qui en réalité protégeait les produits locaux. Du moins, les rendait compétitifs par rapport aux produits importés. Ce qui est dommageable ce sont les écarts entre la Martinique et la Guadeloupe. Nous avons des paradoxes comme la farine qui bénéficiera d'un écart préférentiel de 30% à la Martinique, alors qu'il sera de 20% en Guadeloupe. Ce qui est l'inverse pour le café qui sera à 30% d'écart à la Guadeloupe, et 20% à la Martinique[211] ».

Quelques rappels :

Opérations imposables

L'octroi de mer et l'octroi de mer régional sont applicables :

- aux importations de biens, quelle que soit leur provenance (octroi de mer dit « externe ») ;
- aux livraisons de biens faites à titre onéreux par des personnes qui exercent des activités de production (octroi de mer dit « interne »).

Opérations exonérées

1/ les exonérations obligatoires (articles 4, 5 et 8 de la loi n° 2004-639 du 2 juillet 2004 relative à l'octroi de mer modifiée par la loi n° 2015-762 du 29 juin 2015) :

- les exportations (article 4- 1° et 3° de la loi) ;
- les importations de productions locales dans le cadre du marché antillo-guyanais (article 4-2° de la loi) sauf pour certains biens listés au I de l'article 5 ;
- les importations de biens bénéficiant des franchises applicables aux autres droits et taxes en vigueur (article 8 de la loi).

2/ les exonérations facultatives (articles 6, 7 et 7-1 de la loi) : Les Conseils régionaux (ou le Conseil général à Mayotte) ont la faculté d'exonérer :

- les livraisons de biens réalisées par des personnes assujetties par la fixation d'un taux zéro ou d'un taux réduit (article 7 de la loi) ;
- les importations, mises à la consommation et livraisons de biens destinés à l'avitaillement des navires et aéronefs et de carburants (tracés/colorés) destinés à un usage professionnel (article 7-1 de la loi).
- les importations de certains types de biens (article 6 de la loi) ;

L'octroi de mer était encore vivant. Mais les sommités de l'Europe ne cessaient de tirer sur lui. L'astuce trouvée pour le noyer dans la masse était de l'inclure dans le RGEC sous couvert de simplification administrative.

[211] Interview consultable sur le site de France-Antilles à http://www.martinique.franceantilles.fr/actualite/economie/octroi-de-mer-un-nouveau-sursis-271824.php

5.1.2 Le règlement général d'exemption par catégories

La décision de décembre 2014 était insidieuse à double titre : c'est la première fois que le dispositif était reconduit pour une durée aussi courte, 5 ans (au lieu de 10 ans comme auparavant). C'est également la première fois que la Commission demandait un rapport exhaustif à la France à mi-parcours, donc, en 2017[212]. La commissaire à la concurrence[213] a décidé de placer l'octroi de mer sous le régime des exemptions du règlement général. Cette décision, a souligné Elie Hoarau, lors de la séance du Conseil régional de la Réunion du 30 juin 2015, fait sortir l'octroi de mer du champ d'application de l'article 349-2 du Traité de Lisbonne, qui garantit à La Réunion le droit à une adaptation des politiques de l'Union européenne. Pour le conseiller régional de l'Alliance, « tout cela traduit la volonté de l'UE de répondre aux règles de l'OMC et d'intégrer tous territoires y compris les RUP ».

Mais que doit-on entendre par RGEC ?

C'est l'abréviation du Règlement Général d'Exemption par Catégories. Il s'agit d'un nouveau règlement européen, entré en vigueur au 1er juillet 2014, qui a pour objectif de simplifier les procédures d'attribution des aides publiques par les Etats-membres. Ceux-ci sont alors dispensés de demande d'autorisation préalable à la Commission européenne pour verser des aides publiques aux entreprises. En cela, la procédure dite « de notification » est simplifiée. Ainsi, conformément à cette décision, les différents régimes d'aides au fonctionnement qui permettent de compenser les surcoûts que supportent les entreprises des RUP seront soumis au RGEC. Dans une première étape, la Commission européenne l'a autorisé tant que le montant cumulé n'atteint pas l'un des trois plafonds suivants :

- 15% de la valeur ajoutée brute (cette valeur a été portée ensuite à 30%, avec une contrepartie qui consiste à récupérer toutes les aides qui dépasseraient 30% de la valeur ajoutée sur 10 secteurs d'activité retenus)
- 25% de la masse salariale
- 10% du chiffre d'affaires annuel.

Ce qui a fait dire à Joaquín Almunia, vice-président de la Commission chargé de la concurrence : « Ces nouvelles règles vont simplifier la vie des États membres et les encourageront à mettre en place des mesures d'aide intelligentes contribuant à la croissance économique et ne nuisant pas à une concurrence équitable. Si les États membres tirent pleinement parti des

---

[212] Cette date est à rapprocher de la date de la fin du quota sucrier.

[213] En 2016, la commissaire européenne à la concurrence est Margrethe Vestager,

possibilités plus larges qui leur sont offertes d'accorder des aides exemptées de notification préalable, la plupart des mesures d'aide pourraient être mises en œuvre immédiatement, sans nécessiter l'accord préalable de la Commission. »

Au cours de l'année 2015, pour le seul secteur agroalimentaire des 4 régions (Guadeloupe, Guyane, Martinique et Réunion), les aides à rembourser se sont élevées à près de 230 millions d'euros. Les observateurs avisés font remarquer que ce nouveau régime ne permet pas un traitement adapté aux spécificités des RUP, qui souffrent pourtant de handicaps structurels profonds, reconnus par l'article 349 du TFUE (Traité de Fonctionnement de l'Union Européenne) puisqu'il leur serait demander de rembourser des aides dont le besoin est avéré.

ARTICLE 349 DU TFUE

« Compte-tenu de la situation économique et sociale structurelle de la Guadeloupe, de la Guyane française, de la Martinique, de la Réunion, de Saint Martin, des Açores, de Madère et des îles Canaries, qui est aggravée par leur éloignement, l'insularité, leur faible superficie, le relief et le climat difficiles, leur dépendance économique vis-à-vis d'un petit nombre de produits, facteurs dont la permanence et la combinaison nuisent gravement à leur développement, le Conseil, sur proposition de la Commission, et après consultation du parlement européen, arrête des mesures spécifiques visant, en particulier, à fixer les confitions de l'application des traités à ces régions, y compris les politiques communes. Lorsque les mesures spécifiques en question sont adoptées par le Conseil conformément à une procédure législative spéciale, il statue également sur proposition de la Commission et après consultation du Parlement européen.

Les mesures visées au premier alinéa portent notamment sur les politiques douanières et commerciales, la politique fiscale, les zones franches, les politiques dans les domaines de l'agriculture et de la pêche, les conditions d'approvisionnement en matière premières et en biens de consommation de première nécessité, les aides d'Etat et les conditions d'accès aux fonds structurels et aux programmes horizontaux de l'Union.

Le Conseil arrête les mesures visées au premier alinéa en tenant compte des caractéristiques et contraintes particulières des régions ultrapériphériques, sans nuire à l'intégrité et à la cohérence de l'ordre juridique de l'Union, y compris le marché intérieur et les politiques communes.

L'octroi de mer a été inclus dans le RGEC le 1er janvier 2015. Comme on le verra plus loin, il en sera sorti deux ans après, un peu grâce à l'intervention des groupes de pression et lobby.

5.1.3 LE LOBBYING DES INDUSTRIELS ET L'ACHARNEMENT DES IMPORTATEURS

Les Conseils régionaux et le département de Mayotte ont jusqu'à présent eu fort à faire pour fixer les taux en fonction de leurs orientations économiques et politiques à court, moyen et long terme. Cependant, il y a parmi les professionnels concernés par l'octroi de mer, certains qui ne font pas parler d'eux, mais quand on les invite à s'exprimer, ils en profitent pour « lâcher le morceau ». A cet égard, on peut reprendre l'interview de Jean-Claude Florentiny, Président du Syndicat des Transitaires[214] : « Nous ne souhaitons pas que la législation et les procédures soient totalement bouleversées, même si un besoin d'évolution est reconnu par toute la profession : nous pensons qu'il faut réduire le nombre de taux pour que les opérateurs et les importateurs aient une meilleure visibilité dans leurs échanges ; nous demandons également une harmonisation des taux qui sont fixés par les Conseils régionaux, entre la Martinique et la Guadeloupe. C'est à cette seule condition qu'un marché unique antillais a des chances de voir le jour. Nous avons rencontré et dialogué avec les politiques sur cette réforme et nous souhaitons le maintien de l'octroi de mer : il représente en effet une importante rentrée fiscale mais aussi au niveau de la profession la garantie de près de 360 emplois directs, donc son impact social est non négligeable ; il faut aménager le dispositif, le simplifier tout en l'harmonisant et le rendre plus dynamique pour qu'il corresponde à nos spécificités et à nos problématiques. »

Les lobbyistes ne s'en laissent pas conter. Ainsi, EURODOM va rédiger en juin 2015 un rapport très volumineux et particulièrement bien documenté sur l'octroi de mer. Il fustigera l'attitude du gouvernement. Selon ce groupe de lobbying, le règlement général d'exemption par catégorie (RGEC) imposé par Bruxelles remet en cause l'article 349-2 du traité européen qui reconnaît les handicaps structurels des Outre-mer. La réunion[215] qui s'est tenue le 1er juillet 2015 à Matignon, rue de Varenne, faisait suite à la lettre qu'EURODOM a fait parvenir au président de la République pour lui demander de renégocier le RGEC, c'est-à-dire le plafonnement des aides d'Etat aux Outre-mer. Les socioprofessionnels estimant que cela crée un

---

[214] A lire dans Les cahiers d'Administration, hors-série de la revue Administration, Supplément au n° 248.

[215] Y participaient : d'un côté, les conseillers, Marc Vizy pour l'Elysée, Emmanuel Puisais-Jauvin (affaires européennes) et Frédéric Potier (Outre-mer) pour le Premier ministre, Jacques Witkowski (directeur de cabinet) et Nathalie Infante pour le ministère des Outre-mer. De l'autre, se trouvaient Gérard Bally et Benoît Lombrière (Eurodom), Ernest Prévot (MPI Guyane), Hervé Toussay et Pierre Marie-Joseph (MPI Martinique), Franck Desalme (MPI Guadeloupe) et Jérôme Isautier et Philippe Labro (ADI Réunion).

risque pour un volume d'aides de l'ordre de 2 milliards d'euros, principalement sur le poste de l'octroi de mer. Pour les représentants du gouvernement, cette réunion avait objet de faire part aux socioprofessionnels que la lettre de confort adressée par Bruxelles pour l'octroi de mer valide bien la continuité juridique du dispositif et le relèvement du plafond de 15 points. Pour EURODOM, non seulement, il existe un risque juridique qui pourrait autoriser un tiers à faire un recours et obtenir le remboursement des aides versées, mais aussi un problème politique avec à terme un abaissement possible des plafonds unilatéralement décidé par la Commission.[216]

Même son de cloche du côté des élus qui mandatent Alfred Marie-Jeanne[217] à l'Assemblée nationale en première séance du mercredi 1er juillet 2015 : « À notre grand étonnement, la commissaire européenne à la concurrence a décidé de placer l'octroi de mer sous l'égide du règlement général d'exemption par catégories, le RGEC. Elle considère ainsi que l'octroi de mer est incompatible avec les nouvelles lignes directrices des aides à finalité régionale. Cette démarche n'est ni opportune ni judicieuse. De nombreuses aides se trouveraient ipso facto dans l'illégalité. Une menace planerait sur 2,5 milliards d'euros par an, soit plus de 15 milliards d'euros pour la période budgétaire 2014-2020. Plus grave encore, la reconnaissance des spécificités, au titre de l'article 349 du traité sur le fonctionnement de l'Union européenne en juste compensation des handicaps, se trouve désormais anéantie. Devant le tollé déclenché par cette logique de réduction des aides, un relèvement possible des seuils est annoncé dans une lettre de confort, dépourvue de toute portée juridique. Cela ne peut nullement nous satisfaire ! Madame la ministre, devant cette attaque frontale de l'octroi de mer, la seule défense possible est le respect de l'article 349 du traité sur le fonctionnement de l'Union européenne. C'est la règle de référence et donc la règle qui s'impose à tous ! »

La ministre des outremers de l'époque, George Pau-Langevin, a rassuré les élus, mais ensuite, elle a fustigé [218] l'attitude des entrepreneurs ultramarins qui considèrent l'entrée de l'octroi de mer dans le RGEC comme une acceptation du plafonnement des aides nationales. Elle a expliqué alors que « La France met en œuvre dans ses RUP une quinzaine de régimes

---

216 Sur son blog, EURODOM ira plus loin : « C'est donc bien la logique du plafonnement des aides qui est mortifère : les entreprises des RUP ont besoin que les handicaps qui sont ceux de nos départements soient intégralement compensés pour pouvoir rivaliser avec les grandes multinationales qui importent par conteneurs entiers sur nos îles. Faute de quoi la concurrence se retrouve faussée, au bénéfice de ceux qui n'ont aucun lien avec le territoire. »

217 Député et Président du Conseil exécutif de la Collectivité Territoriale de la Martinique, groupe de la Gauche démocrate et républicaine.

218 Le 23 juillet 2015, lors d'une conférence de presse à Paris.

d'aides d'Etat à l'investissement pour un montant global de près de 3 Mds €/an, destinés à compenser une partie des surcoûts liés à l'ultra-périphérie. »

Pour la ministre, les spécificités des Outre-Mer sont reconnues, particulièrement grâce « à la lettre de confort que nous avons reçue et qui acte le doublement des seuils maximum d'aides et dont le contrôle sera fait par secteur d'activité. » Elle concluait en expliquant « qu'aucune baisse de l'intensité des aides n'est à prévoir. La continuité du dispositif est assurée contrairement à la situation de 2007 où toutes les aides avaient été suspendues pendant 10 mois. J'ai donc eu une approche pragmatique mais pas naïve. » La ministre des Outre-mer s'était alors engagée à demander la révision du RGEC pour confirmer la reconnaissance des spécificités des RUP dans le « droit dur». C'est son successeur à la rue Oudinot[219] qui annoncera donc le retrait de l'octroi de mer du RGEC le 23 mars 2017[220].

5.1.4 LA LETHARGIE DES POLITIQUES ET DES INDUSTRIELS LOCAUX

Les industriels se plaignent auprès des politiques pour maintenir l'octroi de mer. Ces derniers, sans connaître les tenants et aboutissants de cette taxe (mais sachant essentiellement que c'est une ressource sûre et certaine pour les communes) vont défendre sa pérennité.

Toujours dans un souci de mieux faire face à une conjoncture de plus en plus agressive et organisée au niveau international, les patrons des DROM-COM ne rechignent pas à se mettre à la tâche et réfléchir pour s'en sortir. C'est ainsi qu'à la Réunion, en plein mois de juillet 2015, le MEDEF local a débattu du thème : « Comment rendre notre île attractive et nos entreprises plus compétitives ? » Le syndicat patronal a donc invité Yves Threard, directeur adjoint de la rédaction au Figaro (le quotidien national). Il y a évoqué une première piste de réflexion : « La Réunion est au carrefour de trois continents. Je pense que la piste de réflexion principale c'est de se dire que La Réunion est quand même au carrefour de trois continents ou pays-continents, qui sont l'avenir de l'économie mondiale au XXIe siècle. J'ai nommé la Chine évidemment, l'Inde, et l'Afrique. Et il se trouve que La Réunion, qui a d'ailleurs été créée, peuplée, au moment de la Route des Indes, doit retrouver cette vocation et s'ouvrir sur ces trois marchés qui sont des marchés extraordinaires, ça fait plus de trois milliards d'individus (...). Donc je pense qu'une des solutions peut être là ». En revanche, sur le sujet

---

[219] Siège du ministère des outremers.
[220] Voir Chapitre 5.3 La sortie du RGEC en mars 2017.

de l'octroi de mer, le directeur adjoint de la rédaction se veut plus mesuré, et ne se positionne ni pour ni contre le dispositif. Il indique toutefois : « Je ne vais pas jouer les savants, je ne vais pas donner ceux qui donnent des leçons alors que je ne connais pas bien La Réunion. Je ne connais pas bien le principe de l'octroi de mer. Je pense que moins il y a de taxes, plus il y a de libertés, et mieux on se porte. »

Le mot est lâché « Moins il y a de taxes, mieux on se porte ». Chacun méditera cette sentence, au regard des résultats économiques et sociaux d'autres pays !

Les taxes suffisent-elles à protéger les industries locales ? Favorisent-elles le maintien ou au contraire l'essor de nouvelles unités de production ? La ménagère choisit-elle ses articles selon son besoin ou en fonction du prix du produit ? On pourrait prendre comme exemple la vanille de la Réunion, (la Bourbon Péi). « Anciennement », la Réunion produisait environ 200 tonnes de vanille par an, de nos jours, la production annuelle avoisine à peine les 10 à 12 tonnes. Pour se protéger des importations du même produit en provenance de l'île Maurice, de Madagascar, l'octroi de mer sur la vanille importée est passé de 6,5 % à 28 %, depuis juillet 2015, afin de favoriser les producteurs locaux. Cela fait d'ailleurs une dizaine d'années que des producteurs locaux avaient formulé une demande d'augmentation de l'octroi sur cette ligne. La nouvelle fut d'ailleurs bien accueillie auprès des producteurs. Ce « petit coup de pouce » de la réglementation permettra t'il de remonter au niveau de production des années passées ?

Il en est de la vanille comme de la plupart de nos produits locaux qui subissent les phénomènes de modes accentués par la pression publicitaire des importateurs. Dans les supermarchés, et même dans les stations-services des Antilles, on trouve des canettes d'eau de coco provenant d'Asie du sud-est. On peut acheter du café de tous les pays du monde alors que celui de la Côte-sous-le-vent[221] est réputé être l'un des meilleurs du monde. Dans n'importe quel « Lolo[222] », on peut acquérir du papier toilette venant de très loin, alors que l'industrie locale en fabrique. La liste serait longue de produits importés qui concurrencent notre production locale.

[221] En Guadeloupe.
[222] Petite épicerie de proximité.

5.2 LES CHAMAILLERIES ENTRE LES COLLECTIVITES

Il a été dit et répété que les édiles locaux se reposent essentiellement sur l'octroi de mer pour alimenter le budget de leurs communes. Il est si facile d'obtenir, bon an mal an, une somme qui peut avoisiner le demi-million d'euros si la population croît régulièrement et si les importations ne baissent pas.

L'évolution institutionnelle de la Martinique et de la Guyane a été effective au 1er janvier 2016. Pour la Guyane, il y avait une particularité dans la répartition de la recette de l'octroi de mer[223] : Le département (le Conseil général[224]) émargeait en plus des communes. Le Conseil régional percevait pour sa part le DAOM puis l'OMR. Au changement de statut, l'association des maires de Guyane a porté l'affaire devant le juge administratif. Afin de dire le droit, le Conseil d'Etat a saisi le Conseil constitutionnel d'une QPC (Question Prioritaire de Constitutionalité). Ce dernier a jugé, le vendredi 21 octobre 2016, que la répartition de l'octroi de mer entre la CTG (Collectivité Territoriale de Guyane) et les communes de Guyane est bien conforme à la Constitution.

L'association des maires de Guyane et plusieurs communes de Guyane contestaient la répartition « entre la collectivité territoriale ou le Département et les communes, selon la loi du 2 juillet 2004 ». La Collectivité de Guyane recevant une part de la dotation globale garantie fixée à 35 % et plafonnée à 27 millions d'euros, les communes bénéficiant du reliquat. L'association des maires soutenait que « l'attribution d'une partie du produit de l'octroi de mer à la Collectivité est contraire au principe de libre administration des communes garanti par la Constitution et restreint les ressources propres des communes ». Elle estimait encore que cette répartition les place « sous la tutelle financière de la collectivité territoriale de Guyane ». Par ailleurs, comme les communes de Guyane ne peuvent agir ni sur le taux ni sur l'assiette de l'octroi de mer, elles estimaient que « le produit de l'octroi de mer ne constitue pas pour elles une ressource propre ». L'association des maires estimait encore que cette répartition spécifique à la Guyane institue « une différence de traitement injustifiée entre les communes de Guyane et celles des autres territoires sur lesquels est perçu l'octroi de mer ». Dans les territoires de la Guadeloupe, la Martinique et la

---

[223] Voir chapitre 1.1.3.3 La répartition de l'octroi de mer.

[224] A noter qu'entre autres spécificités, le département de la Guyane a eu toujours quelques « spécificités », telle la rémunération des ecclésiastiques du diocèse. Régulièrement, les présidents successifs du Conseil général menaçaient de ne pas assurer leur paye, ce qui faisait grand bruit parmi les ouailles… et les électeurs !

Réunion, la dotation globale garantie est répartie uniquement entre les communes. En Guyane, il y aurait donc une « remise en cause du principe d'égalité devant la loi ». Le Conseil constitutionnel a jugé le vendredi 21 octobre 2016 que « le principe d'égalité ne s'oppose ni à ce que le législateur règle de façon différente des situations différentes, ni à ce qu'il déroge à l'égalité pour des raisons d'intérêt général ». Il ajoute que « le législateur a entendu tenir compte de la situation particulière de la Guyane et des charges spécifiques auxquelles la collectivité territoriale de Guyane doit faire face en raison des contraintes liées à l'aménagement et au développement de ce territoire et à son contexte économique et social », en conséquence la répartition de l'octroi de mer entre la Collectivité et les communes de Guyane est conforme à la Constitution. Dont acte !

Autre sujet de discorde, l'eau. Alors que la Guadeloupe était appelée Karukéra par les Caraïbes, dans cette île suite à l'imprévoyance, la gabegie et à la mauvaise gestion de certains, il n'y a pas d'eau au robinet dans de nombreuses communes. Pétitions, réunions, barrages… rien n'y fait. La colère est à son comble quand les particuliers constatent que l'octroi de mer régional est perçu sur les factures qu'ils reçoivent. Sur le site du CIPPA, Alain Plaisir[225] réclame en 2015 la suppression de l'octroi de mer et de la TVA sur l'eau : « L'analyse détaillée des factures d'eau, révèle que l'eau est frappée d'un taux d'octroi de mer régional de 1,5% dans certaines communes, et dans d'autres de 1%. Ce qui sous la forme est déjà anormale, voire illégale, puisqu'il s'agit d'une taxe régionale, dont le montant doit être identique sur tout le territoire de la Guadeloupe. La fixation du taux d'octroi de mer relève de la compétence de la Région Guadeloupe, c'est la raison pour laquelle, nous vous demandons d'enlever l'eau du champ d'application de l'octroi de mer, puisque ce n'est pas une activité de production, telle qu'elle est définie par l'article 2 de la loi n° 2004-639 du 2 juillet 2004. En effet, concernant l'eau qui coule dans les robinets, il ne s'agit pas d'opérations de fabrication, de transformation, de rénovation de biens meubles corporels, agricoles et extractives. »

Cela coule de source !

---

[225] Ancien douanier, président du CIPPA (Comité d'Initiative pour un Projet Politique Alternatif), membre du LKP et auteur de l'ouvrage « L'octroi de mer, de la colonisation française à l'intégration européenne ».

5.3 LA SORTIE DU RGEC EN MARS 2017

Depuis novembre 20016, les représentants des DROM-COM n'ont cessé de négocier avec l'Europe pour la sortie de l'octroi de mer dans le Règlement Général d'Exemption par Catégories[226]. Ainsi, le 28 novembre 2016, la nouvelle ministre des Outremers, Ericka Bareigts, le député et président de la Région Guadeloupe, Ary Chalus ainsi que Denis Burlot, vice-président de la collectivité de Guyane dont le président Rodolphe Alexandre assurait à ce moment la présidence du Forum des Régions ultrapériphériques (RUP), ont rencontré la commissaire européenne à la concurrence, Margrethe Vestager, pour la renégociation du règlement général d'exemption par catégorie (RGEC). Il a été acté qu'une consultation publique sur le RGEC serait ouverte entre le 14 octobre et le 8 décembre 2016. Bruxelles devant approuver sa notification avant le 31 mars 2017.

Daniel Moreau, président de l'ARIFEL (Association Réunionnaise Interprofessionnelle des Fruits et Légumes fit alors connaître, le 6 décembre 2016, sa contribution à la consultation publique. Il dit en substance, « La proposition de la Commission ne peut être considérée comme opérationnelle que dans la mesure où le régime de l'Octroi de mer serait notifié, puis approuvé par la Commission, et par conséquent sorti du champ d'application du RGEC au même titre que le régime fiscal en faveur du rhum des DOM. Il en découle que, dans un souci de visibilité pour les opérateurs, l'instruction du régime de l'Octroi de mer devra être clôturée par la Commission avant l'entrée en vigueur du nouveau RGEC.»

Concernant la règle du cumul appliquée aux aides à finalité régionale : l'ARIFEL précise : « La nouvelle rédaction de l'article 15 du RGEC prévoit que la légalité des régimes d'aide placés sous RGEC doit désormais s'apprécier "pour autant que le montant annuel de l'aide par bénéficiaire octroyé au titre de tous les régimes d'aides au fonctionnement mis en œuvre dans le respect du présent règlement n'excède pas un des pourcentages suivants". Cette nouvelle disposition modifie donc les conditions d'application antérieures de la règle du cumul des aides. Dans ces conditions, la proposition de la Commission n'est opérationnelle que dans la mesure où la proportionnalité des régimes d'aide notifiés pour les régions ultrapériphériques continue bien à être appréciée par rapport aux surcoûts découlant des dispositions de l'article 349 du TFUE d'une part, et que, de manière distincte, la légalité des régimes relevant du RGEC soit appréciée par rapport à l'un des trois pourcentages prévus à l'article 15 du RGEC d'autre part. »

[226] Voir la définition du RGEC, chapitre 5.1.2.

Même insistance parmi les députés. Lors de la première séance du mardi 24 janvier 2017, à l'Assemblée nationale, c'est Alfred Marie-Jeanne[227], pour le groupe de la Gauche démocrate et républicaine qui interpelle la ministre en ces termes : « Madame la ministre des outre-mer, les autorités françaises, à mon avis, peu inspirées, ont pris coup sur coup deux décisions qui portent atteinte à l'utilité et à la survie même du régime de l'octroi de mer. La démarche concernant les conditions de notification du régime d'octroi de mer s'est faite sans concertation avec les instances décentralisées qui en assument pourtant effectivement la gestion. L'autre initiative découle de l'invalidation de la définition de l'activité de transformation des produits sur place. Cette nouvelle réécriture vide de toute sa substance les dispositions initiales. Un grand nombre de produits – plus d'une cinquantaine pour l'instant – seront impactés, seront hors-jeu, tels l'engrais, le riz, la peinture, le café, les liqueurs ou les métaux. La conséquence immédiate, c'est déjà la sortie du champ d'application de l'octroi de mer de très nombreuses entreprises au 1er janvier 2017. »

La réponse qui lui est donnée par Mme Ericka Bareigts, ministre des outre-mer fut la suivante « Concrètement, l'octroi de mer va sortir du périmètre du RGEC, et c'est ce que nous voulions. Cette sortie va générer une marge de manœuvre de plus de 460 millions d'euros, soit entre un quart et un cinquième des aides d'État. Nous ne pouvons que nous en féliciter. S'agissant de la modification de la définition de la transformation locale, qui résulte de la loi de finances rectificative pour 2016, je ne partage absolument pas votre analyse, selon laquelle la nouvelle rédaction viderait de leur substance les écrits initiaux. Le Conseil d'État s'est exprimé sur ce sujet et a indiqué clairement que la définition de la transformation relevait non pas du domaine réglementaire mais de la loi. Le Gouvernement a donc introduit une définition légale de la transformation, ce qui était indispensable pour le bon fonctionnement du dispositif. »

Cette contribution et cette interpellation ont, semble-t-il, été entendues puisque l'octroi de mer a été sorti du RGEC le 16 mars 2017. Le texte officiel indique d'une manière très claire : « Ainsi jusqu'en 2020, le nouveau régime fiscal autorisé par la Commission européenne pour les RUP françaises prévoit des réductions fiscales maximales de l'octroi de mer pour chaque produit, pour une liste spécifique de plus de 800 produits fabriqués localement. On y retrouve notamment : Les produits agricoles : volailles, tomates, piments, agrumes frais ou secs et les matériaux de construction : sables siliceux et quartzeux, cailloux et graviers, mortiers et bétons non réfractaires…

Cette compensation des surcouts des entreprises grâce aux aides octroyées, permettra d'encourager le développement économique de la

[227] Egalement président du Conseil exécutif de la Collectivité Territoriale de la Martinique.

Guadeloupe, de la Guyane, de la Martinique, de Mayotte et de la Réunion, sans fausser indûment la concurrence au sein du marché unique. Dans le même temps, au-delà des régions françaises, l'ensemble des Régions ultrapériphériques se sont vu octroyer un statut spécial de région assistée dans le traité sur le fonctionnement de l'Union européenne. »

A noter qu'en plus de l'octroi de mer, la fiscalité dérogatoire des rhums des DOM est elle aussi sortie de l'enveloppe globale du RGEC, tandis que l'énergie et le transport qui en étaient exclus, sont réintégrés.

Toujours au nombre des petites réformettes insidieuses, on peut noter la baisse des finances des collectivités territoriales. Alors que le candidat Emmanuel Macron avait promis, en avril 2017, de ne pas « couper les dotations » des collectivités territoriales ... en 2018, le président de la République fait procéder par décret, le 20 juillet 2017, à une coupe drastique dans le budget de la DGF (Dotation Globale de Fonctionnement). Ce n'est donc pas moins de 300 millions sur un plan d'économies plus large de 4,5 milliards d'euros qui sont sabrés. L'objectif est d'arriver à 13 milliards de réduction du budget. L'octroi de mer, ou ce qui le remplacera, sera très utile pour les finances des collectivités locales des DROM-COM.

6. Y AURA-T-IL UNE CONCLUSION ?

6.1 OCTROI DE LA, QUE JE M'Y METTE !

Exit l'octroi de mer. Mort par ceux-là mêmes qui ont prétendu le défendre en laissant voter le POSEIDOM. N'eut-il pas mieux valu que les élus et décideurs socio professionnels des cinq DROM-COM se mettent d'accord sur un régime de substitution dans le cadre de notre statut actuel ?

On ne réécrit pas l'histoire.

Il faut savoir tirer des enseignements des errements du passé pour construire son avenir. C'est pour cela que cet ouvrage a été rédigé. Sa seule prétention est d'informer. Car, dans les DROM-COM, nous sommes tous des victimes de l'octroi de mer. Au surplus, ma proposition de Taxe Assimilable à un Impôt Local pour la Logistique et les Effectifs (la T.A.I.L.L.E.) servira-t-elle d'élément de discussion dans la recherche du meilleur régime de substitution à l'actuel octroi de mer.

Ecrire un ouvrage sur l'octroi de mer était une gageure. Combien de personnes « bien intentionnées » m'ont fait comprendre qu'il n'y avait rien à dire sur le sujet sinon que c'est une ressource essentielle pour les communes, que c'est un élément indispensable pour le développement de la production locale et que c'est l'instrument privilégié de l'exercice du pouvoir décentralisé !

Hélas ! L'octroi de mer est un sujet tabou, qui dérange.

Va-t-on enfin avoir un système fiscal cohérent avec les réglementations fiscales françaises et européennes dont tout-un-chacun pourra expliquer clairement les tenants et les aboutissants ?

Alors que certains pays « voisins » se sont battus bec et ongles pour rentrer dans la communauté européenne [228], que d'autres membres (historiquement) plus anciens [229] ont montré des signes de faiblesse budgétaire au point que leur maintien dans l'Union n'a été possible qu'à grands renforts financiers de la Banque Centrale Européenne, plus récemment, par le vote du 23 juin 2016 les britanniques ont manifesté leur volonté de sortir de l'UE. Ce « Brexit » a inspiré un certain nombre de français qui militent pour un « Frexit ». Si l'on écarte toute politique fiction

---

[228] La Turquie, à peine admise dans la Communauté, que de nombreuses voix s'élèvent contre le fait que ses frontières soient poreuses et laissent entrer beaucoup de migrants sur le territoire européen.

[229] La Grèce, le Portugal et l'Irlande notamment.

qui érigerait les DROM-COM en pays indépendants (membres de l'ONU), il n'y a donc, en 2018, qu'une alternative : la première option, sortir de l'UE en faisant partie du MUE : les pays européens non membres de l'Union Européenne[230] peuvent faire partie du Marché Unique Européen et, de ce fait, bénéficier de la libre circulation des biens et des services à condition de se plier à ses règles. La seconde option : Être membre à part entière de l'UE, sans barrières douanières afin de permettre la libre circulation des biens et des personnes.

Deux économistes[231] ont bien résumé la situation actuelle : « Le Brexit et les réticences de bien des Etats membres (Pologne, Hongrie, Danemark, Suède) à aller vers plus d'Europe pourraient conduire à une Union à trois cercles. Le premier regrouperait les pays de la zone Euro qui accepteraient de nouveaux transferts de souveraineté et bâtiraient une Union budgétaire, fiscale, sociale et politique. Les pays européens qui ne pourraient ou ne souhaiteraient pas participer à cette union étroite formeraient le deuxième cercle, tandis que le dernier réunirait les pays liés à l'Union par un accord de libre-échange : Norvège, Islande, Liechtenstein et Suisse aujourd'hui, Royaume-Uni et autres pays (Turquie, Maroc, Ukraine) demain. » Ce qui posera des problèmes, on s'en doute : Les institutions devront être doublées, les pays non signataires risquent de se considérer comme Etats-membres « de seconde zone », la volonté politique pour une véritable fédération devra être affirmée, etc. Ce qui renforcera le pourvoir d'organismes technocratiques au détriment des gouvernements démocratiquement élus.

Nos hommes politiques, eux, ne sont jamais à cours de ressources pour innover et rendre toujours plus lucratif l'octroi de mer. Pour preuve, lors de la discussion de la loi de finance rectificative pour 2016, le député Victorin Lurel a proposé l'amendement N° CL199 libellé de la sorte : « 2° Après le II, il est inséré un II bis ainsi rédigé : "II bis. – Un taux supplémentaire ne pouvant excéder 2,5 % peut être décidé par les Conseils régionaux mentionnés au I qui ont signé le plan de convergence prévu à l'article 3 de la loi de programmation relative à l'égalité réelle outre-mer et portant autres dispositions en matière sociale et économique." L'exposé des motifs est très clair : "Le présent amendement propose de doubler cette limite afin d'élargir les moyens dont disposent les Conseils régionaux ultramarins en matière de

[230] Il s'agit de la Norvège, l'Islande, le Liechtenstein et la Suisse. Ils sont membres de l'Association Européenne de Libre Echange (AELE) qui forme, avec l'Union Européenne, l'Espace Economique Européen (EEE). A noter que la Suisse n'ayant pas signé ce traité, seuls les ressortissants des trois autres pays sont éligibles à certains avantages (passeport européen des institutions financières notamment, ce qui permet à une banque établie dans un Etat membre à fournir des services dans un autre Etat membre sans autre autorisation préalable).

[231] Catherine Mathieu et Henri Sterdiniak, économistes à l'OFCE, auteurs de l'article « Après le Brexit, l'Europe doit repenser l'Union », publié dans la revue Alternative Economique, Hors-série n°111, de février 2017.

fiscalité. Il s'agit d'un maximum que les élus régionaux resteront libres d'atteindre ou non en fonction de leurs options politiques et des besoins de financement des politiques publiques locales, à condition toutefois d'avoir conclu un plan de convergence créé par la présente loi." »[232]

Cet amendement a été adopté.

Sans être défaitiste ou alarmiste à l'excès, force est de constater que le POSEIDOM avait clairement listé les différentes mesures fiscales en faveur des DOM. Son article 8 stipulait qu'elles « seront inventoriées systématiquement afin qu'il soit décidé avant le 31 décembre 1992, de leur maintien, de leur aménagement ou de leur abolition... ». Verra-t-on ainsi la TVA s'appliquer en Guyane, la réduction de l'IRPP supprimée, le régime fiscal de longue durée abrogé, la prime de vie chère (40%) effacée des traitements des fonctionnaires et assimilés, l'exonération d'impôts sur les sociétés nouvelles arrêtée, la Défiscalisation (de 1986) terminée ? Et combien d'autres « spécificités » des DROM-COM risquent de périr sous les fourches caudines de l'Europe ?

L'Europe sera harmonisation, dit-on.

Il faudra veiller à ce qu'elle ne soit pas uniformisation.

Sinon, les problèmes politiques se poseront entre L'Europe et les DROM-COM.

Il faut y réfléchir. Et vite !

2020, c'est bientôt !

6.2 LE RENDEZ-VOUS (PRESQUE) MANQUE DE 2020

Sans cesse sur le tarif d'octroi de mer, les politiques essaient de gagner toujours plus. Dernière trouvaille du Conseil régional de la Réunion : imposer le sucre importé de 6,5 à 10 %. Pour la revue Témoignages[233], « Voilà une déclaration qui sera versée négativement au dossier de la réforme de l'octroi de mer prévue avant 2020. (...) Didier Robert[234] vient

232 Cet amendement est fait, le 27/09/16, à l'occasion de la discussion du projet de loi N° 4000 de programmation relatif à l'égalité réelle outre-mer. Incroyable, mais vrai !
233 En date du 11 octobre 2016.
234 Président du Conseil régional de la Réunion.

probablement de donner le coup de grâce à l'octroi de mer. Il apporte la précision que c'est bien une taxe sur les produits importés pour protéger la production locale. Ceci est contraire au dogme libéral. L'Union Européenne sera ravie de constater que c'est son interprétation qui est reconnue publiquement. Aujourd'hui, c'est le sucre. Hier, c'était la farine. Demain, ce sera le riz en sachet, l'huile, la bière, etc. Ainsi, l'ADIR et Didier Robert viennent d'apporter un soutien inespéré à ceux qui demandent la suppression de cette taxe. Selon leur propos, c'est bien une taxe à l'importation. »

Les lobbyistes d'EURODOM reconnaissent qu'ils sont en retard. Sous la plume d'Emmanuel Detter[235], on pouvait lire : « À partir de l'année prochaine, nous allons rentrer dans le rapport à mi-parcours. Nous avons déjà pris un peu de retard : nous avions dit que nous devrions travailler dès 2015 pour constituer nos éléments de réflexion et nos arguments socioéconomiques. Ceux-ci ont été demandés par la Commission en 2008 et en 2009. Nous devons faire ce travail urgemment ; en termes de méthode, nous proposons de vous envoyer très rapidement via les MPI et l'ADIR les éléments d'impact en rassemblant les masses, les enjeux financiers de cette aide d'Etat par code douanier à deux chiffres, ce qui permet d'avoir des idées précises de ce que pèse l'aide d'État issue des différentiels de l'octroi de mer, secteur par secteur. Sur la base de ce tableau nous proposons de commencer à travailler avec des task-forces qu'il faudra constituer avec vous les MPI et l'ADIR afin d'avoir des arguments solides dès l'année prochaine pour qu'on puisse nourrir la DG COMP dans son rapport à mi-parcours. »

Quand on demande à Christophe Wachter, Secrétaire Général des MPI Guadeloupe[236] comment il voit la réforme qui est annoncée pour 2020, il répond : « C'est une échéance archi catastrophique. La France est un pays décadent qui n'a plus les moyens de soutenir notre économie. Nous sommes dans une Europe des 28 et non plus celle des 15. Les nouveaux arrivés ont des difficultés. Maintenant, l'Europe a une politique de cohésion. On est très faible politiquement. Après notre député européen originaire de la Guadeloupe, Patrice Tirolien, c'est maintenant un réunionnais qui siège au Parlement européen. "Quand les grands enjeux arrivent, on est à la ramasse". On passe par de lobbyistes européens : EURODOM avec à sa tête Gérard Bally. A la Réunion, il y a l'ADIR (Ass° de Développement Industriel de la Réunion) avec Daniel Moreau. L'ancien président était guadeloupéen, Maurice Arizola. » Il rappelle que le groupe de travail de la FEDOM sur l'égalité économique réelle en février 2016 avait proposé de «TVAtiser» l'octroi de mer en le rendant restituable à l'exportation, percevable à la mise

[235] Consulter http://www.eurodomblog.org/intervention-odm
[236] Interview qu'il nous a accordé le mardi 7 mars 2017, au siège de l'Association des MPI (Moyennes et Petites Industries) de Guadeloupe.

en marché. Cette 94e proposition n'a pas été retenue. Il conclut : « Il ne faut pas toucher à l'octroi de mer. L'octroi de mer doit rester l'outil qu'il est. A la limite, on peut supprimer la banane...mais pas la production locale. »

On attend une loi qui va fixer « dans le droit-dur » la définition de la transformation locale. Mais cette loi ira-t-elle plus loin ?

Dans l'analyse faite par l'institut Rémy Nainsouta en 2013 [237], son Président Claude Edmond, concluait après avoir examiné toutes les ressources fiscales, douanières et locales du territoire : « Au final, les collectivités territoriales ne disposent quasiment plus de levier fiscal. Par ailleurs, la suppression de la taxe professionnelle a renforcé le poids des impôts des ménages dans les ressources fiscales des communes (transfert de la part départementale de la taxe d'habitation vers le bloc communal). La marge de manœuvre financière des élus s'en trouve d'autant réduite que le contexte économique marqué par le sceau de la crise pèse sur le pouvoir d'achat des particuliers et donc peu propice à toute augmentation d'impôt. » Des propositions d'évolution de la fiscalité en Outre-mer sont évoquées ici ou là. Celles qui envisagent la suppression de la TVA[238] qualifiée d'impôt injuste, parce que taxant tous les produits et services, dont la collecte est versée au budget de l'Etat français et dont rien ne reviendrait en Guadeloupe. Ces propositions ne peuvent être retenues ici et maintenant car elles ne sont pas dans le cadre actuel de la République française, et donc de l'Europe. Si l'on fait de la politique, tout est envisageable, même les régimes les plus abscons.

Est-ce à dire qu'il ne faut rien faire ?

A l'heure où l'on parle d'Assises des Outre-mer, cet ouvrage pourrait être considéré comme une contribution au débat. Puissent les personnes concernées en faire bon usage.

---

[237] Etude intitulée « Le poids des impôts en Guadeloupe ».

[238] Proposition faite notamment par Raphaël LAPIN, lors des journées d'étude du PPDG, le 15 novembre 2017, à Pointe-à-Pitre. Il fait fi des transferts sociaux et autres salaires des fonctionnaires ou encore des lignes budgétaires à la charge par l'Etat, pas seulement pour l'exercice de ses pouvoirs régaliens. L'Etat français se désengage au fur et à mesure, c'est vrai. Mais force est de constater que les DROM-COM ne pourraient s'assurer financièrement sans ces transferts et sans les concours européens.

7. ANNEXES

7.1 GLOSSAIRE AU REGARD DE L'OCTROI DE MER

En début d'ouvrage, quelques mots souvent usités à propos d'octroi de mer ont été définis d'une façon générale. Ce glossaire reprend les mêmes termes avec une interprétation plus spécifique au regard de l'octroi de mer.

ACP : D'aucuns jalousent les pays indépendants de l'Afrique, de la Caraïbe et du Pacifique qui sont plus favorisés par l'Europe que les DROM-COM. On ne peut y faire entrer n'importe quel produit des îles françaises voisines, à cause des « Negative lists ».

Ad valorem : L'octroi de mer s'applique sur le prix de la marchandise déjà majoré de la TVA et non ad valorem.

APE : Ces Accords de Partenariat Economique favorisent le libre-échange entre l'Europe et les pays ACP. Les DROM-COM ne peuvent appliquer de droits de douane sur les produits concurrentiels importés des pays ACP.

BUDGET DE FONCTIONNEMENT : Dans les communes des DOM, les budgets de fonctionnement sont caractérisés par une hypertrophie des dépenses de personnel et des recettes tirées de l'octroi de mer par rapport aux autres postes.

CDC : Le Code des Douanes Communautaire est particulièrement dense (1364 pages). La prime des douaniers contrôlant l'octroi de mer peut se justifier.

CE : La Commission Européenne est rigoureuse sur les rapports que doit présenter la France sur le régime d'octroi de mer.

COLLECTE BRUTE : Les chiffres sont indiscutables, certes. Mais quels chiffres ? Ceux de la Douane ? Et qui les vérifie ?

CREATEUR D'ENTREPRISE / CHEF D'ENTREPRISE : Les boulangers sont de ceux qui ont été surpris de savoir qu'ils étaient soumis à l'octroi de mer.

D.F.A. : Les milieux économiques se sont beaucoup battus à partir des années 84-85 pour trouver des « joint-venture » avec leurs voisins de la Caraïbe dans le cadre du Plan Reagan. En vain. La persistance des « négative lists » et la protection des pays ACP par l'Europe rend leur conquête difficile pour les entreprises des DFA.

DOM : Les Départements d'Outre-Mer sont exclus par l'Europe du champ d'application des taxes sur le chiffre d'affaires, système commun de taxe sur la valeur ajoutée depuis 1980.

DROIT ADDITIONNEL : A l'exception de la Guyane, cette taxe additionnelle, ne s'applique pas proportionnellement aux taux de l'octroi de mer.

EBA : L'accord « Tout sauf les armes » (Everything But Arms) aurait créé de graves dysfonctionnements dans certains PMA (Pays Moins Avancés). A son insu, l'Union Européenne se serait rendue complice d'accaparement de terres, d'expulsions forcées, de travail des enfants…

EGALITE : Les quatre vieilles n'étaient certainement pas égalitaires. Par contre, les consommateurs, quelque soient leurs conditions de revenus, sont tous soumis, en toute égalité, à l'octroi de mer.

FACTEUR DE DEVELOPPEMENT : Est-il prouvé, chiffres en mains, que l'octroi de mer est un facteur de développement ?

HARMONISATION : Vœux pieux prononcé par les élus antillais sans qu'il y ait eu véritablement de mesures concrètes pour ce faire.

IMPOTS LOCAUX : Contrairement aux communes métropolitaines, ils sont mal répartis et peu recouvrés. Il est tellement plus facile pour les maires des DOM de recevoir, sans effort, leur part d'octroi de mer !

M.U.E. : Pour n'avoir pas compris que l'UE ne veut pas de barrières douanières, les caciques de la France ont vu leur projet de prorogation de l'octroi de mer retoqué.

OCTROI : Ce terme garde encore toute sa force médiévale, et même colonial. L'anachronisme d'un octroi sied mal avec la décentralisation. La mondialisation des biens et des services rend difficile sinon impossible la perception de taxes « aux portes de la ville ».

OMC : Cet institution ne veut pas de barrières douanières au sein des pays du monde entier.

OME : l'octroi de Mer Externe s'applique sur les produits importés.

OMI : l'octroi de Mer Intérieur touche les produits livrés par des entreprises ayant un chiffre d'affaires supérieur à 300 K€.

OMR : l'octroi de Mer Régional, l'ancien DAOM, est à 2,5 %. Il passera probablement à 5 % dans tous les DROM-COM

POPULATION : En matière d'octroi de mer, « au prorata de la population » ne voulait pas dire répartition selon les chiffres de l'INSEE.

PTOM : Classification plus avantageuse pour St Barthélémy.

POUVOIR DES ASSEMBLEES LOCALES : Si en trois siècles, les élus locaux n'ont trouvé que l'octroi de mer pour affirmer leur compétence, c'est peu dire !

QPC : Question Prioritaire de Constitutionnalité, qui a été posée en 2016 sur la capacité de la Collectivité Territoriale de Guyane à percevoir de l'octroi de mer.

R.O.M. : Les Présidents des ROM déclaraient ostensiblement leur indéfectible unité pour défendre l'octroi de mer lors de la publication du POSEIDOM. Etait-ce un vœu pieux ?

TAXE D'EFFET EQUIVALENT A UN DROIT DE DOUANE : Recette fiscale dans l'esprit, droit de douane dans les faits, droit de consommation dans le texte. Les juristes ont eu parfois des doutes quant à la qualification de l'octroi de mer.

TFUE : le texte essentiel de l'Union européenne.

UE : Certains l'abhorrent, d'autres l'adorent.

7.2 PRINCIPALES DATES DE L'OCTROI DE MER

1670 : Création d'un « droit de poids » aux portes de la ville, dans les principaux ports de commerce des anciennes colonies.

4/07/1866 : *Senatus consulte* rendant officiel l'impôt de consommation sur les produits arrivant de la mer. L'appellation « octroi de mer » est née.

1975 : deuxième mémorandum pour une meilleure application des politiques communautaires par des interventions prenant compte des spécificités des DOM

10/10/1978 : L'arrêt HANSEN

02/08/1984 : Loi sur la décentralisation et création des Régions. Création d'un droit additionnel à l'octroi de mer (DAOM) au profit du Conseil régional.

16/07/1985 : Décret édictant le transfert des compétences du Conseil général au Conseil régional.

17/06/1986 : Rapport TOULOUSE

10/04/1987 : troisième mémorandum signé par la France et remis à Bruxelles, intitulé : « Mémorandum pour une meilleure insertion des Départements d'Outre-mer dans la Communauté Economique Européenne ».

22/12/1989 : Décision du Conseil des ministres pour les communautés européennes obligeant la France à étendre aux productions locales la taxation de l'octroi de mer jusqu'ici limitée aux produits importés. Régime dérogatoire institué pour 10 ans. Création du POSEIDOM

15/02/1990 : Rapport THILL

16/07/1992 : Arrêt LEGROS

17/07/1992 : Loi permettant des dérogations (pendant 10 ans) en vue de soutenir le développement spécifique des territoires. Le texte prévoit un plafonnement des taux. Le DAOM devient Octroi de mer régional (OMR)

12/03/2002 : Première demande de la France pour un nouveau régime de l'octroi de mer (après la fin de la période de dérogation de 10 ans.

10/12/2002 : Décision du Conseil prorogeant d'un an le dispositif en raison de la non-conformité de la demande de la France.

14/12/2003 : Deuxième demande de la France adressée à la Commission.

17/12/2003 : Proposition de la Commission au Conseil pour une réforme substantielle du dispositif.

10/02/2004 : Décision du Conseil instituant une liste de produits réglementés selon un différentiel de taxation. La prorogation de 10 ans est reconduite. Rapport d'étape à fournir au plus tard le 31 juillet 2008 pour permettre de juger de l'impact du dispositif.

27/05/2004 : Décision de la Commission intégrant le régime d'exonération de l'octroi de mer parmi les aides d'Etat à finalité régionale.

02/07/2004 : Loi 2004-639 qui transpose en droit français la décision du Conseil. Un écart des taux entre produits importés et ceux livrés localement. Nouvelle prorogation de 10 ans et mise en place de la DGG (Dotation Globale Garantie) et du FRDE (Fonds Régional pour le Développement et l'emploi). Chaque Conseil régional doit fournir un rapport annuel obligatoire. La Douane est le seul interlocuteur.

29/07/2004 : Premier décret d'application de la loi du 2 juillet 2004.

30/12/2004 : Deuxième décret d'application de la loi du 2 juillet 2004 abrogeant le premier.

10/02/2014 : Décision du Conseil modifiant les catégories et ramenant le seuil de 550 K€ à 300 K€.

12/06/2014 : Décision du Conseil prorogeant de 6 mois le dispositif.

17/12/2014 : Décision du Conseil n° 940/214/UE prorogeant le nouveau dispositif jusqu'en 2020.

29/06/2015 : Loi instituant le régime actuel de l'octroi de mer (JO du 30/06/2014).

26/08/2015 : Décret d'application de la loi du 29 juin 2015

16/02/2016 : L'arrêt ARCOS-DORADOS

27/09/2016 : Amendement à la loi sur l'égalité réelle outre-mer permettent de porter l'OMR à 5%.

21/10/2016 : Le Conseil d'Etat tranche sur une Question Prioritaire de Constitutionnalité en indiquant que la répartition de l'octroi de mer en Guyane est conforme à la constitution.

15/03/2017 : L'octroi de mer sort du RGEC.

7.3 BIBLIOGRAPHIE

Voici ci-dessous quelques références bibliographiques qui nous ont permis, entre autres, d'apporter les précisions contenues dans cet ouvrage. Nous les recommandons au lecteur qui voudrait approfondir le sujet :

LIVRES

Joël BOUDINE, « Le régime fiscal des départements d'Outre-mer », Préface de Bernard CASTAGNEDE, Editions L'Harmattan, 1998.

Jean-Pierre COURIAUT et Philippe GROSJEAN : "Le projet d'entreprise dans les mairies / Un état d'esprit, une méthode », Edition d'organisation, 1988.

Richard CRESTOR : « Octroi de mer, 2004-2014, De la protection à la compensation » et « La formation du prix du produit importé dans les DOM », RC Editions, 2005 et 2012.

Philippe de Baleine : « Les danseuses de la France » Plon, 1979.

René DOSIERE : « La commune et ses finances », Guide pratique, Editions locales de France, 1995.

Fred LE BRETON : « Tuez le député ! », Editions Nestor, 2015, 437 pages.

Victor SABLE : "La transformation des îles d'Amérique en départements français". Editions Larose, Paris, 1955.

Philippe SAINT CYR : " Le droit de l'octroi de mer" Etude publiée dans Les Cahiers du CERAG, n□28 Martinique 1973. Voir aussi l'encyclopédie L'historial Antillais, tome 6, page 50 et s.

REVUES, JOURNAUX ET BROCHURES

Marie-Joseph AGLAÉ : "L'octroi de mer, un impôt en sursis ?", Etude publiée dans la Revue de Droit Fiscal, n° 44, du 3 novembre 2016.

Gabriel GALLION : « L'octroi de mer : une bouée de sauvetage en péril », France Antilles Martinique, décembre 2010.

Frantz LENO : "La fiscalité locale supplantée par l'octroi de mer". UAG. UER Sciences juridiques et économiques de la Martinique. DEA Administration publique d'outre-mer. Décembre 1986.

M. LONG, P. WEIL, G. BRAIBANT : « Les grands arrêts de la jurisprudence administrative », SIREY

Jean LOUARD : « Il faut détruire l'octroi de mer... », Entreprendre, Magazine Economique de la Guadeloupe, février 1996, n°3.

Ministère de l'Aménagement du Territoire, de la Ruralité et des Collectivités territoriales et le Ministère de l'Intérieur : « Guide statistique de la fiscalité directe locale 2015 », décembre 2016, Direction générale des Collectivités locales.

André ORAISON : "Quelques réflexions critiques sur l'organisation et les attributions des régions d'outre-mer (les avatars de la décentralisation dans les DOM)". Etude éditée par le service des publications de l'université de la Réunion, Saint Denis, mars 1985.

Serge PAYET : "L'octroi de mer (réformer ou périr)". Rapport publié par le COLIER, Saint Denis, octobre 1988.

Alain PLAISIR : « L'octroi de mer, de la colonisation française à l'intégration européenne », 2007 ; « Propositions pour le changement », 2002 ; « Conquête du marché intérieur », 2008.

Michel RENARD : "Les problèmes de l'octroi de mer à la Martinique". Conseil général. Rapport présenté au nom de la commission par Michel RENARD, Conseiller général du Marigot. Septembre 1975

Fred RENO, Jean-Claude FORTIER, Hélène GOLD-DAG : « 2. Outre-Mer 1987 », in Annuaire des collectivités locales, tome 8, 1988, p 121-138

Francette ROSAMONT : « Octroi de mer : élargi aux services ? » Inter-Entreprises Le Magazine Economique Guadeloupe - Martinique – Guyane, juin 2011.

Philippe ROSIER : "La nature juridique du droit d'octroi de mer et sa compatibilité avec les textes communautaires". Mémoire rédigé dans le cadre de la préparation au Diplôme d'Etudes Supérieures Spécialisées de Commerce Extérieur. CUAG Institut Henry VIZIOZ. Septembre 1977.

SITES INTERNET

1. http://actu.dalloz-etudiant.fr
2. http://archives.etatsgenerauxdeloutremer.fr/il-faut-supprimer-loctroi-mer-les-droits-de-douanes-et-integret-lespace-shengen.html
3. http://cippa.gp
4. http://www.domtomactu.com
5. https://www.economie.gouv.fr/cedef
6. http://www.fxgpariscaraibe.com
7. http://www.glossaire-international.com

8. http://www.lecitron.re
9. https://www.legifrance.gouv.fr
10. http://www.linfo.re/la-reunion/politique
11. http://observatoire-outre-mer.interieur.gouv.fr
12. https://pro.douane.gouv.fr/default.asp
13. http://fr.slideshare.net/lafontaine/les-finances-des-communes-d-outre-mer
14. -diff-1797363
15. http://www.zinfos974.com/

Table des matières

Introduction 9

Remarque liminaire 11

Glossaire 15

1. L'OCTROI DE FAIRE, p19

1.1 UNE NAISSANCE DIFFICILE 21

1.1.1. Approche historique 21

1.1.2. Définitioon juridique 28

a) La jurisprudence 28
b) La doctrine 33

1.1.3. Règles de fonctionnement 37

1.1.3.1. Le vote du tarif 37

1.1.3.2. La perception de l'octroi de mer 42

a) Son assiette 42
b) Son recouvrement 43
c) Le fait générateur 43
d) Le redevable 44
e) La valeur d'assiette 44
f) Les différents régimes 44
g) La déclaration 48
h) L'octroi de mer régional 48

1.1.3.3. La répartition de l'octroi de mer 49

1.1.3.4. La loi de 2004 53

1.1.3.5. Le dispositif depuis 2015 55

1.2 LE CONTEXTE SPÉCIFIQUE DES DROM-COM 56

1.2.1 Les caractéristiques géographiques, historiques et sociologiques des DROM-COM 57

1.2.1.1 Leur localisation géographique 57

1.2.1.2 De la colonie à la région 61

1.2.1.3 La mentalité domienne 62

1.2.2 Analyse comparative des DROM-COM 64

1.2.3 La coopération inter-régionale 81
1.2.4. Le « marché unique » Guadeloupe-Martinique 84
1.2.5. Le cas des îles du Nord 85
1.2.5.1. Vraie population et faux chiffres 85
1.2.5.2. Les velléités séparatistes des îles du Nord 87
1.2.6. L'arrivée de Mayotte 93

2. L'OCTROI DES PAIRS, p. 97

2.1. LES DROM-COM, EUROPÉENS MALGRÉ EUX 99
2.1.1. Du marché commun au grand marché unique 99
2.1.2. Définitions et structures de la CEE 104
2.1.3. L'arrêt Hansen et l'octroi de mer 108
2.1.4 ACP, CBI, CARIBCAN 110
2.1.5 Les R.U.P. de l'Europe 113

2.2 L'OCTROI DES MŒURS 115
2.2.1 Le droit additionnel à l'octroi de mer 115
2.2.2 Les affaires et autres scandales 120
2.2.2.1. La douane se met au parfum 120
2.2.2.2. L'octroi DENIM 124
2.2.2.3. Chef-d'œuvre en péril 126
2.2.2.4. La guerre du riz n'a pas eu lieu 127
2.2.3. La guerre des farines 130
2.2.3.1 Le jugement du tribunal administratif de Fort-de-France du 2 avril 1986 130
2.2.3.2 Les événements d'avril 1986 132
2.2.3.3 La décision du tribunal administratif de Fort-de-France du 20 avril 1989 137
2.2.4 Les incidences de l'octroi de mer sur l'urbanisme 138

3. L'OCTROI AMER, p. 141

3.1. LE BEURRE ET L'ARGENT DU BEURRE 143
3.1.1. L'acte unique européen, une étape décisive 143

3.1.2. Combats d'arrière-garde ou partenariat ? 147
3.1.2.1. Le livre blanc 147
3.1.2.2. Memorandum de Bruxelles en juin 1987 148
3.1.2.3. La réflexion associative 151
3.1.3. Le lobby de l'import-substitution 152
3.1.3.1. Qelques exemples récents d'exonération 153
3.1.3.2. Les croisades des moyennes et petites entreprises 156
3.1.3.3 Le lobbying des industriels et gros producteurs 157
3.1.3.4 L'exaspération des commerçants 160
3.1.4. L'octroi des maires 162
3.1.4.1 Les quatre vieilles 163
3.1.4.2. Le fonds de compensation de la TVA (FCTVA) 181
3.1.4.3. Evolution de la part d'octroi de mer dans les budgets de fonctionnement 184
3.1.4.4. Répartition de l'octroi de mer entre les communes 187

3.2. L'OCTROI DE TERRE DU POSEIDOM 194
3.2.1. La mythologie est-elle une réalité ? 195
3.2.2. Soubressauts et fausses alertes 200
3.2.3. Le rejet de la procédure d'urgence 205

3.3. L'OCTROI DE NE PLUS FAIRE 207
3.3.1. Le vote sans surprise du POSEIDOM 208
3.3.2. Le « nouvel octroi de mer » de 1989 211
3.3.3. De la théorie à la pratique 215
A) L'approche juridique 216
B) L'approche pragmatique 217
3.3.4. Les turbulences créées par la loi du 17 juillet 1992 219
3.3.5 La dérogation arrachée aux forceps avec la décision du 10 février 2004 224
3.3.5.1 Les termes de la décision du 10 février 2004 227
3.3.5.2 La loi n°2004-639 du 2 juillet 2004 229
3.3.5.3 Le premier décret d'application n°2004-784 du 29 juillet 2044 .. 235

3.3.5.4 Le deuxième décret d'application n°2004-1550 du 30 décembre 2004 237
3.3.6 La crise contre la « pwofitasyon » 239
3.3.6.1 Le scandale du prix des carburants 245
3.3.6.2 Le bouclier des prix 250
3.3.6.3. L'harmonisation des tarifs d'octroi de mer 251

4. L'OCTROI DEMEURE ?, p. 253

4.1. DE PROFONDIS 255
4.1.1. Pas d'OM pour Legros 255
4.1.2. Le rapport Toulouse classé confidentiel 259
4.1.3. Analyse de quelques propositions de substitution 262
4.1.3.1. Avant qu'il ne soit trop tard ! 268
4.1.3.2 Et l'octroi demeure... 273
1) La TVA-bis 273
2) La Pseudo-TVA 278
3) La TVA régionale 281
4) La T.S.D. 283
5) La proposition du comité économique et social de La Réunion 284
6) La T.I.D.E. 286
7) La T.R.C.R. (Taxe Régionale Collectée Récupérable) 287
8) La T.A.I.L.L.E. 288

4.2 EX-VOTO 289
4.2.1. Quelle alternative ? 290
4.2.2. Des arguments de taille 294
4.2.3. Les avantages de la taille 296

5. L'OCTROI SE MEURT ?, p. 299

5.1 LES ESPOIRS DÉÇUS PAR LA LOI DE 2015 301
5.1.1 La désillusion de 2015 301
5.1.2 Le règlement général d'exemption par catégories 311
5.1.3 Le lobbying des industriels et l'acharnement des importateurs 313
5.1.4 La léthargie des politiques et des industriels locaux 315

5.2 LES CHAMAILLERIES ENTRE LES COLLECTIVITÉS 317

5.3 LA SORTIE DU RGEC EN MARS 2017 319

6. Y AURA-T-IL UNE CONCLUSION ?, p. 323

6.1 OCTROI DE LÀ, QUE JE M'Y METTE ! 325

6.2 LE RENDEZ-VOUS (PRESQUE) MANQUÉ DE 2020 327

7. ANNEXES, p. 331

7.1 GLOSSAIRE AU REGARD DE L'OCTROI DE MER..333

7.2 PRINCIPALES DATES DE L'OCTROI DE MER..335

7.3 BIBLIOGRAPHIE 337

Questions juridiques aux éditions L'Harmattan

Dernières parutions

QU'EST-CE QUE LE DROIT ?
Théorie syncrétique et échelle de juridicité
Barraud Boris
La définition du droit ici est d'abord lexicographique et scientifique. La théorie syncrétique réunit toutes les définitions du droit en vigueur, loin d'être concurrentes elles s'associent. Ne s'opposant plus, elles se complètent. La seconde partie interroge les dimensions du droit en mesurant le niveau de force juridique par l'application des critères de juridicité. Cette nouvelle forme de rationalité de la pensée juridique permet au juriste de s'ouvrir à tout type de normes sociales tout en sauvegardant l'autonomie conceptuelle du droit.
(Coll. Le Droit aujourd'hui, 25.50 euros, 242 p.)
ISBN : 978-2-343-13423-9, ISBN EBOOK : 978-2-14-005340-5

LA RECHERCHE DE L'ÉQUILIBRE CONTRACTUEL DANS LE CAUTIONNEMENT
Regards croisés entre le droit français et le droit OHADA
Dibangue Guy - Préface de Pascal Rubellin
Le cautionnement est actuellement la sûreté qu'exigent de préférence les banques des emprunteurs. Si le législateur français semble surprotéger la caution par rapport au créancier, c'est l'inverse qui a été retenu par le législateur OHADA. Dans les deux cas, c'est le déséquilibre entre la protection raisonnable de la caution et la préservation des intérêts des créanciers. Suivant les récentes évolutions législatives en France et en droit OHADA, cette thèse vise l'équilibre contractuel du cautionnement dans une démarche de modernisation et de rationalisation de cette sûreté.
(Coll. Droit aujourd'hui, 42.00 euros, 456 p.)
ISBN : 978-2-343-13159-7, ISBN EBOOK : 978-2-14-005369-6

LE DROIT ANIMAL
Morales Frénoy Cathy
Plus qu'un droit protecteur, le droit animal réglemente les différentes utilisations de l'animal par l'Homme. Il est un corpus juridique transversal, issu du droit international, européen et national, qui régit les rapports entre l'homme et l'animal sans toujours offrir une protection juridique souvent souhaitée. Ce guide juridique offre à tout lecteur une étude complète de cette nouvelle discipline.
(Coll. Bibliothèques de droit, 45.00 euros, 470 p.)
ISBN : 978-2-343-12873-3, ISBN EBOOK : 978-2-14-005223-1

QUESTIONS D'ACTUALITÉ EN ÉTHIQUE ANIMALE
Pelé Marie, Sueur Cédric
L'éthique animale qui désigne l'étude de notre responsabilité morale à l'égard des animaux, n'est pas une prise de position mais un questionnement en perpétuelle évolution avec notre culture et notre temps. Cet ouvrage présente plusieurs éléments de réponses aux récentes questions posées par la société sur notre rapport aux animaux. Experts et étudiants abordent onze questions d'actualité en éthique animale. Leurs échanges sont retranscrits.
(Coll. Le Droit aujourd'hui, 24.00 euros, 236 p.)
ISBN : 978-2-343-13489-5, ISBN EBOOK : 978-2-14-005382-5

JE PARLE AUX ANIMAUX
Peter Friedman
Samantha Khury écoute les animaux et leur parle. Grâce à ce dialogue, elle parvient à comprendre leur comportement et à trouver les mots qui les guérissent. Non seulement Samantha Khury comprend le langage de nos fidèles compagnons, mais, en plus, ceux-ci lui confient leurs malheurs. Des propriétaires d'animaux domestiques, des gardiens de zoo et des entraîneurs de chevaux qui l'ont consultée en sont convaincus. Nous la voyons au travail, à l'écoute d'un chat dépressif, d'un perroquet déplumé en manque d'amour ou d'une jument qui a besoin de liberté... « Dans cette Théma Arte sur les rapports entre les hommes et les animaux, *Je parle aux animaux* est le plus intéressant. Sans doute parce qu'il pose la question de la communication avec nos compagnons à quatre pattes. Peter Friedman livre des séquences étonnantes. » (*TéléObs*). « Ce documentaire étonnant parvient à nous convaincre que la frontière entre les espèces est bien mince. Quand on dit que l'homme n'est qu'un animal ! » (*Le Figaro*)
(20 euros)
ISBN : 978-2-336-31591-1

TRAITÉ DE DROIT CONSTITUTIONNEL CONGOLAIS
Esambo Kangashe Jean-Louis
Préface de El hadj Mbodji - Postface de Dodzi Kokoroko
Dans sa conception, son évolution et sa pratique, le droit constitutionnel a toujours eu du mal à s'affranchir de crises politiques. Droit de crises ou de gestion de crise, le droit constitutionnel est avant tout au service des normes, dont le respect par tous contribue au fonctionnement régulier des institutions. Placés dans le contexte congolais, les trois versants du droit constitutionnel, à savoir le droit normatif, celui institutionnel et la branche consacrée aux libertés n'ont pas toujours été en cohérence avec le constitutionnalisme.
(Coll. Études africaines, 39.00 euros, 410 p.)
ISBN : 978-2-343-12352-3, ISBN EBOOK : 978-2-14-005341-2

SUR LE CHEMIN DES SAISIES
L'huissier de justice d'hier à demain
Berthé Ibrahim
Qu'est-ce qu'un huissier de justice ? D'où vient-il ? À quoi sert-il ? Cet ouvrage tente de répondre à ces interrogations et, à travers l'histoire, de peindre les différentes facettes de ce personnage spécifique du rouage de l'appareil judiciaire dans le temps et dans l'espace, des rives de la Seine en France jusqu'au bord du fleuve Djoliba au Mali.
(25.00 euros, 270 p.)
ISBN : 978-2-343-13501-4, ISBN EBOOK : 978-2-14-005261-3

LES TECHNIQUES D'ENQUÊTE CRIMINELLE
Typologie des crimes et constatations médico-légales
Moutassi Jean-Pierre
L'adoption de la loi de Juillet 2005 portant sur la procédure pénale démontre la volonté du gouvernement camerounais à promouvoir un état de droit. Voici un outil fondamental pour les praticiens du droit criminel : un outil de formation pour les jeunes fonctionnaires, ainsi que pour leurs aînés qui n'auraient pas eu l'occasion de vivre l'expérience des enquêtes judiciaires.
(Harmattan Cameroun, 45.00 euros, 498 p.)
ISBN : 978-2-343-13126-9, ISBN EBOOK : 978-2-14-005224-8

LES CLÉS DES ENJEUX FINANCIERS DU DIVORCE
Rond Patrice - Préface de Laurent Hincker
L'amour s'est consumé, l'argent part en fumée ! À une époque où toujours plus de couples se séparent, la finance du divorce inquiète. Comprendre ses arcanes financières, c'est pouvoir anticiper en cas de conflit au sein du couple. Comment rétablir un budget ou encore évaluer une prestation compensatoire ? À l'aide d'exemples chiffrés, l'auteur indique comment recenser et évaluer les revenus et patrimoines, et présente des méthodologies pratiques pour établir les droits

respectifs des époux. L'ouvrage rend compréhensibles les procédures financières qui ont lieu dans le divorce.
(17.00 euros, 156 p.)
ISBN : 978-2-343-11633-4, ISBN EBOOK : 978-2-14-004942-2

LUTTER EFFICACEMENT CONTRE LA FRAUDE
Enjeux stratégiques et opérationnels
Sous la direction de Catherine Véret Jost et Nicolas Dufour
Lutter efficacement contre la fraude pour recycler 50 à 100 milliards d'euros par an dans la croissance économique en France, voici l'enjeu de cet ouvrage qui explicite les leviers d'actions pour y parvenir, avec des retours d'expériences de professionnels et d'académiques. Il s'adresse à tous ceux qui ont la volonté de relever ce défi.
(Coll. Perspectives organisationnelles, 38.50 euros, 392 p.)
ISBN : 978-2-343-13167-2, ISBN EBOOK : 978-2-14-005143-2

L'ENFANT EN PRISON
Sous la direction de Catherine Ménabé et Mathieu Martinelle
Depuis 1946, les femmes détenues ont la possibilité de garder à leurs côtés, en prison, leur enfant jusqu'à ses 18 mois, voire 2 ans. Si la situation est peu étudiée, et souvent méconnue, elle mérite de profondes réflexions. Quelles sont les conditions de vie de ces jeunes enfants au sein du milieu pénitentiaire ? Comment est assuré leur développement psychomoteur et affectif malgré les contraintes carcérales ? Comment l'univers carcéral s'adapte à la présence d'enfants, non écroués mais, de fait, privés de liberté ?
(Coll. Bibliothèques de droit, 27.00 euros, 274 p.)
ISBN : 978-2-343-13051-4, ISBN EBOOK : 978-2-14-005015-2

LES TRENTE ANS DE LA LOI LITTORAL
Sous la direction de Jean-Luc Pissaloux et Anne Rainaud
La loi Littoral a maintenant plus de trente ans. Loi d'avant-garde, elle vise à concilier la protection du littoral avec le développement économique. Souvent contestée comme trop protectrice, empêchant l'urbanisation, elle est aussi considérée comme un « laisser-construire » dans les zones saturées. Ses concepts sont difficiles à interpréter et appliquer. Les défis climatiques auxquels est confronté le littoral ont impliqué la participation de géographes. La protection des cordons littoraux s'avère aujourd'hui une nécessité.
(Coll. Grale, 39.00 euros, 418 p.)
ISBN : 978-2-343-13140-5, ISBN EBOOK : 978-2-14-004988-0

CICÉRON, PÈRE DE LA CODIFICATION DU DROIT CIVIL
Gilardeau Eric
Confronté à la crise subie par la République, Cicéron cherchait une réponse au chaos des lois et aux contradictions du droit civil. Il en élabora une véritable codification. Du «De oratore» au «De officiis», il critiqua la science du droit et la soumit à la loi naturelle, avant d'instituer une méthode de codification protectrice des droits civils, dont se rapprocheront les codes civils français et autrichien. Il faut attendre les réformes du Code civil allemand de 2001 et du Code civil français de 2016 pour rejoindre Cicéron sur le rôle de la bonne foi et de l'imprévision en matière contractuelle.
(Coll. Logiques Juridiques, 26.00 euros, 248 p.)
ISBN : 978-2-343-13327-0, ISBN EBOOK : 978-2-14-004994-1

DROIT DES SOCIÉTÉS COMMERCIALES OHADA
Akam Akam André, Voudwe Bakreo
Ce livre vise à exposer, expliquer, systématiser et critiquer les règles qui régissent la constitution, le fonctionnement et la disparition des sociétés commerciales. Il montre que le droit des sociétés commerciales OHADA vise la promotion, la protection et la société judiciaire des investissements, autant qu'il tend à protéger les intérêts particuliers. En outre, il met en exergue la richesse, la

variété et la modernité du droit des sociétés de l'OHADA, ainsi que l'abondance et la qualité des travaux de recherche des auteurs africains et d'ailleurs qui s'intéressent au droit OHADA.
(Coll. Dynamiques du droit OHADA, 55.00 euros, 752 p.)
ISBN : 978-2-343-12819-1, ISBN EBOOK : 978-2-14-005077-0

LA PROTECTION CONTRE LES ATTEINTES AUX DROITS SUR LES SIGNES DISTINCTIFS DANS L'ESPACE OAPI
Badou Charles
Les signes distinctifs confèrent à leur propriétaire un droit exclusif d'exploitation. Celui-ci bénéficie de règles dérogatoires au droit commun, qui ont pour vocation première d'assurer aux signes distinctifs une protection contre les atteintes dont ils peuvent être l'objet. Mais l'efficacité de la protection est toute relative. La protection contre les atteintes aux signes distinctifs exige donc de nouvelles solutions qui, prenant en compte la particularité du droit de la propriété industrielle, protègeront efficacement les signes distinctifs contre les violations des droits exclusifs de leur propriétaire.
(Coll. Études africaines, 42.00 euros, 468 p.)
ISBN : 978-2-343-11816-1, ISBN EBOOK : 978-2-14-005019-0

DROIT DU TRAVAIL SÉNÉGALAIS
Tagum Fombeno Henri-Joël - Préface de Isaac Yankhoba Ndiaye
L'auteur questionne le droit du travail sénégalais, analyse les textes récents et leurs apports au droit du travail, met en lumière les imperfections de la législation et les difficultés d'interprétation qu'elles suscitent dans la pratique. La compréhension de la matière est rendue aisée avec les illustrations et exemples pratiques, souvent utilisés par l'auteur et issus de son expérience professionnelle.
(Harmattan Sénégal, 48.00 euros, 506 p.)
ISBN : 978-2-343-13272-3, ISBN EBOOK : 978-2-14-004933-0

LA FUSION DES SOCIÉTÉS COMMERCIALES EN DROIT INTERNE ET INTERNATIONAL
Contribution à la notion de «contrat-organisation»
Kalaani Adrian
La fusion est l'opération par laquelle une ou plusieurs sociétés transfèrent, par la suite de leur dissolution sans liquidation, leur patrimoine à une société établie ou nouvelle. Ce transfert est possible par la distribution de parts sociales aux associés de la société dissoute. Cette définition française et européenne souligne les effets principaux de la fusion en restant silencieuse sur sa nature juridique. Donc la fusion est un contrat-organisation qui entraîne une mise en commun du patrimoine et des membres de chacune des sociétés fusionnantes au sein d'une seule société préexistante ou nouvelle.
(Coll. Logiques Juridiques, 55.00 euros, 638 p.)
ISBN : 978-2-343-10971-8, ISBN EBOOK : 978-2-14-004827-2

LE PRAGMATISME JURIDIQUE
Barraud Boris
Le pragmatisme invite à se concentrer sur le mode de production des connaissances et sur les actions plutôt que sur les pensées. Le pragmatisme juridique, attaché à l'effectivité des normes, permettrait d'accepter et expliquer les modes de régulation originaux du XXIe siècle. L'enjeu est de permettre au droit scientifique d'accompagner l'évolution du droit pratique. Sont surtout concernées la gouvernance du cyberespace, la protection de l'environnement et la responsabilité sociale des entreprises. Affinant le visage du pragmatisme juridique, voici un outil ouvrant des pistes pour l'avenir de la recherche en droit.
(Coll. Bibliothèques de droit, 33.00 euros, 334 p.)
ISBN : 978-2-343-13206-8, ISBN EBOOK : 978-2-14-004920-0

L'HARMATTAN ITALIA
Via Degli Artisti 15; 10124 Torino
harmattan.italia@gmail.com

L'HARMATTAN HONGRIE
Könyvesbolt ; Kossuth L. u. 14-16
1053 Budapest

L'HARMATTAN KINSHASA
185, avenue Nyangwe
Commune de Lingwala
Kinshasa, R.D. Congo
(00243) 998697603 ou (00243) 999229662

L'HARMATTAN CONGO
67, av. E. P. Lumumba
Bât. – Congo Pharmacie (Bib. Nat.)
BP2874 Brazzaville
harmattan.congo@yahoo.fr

L'HARMATTAN GUINÉE
Almamya Rue KA 028, en face
du restaurant Le Cèdre
OKB agency BP 3470 Conakry
(00224) 657 20 85 08 / 664 28 91 96
harmattanguinee@yahoo.fr

L'HARMATTAN MALI
Rue 73, Porte 536, Niamakoro,
Cité Unicef, Bamako
Tél. 00 (223) 20205724 / +(223) 76378082
poudiougopaul@yahoo.fr
pp.harmattan@gmail.com

L'HARMATTAN CAMEROUN
TSINGA/FECAFOOT
BP 11486 Yaoundé
699198028/675441949
harmattancam@yahoo.com

L'HARMATTAN CÔTE D'IVOIRE
Résidence Karl / cité des arts
Abidjan-Cocody 03 BP 1588 Abidjan 03
(00225) 05 77 87 31
etien_nda@yahoo.fr

L'HARMATTAN BURKINA
Penou Achille Some
Ouagadougou
(+226) 70 26 88 27

L'HARMATTAN SÉNÉGAL
10 VDN en face Mermoz, après le pont de Fann
BP 45034 Dakar Fann
33 825 98 58 / 33 860 9858
senharmattan@gmail.com / senlibraire@gmail.com
www.harmattansenegal.com

www.ingramcontent.com/pod-product-compliance
Lightning Source LLC
LaVergne TN
LVHW011434061026
849535LV00004BA/802